전후 지식인의 이데올로기와 역사인식

이 책은 동아시아역사연구소 총서 22권입니다.

전후 지식인의 이데올로기와 역사인식

초판 1쇄 발행 2021년 4월 30일

편　　자 ｜ 김지훈
발행인 ｜ 윤관백
발행처 ｜ 됭쏙 선인

등록 ｜ 제5-77호(1998.11.4)
주소 ｜ 서울시 마포구 마포대로 4다길 4(마포동 324-1) 곳마루빌딩 1층
전화 ｜ 02)718-6252 / 6257
팩스 ｜ 02)718-6253
E-mail ｜ sunin72@chol.com
Homepage ｜ www.suninbook.com

정가　30,000원
ISBN　979-11-6068-486-5　93900

·저자와 협의에 의해 인지 생략.
·잘못된 책은 바꿔 드립니다.

* 이 책은 2017년 대한민국 교육부와 한국연구재단의 지원을 받아
  수행된 연구임(NRF-2016S1A5B8924764).

전후 지식인의
이데올로기와 역사인식

김지훈 편

도서출판 선인

서문

『전후 지식인의 이데올로기와 역사인식』은 성균관대학교 동아시아 역사연구소에서 편찬하는 동아시아 지성의 계보와 역사인식 시리즈의 여섯 번째 결과물이다. 이 책은 성균관대학교 동아시아역사연구소에서 2017년 대한민국 교육부와 한국연구재단의 지원을 받아 수행된 연구이다(NRF-2016S1A5B8924764).

인문학이란 특정한 시간과 공간 속에서 살아가는 인간의 삶에 대한 총체적 접근이라고 할 수 있다. 여기서는 제2차 세계대전 이후 지식인의 사유체계와 역사인식, 그리고 동아시아 인문학의 재편의 상관관계를 추적하여 동아시아 인문학의 정체성에 대한 문제제기를 하고자 한다.

이 책은 제1부에서 전후 동아시아 국제 질서의 재편과정에서 방향을 모색하던 지식인들의 이데올로기의 궤적을 추적하고 있다. 제2부에서는 전후 동아시아 지식인들의 역사인식의 변화와 역사 연구의 특징을 살펴보고 있다.

　제1부 이진일의 「해방공간을 살다 간 한 독일 지식인의 민주주의 인식: 에른스트 프랭켈」은 미군정의 법률 자문관으로 한국에서 활동하였고, 신다원주의 이론을 정립한 독일의 정치학자 에른스트 프랭켈의 민주주의에 대한 고민을 추적하고 있다. 이진일에 의하면 프랭켈은 근대 '서구 민주주의'(westliche Demokratie)의 특징으로 민주주의가 가지고 있는 법치국가적 특성과 분권적인 사고와 의회제도 등이 모두 합쳐져 있다고 하면서 노동운동의 전통에서 나온 사회 정의와 사회 내의 다양한 이해관계 집단의 형성을 서구 민주주의를 구성하는 중요한 요소로 파악했다고 지적하고 있다. 이진일은 다원주의가 서구의 이상적인 민주주의의 모델을 보여주었지만 그 한계도 존재한다는 점을 지적하고 있다.

　최규진은 「한국전쟁 뒤 반공이데올로기 지형과 지식인의 자리: 1950년대 『사상계』의 사상」에서 한국전쟁 이후 출판되어 지식인들에게 큰 영향을 미친 『사상계』에서 드러나는 이데올로기와 역사인식을 검토하고 있다. 최규진은 반공과 냉전의식이라는 당시의 사상적 지형 속에서 『사상계』가 사회주의를 민족주의 안에 용해시키면서, 자유민주주의를 지향하였다고 한다. 최규진은 『사상계』가 자유와 민주주의를 지향하면서 독자를 계몽하는 존재로서 지식헤게모니를 장악하였으며 계급이나 평등에 대해서 체계적인 분석을 시도하지 않았다는 한계를 지적하고 있다.

　송병권은 「일본의 전시기 동아국제질서 인식의 전후적 변용: '대동아국제법질서'론과 식민지문제」에서 일본이 국가의 상대적 평등 관념 속에서 전시기 자신을 지도국으로 파악하려 하였다고 한다. 그러나 전후 일본은 피지도국이라는 아이덴티티 속에서 미국을 새로운 지도국으로 받아들이고, 국제연합을 최상위의 국제법 질서로 수용하면서 자신의 위치를 확보하려 했다고 한다.

홍종욱은 「일본 지식인의 근대화론 비판과 민중의 발견: 다케우치 요시미와 가지무라 히데키를 중심으로」에서 전후 일본의 대표적인 지식인인 다케우치 요시미와 가지무라 히데키의 사상적 궤적을 추적하고 있다. 가지무라 히데키는 전후 일본에서 유행한 근대화론에 대해 비판하면서 침략사와 내재적 발전론을 거쳐서 역사 속에서 민중의 역할에 대한 믿음을 보여주었다는 점을 지적하고 있다.

최종길은 「전학련과 진보적 지식인의 한반도 인식」에서 진학련이 안보투쟁 이후 와해된 자신들의 조직 재건을 위한 투쟁 활동의 일환으로 한일회담 반대 투쟁을 전개하였지만 일본의 진보적 지식인들이 일본제국주의의 부활이라는 측면만을 강조하였을 뿐 전쟁의 기원이라고 할 수 있는 식민지 지배에 대한 인식이 결여되어 있었다는 한계를 가지고 있었다는 점을 지적하였다.

제2부에서는 전후 동아시아 지식인들의 역사인식의 변화와 역사 연구의 특징을 살펴보고 있다.

임경석은 「해방 직후 3·1운동 역사상의 분화」에서 해방 직후에 나타난 3·1운동의 역사상 분화를 파악하기 위하여 1946년 3·1절 기념행사의 준비 과정과 분열 경위를 추적하였다. 3·1운동을 누가 지도하였는가를 둘러싸고 '민족대표 주도론'과 '민중 주도론'으로 의견이 나뉘었지만 3·1운동 과정에서 민족대표들이 적극적인 역할을 하였다는 '민족대표 역할론'은 노동자, 농민, 소부르주아지와 민족부르주아지를 포함한 4대 계급이 참여한 민족통일전선을 중시하였다고 한다.

정현백은 「해방 이후 한국 역사학의 젠더인식: 가족사와 여성사 연구를 중심으로」에서 한국 역사학계의 젠더인식을 고찰하려는 문제 의식 속에서 여성사와 가족사 연구에서 남성연구자들과 여성연구자들이 수행한 연구를 분석 평가하였다. 이 글은 여성사 연구가 진척되면 역사 전체의 패러다임을 바꾸어낼 수 있으며 '여성사의 이론화'를 통하여 한국역사학의 젠더화가 가능하다고 하였다.

문명기는 「한국의 대만사 연구, 1945~2012」에서 한국역사학계에서 '대만사' 연구의 흐름을 통해서 한국의 대만사 연구가 전체 대만사 연구에서 어떤 기여를 할 수 있는가를 검토하였다. 한국에서 '대만은 우리에게 무엇인가?'라는 문제 제기 속에서 한국과 대만과의 관계에 대한 진지한 접근이 필요하며, 대만사 연구를 진전시키기 위해서는 대만사 관련 주요 연구 성과가 소개되고 하고 관련 사료를 발굴해야 하며, 공동연구가 필요하다는 점을 지적하고 있다.

김지훈은 「중국 상하이 『역사』 교과서 논쟁과 지식인」에서 2006년 상하이 고등학교 『역사』 교과서를 둘러싼 논쟁과 교과서 교체가 중국 공산당과 국가, 지식인의 관계를 전형적으로 보여주는 사례라고 하였다. 중국정부의 입장에 동조한 일부 학자들은 교과서가 국가의지를 체현하는 도구라고 보고 교과서 교체를 주장하여 관철하였으며, 중국 관변의 역사인식을 부정하는 "역사허무주의"를 비판하는 흐름 속에서 역사 교과서 등의 국정화가 진행되고 있다고 하였다.

이규수는 「전후 일본의 전쟁 기억과 역사인식」에서 전후 일본은 전쟁을 어떻게 기억하는지 조선, 중국, 오키나와와 여성과 아동에게 이러한 체험과 기억이 어떻게 비춰지는지를 검토하고 있다. 아울러 전후 일본 역사학은 전쟁 체험이 기억으로 전환하는 과정에서 어떠한 역할을 하였으며 1990년대 역사수정주의가 대두하면서 전쟁과 사상자를 둘러싼 기억이 어떻게 변질되었는가를 통해서 전쟁 체험과 기억의 문제를 동아시아로부터의 시선을 통하여 재인식해야 한다고 지적하고 있다.

　제2차 세계대전 이후 동아시아는 미국과 소련을 중심축으로 하는 냉전질서 속에서 새로운 국민국가를 건설하기 위한 노력을 하였다. 냉전기를 거치면서 동아시아 각국의 역사 이데올로기화와 역사를 통한 동원 등 각국의 역사 경험들이 응축되어 갈등과 대립을 초래하기도 하였다. 현재 세계는 미중 간의 갈등이 전면적인 대립으로 전화하면서 한국을 포함한 동아시아 국가들도 그 영향을 받고 있다. 전후 동아시아 각국의 역사인식의 변화와 지식인들의 현실 인식을 통하여 우리의 문제 의식이 좀 더 확대될 수 있기를 기대한다.

2021년 4월
저자들을 대신하여 김지훈

차례

제2부 전후 동아시아 역사인식의 변화

제1부

전후 동아시아 국제질서의 재편과 지식인

해방공간을 살다 간 한 독일 지식인의 민주주의 인식
에른스트 프랭켈

이진일

1. 머리말

1946년 1월 김포공항에 도착한 에른스트 프랭켈(Ernst Fraenkel, 1898~ 1975)은 1950년 한국 전쟁의 발발과 함께 미군정 법률 자문관 임무를 마 치고 미국을 거쳐 베를린으로 돌아간다. 그는 후일 자유주의와 개혁사회 주의 이론을 연결시킨 신다원주의(Neo-Pluralismus) 이론을 정립한 독일의 대표적 정치학자며 법학자로 평가받게 되는 인물이다.[1] 나치즘에 의해

---

[1] 그의 학문에 대한 총체적 평가는 Gerhard Göhler, "Ernst Fraenkel", Eckhard Jesse, ed., *Deutsche Politikwissenschaftler*, Baden-Baden, 2014, pp. 261~274; Peter Massing, "Ernst Fraenkel", Peter Massing, ed., *Demokratietheorien - Von der Antike bis zur Gegenwart*, Schwalbach, 2003, pp. 214~222; Winfried Steffani, "Ernst Fraenkel", Manfred Asendorf, ed., *Demokratische Wege. Deutsche Lebensläufe aus 5 Jahrhunderten. Ein Lexikon*, Stuttgart, 1997, pp. 178~180 등 참조. 프랭켈에 대한 전기적 연구는 비교적 늦은 2009년에야 출간되었다. Simone Ladwig-Winters, *Ernst Fraenkel. Ein politisches Leben*, Frankfurt, 2009.

파괴된 독일 민주주의 체제에 새롭게 이론적 기반을 세우는 작업을 그는
베를린 대학에서의 자신의 학문적 목표로 설정했으며, 대학에서의 정치
학 강의와 시민을 대상으로 한 정치교육 등을 통해 이를 실천해 갔다.

그는 2차 세계대전 발발 직전 나치를 피해 미국으로 도피하면서, 패
전 이후의 독일, 즉 민주주의적 전통이 단절되었거나 혹은 완전히 다른
문화적 배경을 갖는 국가에 어떻게 미국식 민주주의를 이식할 것인가
라는 문제에 관심을 갖게 되었고, 그러한 문제의식의 연장에서 미군의
남한 군정에 참여하게 된다. 1945년 독일의 패전과 함께 독일을 탈출했
던 많은 학자들이 다시 독일로 돌아갈 것을 고려했음에 반해[2], 그는 귀
향대신 미 행정관료로서 한국행을 선택했던 것이다. 그의 임무는 일본
식 법체계로부터 탈피해 남한에 미국식 민주주의 법체계를 이식하는
작업을 돕는 일이었다.

그럼에도 그는 한국의 역사적 전통, 교육수준, 높은 인구분포와 유아
노동의 만연 등을 보면서 서구적 규범을 동아시아 사회에 적용시키는
미군정 작업에 상당 부분 회의를 가지게 된다. 그는 서구 민주주의를
교육받은 유럽인으로서 한국의 현실을 보고자 했고, 그렇기 때문에 미
국의 법률 전문가들과는 다른 시각으로 사태를 판단할 수 있었다.

프랭켈의 민주주의는 단지 이론적 구성물이 아닌, 일생을 통해 자신
이 부딪히고 삶을 통해 구체화된 경험의 소산이었다. 그는 서독의 지
배체제를 서구민주주의로 옹호했으며, 의회제와 제어된 자본주의 하에
서 일궈나갈 민주주의의 가능성에 대해 고민하고 희망적 평가를 끌어
내었다. 독일에서의 성장과 히틀러 지배 하의 삶, 미국으로의 피난과

---

[2] 미국으로 도피한 독일 법학자들의 전후 독일 귀환 후의 활동에 대해서는 Marcus
Lutter, ed., *Der Einfluss deutscher Emigranten auf die Rechtsentwicklung in den USA
und in Deutschland*, Tübingen, 1993 참조.

한국에서의 작업, 다시 독일로의 회귀, 평탄치 않았던 전후 독일에서의 삶 등, 굴곡 많은 그의 삶의 유전(流轉)이 민주주의라는 제도에 대해 문제의식을 불러 일으켰고, 전후 다원주의적 민주주의 개념을 설계하는 기반이 되었다.[3)]

프랭켈이 남긴 자료의 많은 부분은 독일 코블렌츠 연방문서고(Bundesarchiv Koblenz, BAK) 〈프랭켈 유고〉(Fraenkel Nachlass)에 보관되어 있다. 그의 거의 모든 글들을 모은 선집이 독일연구재단(DFG)의 지원으로 주제별로 정리되어 1999년부터 2011년까지 모두 6권으로 출간되었다.[4)] 이 선집에는 미국 문서고 서류철에는 있지만 외부에 알려지지 않았던 다수의 글과 편지가 실려 있는데, 그가 남한에 오기 전 미국 체류 시 작성한 글들은 대부분 당대에도 인쇄되지 않았던 글로서 워싱턴 국가기록원(National Archives in Washington)에 보관되어 있던 자료들이다.

특히 그의 선집 3권은 〈독일과 한국에서의 민주주의의 새로운 건설〉이라는 제목으로 출간되었는데, 이 책에는 그가 1943년부터 1950년대 한국을 떠날 때까지의 글들과 이후 그가 독일로 돌아가 1960년까지 쓴 한국관련 글들을 모아놓았다. 특히 남한에 머무르던 시절 썼던 편지와

---

3) E. Fraenkel, *Reformismus und Pluralismus*, Hamburg, 1973, p. 25 f.

4) E. Fraenkel, *Gesammelte Schriften, Band 1: Recht und Politik in der Weimarer Republik*, Nomos, Baden-Baden, 1999; *Gesammelte Schriften, Band 2: Nationalsozialismus und Widerstand*, 1999; *Gesammelte Schriften, Band 3: Neuaufbau der Demokratie in Deutschland und Korea*, 1999; *Gesammelte Schriften, Band 4: Amerikastudien*, 2000; *Gesammelte Schriften, Band 5: Demokratie und Pluralismus*, 2007; *Gesammelte Schriften, Bd. 6: Internationale Politik und Völkerrecht, Politikwissenschaft und Hochschulpolitik*, 2011. 선집의 공동 편집자는 Alexander v. Brünneck, Hubertus Buchstein, G. Göhler 등이며, 출판된 글은 모두 모았지만, 여러 서한과 법률소견서, 신문기사, 서평 등은 대부분 제외시켰으며, 작성된 모든 글을 모은 것이 아니라는 의미에서 전집(Gesamte Schriften)이 아닌 선집(Gesammelte Schriften)으로 표기되었다. 처음 기획안에서 제시했던 〈7권 색인집〉은 발행이 취소되었다.

단상들, 자신의 업무 범위 내에서의 보고서 등 많은 텍스트들이 선집을
통해 처음 공개되어 그가 한국에서 행했던 다양한 작업들과 그의 생각
들을 구체적으로 재구성 할 수 있게 되었다.[5] 아울러 이 책의 부록에
는 그가 한국에 체류하면서 작성했던 '법률소견서'를 모아놓은 리스트
가 작성되어 있으며, 그밖에 한국에 체류하면서 찍은 사진들도 여러 장
소개해 놓았다. 이 리스트에는 1946년 5월 14일에서 1947년 5월 9일까
지 프랭켈이 직접 작성하거나 검토했던 법적 견해 77건의 타이틀 목록
이 영문으로 작성되어 있어 그가 한국에서 한 법률작업의 구체적 내용
들을 확인할 수 있다.[6] 그는 독일로 돌아간 이후에도 한국에 대한 관

---

[5] E. Fraenkel, *Gesammelte Schriften, Band 3: Neuaufbau der Demokratie in Deutschland und Korea* (Gerhard Göhler, Dirk Rüdiger Schumann 편집 및 서문). 여기 모여진 글들은 일부 출판된 글들을 제외하면 대부분 문서고 서류철에 묶여있던 글들 중 편집자에 의해 선별된 것이며, 그런 의미에서 새로운 자료발굴이라고 할 수는 없다.

[6] 그가 미 행정관으로 한국에서 활동하는 동안 작성한 글들은 한국전쟁 중 실종되었거나, 일부는 미국으로 이관되었다. 이송된 글들은 한국관련 글로 묶이지 않고 담당행정부서 별로 나뉘어 분산된 채 보관되어 있다. 그가 한국에서 작성했던 법률소견서들 중 남은 서류들은 〈United States Army Forces in Korea: Selected Legal Opinions of the Department of Justice, US Militray Goverment in Korea〉라는 제목 하에 한데 모여 있다. 이들 대부분은 1946/7사이에 쓴 짧은 보고서 혹은 소견서로서, 한국에서 부딪힌 다양한 문제들에 대한 법적 견해를 적은 것이다. 이 문서들은 NARA뿐 아니라 베를린 자유대학 국제법 연구소(Institut für internationales und ausländisches Recht der Freien Universität Berlin) 도서관에 소장되어 있다. (문서번호 P XI h 3:3) (U III te). 프랭켈 선집 3에는 그중 N. 342. 시민 구속의 경우; 경찰력; 계약위반에 따른 구금과 경찰력 (Opinion 342: Arrest in Civil Cases; Power of Police; Power of Police to Arrest for Breach of Contract), 1946; N. 709. 미 육군 장교의 중혼 의혹 (Opinion 709: Alleged Bigamy of American Army Officer), 1946; N. 775. 미군 고용 한인의 노동조건 (Opinion 775: Labor Conditions of United States Army Korean Employees), 1946; N. 1000. 도로 보수−점령비용으로 지출할 것인가, 일반 정부비용으로 지출할 것인가? (Opinion 1000: Street Repairs—Whether Charged to Occupation Cost or Normal Government Costs) (1947) 등 네 문건만 실려 있다. E. Fraenkel, Bd. 3, pp. 393~407. 프랭켈 선집 3권에 실린 한국관련 자료 리스트는 본 글의 뒤에 부록으로 실었다.

심을 끊지 않고, 한국관련 글쓰기와 강연 등을 통해 한국과의 인연을
이어간다. 특히 그는 전쟁의 한가운데에서 6·25 전쟁을 둘러싸고 충돌
하는 다양한 국제법상의 해석을 정리한 〈한국 - 국제법상의 전환점?〉
이라는 소책자를 출간하며,[7] 군정에 대한 분석과 이승만 민주주의에
대한 비판 등 한국관련 글쓰기를 잊지 않았다.[8]

  그는 유대인이었지만, 유대적 정체성을 지니지 못했고, 독일인이었
지만, 독일인으로서의 인정을 거부당했으며, 미국시민권을 취득하기는
했지만, 그 곳에서 삶의 터전을 발견하지 못했다. 법학을 전공했지만,

---

[7] E. Fraenkel, *Korea - ein Wendepunkt im Völkerrecht?*, Berlin, 1951.

[8] "샌프란시스코 평화조약"(Der Friedensvertrag von San Francisco, 1951), "이승만 대통
령은 부산에서 비상사태를 선언했다…"(Präsident Dr. Rhee hat den Ausnahmezustand
in Fusan, 1952), "신문은 매일 아시아에 관한 소식으로 가득찬다" (Die Zeitung sind
täglich voll von Asien…, 1954), "그들은 이승만을 위해 싸웠습니까?" (Kämpften Sie
für Syngman Rhee? 1960) 등. 한국에서의 프랭켈에 대한 연구로는 김득중, 「제2차
세계대전 후 미국의 군사점령 논리와 냉전: Ernst Fraenkel의 국제법적 분석을 중
심으로」, 『동북아역사론총』 51, 2016; 김종구, 「미군정기 미법률고문과 대륙법 및
영미법의 교착: 프랭켈, 퍼글러, 오플러를 중심으로」, 『법학론총』 20(2), 2013; 고
지훈, 「주한미군정의 점령행정과 법률심의국의 활동」, 『한국사론』 44, 2000; 최경
옥, 「미군정하의 사법부와 제헌헌법의 성립과정—Ernst Fraenkel의 평론과 관련하
여」, 『공법연구』 34(2), 2005; Kim, Zae Suk, "Der Koreakrieg und Weltmachtsystem
in der Sicht von Dr. Fraenkel", 『한독사회과학논총』, 22(4), 2012; 한모니까, 「1948
년 대한민국 정부수립과 주한미군의 정권이양 과정 및 의미」, 『동방학지』 164,
2013. 12 등이 있다. 그 밖에 박용희는 전후 서독 대학에서 미국의 강력한 영향력
과 '민주주의 재교육'이라는 점령정책 하에 정치학이 분과학문으로 새롭게 구성
되는 과정을 살피면서, 그 대표적 예로서 프랭켈의 민주주의 인식에서 미국의
영향을 검토하고 있다. 이 글에서 박용희는 프랭켈의 미국정치에 대한 긍정적
인식의 토대에 '반공 이데올로기가 아니라 민주주의 인식이 자리잡고' 있었다고
하였으나, 프랭켈의 민주주의 인식 저변에 반공 이데올로기가 강하게 자리하고
있음은 분명하다. 박용희, 「"민주주의 학문"으로 정치학의 도입?: 전후 서독 정치
학 성립과정의 민주주의와 미국인식」, 『독일연구』 vol. 28, 2014. 12. 이상의 프랭
켈에 관한 한국에서의 몇몇 직간접 연구에도 불구하고 출간된 선집이나 남겨진
〈법률소견서〉를 바탕으로 프랭켈의 남한 군정에서의 행적을 총체적으로 분석한
연구는 아직 없다.

법학자로 남지 못했으며, 사회민주주의적 신념을 갖고 사회적 실천에
헌신했지만, 말년에는 자신이 가르친 학생들로부터 보수반동 세력으로
비난의 대상이 되기까지 하였다. 그의 남한에서의 활동 또한 독일행이
나 미국에의 잔류 그 어느 것도 결정하지 못했던 한 지식인의 제 3국행
이라는 선택의 결과였다. 본 글에서는 프랭켈 삶의 궤적을 따라 그가
가졌던 민주주의에 대한 문제의식의 변화를 추적하고자 한다. 이를 통
해 그가 마주했던 삶이 학문에 미친 영향을 가늠해 보며, 그리하여 그
가 다다르고자 했던 민주주의 인식의 지향을 확인해 보고자 하는 것이
본 글의 목표이다.[9] 이를 위해 먼저 그의 행적과 지금까지 그에 대한
연구 상황을 확인한 후, 민주주의에 대한 인식이 구체화되는 과정을 그
의 삶의 계기들과 연결시켜 살펴보고자 한다. 특히 프랭켈 정치이론의
핵심이라 할 수 있는 다원주의 이론을 중심으로 그의 삶과 투쟁, 그리
고 이론의 한계까지 짚어보고자 한다. 한 학자의 삶과 학문의 긴 여정
을 짧은 논문의 형식으로 재구성하는 한계 또한 분명하다 할 것이다.

2. 남한으로의 긴 여정

그는 1898년 쾰른의 부유한 유대인 집안에서 태어난다. 1916년, 18살
의 나이에 1차 세계대전에 자원하여 폴란드 전선에 섰으며, 1918/19년
빌헬름 제국이 타도될 때에는 병사평의회운동(Soldatenräte)에 참가하
기도 한다. 이후 그는 1921년 프랑크푸르트 대학에서 법학과 역사학을

---

9) 프랭켈이 남한에 입국해 한국전쟁이 발발하기까지 미군정과 후속 기관인 주한
경제협조처(Economic Cooperation Administration Mission to Korea, ECA)에서 행했
던 구체적 활동에 대해서는 필자의 후속 글에서 준비하고자 한다.

공부하는데, 그의 박사학위 지도교수이자 평생의 스승은 당대의 저명한
노동법 학자인 진츠하이머(Hugo Sinzheimer, 1875~1945)였다.[10] 진츠하이
머 자신도 유대인으로서 바이마르 시대에 프랭켈 이외에도 노이만(Franz
Neumann, 1900~1954), 칸-프로인트(Otto Kahn-Freund, 1910~1979), 모르겐
타우(Hans Morgenthau, 1907~1980) 등 전후 나치 국가분석과 법학, 정치
학 분야에서 큰 학문적 성과를 내놓은 탁월한 유대인 제자들을 많이 키
워냈으며, 프랭켈의 다원주의 이론의 출발점을 제공한 인물이기도 하다.

프랭켈은 1921년 SPD(독일사회민주당)에 입당하며, 1920년대의 많은
시간을 독일 금속노동조합(DMV)의 노동자 학교 교육프로그램에 투자
한다. 1927년 『계급법정의 사회학』(Zur Soziologie der Klassenjustiz)이라
는 소책자를 통해 바이마르 시대 독일 법관들이 전적으로 부르주아적
가치관을 갖고 일방적으로 지배계급의 이해와 이데올로기를 대변한다
는 논지를 주장해 큰 주목을 받는다. 그는 분명하고 격정적인 톤으로
바이마르 법정의 계급적 성격을 지적함으로써 독일 법정의 사회적 성
격과 관련된 이후의 모든 논의들에 결정적 영향을 미쳤다. 형식적으로
는 법이 작동되고 있지만, 지배세력이 법정의 장악을 통해 피억압계급
에 지속적 영향을 미치고 있다는 것이다. "비록 계급적으로 분열된 사
회 안에서 계급법정 자체를 없애는 것"은 불가능하지만, 적어도 이의
번성에 대해서는 맞서 싸울 수 있으며, 법정이 법규정을 따르도록 엄격
히 통제한다면 프롤레타리아 계급에게 긍정적 효과가 분명하게 돌아
갈 것으로 보았다.[11]

---

[10] 후고 진츠하이머는 1921년 〈프랑크푸르트 노동아카데미〉(Akademie der Arbeit in
Frankfurt)라는 노동자 학교 창립에 참가하면서 노동자교육에 진력하였고, 그 자
신도 1933년 암스테르담으로 이주하여, 암스테르담 대학과 라이덴 대학에서 법
사회학을 계속 가르쳤으나 나치가 1940년 네덜란드를 점령하자 더 이상 피하지
못하고 쇠약해져 사망하였다.

박사학위를 마친 후 1927년에는 프랑크푸르트 대학시절부터 동학이
며 노동법 전문가인 노이만과 함께 변호사 사무실을 베를린에 개설한
다. 이 둘은 지속적으로 노동법에 관심을 집중했으며, 노동문제와 관련
된 많은 글들을 1924~32년 사이에 발표하였다.[12] 점점 바이마르 공화
국이 종말에 가까워 올수록 둘은 자신들에 다가오는 위기감 속에서 열
정적으로 민주적 헌법을 지켜내는 일에 진력하는데, 프랭켈은 주로 사
회민주당의 기관지나 노동조합 기관지 등에 법질서의 위기나 법체계
의 위기에 대해 발표했으며, 이를 통해 자신이 1929년 구체화했던 '집
단적 민주주의'(kollektive Demokratie) 개념을 더욱 발전시켜 나갔다.

다른 한편 그가 평생을 이론적으로 대결했던 상대자는 독일의 법학자
칼 슈미트(Carl Schmitt)였다. 슈미트는 1927년 바이마르 헌법에서의 직접
민주주의적 요소를 다룬 〈국민투표와 국민청원〉을, 1928년에는 〈헌법학〉
을 출간함으로써[13], 그에게 강력한 지적 자극을 주었고, 1931년 여름에는
슈미트의 강의에 참석하기도 하면서 그와의 법리적 대결에 골몰하였다.[14]
바이마르 후반 슈미트의 '권위주의적 민주주의'(autoritäre Demokratie) 개

---

11) E. Fraenkel, *Zur Soziologie der Klassenjustiz*, Berlin, 1927, p. 37, 41.

12) 프랭켈과 노이만은 진츠하이머 밑에서 함께 조교생활을 했다. 노이만의 〈베헤모
스〉는 프랭켈의 〈이중국가〉와 함께 나치 정권의 지배체제 분석에서의 기준이 되
는 척도를 제시한 탁월한 두 저술로 지금까지 남아있다. 노이만도 미국으로 피
신 후, 미군정의 독일 점령정책을 준비하며 OSS에서 활동했지만, 1954년 교통사
고로 일찍 세상을 떠난다.

13) Carl Schmitt, *Volksentscheid und Volksbegehren. Ein Beitrag zur Auslegung der
Weimarer Verfassung und zur Lehre von der unmittelbaren Demokratie,* Berlin, 1927;
Carl Schmitt, *Verfassungslehre,* Berlin, 1928.

14) E. Fraenkel, "Abschied von Weimar?", 1932, *Gesammelte Schriften* Bd. 1 (이후 〈E.
Fraenkel, Bd. 1〉로 표기), p. 482. 프랭켈과 슈미트의 관계에 대해서는 Michael
Wildt, "Ernst Fraenkel und Carl Schmitt: Eine ungleiche Beziehung", Daniela Münkel,
Jutta Schwarzkopf (ed.), *Geschichte als Experiment. Studien zu Politik, Kultur und
Alltag im 19. und 20. Jahrhundert,* Frankfurt am Main, 2004, pp. 35~48 참조.

념에 반대해 그는 '변증법적 민주주의'(dialektische Demokratie)와 '집단적 민주주의'(kollektive Demokratie) 개념을 만들어 낸다.[15] 여기서 그는 국가의지가 법치와 의회주의적 틀 안에서 언제나 서로 다른 이해관계 들을 대변하는 여러 당과 사회 집단 간의 각축과 타협에 의해 형성되 어야 함을 주장한다.[16] 이처럼 그가 1930년대 정초한 민주주의에 대한 입장은 1960년대 다원주의적 민주주의 이론의 근간이 된다.

'제3 제국 법학계의 황태자'(Kronjurist des Dritten Reichs)로 불렸던 슈 미트는 권위주의적 헌법에 기반한 집단적이고 균질적(homogen) 국가 체제를 구상함으로써 나치 지배에 정당성을 제공한 헌법학자이기는 했지만, 그의 날카로운 법논리와 화려한 언변은 주변에 많은 사람들을 자신의 영향권으로 끌어들였다. 하지만 프랭켈이 보기에 슈미트의 이 론에 따르면 개별 집단의 이해관계는 국가의 이름으로 묻히게 되며, 그 끝은 필연적으로 전체주의적 국가일 수밖에 없었다.

프랭켈은 슈미트가 루소(Jean Jacques Rousseau)의 절대적 민주주의 이론에 기반해 국민투표(Plebiszität)에 의지하는 권위주의적 민주주의 를 추구하고 있다고 비판한다. 즉 슈미트가 권위주의적 민주주의의 전 제로 추구하는 '민족의 균질성'(Homogenität des Volkes)은 가능하지도 않고 바람직한 전제도 될 수 없다고 비판하면서, 합의와 타협에 의한 변증법적 민주주의를 대안으로서 제시한다.

그는 바이마르 시대의 노동운동과 노동자 교육운동, 사회민주당의 법적 투쟁 등을 통해 계급 없는 사회를 지향하기는 했지만, 처음부터 개혁주의적 입장을 분명히 하였으며, 법치국가적 규범을 넘어서는 혁

---

15) E. Fraenkel, "Kollektive Demokratie", 1929, Bd. 1, pp. 342~357.
16) E. Fraenkel, "Um die Verfassung", 1932, Bd. 1, p. 496.

명운동에는 참여하지 않았다. 그는 이러한 자신의 온건함에 대한 주변
의 비판에 다음과 같이 응대하였다.

　　사람들은 내게 바이마르를 위한 투쟁을 촉발시킬 구호를 실천하기 위해
서는 자유주의적 헌법에 따른 자유권의 요구로는 충분하지 않은 것 아니
냐고 반문한다. 정치적 자유권은 우리가 자유주의적 공간에서 노동운동을
행하기 위해 숨 쉬는 공기와 같은 것이다. 일반적으로 사람을 둘러싼 공기
가 우리를 고무시키지 못한다는 것은 맞다. 그러나 질식사를 위협받는 사
람만이 신선한 공기의 유입이 주는 가치를 바르게 평가할 수 있다.[17]

　1차 세계대전에 자발적으로 참가한 경력 때문에 1933년 히틀러 집권
후에도 일단 그는 변호사 자격을 유지할 수 있었다. 우선은 1938년까지
베를린에 머무르면서 해외로 탈출하고자 하는 유대인들을 돕는 운동에
참가했고, 독일을 떠나기 직전 나치의 지배체제를 분석한 〈이중국가로서의
제3제국〉(Das Dritte Reich als Doppelstaat)이라는 논문을 작성하며, 미국으로
의 피난 후 이를 보다 심화시킨 그의 대표작 〈이중국가〉(The Dual State. A
Contribution to the Theory of Dictatorship, NY 1941)가 영어로 출간된다.[18]
　〈이중국가〉의 기본테제는 나치에게는 두 개의 지배형태가 병존하는
데, 하나는 '규범국가'(Normenstaat)로서 자본주의적 경제체제 유지에 요
구되는 바에 따라 지속되는 국가이며, 기존의 법적 규정 범위 안에 있는
체제를 의미한다. 또 다른 지배형태는 '대응국가'(Massnahmenstaat)로서

---

[17] E. Fraenkel, "Abschied von Weimar?", 1932, Bd. 1, p. 493.

[18] E. Fraenkel, *Der Doppelstaat*, pp. 11~24. 그의 〈이중국가〉는 아직 전쟁이 발발하
기 전 히틀러 체제를 관찰할 수 있는 생생한 기록이다. 이 책을 통해 그는 일상에
서 매일 매일 부딪히게 되는 나치즘과의 충돌, 나치즘이 기능하는 내부의 구체적
방식들을 많은 예를 들면서 생생하게 증언하고 있다. 그는 나치즘의 반대체제로
서 '보편적 자연권에 기반하여 정의의 원칙을 지향하는 체제'(Gerechtigkeitsprizip
ausgerichteten Ordnung des weltlichen Naturrechts)를 제시한다.

법적 규정에 따르지 않고 정치적이며 기회주의적 요소들에 따라 결정
되는 지배형태이다. 체제의 지배를 확실하게 하고 유태인 억압 같은
자신들의 특별한 목표를 관철시키기 위한 것이다. 이 두 원칙이 충돌
할 경우 그들은 자신의 이해관계에 따른 '대응국가'로 기울어지게 된
다.[19] 히틀러는 정치적 지배와 국가행정이라는 서로 다른 법질서 공간
의 분리를 통해, 정치적 지배분야에서는 거의 무한대의 자의적 발휘를,
관료행정에서는 엄격한 법적 규범준수(Normbindung)라는 이중적 지배
체제를 구성했다는 논리이며, 국가권력은 법적 제약을 넘어 자유롭게
법치국가를 파괴하고 부분적으로 규범준수 또한 파괴했다고 보았다.[20]
　이에 반해 프랭켈과 평생의 친구이자 동료였던 노이만은 〈베헤모
스〉(Behemoth)에서[21] 나치의 지배체제가 국가적 성격을 더 이상 갖고
있지 않기 때문에 결코 이중국가로 표현될 수 없다고 지적한다. 나치
는 지배 집단이 직접 사회를 컨트롤하면서 합리적 요소를 쫓는 행정관
료가 존재할 수 없었던, 그래서 국가로 표현할 수 없는 조직이었다는 것
이다. 서독의 역사학자 브로샤트(Martin Broszat)가 '히틀러 국가'(Hitler
Staat)라는 탁월한 저서를 통해 나치 지배체제를 구체적으로 분석하기 이
미 20여 년 전에 이미 이 두 사람이 선구적으로 나치사회의 본질을 분석
하고 있었음을 사회학자 렙시우스(Rainer Lepsius)는 지적한바 있다.[22]

19) 나치 국가가 지녔던 법치국가적 측면에 대해서는 김학이,『나치즘과 동성애』, 문
　학과 지성, 2013 참조.
20) Rainer Lepsius, "Die sozialwissenschaftliche Emigration und ihre Folgen", *Soziologie
　in Deutschland und Österreich 1918-1945*, Opladen, 1981.
21) Franz Neumann, *Behmoth, Struktur und Praxis des Nationalsozialismus 1933-1944*,
　Frankfurt, 1977.
22) Rainer Lepsius, "Juristen in der sozialwissenschaftlichen Emigration", Marcus Lutter
　(ed.), *Der Einfluss deutscher Emigranten auf die Rechtsentwicklung in den USA und
　in Deutschland,* Tübingen, 1993, p. 28.

미국으로 피신해야 했던 유대인 학자들 가운데는 유독 법률가들이
많았다. 그 이유는 전통적으로 학계나 관계로의 진출에 제약이 많았던
유대인들이 비교적 자유롭게 개업하고 직업 활동을 할 수 있는 분야가
변호사나 의사 같은 자유직업이었기 때문이었다. 특히 변호사들 중에
는 노동법이나 단체협상관련 법전문가들이 많았는데, 이는 바이마르
공화국 등장 이후 변화된 사회에 대한 관심을 보여주는 것이기도 했
다.[23] 1차 세계대전 이후 많은 지식인들이 사회주의적 혹은 노동조합
관련 단체에서 활동하거나 노동자교육에 참여했던 것도 이러한 사회
적 배경 하에 이루어진 일들이었다.[24]

프랭켈은 히틀러의 압제체제를 더 이상 버티지 못하고 1938년 9월
모든 것을 남겨둔 채 독일을 탈출한다. 마흔을 코앞에 둔 나이였다. 고
민 끝에 그는 시카고 대학에서 다시 법학을 시작한다.

그간의 경험을 통해 프랭켈이 미국에서 새롭게 획득한 것은 그가 가
능성을 열어놓고 한 시절 추구했던 사회주의 혁명이 더 이상 독일의
미래가 되는 것은 가능하지도 않고 필요하지도 않다는 인식이었다.[25]
그 결과 전체주의적 권력에 의해 망가진 사회를 어떻게 재건할 수 있
을 것인가라는 문제에 골몰하게 된다. 일단은 민주주의가 부서진 나라
에서 법치국가를 세우는 것이 무엇보다 일차적으로 진행돼야 할 사항
으로 보았고, 독일사회가 이미 만든 바 있는 바이마르 헌법의 법치적
민주원칙에 맞추어 새롭게 건설되어야 한다고 생각했다. 그 중에서도

[23] Helga Grebing, "Jüdische Intellektuelle und ihre politische Identität in der Weimarer
Republik", *Mitteilungsblatt des Instituts für soziale Bewegungen*, 34, 2005, pp. 11~23.
[24] Jinil Lee, Zwischen Klassenkampfbildung und Staatsbürgerbildung - Die gewerkschaftliche
Bildungsarbeit in Berlin und der Beitrag von Fritz Fricke zur Arbeiterbildung in der
Weimarer Republik, Berlin, 2002.
[25] E. Fraenkel, "Aussichten einer deutschen Revolution", 1943, Bd. 3, pp. 51~57.

중요한 것은 '사회 내 자율적 세력의 재생'이며, 특히 그는 점령된 국가에서 자율적 성격을 갖는 사회세력의 재생을 위해서는 무엇보다 '노동자층의 자발적 조직'이 중심이 되어야 한다고 보았다.[26]

1941년 시카고 대학에서 법학박사 학위를 다시 취득하였고, 1943년부터는 연합군의 독일 라인란트 서안 점령에 대한 역사적 분석 작업에 참여한다. 독일은 지난 1차 세계대전 패전 이후 프랑스와 벨기에 등에 의한 라인란트 지역 점령을 겪은 바 있기에, 미 정부는 히틀러의 패망 이후 벌어질 독일에서의 연합군의 군정체제를 예상하면서 이에 필요한 법적 정당성과 구체적 과제를 준비하기 시작했던 것이다. 그 결과 그는 이 시기 〈Military Occupation and the rule of Law, 1944〉, 〈Die Rheinlandbesetzung 1918-23 - Ein Modellfall für das besiegte Deutschland?, 1944〉 등 군정과 관련된 연구를 정부의 지원으로 생산해낸다. 1944년부터는 미 '전략정보국'(Office of Strategic Service, OSS. CIA의 전신) 산하 '대외경제부'(Foreign Economic Administration, FEA)에서 일하면서 독일 재건계획 작성에 참여한다. 그곳은 경제 분야뿐 아니라 종전 후 독일을 다시 부흥시킬 총체적 계획과 방향을 기획하는 곳으로서, 헌법 일반의 문제, 행정 및 사법체제의 재건, 노동운동의 역할 등을 다루었다. 하지만 1945년 종전과 함께 FEA는 해체되었고, 미국 정부로부터 독일 군정청에서의 작업을 제안 받지만, 그는 유대인 학살을 자행한 국가로 되돌아갈 수는 없다는 이유로 독일로의 귀환을 거부한다. 연합군의 승리 이후 그는 "더 이상 독일에 관한 작업을 지속할 수 없는 상태가 되었다."[27] 그는 아우슈비츠에서 자행된 유대인 학살이 사실임이 드러난

---

[26] E. Fraenkel, "Die künftige Organisation der deutschen Arbeiterbewegung", 1943/33, Bd. 3, pp. 99~118.

[27] 칸-프로인트에게 보낸 편지 Simone Ladwig-Winters, *Ernst Fraenkel*, p. 210 재인용.

후 자신의 친구 오토 주어(Otto Suhr) 교수에게 보낸 편지에서 다음과 같이 심정을 털어 놓는다.

(아우슈비츠 학살 소식이) 단지 프로파간다가 아니라 사실임을 나는 인식하게 되었고, 이에 따라 진심으로 독일과 나 사이의 연결끈을 자르며, 다시는 독일로 돌아가지 않기로 결정하였네. 내가 어느 곳에서 살고 활동하건, 무언가에 속박되지 않는 것이 필수불가결 하지만, 내게서 그것은 완전히 불가능할 것이네. 500만 명의 유대인이 학살당한 후, 독일인과 유대인의 관계 속에서 내 스스로는 유대인과—그리고 오직 유대인과만— 연대의식을 느끼게 되네.[28]

그는 자신의 동족을 학살한 곳으로 다시 돌아갈 수는 없다고 생각한 것이다. 비록 미 시민권을 소지하고 있었지만, 어쩔 수 없이 많은 관심은 자신이 태어난 독일에 가 있었고, 미국인으로서의 변화된 자의식을 갖고 있지도 못하였다. 그렇다고 독일로 돌아가는 일 또한 내키지 않는 상황이었던 것이다. 그가 서울에 도착한 직후 베를린의 오토 주어 가족에게 보낸 편지에서는 그가 전쟁에 의해 완전히 파괴된 도쿄를 보면서 느꼈던 독일에 대한 피할 수 없는 관심을 드러낸다.

헤름베르크 부인이 우리에게 지속적으로 생생한 소식을 전해주고 있으며, 나 또한 수없이 미군 병사나 장교, 민간 군무원들에게 독일의 상황에 대해 물어보았습니다. 그렇다고 내가 당신들이 겪어야만 하는 베를린의 상황을 상상할 수나 있을까요? 아닐겁니다. 내가 완전히 파괴된 도쿄를 보기 전까지는 나는 상상할 수도 없었으며, 또한 지금도 내 상상력이 충분하지 못하기 때문에 여전히 상상할 수 없습니다. … 이 몇 년 동안의 주된 경험들은 점차 나를 독일로부터 풀려나도록 하였고 미국적 상황 속에서 성장하도록 했습니다.[29]

---

28) E. Fraenkel, Bd. 3, p. 391.

그러한 혼돈 속에서 그는 1945년 말, 미 정부로부터 다시 제안을 받는데, 민간인 법률 전문가로서 남한에 파견되어 군정이 다룰 법적 사안에 대해 지원하는 일이었다. 한국이 일본의 지배를 통해 독일 법체제의 영향을 강하게 받은 만큼 남한 법체계 구축에 독일법학자가 적절하다는 것이 대륙법 전문가를 불러들인 군정청의 의도였다.[30) 이처럼 곡절 끝에 오게 된 서울에서의 그의 대외 직함은 미군정청 민간인 법률자문관(legal adviser)이었고, 직위는 'Attache'(담당관)에 해당하는 'Assistant Economic Commissioner'(경제 부판무관)이었다. 그가 담당한 주 업무는 군정 내 법률분과로 넘어온 남한 정부 수립과정에서의 민법관련 사안의 법률자문에 응하는 것이었다.[31) 법률적 이견이나 쟁의가 있는 경우 민법 및 형법상의 옳고 그름을 판단해 미군정청 이름으로 법률소견서(legal opinion)를 작성했다.[32)

그가 속했던 군정 내 법률분과는 광범위한 정책입안권을 향유했고, "민정장관실, 그리고 기획과와의 긴밀한 협조 속에서 단순한 조언 역할이 아니라 점령통치체제의 개편이라는 점령 초기의 가장 핵심적인 사업에서 중추적 역할을 담당했다."[33) 또한 단지 법률적 자문에 자신의

---

29) E. Fraenkel, "Brief vom 23. 3. 1946 an Familie Suhr", 1946, Bd. 3, p. 389.

30) 페글러는 이들 법률분과의 작업을 두 권의 책으로 엮어내었다. *Selected legal opinions of the Department of Justice, United States Army Military Government in Korea: opinions rendered in the role of legal adviser to the Military Government of Korea, and covering a period from march 1946, to august 1948*, prepared by the Department of Justice, Headquarters, United States Army Military Government in Korea, 2 Vol., Seoul, 1948?.

31) E. Fraenkel, Bd. 3, p. 33, 각주 96. 법률분과 내에는 법률심의국(Legal Opinion Bureau), 법률기초국(Legal Drafting Bureau), 법률조사국(Legal Research Bureau) 등이 있었고, 프랭켈은 법률조사국에 소속되어 있었으나, 이들은 함께 섞여 일했고, 내부적으로 이런 칸막이는 큰 의미가 없었던 것으로 보인다.

32) 그는 1946년 5월~1947년 5월까지 100건이 넘는 법률소견서를 작성했다.

역할을 국한시킨 것이 아니라 퍼글러(Charles Pergler)와 함께 남한의 헌법 초안 작성에도 영향을 미쳤다.³⁴⁾ 1946년부터 프랭켈은 남한 제헌회의에서 헌법문제에 대한 법자문위원으로 활동했으며, 서울대학교에서 헌법과 국제법 강의를 맡기도 하였다.³⁵⁾

미군정은 3년이 채 못 되는 기간 동안 확인되는 인원만 최소 38명에 달할 만큼 큰 규모로 법률고문단을 운용했지만 그 중에서도 압도적으로 많은 활동을 한 사람은 프랭켈과 퍼글러였다.

비록 그의 연구 대상이 독일에서 한국으로 바뀌기는 했지만, 자신이 미국에서 관심을 가졌던 문제, 즉 종전 후 해방된 국가에서 법치국가를 세울 이론적, 법제적 연구와 민주주의 체제의 이식 문제를 이어갈 수 있게 되었다는 점에서는 변함이 없었다. 동시에 그는 남북한 통일을 준비하는 UN 산하 미－소 공동위원회(US-USSR Joint Commission)의 법률자문관(legal adviser)으로 활동하면서, 소위원회 II(Subcommission II)에서 1947년 UN 제의에 따른 남북한 동시총선거를 위한 선거법 초안을 작성하는 작업을 맡았다.³⁶⁾ 하지만 미소간의 대립으로 성사되지 못한 채

---

33) 고지훈, 「주한 미군정의 점령행정과 법률심의국의 활동」, 『한국사론』 44, 2000, 225쪽.

34) 프랭켈과 퍼글러 이외에도 스콧(Denny F. Scott) 등 미군정청 소속의 법률고문과 남한의 유진오, 황성수 등은 해방 후 'Korean-American Legal Academy'를 구성하여 헌법을 비롯한 각 분야의 법률제정을 준비했다. 이택선, 「한국의 민주주의 국가 건설: 1945년 9월~1948년 8월의 한미관계와 미국 사법제도 도입을 통한 제도권력의 이식」, 정일준 외, 『한국의 민주주의와 한미관계』, 대한민국역사박물관, 2014, 95쪽.

35) 알프레드 오플러(Alfred Oppler)는 자신의 *Legal Reform in Occupied Japan,* Princeton, 1976, p. 70에서 프랭켈이 이승만의 법률고문("a kind of advisor to President Syngman Rhee")으로 일했다고 기술하고 있으나 이 점은 분명치 않다. 다른 한편 프랭켈은 1947년 한국의 한 법학회에서 강연을 한 후 『법정』지에 이를 번역해 싣기도 했다. 프랭클, 「성문법과 선결례(先決例)」 1/2, 『법정』, 1947, 2(2), pp. 13~18, 2(5), 19쪽.

1948년 8월 남한정부가 수립되면서 군정청은 해체된다. 미소공동위원회
가 결렬된 후에도 그는 남한에 남아 군정의 후임기구로서 조직된 한국
마샬 위원회(Marshall-Commission for Korea, ECA, Economic Cooperation
Adminstration Mission to Korea)의 법률고문역할을 맡게 된다. 이 조직은
미 국무부 소속이었고, 단장은 일제시대부터 조선을 자주 방문했던 농
업경제학자 출신의 번스(Arthur C. Bunce)였다.[37] ECA에서 그가 맡은 일
은 남한이 북으로부터 빌려 쓰고 지불하지 않은 전기요금의 처리문제라
던가, 영국과 미국의 정유회사로부터 기름을 수입하는 문제, 나아가 남
한을 UN과 국제사회에서 남북한을 대표하는 유일한 국가로 인정받도록
하는 문제 등 다양했다.[38]

　그와 ECA의 모든 활동은 한국전쟁의 발발로 갑자기 중단되며 그는
다시 한번 자신의 삶의 모든 흔적들을 그대로 남겨둔 채 황급히 서울
을 떠나야 했다.

3. 프랭켈과 민주주의 이식의 문제

　프랭켈은 남한에 오기 전인 1942~1945년 사이 특히 두 가지 문제에
집중하고 있었다. 우선 그가 가장 몰두한 문제는 종전 후 연합군이 패

---

[36] UN 산하 미−소 공동위원회 관련 자료들은 NA II/USA, RG 43, M-1243- (1-23)에
있다. Gerhard Göhler, Dirk Rüdiger Schumann, "Die Plannungen Ernst Fraenkels
zum Aufbau der Demokratie in Deutschland und Korea", Hubertus Buchstein u.a.,
ed., *Vom Sozialismus zum Pluralismus. Beiträge zu Werk und Leben Ernst Fraenkels*,
Baden-Baden, 2000, p. 68 각주 9. 이 작업으로 인해 그는 맥아더로부터 민간인
봉사상(Civilian Service Award)을 수여받는다.

[37] 정용욱,『해방 전후 미국의 대한정책』, 서울대학교 출판부, 2003, 271쪽.

[38] 칸-프로인트 편지 1949. 5. 15, Simone Ladwig-Winters, *Ernst Fraenkel*, p. 229 f.

전국을 점령하게 될 때 점령정권이 어떤 법치국가적 요소들을 동원해 지배해야 하는가? 다시 말하면 미국이 다가올 종전 이후 어떤 법적 근거 아래 독일을 점령해야 하는가의 문제였다. 그는 1942년 카네기재단의 지원을 받아 1차 세계 대전 이후 연합군의 독일 라인란트 지역 서안을 점령했던 사례에 대한 연구를 진행하였고 그 결과물로서, "히틀러 이후 독일에서의 법치국가의 새로운 건설"[39]을 작성하였다. 1944년부터는 국무부 OSS에서 점령권에 대한 전문연구원으로 일하면서 "변화된 세계에서의 법치"[40]를 발표하였으며, 이와 유사한 문제의식의 글들을 묶어 "군정과 법치"(1944)를 출간한다.[41] 그의 문제의식은 군정의 임의적 지배를 막기 위해서는 군정이 법치국가 원칙에 종속되어야 함을 분명히 하고자 하는 것이었다. 물론 점령정권이 안정과 질서 확립을 위해 점령된 국가 주민을 상대로 지속적으로 비정상적 조치를 염두에 둘 수밖에 없지만, 그럼에도 민주적 법치국가라는 규범에 가능한 일치시켜야 하며, 가능한 한 군정은 법치국가로서의 기본법을 지켜야만 한다는 주장이었다. 프랭켈은 군정의 강제적, 독재적 성격은 어쩔 수 없다 하더라도 그것이 기존 독재국가의 불의함을 청산하고, 장래의 민주정부를 세우는 기반이 되는 정도에 국한되어야 한다는 것이다.[42] 그가 연합군의 라인란트 지배, 나아가 군정의 권한과 행태에 대해서도 비판

---

[39] E. Fraenkel, "Der Neuaufbau des Rechtsstaates im nach-Hitlerischen Deutschland" (1943), Bd. 3, pp. 78~81.

[40] E. Fraenkel, "'Rule of Law' in einer sich wandelnden Welt" (1943/44), Bd. 3, pp. 58~73.

[41] E. Fraenkel, "Military Occupation and the Rule of Law" (1944), Bd. 3, pp. 139~347.

[42] G. Göhler, D. Schuhmann, "Die Plannungen", pp. 70~71. 그의 이러한 고민은 남한에서의 미군정의 권한과 점령 혹은 피지배국가에서의 군정의 국제법적 권한의 문제로 이어진다. E. Fraenkel, *Korea—Ein Wendepunkt im Völkerrecht?*, Berlin, 1951.

적 입장에 서있음을 드러낸 것이다. 군정의 법치국가적 권한에 대한 그의 해석은 미국의 입장에서는 달갑지 않은 제시였다. 그럼에도 미국은 그에게 1945년 독일에서의 군정 작업 참여를 제안한다. 그런 면에서 프랭켈의 독일행에 대한 거부는 자신의 신념과 배치되기 때문이었을 수도 있다.[43]

이러한 그의 문제의식은 궁극적으로 민주주의의 이식 문제로 이어지게 되는데, 즉 어떻게 독일에서 법치국가적 원칙을 다시 세울 수 있을 것인가의 문제가 그것이었다. 그는 독일에서의 민주주의 재건을 위해서는 궁극적으로 독일의 전통이나 독일적 상황에 맞는 작업들이 이루어져야 한다고 보았다. 독일에서의 민주주의의 가능성에 대하여 논의하면서 그는 지속적으로 프랑스, 영국, 미국 등 서구 민주주의의 발전과정과 비교하였고, 그런 의미에서 그의 접근방식은 역사적이었다. 민주주의를 미국에서 만들어진 이념이 아니라, 유럽의 다양한 전통들에 뿌리를 둔 사상으로 인식했으며, 그래서 "역사적으로 성공적인 법지배(Rule of Law, 영국)나, 법의 절대성(Supremacy of Law, USA), 앵글로-아메리카적 민주주의 등을 단지 일반화시켜 다른 국가들에 전이하는 것"은 잘못이라는 생각이었다.[44] 한 국가의 법치국가적 원칙들은 자신만의 전통에 따라 자란 구조 위에서, 그리고 이와 연결된 제도들과 밀접하게 연관되어 있는 만큼, 모든 법치국가들은 각기 다른 가치체계 위에 세워졌으며, 모든 민주주의는 각자 고유의 형태를 갖고 있다는 것

---

[43] 그의 1945년 독일행 거부가 단지 유대인 학살로 인한 거부감 때문만은 아니었던 정황은 자신의 삶을 짧게 회고한 한 글에서 나타난다. 그는 자신이 있는 군정 준비조직 내의 복잡한 갈등과 경향들을 언급하고 있다. E. Fraenkel, "Anstatt einer Vorrede", *Reformismus und Pluralismus*, p. 26.

[44] E. Fraenkel, *Deutschland und die westlichen Demokratien*, G. Göhler, D. Schuhmann, "Die Planungen", p. 72.

이다. 즉 독일에서 법치국가를 다시 되살리기 위해서는 민주주의의 형
성이 이미 완성된 앵글로 색슨적 민주주의 이해나 미국적 법의 지배를
세울 것이 아니라, 기존 독일의 법치국가적 전통들을 찾아내 지향해야
한다는 것이었다.

　하지만 독일은 전통적으로 국가중심주의적, 반다원주의적 뿌리가 깊
은 나라였다. 그에 따르면 독일 역사에서 의회주의를 부정했던 결정적
책임은 궁극적으로 비스마르크에게 있었다. 비스마르크 체제는 개인
이 자유롭게 스스로를 방어하거나 국가로부터 자유로울 수 있는 체제
가 아니었으며, 비스마르크가 왕권에 기대어 의회주의적 원칙을 무시
한 채 확산되어 가는 시민계급의 민주적 선거권을 박탈했고, 군부와 귀
족에 의지한 '신분국가'(Kastenstaat)를 유지하고자 함으로써 민주적 의
회주의를 부정했다는 것이다. 복지국가적 헌법과 관치국가적 현실 사
이의 불일치, SPD의 급작스런 상승에 대한 시민계급의 과장된 두려움
등이 이미 1914년 세계대전 이전에 의회주의 원칙에 대한 회의와 혐오
를 불러일으켰다고 그는 분석한다.[45]

　또한 극좌 사회주의에도 책임이 있는데, 의회주의는 다양한 집단들
간의 절충을 통해 유지되지만, 이러한 원칙들이 자신들의 타협 없는 철
저한 계급투쟁 추구에 방해가 되기 때문에 극좌 사회주의자들이 의회
주의 원칙을 부정했다는 것이다.

　결국 독일에서의 의회주의의 근거는 그가 보기에 독일의 법 전통에
부족한 면이 많기는 하지만, 독일 바이마르 공화국이 만들어낸 정치적,
법적 전통 속에서 있었다. 노동권과 같은 집단적 권리들은 바이마르
시대에 와서야 비로소 발현되기 시작한 것이다.[46] 그가 판단하기에 바

---

[45] E. Fraenkel, "Ursprung und politische Bedeutung der Parlamentsverdrossenheit",
1966, Bd. 5, pp. 157~159.

이마르 공화국이 무너진 것은 헌법적 규정이 부족해서가 아닌 관료주의에 원인이 있었다.

> 모든 헌법적 규정들에도 불구하고 초래된 독일 바이마르 정권의 형성과 몰락은 의회나 공적 여론의 책임이 아니라, 관료주의의 내부적 결정의 결과였다. 바이마르 공화국의 첫 단계에서는 당 관료주의, 두 번째 단계에서는 이익단체−관료주의, 세 번째 단계에서는 국가 관료주의가 그것이었다.[47]

그런데 바이마르 의회주의는, 의회가 흩어진 개인들의 대표를 모아놓은 것이 아니라 객관적 가치질서의 인정을 의무로 삼는 세력들의 대표들이 모인, 이해관계의 대변 장소임을 인식하지 못했다는 것이다.[48] 그런 의미에서 독일 의회주의는 서구적 민주주의를 제대로 이해하지 못했으며, 그러한 몰이해가 전적으로 영미 전통들을 위로부터 뒤집어 씌우는 과오를 불러왔다는 것이다.

> 바이마르 헌법의 창조자들은 그들이 다양한 헌법들로부터 최고의 것들을 집어내 독일 헌법에 결합시켰다고 자랑스럽게 제시한다. 영국으로부터 의회제적 체제를, 미국으로부터 직접 선출된 대통령을, 스위스로부터 국민청원과 국민투표를. 바이마르 헌법의 실패는 분명히 헌법제도를 작성함에 열정이 부족해서가 아니라 이미 놓여있는 지배제도들의 법외적 요소들에 대한 고려가 부족했기 때문이다. 바이마르 헌법은 너무 경솔하게 들여오는 바람에 정교하세 만들어지지 못했다. … 수백 년의 왕조를 없애버린 혁명이 수십 년 전통을 가진 정당들을 건드리지 못했으며, 이에 따라 치유할 수 없음이 드러난 정치적 혈액순환 고장을 일으켰다.[49]

---

46) E. Fraenkel, "Parlament und öffentliche Meinung, 1958, Bd. 5, p. 218 f.

47) E. Fraenkel, 앞의 글, p. 222.

48) E. Fraenkel, "Historische Vorbelastungen des deutschen Parlamentarismus", 1960, Bd. 5, p. 56.

프랭켈은 좋다는 제도의 잘못된 받아들임의 예로써 고전적 로마법
의 주변 국가로의 전이를 제시한다. 처음 만들어진 곳에서는 지나치게
교조적 엄격성을 갖지도 않았고, 체계적이거나 추상적 특성을 드러내
지도 않았던 고전적 로마법은 오히려 대단히 구체적이었고, 개별의 사
례들이 갖는 특성들(Besonderheiten des Einzelfalls)을 감안하는 유연성
을 지니고 있었음을 지적한다.

> 비잔틴 이전의 로마법이 아니라, 이를 받아들인 로마법이 추상적이고
> 교조적이고, 체계적이었다. 추상화, 교조화, 체계화의 경향은 아마도 그처
> 럼 받아들이는 과정에서 불가피하게 나타나는 형식인 듯하다. 왜냐하면
> 특정 법질서와 법적용의 구체적 내용들을 표현하는 뉘앙스가 원래 이를
> 만들어낸 국가와 대단히 밀접한 관계를 맺지만, 정작 이를 받아들인 국가
> 는 원래의 의미를 거의 혹은 조금만 갖게 된다. 이런 유사한 현상들은 일
> 본과 한국 등 동아시아 국가들에서도 증명되는데, 이들 국가들에서 독일
> 시민법, 형사법, 재판법과 행정법도 상당부분 받아들였지만, 그럼에도 그
> 들의 운용에 있어서는 역시 독일 법질서가 갖는 너무도 엄격하고, 순수 교
> 조적-체계적-추상적 측면을 강조하는 방식으로 적용되어, 원 모습과는
> 큰 폭으로 달라져버렸다.[50]

그가 상정하는 법치국가는 미국적 자본주의 체제와 법치 형식이었
는데, 자신의 미국에서의 긍정적 경험이 나치 이후의 민주주의를 재건
하는데 있어 하나의 모델이 될 수 있다고 생각하도록 이끌었던 것이다.
그럼에도 미 의회나 미 대통령제 등, 미 제도의 외형적 틀을 가져다 다
른 나라에 기계적으로 적용시키는 것은 동일한 결과를 가져올 수 없을
것이라는 것이 그의 생각이었다. 그랬다가는 이미 그들이 갖고 있는

49) E. Fraenkel, "Parlament und öffentliche Meinung", 1958, Bd. 5, p. 223.
50) E. Fraenkel, "Deutschland und die westlichen Demokratien", 1960, Bd. 5, p. 80.

역사적으로 성장한 시스템과 충돌하게 될 것이며, 그래서 인위적으로 가져다 적용시킨 제도는 그 효과를 제대로 발휘하지 못할 것이라고 보았다.

프랑켈은 전후 독일에 민주주의를 재생시키는 문제에 있어 독일 내 자율적 세력의 재활이 미래의 민주주의를 위한 가장 결정적 관건으로 보았다. 독일의 시민계급에는 자율적으로 민주주의를 일궈낼 그 어떤 긍정적 힘도 없으며, 연합군의 독일 진주에서 노동자와 사회민주주의자가 중심이 될 때 점령군과 피점령민 서로에게 긍정적인 발전으로 이끌 수 있다고 보았다.

> 노동자층은 독일에서 국제적으로 생각하는 유일한 그룹이다. 노동조합과 사회민주당의 구성권은 자신들의 조직에서 선포했던 국제적 경향들을 대단히 진지하게 받아들였다. 노동계급의 세계적 연대는 독일 노동자층의 세계관에서 근간이 되는 원리이다.[51]

물론 그는 히틀러 세력들에 의해 조직 노동자들이 힘을 발휘할 수 있는 여건들이 모두 분쇄되었으며, 이에 따라 히틀러 하에서든, 혹은 그 이후든 노동자 계급에 의한 사회혁명이 독일에서 일어날 가능성은 없다고 보았다. 그럼에도 그는 "노동자들이야말로 독일 국민들 중 서구 민주주의의 의지와 사상을 이해하고 인정하는 유일한 계층"이라고 평가했다.[52] 독일에서 긍정적이고 건설적인 정치를 설계해가고자 한다면 점령부가 가장 먼저 찾아야 할 협력 파트너는 노동운동 세력이어야 했다. 1933년 시민세력이 민주주의를 위기에서 지켜내지 못했지만, 법

---

[51] E. Fraenkel, "Die künftige Organisation der deutschen Arbeiterbewegung", 1943/44, Bd. 3, p. 102.

[52] E. Fraenkel, 앞의 글, p. 56.

치국가를 방어하지 못했던 것과 달리 노동운동의 자율적 세력과 연합
군의 협력은 독일에서 근본적인 체제변화를 가져올 수 있을 것이라는
생각이었다.53)

　그렇기는 하지만, 또한 독일에서 그러한 그의 생각, 즉, 노동자가 권력
을 넘겨받을 수 있을 것이라는 전망을 갖는 것이 현실적으로 환상에 가깝
다는 것도 그는 알고 있었다. 1943년 그는 〈독일 혁명의 전망〉(Aussichten
einer deutschen Revolution, 1943)에서 주어진 상황에 대해 냉철하게 분
석한다. 연합군이 비록 독일 독점자본의 분쇄를 고려하고 있기는 하지
만, 근본적으로 자본주의적 경제체제를 확실히 유지하고자 할 것이며,
그래서 사회혁명은 지지하지 않을 것이다. 그렇다면 독일의 노동자 세
력이 사회혁명을 이룰 의사가 있다손 치더라도 그들이 연합군 전체에
반대해 이를 관철시킬 수 있을 것인가? 그가 보기에 12년이 넘는 나치
지배가 끝나고 독일 노동자 세력은 안전히 탈조직화 되었고, 환멸에 빠
졌다. 그래서 그들 스스로 사회혁명을 실현시킬 힘은 없다고 보았으며,
이에 따라 그는 독일에서 사회적 민주주의를 다시 일으킬 집단으로 망
명자 조직을 지목한다. 그들이야말로 독일에서 군정을 준비하고 있는
미국 정부와 밀접히 협력해 나갈 준비가 되어 있다는 것이다.

　다른 한편 소련은 비록 그들의 공산주의 체제를 사회주의적 미래의
완성으로서 기꺼이 수출하고자 할 것이겠지만, 그것이 법치국가적이지
도 않고, 민주적이지도 않기 때문에 그것의 실현 가능성은 거의 없다고
보았다. 소련은 그 어느 나라에서도 진정한 민주제도가 진행되는 것을
원하지도 지원하지도 않을 것으로 판단한 것이다.

　이처럼 그가 민주주의 사고를 받아들임에 있어 결정적으로 중요한

---

53) E. Fraenkel, "Aussichten einer deutschen Revolution", 1943, Bd. 3, pp. 51~57.

역할을 했던 한 가지 사고는 반스탈린주의였다. 그를 반공주의자로 부
르는 것이 정확한 표현은 아니라 하더라도, 그를 반스탈린주의자, 혹은
반볼셰비스트로 부르는 일은 타당할 것 같다. 그만큼 그는 삶에서 볼
셰비스트로 표현되는 사람들로부터 많은 실망과 회의를 느꼈다. 1973
년 그가 회고했듯이, 50년 자신의 삶에서 맑스주의에 대한 생각의 변화
는 통일적이지 못했지만 동시에 그가 부딪혀온 정치적 경험들로부터
의 귀결이기도 했다.[54] 그는 전쟁터에서 처음 러시아 혁명을 들으며
이를 급진적 평화주의, 반군사주의적 혁명으로 이해했지만 맑스주의에
대한 학문적 이해는 전혀 없었으며, 1920년대 노동운동과 사회주의 운
동에 참여할 때에도, 다른 이들이 사회주의 이론을 통해 노동운동에 진
입했던 것과는 달리, 자신은 노동조합운동 내에서 노동법, 사회정책 등
을 통해 사회주의 이론에 다가가게 되었다고 술회한다.[55]

그는 1919년 전쟁에서 돌아와 다름슈타트 병사평의회운동에 참여하
기도 했지만 그런 경험이 오히려 평의회운동이 제시하는 이상으로부
터 탈피하는 계기가 되었으며[56], 노동운동 과정에서 소련의 조종에 따
라 움직이는 독일 공산주의 노동운동가들의 행태에 실망하기도 한다.

사회주의는 또한 개인의 자유를 위한 싸움이기도 했다. 맑스가 바로 새
로운 원칙의 관철로 생각했던, 법을 통한 노동시간의 축소는 노동계급에게
는 개개인의 자유권을 사회적 실제 안에서 실행할 수 있는 가능성을 의미
했다. … 맑스는 또한 노동자계급이 자유라는 원칙을 관철시키도록 조력
한다고 했다. 이러한 윤리적 정당성이 맑스주의에서 사라져버리는 순간
맑스주의는 볼셰비즘으로 변형되었다.[57]

54) E. Fraenkel, "Anstatt einer Vorrede", *Reformismus und Pluralismus*, p. 25.
55) E. Fraenkel, 앞의 글, p. 25.
56) E. Fraenkel, "Rätemythos und soziale Selbstbestimmung", 1971, Bd. 5, pp. 114~150.

결정적으로 프랭켈은 자신이 미국으로 이주하던 해에 체결된 〈히틀러-스탈린 협정〉을 접하면서 파시즘과 영합하는 소련에 대해 큰 실망과 함께 분명하게 반소련적 입장으로 돌아설 수 있었다. 그에게 이 둘의 영합은 큰 충격이었고, 이후 그가 소련을 평가하는데 있어 결정적계기가 된다. 이 사건 이후 소련에 대한 평가는 대단히 부정적으로 심화되며, 이후 소련 조직과의 어떤 공동작업에도 그는 혐오감을 드러내었다. 1943년 10월 4일 프랭켈이 런던으로 피신 간 자신의 친구 칸-프로인트(Otto Kahn-Freund)에게 보낸 편지에서는 다음과 같이 표현하고 있다.

> 러시아가 서구문명과 결합하기를 진지하게 희망했던 모두에게 1939년 8월 23일은 하나의 쇼크였네. 이 사건은 국제외교 영역에서 급진파에 의한 최악의 패배일세. … 독일의 프랑스 점령 이후 이 정책은 인간 전체의 미래를 위한 위협이 되었네. 공산주의자들은 프랑스 군의 광범위한 전투의지를 약화시킬 수 있는 최대의 성과까지는 아닐지라도 파국의 대단히 중대한 원인이 될 수 있는 결정적 승리를 이룬 것 같네.[58]

소련 스탈린 체제의 변질이나 뉴딜정책을 실시하는 미국 민주주의의 근본적 변화에 대해 자신이 완전히 소홀했었음을 미국으로의 피난 이후 비로소 인식하게 된 것이다.[59] 처음 미국에 도착해 그가 주로 글을 기고했던 사회민주주의 이민자들의 독일어판 주간지인 〈Neue Volks-Zeitung〉의 논조는 기본적으로 반공주의적이었다. 또 그가 베를린으로 돌아와

57) E. Fraenkel, "Staat und Einzelpersönlichkeit", 1958, Bd. 5, p. 404.
58) London School of Economics 소장 오토 칸-프로인트 유고 Box 15/4/4. Ladwig-Winters, Simone, "Ernst Fraenkel und die Arbeiterbewegung aus historisch-biografischer Sicht, Robert Chr. Van Ooyen, ed., *Doppel-Staat und Gruppeninteressen*, Baden-Baden, 2009, p. 45 f. 재인용.
59) E. Fraenkel, "Anstatt einer Vorrede", *Reformismus und Pluralismus*, p. 25.

직접 마주해야했던 냉전적 상황이나 분단된 도시에서 장벽 너머를 민
감하게 지켜본 경험 또한 그가 소련을 호의적으로 보도록 이끌기는 어
려웠을 것이다.

> '파리로 가는 길은 북경을 거쳐간다'—이 30년도 넘은 레닌의 문장이 오
> 늘날 과거 그 어느 때보다도 의미 깊다. 그는 세계 공산주의의 전지구적
> 전략을 극명하게 보여주며, 첫눈에는 이해하기 어렵고 모순돼 보이더라도,
> 소련의 전략적, 전술적 대응법을 설명하는데 도움이 될 수 있다. 볼셰비키
> 들은 동아시아와 동남아시아를 자유세계의 신경망이 모인 축으로 설명하
> 는 것을 믿어왔고 믿고 있다. ⋯ 1923년 소련이 독일에서 공산주의 정권을
> 세우고자 한 것이 실패로 돌아간 것을 인정한 이후, 자신들 행위의 중점을
> 중국으로 이동하였다. 1924년에서 1927년까지 그들은 그곳에서 거의 자신
> 의 목표를 달성했다. 1927년 5월 장개석 국민당의 분당은 20년 동안 러시
> 아가 공들여왔던 미래의 공간을 파괴했다. 2차 세계대전 종전 이후 소련은
> 1923년 유럽의 심장부에서 실패했던 노력을 다시 한번 전개한다. 그리고
> 또 한번 이 시도는 독일의 저항에 의해 무너진다.[60]

소련이 추구하는 사회주의가 맑스적 의미에서의 계급 없는 사회를
추구하는 것이 아님을 인식함에 따라 그는 동아시아나 동남아시아 국
가들의 민주적, 사회경제적 발전을 지원함으로서 이 지역에서의 소련
의 팽창을 막을 수 있는 결정적 계기가 될 것으로 보았다. 그는 냉전
하 동아시아 지역에서 민주주의로의 길이 멀고 험하다고 보았지만, 궁
극적으로 법에 의한 지배와 민주적 체제를 통해 도달할 수 있을 것으
로 본 것이다.

그의 이런 반스탈린주의적 사고가 굳어지게 된 또 다른 계기는 남한
에서의 군정 참여였다. 한국에서 경험했던 남한 노동자들에 대한 소련

---

[60] E. Fraenkel, "Der Weg nach Paris geht über Peking", 1955, Bd. 3, p. 608 f.

의 조종, 미소공동위원회의 결렬, 소련의 일하는 방식, 그리고 마침내 한국전쟁의 발발까지 겪으면서 확고하게 반공주의적 입장을 굳히게 된다. 또 다른 그의 경험은 남한 군정서 일하며 영국, 러시아, 프랑스, 미국 대표단으로 구성된 세계노동연맹(World Federation of Trade Unions) 대표단을 맞이한 적이 있었는데, 남북한의 노동현실을 정직하게 보여주고자 준비했던 그의 의도와 달리, 이들 대표단이 정해진 각본에 따라 움직이는 것을 보면서 전적으로 소련의 의도에 따라 미군정을 비난하기 위해 그들 대표단이 온 것으로 판단하게 된다. 한국전쟁도 서방세계와 위에서 소련이 조정하는 세력 간의 싸움으로 보았다. 남한에 대한 북한의 침공은 남북한 전체의 운명을 볼셰비즘을 통해 폭력적으로 해결하고자 하는 시도로 해석하였고, UN에서의 소련의 안전보장 이사회 거부권 행사와 그들의 주장이 국제법과 UN 자체를 흔들고 있다고 비난하였다. 한국문제로 야기된 국제법상의 혼란을 어떻게 처리하느냐에 따라 UN이 난파하느냐 아니면 다시 항해하는가의 기로에 있다는 것이었다.[61]

서구 민주주의를 다른 나라에 이식하고자 하는 시도의 문제점들에 대한 고민은 그가 남한 군정에 참여하면서 지속적 관심의 대상이었다. 프랭켈은 여전히 남한에는 가부장적 봉건사회의 잔재가 여럿 남아있어, 형식적으로라도 독립적이고 평등한 개인으로 구성되는 사회로의 상승에 큰 구조적 어려움이 있다고 보았고, 거기에 미-소 충돌의 국제적 장이 되면서 어려움은 격화되고 있다고 판단했다.[62]

일본 36년의 지배가 한국민으로 하여금 스스로 국가를 운영할 수 있는

---

[61] E. Fraenkel, *Korea - Wendepunkt?* Berlin, 1951.
[62] 프랭켈이 뢰벤탈에게 보낸 편지(1948. 1. 31.), Bd. 3, pp. 408-413.

능력을 상실케 하였고, 여전히 문화와 가족생활은 봉건적 지배에서 나온
전통이 유지되고 있다. 거기에 교육받은 이들이나 관료 경험이 있는 이들
이 없어 미국 지배자들은 거의 일제 강점기에 관청경험이 있는 이들을 쓸
수밖에 없었다. 더욱이 이승만 정권 이후 언론이 억압당하고, 외부세계와
도 단절되면서 특히 국제관계 문제에서 무지하다.[63]

그는 일본이 물러간 한국에는 과거로부터 다시 연결시킬 수 있는 서
구적 의미에서의 민주주의적 전통이나 법치국가적 전통은 전무하며,
그럼에도 내부에서부터 기능할 수 있는 민주주의를 만들어야만 한다
고 생각했다. 그는 독일법이 일본을 거쳐 한국으로 들어오면서 그 의
미가 크게 훼손되었음을 지적한다. 그가 보기에 한국법은 "시민법, 형
사법, 재판법 그리고 행정법에서도 광범위하게 독일법을 받아들였지
만, 그 운용에 있어서는 너무도 경직되어 독일 법질서의 순전히 교조적
이고 체계적이면서 추상적 측면들을 강조하는 방식으로 응용함으로써
원안과는 큰 폭으로 달라졌다"는 것이다.[64]

그는 1948년 친구 뢰벤탈(Ernst Loewenthal)에게 쓴 편지에서 "한국인
들에게 우리의 사고방식을 강요하는 것이 우리의 과제는 아니다. 그들
의 땅이고 그들의 권리다. 만일 우리가 그들의 몇 가지를 이해하지 못
한다 해서 그것이 무슨 문제인가? 그저 한국인들의 전통과 사고에 해
당하는 계획을 바탕으로 자신들의 정부를 만들도록 그들에게 맡기는
것이 옳은 일일 것이다."[65]라고 쓴다. 그는 한국에 오면서 이곳에 미국
식 정부시스템이나 서구적 예를 따른 민주적 체제를 그저 단순히 한국
에 수출하는 것은 어려울 뿐만 아니라 문제가 있는 일임을 바로 인식

63) E. Fraenkel, "Kämpften sie für Syngman Rhee?", 1960, Bd. 3, p. 632.
64) E. Fraenkel, "Deutschland und die westlichen Demokratie", 1960, p. 54 ff.
65) 프랭켈이 뢰벤탈에게 보내는 편지(1948.1.31), Bd. 3, p. 411 f.

했다. 비록 미 정부체제를 다른 정치체제에 부분적으로 적용시킬 수 있다 하더라도, 그것이 다른 정치문화와 만난다면 다른 결과를 가져오게 될 것이었다. 더욱이 남한의 경우는 패전에 의한 점령도 아니지 않은가?

프랭켈은 독일에 돌아가 해방 공간에서의 미국의 군정정책을 평가하면서, 그것이 대단히 위험한 작업이었다고 회고한다. 즉 서구적 의미에서는 전혀 민주적이지 않은 남한에서 자신들만의 전통과 연결시켜 민주주의를 세우는 대신, 미국은 오직 반공주의적 입장에서 형식적 민주주의 체제를 밖에서 덮어씌우고자 했다는 것이다.

이런 생각들로 해서 그는 스스로 모순적 입장에 놓이게 된다. 독일 이민자 출신이라는 자신의 불확실한 위상과 미 정부의 업무를 취급하는 자리라는 것이 그 스스로 미국에 대해 감정을 드러내거나, 미국의 정책을 세밀히 비판하기 어렵게끔 만들었다. 더욱이 남한에서의 그의 소련이나 북한과의 경험들은 그로 하여금 한국에서의 반공주의적 서구 정책을 옹호할 수밖에 없도록 만들었고, 그래서 그는 남한이 미국의 강력한 주도 하에 공산주의 세력의 도발을 막아내야만 한다고 보았다. 냉전도 열전도 프랭켈의 입장에서는 독재정권에 대한 지지를 정당화시킬 수는 없었다. 오직 최종적으로는 자연권적 사고에 기반한 법치만이 유효한 척도였다. 법치만이 인간 존엄성에 대한 보장을 통해 다른 전통에 대한 포용의 가능성을 갖게 된다고 보았다.

그렇지만 그는 서구적 의미에서는 민주주의적이지 않은 한국의 전통에서 형식적─민주주의적 체제를 반공주의와 함께 위로부터 덮어씌우는 일 또한 대단히 위험하다고 보았다. 서로 맞지 않는 것을 강제로 묶을 수는 없었다. 그 결과가 바로 이승만 정권의 권위주의적 정부였으며, 그가 보기에 남한에서의 독재와 혼란은 결국 미국식 민주주의를 성급히 이질적 체제에 덮어씌운 필연적 결과였던 것이다.

나아가 프랭켈은 미 정책이 한국 내 실재적 권력관계를 충분히 고려하지 않았다는 점에서 업무를 소홀히 했음을 지적한다. 1950년 6월 30일 편지에서 그는 북한군의 공격 속에서 자신이 어떻게 서울로부터 극적으로 탈출했는지에 대해 친구 프로인트-칸에게 전하면서 이승만 정권에 대한 복잡한 감정을 아래와 같이 적는다.

우리는 김일성을 꼭두각시로, 러시아는 이승만을 미국의 꼭두각시로 부른다. 그러나 러시아인들과 미국인들이 괴뢰정부라고 부르는 것에는 약간의 차이가 있다 러시아의 꼭두각시는 그에게 내려진 명령을 정확하게 이행한다. 미국의 꼭두각시는 그에게 기대하는 행동에 정확히 반대가 되는 행동을 한다. … 이승만 정부는 미국적이지도 않고 꼭두각시 정부도 아니다. 이 모든 것들이 다 지나간 후, 후진국에서의 우리의 입장의 구조적 취약성의 원인을 찾아내는 작업은 가치 있는 일일 것이다.[66]

1950년 6월 전쟁이 터지자 프랭켈은 먼저 자신의 부인을 27일 일본으로 보내고 이틀 후 ECA의 남은 서류를 안전하게 보관하거나 파기한 후 쫓기듯 교토로 피신한다.[67] 우선은 일본에서 ECA 프로그램의 법률고문으로 계속 일하지만, 몇 달 후 마침내 모든 것을 정리하고 미국을 거쳐 독일로 돌아간다. 1951년 4월의 일이었다.[68]

---

66) E. Fraenkel, "Evacuation from Seoul", 1951, Bd. 3, p. 462.
67) 프랭켈이 어떻게 극적으로 남한을 탈출할 수 있었는지에 대해서는 오토 프로인트-칸에게 1950년 6월 30일 보낸 편지 "Evacuation from Seoul", 1951, Band 3, pp. 456~476 참조.
68) 이미 프랭켈은 1949년 여름 독일의 저명한 맑시스트 정치학자 볼프강 아벤드로트 (Wolfgang Abendroth)로부터 독일 프랑크푸르트의 한 성인교육기관인 〈노동대학〉 (Hochschule für Arbeit)의 법학 강사로 초청받는다. 이 일은 바이마르 공화국에서의 자신의 작업을 다시 잇는다는 의미가 있었지만, 아직 독일로 돌아갈 준비가 되어 있지 않다며 정중히 거절한다. 그는 "독일은—그 운명이 또한 나를

그가 돌아간 자리는 서독 고등판무관실(HICOG, High Commission in Germany)의 자문관(consultant)이었다.[69] 12년 반만의 베를린으로의 귀환이었지만 그것은 점령 미국인의 독일 파견근무였다. 그에게는 독일로 돌아오고 독일과 마주치는 것이 여전히 힘든 일일 수밖에 없었다.

> 이를 통해 다시금 우리에게 공통으로 해당되는 문제가 떠오르네, 즉 다시 한번 독일인들에게 피부와 머리카락을 갖다 바쳐야 하는가? 라는. 1933년의 상황이 반복될 수 있음이 두려운 것이 아니라, 나를 움츠러들게 만드는 것은 독일에서 벌어진 사건에 대해 거리감 없는 입장을 갖게 되는 일에 내 스스로를 일체화시켜야만 한다는 것이네. 그래서 '우리'라는 말이 내게는 입 밖으로 나오지 않네.[70]

베를린에서의 그의 새 임무는 HICOG의 교육지원정책에 대한 프로그램을 마련하는 것과 베를린에 다시 문을 연 〈독일 정치대학〉(Deutsche Hochschule für Politik)[71]에서의 강의였고, 그밖에도 방송이나 노동조합, 다양한 성인교육기관 등에서 강연을 이어갔다.[72] 초기의 강연 내용

깊이 흔든― 더 이상 나의 조국이 아닙니다. 나는 내 스스로를 원망으로부터 벗어나게 하고자 진심으로 노력하였지만, 나를 독일과 다시 한번 일체화시키는 것은 불가능합니다. 연결된 끈은 다른 것들에 의해 끊어졌습니다. 요약하자면: 저는 선생님에게 적절한 사람이 아닙니다"라고 답한다. 1949. 10. 2. 아벤드로트에게 보낸 편지, S. Ladwig-Winters, *Ernst Fraenkel*, p. 234 재인용.

[69] 1949년 9월 서독 아데나워 정권의 출범과 함께 미, 영, 프랑스 3국으로 구성된 HICOG은 해체된 군정을 대신해 서독정부에 영향력을 행사하는 연합군의 잠정적 후속기관 역할을 하였으며, 1955년 5월 해체된다. 해체 이후 이들 3국의 마지막 HICOG 대표들은 각각 자국을 대표해 서독대사로 임명되었다.

[70] 칸-프로인트에게 쓴 1959년 편지, S. Ladwig-Winters, *Ernst Fraenkel* 재인용.

[71] 〈독일 정치대학〉은 1918년 바이마르 공화국의 시작과 함께 시민교육을 위한 일종의 대안대학으로 출발했으며, 1948년 다시 문을 열었고, 1959년 베를린 자유대학 정치학부 〈오토 주어 연구소〉(Otto Suhr Institut)로 개편된다. 특정 학부나 학과 명칭에 '연구소'(Institut)라는 이름을 붙이는 것은 독일에서는 일반적인 관행이기도 하다.

은 주로 한국문제나 미국의 동아시아 정책 및 국제법에 대한 상황을
전달하는 것이었으며, 독일인에게 한국전쟁의 상황을 전달하고 독일과
한국을 비교해 독일에서도 일어날 수 있을 가능성을 알리는 것도 중요
한 임무였다. 그래서 그가 1951년 〈독일 정치대학〉에서 진행한 첫 강연
의 제목도 〈한국 – 국제법상의 전환점?〉이었다. 그는 자신이 겪은 경험
을 통해 여전히 스스로가 한국과 연결되어 있다고 생각했으며, 100회
이상 대학과 성인교육기관, 라디오 등에서 한국관련 강연을 했다고 밝
히고 있다.[73] 그는 한국과 독일 양국이 모두 비민주적 지배자를 가졌
던 과거라던가, 공산주의자들에 의해 분단되어 있음이나, 이후 점차 민
주주의적 질서를 세워나간다는 면에서 많은 공통점을 갖고 있으며, 그
런 점들이 한독 양국이 서로를 이해하는 공동의 기반이 된다고 생각했
다. 그는 베를린 대학의 교수로 재직하며 한국 학생들을 적극적으로
자신의 박사과정에 받아들이기도 했다.

　1953년 5월 그는 HICOG의 자문 프로그램에서 정식 하차하고 마침내
〈독일 정치대학〉의 정교수로 임명된다. 더 이상 변호사도 법학자도 아
닌 정치학자로 새롭게 출발한 것이다. 그는 전후 새로 생긴 학문분과
인 정치학의 기반을 마련하고자 애썼으며, 자신의 연구를 특히 미국연
구, 민주주의 이론, 비교 국제정치학 등 세 분야에 집중한다.[74]

　정교수라는 직위는 그가 오랫동안 바래왔던 위치였고, 이제 더 이상
미국으로 돌아갈 것을 고민하지 않아도 되었다. 그럼에도 독일에서의

---

[72] Hubertus Buchstein, Klaus-Gert Lutterbeck, "Vorwort", E. Fraenkel, Bd. 6, p. 11.

[73] E. Fraenkel, Bd 3, pp. 635~637.

[74] 1945년 이전 독일 대학에는 정치학이라는 과목이 존재하지 않았으며, 패전과 미
　　국의 독일에 대한 'Re-education' 과정에서 처음으로 정치학이 하나의 분과학문으
　　로 수입되었다. 이 과정에 대해서는 박용희, 앞의 글 참조.

삶에 대한 불안을 지울 수는 없었으며, 그래서 1944년 미국에서 획득한
자신의 미시민권을 계속 유지하면서 그 특권을 가능한 지키고 싶어 했
다. 1972년 어쩔 수 없이 미시민권을 포기해야만 했을 때 그의 아쉬움
은 컸다.

4. 다원적 민주주의

그가 1951년 독일로 돌아온 이후에도, 그의 학문이나 저술의 중심에
는 독일에서 새롭게 생성되는 민주주의를 기능하게 할 조건이 무엇인
가에 대한 고민이 자리하고 있었다. 프랭켈은 1943/44년 무렵, 여전히
장기적인 목표로서 독일에서의 사회혁명, 즉 개혁주의적 의미에서의
사회적 민주주의를 염두에 두고 있었지만, 시간이 지나면서 점차 그것
이 독일에서 전혀 가능한 일이 아님을 인식하게 된다.

젊은 시절 그는 소련의 행태에 반감을 가졌던 만큼이나 미국적 자본
주의 체제에 대해서도 부정적 평가를 내렸었지만, 미국 이주 후에는 점
차 이런 평가도 바뀌게 되며, 결국은 미국 체제와 미국의 경쟁자본주의
를 전체주의에 대한 근본적이고 안정적 대안으로 보게 된다. 자신의
과거 시각과 완전히 단절한 것은 아니지만, 점차 사회적 현실을 받아들
이게 되며, 현실에의 적응 속에서 민주주의 체제를 새롭게 구성하고자
하였다. 그 한 계기가 되었던 것은 그가 미국에서 직접 경험했던 루즈
벨트 대통령의 뉴딜정책의 결과였다.[75] 이 정책이 노동자들에게 미친
긍정적 효과에 강한 인상을 받으면서 프랭켈은 자본주의를 긍정적으

---

75) 프랭켈이 주어 교수 가족에게 보내는 편지 1946. 3. 23, Ernst Fraenkel, Bd. 3, p.
393.

로 받아들였고, 점차 자신이 1943년 한 에세이에서 쓴 것처럼 소위 '사
회혁명'의 실현이라는 문제를 어떻게 자본주의 체제 아래서 풀어갈 수
있을 것인가에 대해 고민하게 된다.76) 그러면서 그는 경쟁자본주의의
모습을 갖는 자본주의 체제에 대해 점점 더 긍정적으로 평가하는 쪽으
로 기울고 있었다.

하지만 그가 1950년대 독일민주주의를 새로 세우는 목표설정에 있어
서는 여전히 이론적이었고 아직 명확하지 못한 부분들도 있었다. 즉 그
는 딜레마에 놓여 있었는데, 자신의 과거 사회주의적 이상을 계속 지속
하기는 힘듦을 인식하고는 있었지만, 그렇다고 새로운 독일을 위한 긍
정적이고 실행 가능한 구체적 해결책을 구상해 내지는 못하고 있었다.

그런 의미에서 그가 미국과 한국을 경험하고, 소련과 동아시아를 배
우면서, 또 냉전과 직접 맞닿아있는 도시에 살고 연구하는 경험들이 그
의 민주주의 이론에서도 큰 변화를 만들어 내도록 자극하였다. 프랭켈
은 자신이 경험했던 미국적 민주주의와 법치국가를 열의를 갖고 배우
고자 했고, 이러한 의식이 그를 1950년대 후반부터 대서양 넘어 국가의
정부 시스템에 대한 집중적 연구로 이끌었다. 그래서 마침내 그가 1950
년대 말 도달한 곳은 다원주의(Pluralismus)였다.

그는 모든 구성원의 주권적 권리(Souveränitätsanspruch)가 확고히 보
장될 때 비로소 다원적 민주주의는 기능한다고 보았다. 다원주의적 민
주주의에는 재판 진행과정에서의 법치국가적 규정과 보편적으로 구속
력이 있는 내용상의 가치관이 포함되어야 했다. 즉 다원주의적 민주주
의는 '자연권의 적용'이라는 기반 위에 있는 것이며, 이는 '사회 윤리'와
함께 최소한의 사회정의에 대한 요구를 보장하는 체제였다.77) 그는 라

---

76) E. Fraenkel, "Der Neuaufbau des Rechtsstaats im nach-Hitlerischen Deutschland",
    1943, Bd. 3, pp. 78~81.

스키(Harold Laski), 바커(Ernest Barker) 등 영미권 다원주의 정치이론가
들의 이론과 구분하여 자신의 다원주의를 '신-다원주의'(Neo-Pluralismus)
로 표현하였고,[78] 이러한 그의 민주주의와 다원주의 이론을 총 정리해
〈독일과 서구 민주주의〉를 1975년 출간하면서 새로운 국가이론과 정치
학의 고전으로 인정받게 된다.[79]

　프랭켈의 다원주의 개념은 나치즘이나 스탈린주의적 전체주의 지배
체제의 반대모델로서 강한 규범적 성격을 갖는다. 그는 자율적으로 움
직이는 경제, 사회 이해단체들을 자유 민주주의가 갖는 전형적 다원주
의 현상으로 보았으며, 다원주의 개념의 근본적 의미는 사회 내 존재하
는 서로 다른 사회적 이해관계와 관심사들을 정치적 과정의 일부로서
인정한다는 것이었다. 또한 이는 소수자와 대안의 제시를 보호하며, 서
로 다른 이해관계 간의 공개적 각축을 보장하면서 정치적 사회적 집단
들의 지속적 발전을 지원한다.[80] 그것은 국가이론의 개혁주의적 체현
이었다. 그의 이런 다원주의 개념은 50년대 후반, 60년대 전반까지 서
구 민주주의의 자기이해로서 거의 절대적 인정을 받게 되지만, 60년대
후반 점차 진보적 학생운동의 확산과 CDU/SPD 대연정에 따른 국가 개
입의 강화 등을 겪으면서 그 현재성이 어느 정도 퇴색하게 된다.

　다원적 민주주의의 주된 기반을 마련하기 위해 그가 도달한 결론은
결국 헌법에 기재된 법치국가적 요소들을 지켜야 한다는 것이었다. 즉
법치국가 원칙이야말로 그의 전 저서들을 관통하는 주된 모티브였다.

---

77) Alexander v. Brünneck, "Nachwort: Leben und Werk von Ernst Fraenkel", E.
　　Fraenkel, *Deutschland und die westlichen Demokratien*, Frankfurt, 1991, p. 367 ff.
78) E. Fraenkel, "Sturukturanalyse der modernen Demokratie", 1969, Bd. 3, p. 335.
79) Alexander v. Brünneck, "Vorwort", E. Fraenkel, Bd. 5, p. 9.
80) Alexander v. Brünneck, "Nachwort: Leben und Werk von Ernst Fraenkel", p. 367 ff.

논쟁적 분야에서 서로 다른 이해관계 간의 각축은 정치적 의사결정에
서 불가피한 구성요소이며 이를 통해 서로간의 타협에 도달해야 할 것
으로 보았다.

> 근대 산업국가가 균질적일 수 없다는, 그리고 다원적이어야만 한다는
> 사고에 대한 우리 속에 깊이 뿌리박고 있는 저항감을 극복할 때에만 비로
> 소 우리는 서구 민주주의에 대한 심화된 이해의 길을 열 수 있을 것이다.
> 다원주의는 다음의 두 가지, 즉 공동의 의지는 집단들의 의지를 배려할 때
> 에만 그 실행이 가능하며, 집단들의 의지가 짓밟힌다면 자유의 성취도 불
> 가능하다는 인식을 특징으로 한다.[81]

그는 전후 독일을 독자적 정당성을 지닌, 다양하게 구조화되고 다원
적으로 조직된 법치국가라는 이상형(Idealtyp)과 외부세력에 의해 정당
성이 부여되고, 단일적으로 구조화된, 전체주의적으로 조직된 독재라
는 이상형의, 완전히 상반된 헌법체제에 기반한 두 국가체제가 대치하
는 것으로 보았다.[82] 그럼에도 자본과 노동의 충돌이 필연적으로 계급
없는 사회로 이끌게 될 것 같지 않았으며, 오히려 다원주의 사회에서는
이러한 산업사회에서의 다양한 충돌을 국가가 공개적으로 드러내 놓
고 조정 역할을 맡음으로써 국가와 사회 간의 분열을 막아낼 수 있다
는 것이다. 다양하게 구조화된 민주주의에서 모든 것을 포괄하는 합의
란 존재하지도, 가능하지도 않으며, 그래서 어떤 방식으로든 전체를 포
괄하는 합의를 추구하고자 하는 생각은 어쩔 수 없이 하나의 이데올로
기적 특성을 띠게 될 수밖에 없다고 말한다.[83]

---

[81] E. Fraenkel, "Pluralismus als Strukturelement der freiheitlich-rechtstaatlichen Demokratie",
1964, Bd. 5, p. 280.

[82] E. Fraenkel, "Strukturanalyse der modernen Demokratie", 1970, *Reformismus und
Pluralismus*, p. 404.

그는 국민의 내부적 결속력(Volksverbundenheit) 부족이나 정치적 파당의 형성 등 의회주의를 향한 비판이 종종 국민투표적 요소의 확장이라는 요구로 나아가지만, 역사에서 국민투표에 의한 결정이 스위스를 제외하면 예외 없이 권위주의적 지배를 정당화하는 방향으로 나갔음을 지적한다. 나폴레옹이 그랬고, 히틀러도 그랬으며, 국민의 일치된 균질성을 요구하는 칼 슈미트의 주장도 그러하다는 것이다. 그래서 그는 민주주의 헌법에서 대의적 요소와 국민투표적 요소 사이에서 균형을 잡는 일은 현재 헌법정책의 중심문제라고 설명하기는 했지만, 지배자에 의해 받아들이느냐 거부하느냐의 양자택일만을 요구받게 되는 국민투표(Plebiszität)에 대해서는 부정적이었다.[84]

루소의 의회주의적 시스템을 거부하고 국민에 의한 직접적 주권행사를 옹호하는 전통[85]과 이를 받아들인 슈미트의 국민투표 방식의 정당화는 필연적으로 균질화된(homogen) 사회질서와 국가질서를 세우고자 하는 의지로 연결된다. 이를 통해 만들어진 사회의 균질화는 곧 테러와 폭력과 죽음을 의미하며, 이는 나치 체제나 스탈린 체제를 통해 증명되었다고 프랭켈은 지적한다. 그래서 국민투표를 통한 결정은 현실에 있어서는 서로 다른 이해관계로 분열되어 있는 근대사회의 실재와 맞지 않는다는 것이다.

  1971년 이전 볼셰비키 이론가들이 대규모적으로 대의제를 비판하면서 국민투표적 사고를 선전하였지만, 1936년의 소련 헌법은 국민투표 (프로파간다를 위해서 조차도) 실시를 전혀 규정하지 않았다. 단지 선거권자가 의

---

83) E. Fraenkel, *Deutschland und die westlichen Demokratien*, p. 351 f.

84) E. Fraenkel, "Die repräsentative und die plebiszitäre Komponente im demokrstischen Verfassungsstaat", 1958, Bd. 3, pp. 165~207.

85) E. Fraenkel, *Deutschland und die westlichen Demokratien*, 156 ff.

원을 소환할 수 있도록만 했고, 이를 통해 국가정당이 급진 – 민주주의적
사고에 입각해 지속적 압력을 의원들에게 행사할 수 있도록 했다.[86]

그는 슈미트를 단지 나치즘으로의 길을 준비했던 지적 설계자로 뿐
만 아니라, 자신의 다원적 민주주의의 적대자로 생각했으며, 그래서 그
는 자신의 이론을 전개시키면서 지속적으로 슈미트를 등장시켜 그의
전체주의 논리를 반박한다. 그는 1958년 자신의 민주적 입헌국가에서
의 대의제적 요소와 국민투표적 요소에 관한 글의 결론에서 "국가에서
의 민주주의 존속은 정당 내에서 민주주의를 가꾸는 일에 달려있다.
오직 정당 안에서 여러 단체와 세력들이 직접 결정할 수 있는 충분한
행동공간이 확보될 때에만 대의제적 헌법은 발현될 수 있다"[87]고 기술
함으로써 직접민주주의의 실현을 정당 내 활동으로 한정했다.

자신의 다원주의 이론을 전체주의에 대한 부정이라는 틀 속에서 구
성한 것은 나치즘을 경험하고 다시 베를린에서 소련식 사회주의와 대
면했던 본인의 직접적 체험으로부터 우러나온 것이었다. 아직 민주주
의도 정치학이라는 학문도 성숙되지 못한 전후 서독 사회에서 프랭켈
은 여전히 남아있는 전체주의적, 권위주의적 행태에 저항해 다원주의
적 민주주의를 목표로 제시함으로써 독일연방공화국의 민주적 기반
건설에 기여했다.

그가 재직하던 베를린 정치대학은 이후 베를린 자유대학 정치학과
와 통합하면서 독일에서 가장 큰 규모의 정치학 본산으로 성장한다.
1964년 베를린 자유대학 내에 북아메리카 연구소인 〈J. F. 케네디연구

---

[86] E. Fraenkel, "Plebiszit", 1964, Bd. 5, p. 495.
[87] E. Fraenkel, "Die repräsentative und die plebiszitäre Komponente im demokratischen
Verfassungsstaat", 1958, Bd. 5, p. 151 ff.

소)가 설립되며, 이 과정에서 결정적 역할을 했던 프랭켈은 초대 소장으로 취임한다. 하지만 그 시기 베를린 자유대학은 학생들의 반미 구호로 덮여 있었다. 대학 내의 더 큰 자율과 직접민주주의가 요구되었고, 학생들은 프랭켈의 친미적 태도에 반발해 그를 부르주아 진영으로 몰아 공격했다. 학생들은 그의 다원주의가 정치적 현실에서는 오직 사회 내 갈등을 이겨낼 능력 있는 집단의 이해만 관철될 수 있으며, 그 속에서 국가는 강력한 힘을 가진 특별한 이해관계를 충분히 제어할 수 없다고 비판하였다.

그 또한 계속되는 학생들의 공격에도 물러서지 않고 적극적으로 대응했다. 그는 다혈질의 인간이었다. 그는 자신 같은 국외자가 부르주아 진영으로 몰리는 것을 부당하다고 생각했으며, 학생운동 세력이 민주주의 이론에 대한 자기이해가 부족하다고 생각했다. 학생들이 요구하는 '더 많은 민주주의' 뒤에는 실재로는 의회민주주의를 벗어나는 '완전히 다른 민주주의'를 지향하는 '속류 민주주의적'(vulgärdemokratisch) 소망이 숨겨져 있다고 비판하면서 대학정책에 관한 학내 학생들 참여의 확대에 대해서도 부정적이었다.[88] 즉 학생들이 요구하는 평의회민주주의(Rätedemokratie)는 스위스에서 행해지는 직접민주주의와도 다르며, 이는 과거 빠리꼬뮨에서 이루어졌던 실재와도 다르고, 1793/94년 파리 쌍퀼로트들이 자코뱅에 의해 해산되기 전의 지배형태를 역사적 모델로 하고 있다면서, 학생들 주장의 역사적 뿌리는 왜곡된 민주주의와 연결되어 있다고 보았다.[89] 그는 1973년 베를린 대학개교 25주년 기념 연설에서 '볼셰비즘에 대한 보루'로서 세워졌던 베를린 자유대학의

---

88) E. Fraenkel, "Universitätskrise und Radikaldemokratie", 1969, Bd. 6, p. 548.
89) E. Fraenkel, 앞의 글, p. 550.

실험이 공산주의적 사고에 젖은 학생과 조교집단들의 놀이터가 되었다면서, 궁극적으로 정치교육의 잘못에 그 원인을 돌렸다.

나아가 그는 한창 진행 중인 미국과 베트남간의 전쟁을 일반적으로 학생운동권이 평가하듯 제국주의 정책이 아니라 미국의 전통적 봉쇄정책의 일환일 뿐이라고 해석한다. 그렇다고 그가 베트남 전쟁이나 미국의 세계정책을 옹호한 것은 아니었고, 이러한 미국의 봉쇄정책이 국제사회에 더욱 해를 끼치게 될 것이라면서 비판적 입장에 서지만, 학생들의 분노를 가라앉히기에는 이미 양자 간의 견해차는 봉합할 수 없을 정도로 벌어져 있었다. 정치학이 사회적 갈등에 더 강력하게 대응해야 하며, 민주주의의 오류가능성도 테마로 삼아야 한다는 학생들의 주장에 대해 그의 입장은 이미 사회적 갈등과 관련된 테마는 정치학에서 충분히 하고 있으며, 민주주의적 기본가치란 포기할 수 없는 절대적인 것이라고 확인함으로써 양자는 평행선을 달릴 수밖에 없었다.

이러한 학생들과의 갈등 속에 그는 점차 쇠약해 가며, 수차례의 심장마비와 요양 끝에 1975년 3월, 일흔 일곱의 나이로 베를린에서 눈을 감는다.

5. 맺음말

오늘날 민주주의라는 말은 도처에 있지만, 그 개념은 처음 그것이 생긴 이래 꾸준히 변해왔다. 자유민주주의가 있고, 사회민주주의가 있으며, 대의민주주의가 있고, 직접민주주의가 있어 상호 충돌한다. 사회주의 체제에서의 민주주의 내용은 자본주의의 그것과 큰 차이가 난다. 민주주의의 뿌리는 고대 그리스에서 시작되어 그 형성에 많은 영향을 미치기는 했지만, 고대의 민주주의 이론과 근대적 민주주의 이론은 완연히 다르다. 근대 의회민주주의가 확립된 이후에도 역사 속에서 의미변화는 지속되었다. 그 변화에 따라 이를 실현시키는 절차도 끊임없이 변해왔다. 선거연령이나 선거권을 획득할 수 있는 범위가 변하며, 시민의 요구가 발현되는 방식이나 주권개념 등도 지속적으로 변해왔다. 1960년대 후반 학생운동과 반체제 운동이 독일을 지배할 때 빌리 브란트는 "더 많은 민주주의를 감행하자!"(mehr Demokratie wagen!)라는 말로 국민을 설득한 바 있다. 그러나 그 말 속에 담긴 민주주의란 어떤 민주주의인가? 브란트조차도 그 내용을 설명하지는 않았다.

프랭켈은 '서구 민주주의'(westliche Demokratie)를 근대적 민주주의가 갖는 법치국가적 특성, 분권적 사고, 의회제도 등이 모두 합쳐진 유럽 공동의 전통으로 보았으며, 특히 노동운동 전통에서 나온 사회정의와 사회 내 다양한 이해관계집단의 형성을 서구민주주의를 구성하는 중요한 요소로 간주했다. 즉 이해집단들 사이에서의 충돌과 타협, 긴장관계와 같은 것들을 국가 내 정치적 의사형성에서 필수적 요소면서 근대적 민주주의의 구조적 특징으로 판단한 것이다. 특히 그는 전통적 유럽 다원주의 사고 속에 있어온 자율적으로 구성된 이해집단과 다양하게 구조화된 정치적 집단들을 강조함으로써 신다원주의적 민주주의 이론을 구성할 수 있었는데, 즉 모든 사회적 이해관계들이 동등한 권리를 갖고 집단적으로 대변되는 것이 공공의 복리를 의무로 삼는 민주주의의 기반이라는 것이다.[90]

프랭켈은 다원적 민주주의 속에서 집단과 단체의 역할을 강조했지만, 구체적으로 어떤 정치적, 혹은 사회적 집단이나 단체여야 하는지는

---

[90] G. Göhler, "Ernst Fraenkel", p. 261.

더 이상 언급하지 않는다. 서구민주주의 제도야말로 그에게는 대의적이고 다원주의적으로 법제화된 정치질서였지만, 60년대 말 학생들이 미국적 자본주의를 비판하고 거리민주주의를 주장할 때, 프랭켈의 다원주의는 모든 것을 포용하는 자유로운 다원주의는 아니었다. 이미 그 안에는 다원주의에 반하는 자기모순이 내재해 있었다고 할 수 있다.

만일 사회적 충돌이 의회의 제도 안에서 해결되지 못한다면 그때는 어떻게 할 것인가? 프랭켈은 거기까지 답하지는 못했다. 그는 직접투표를 정당 안의 활동으로 한정함으로써, 국민의 직접적 요구에 눈감았으며, 대의민주주의의 보완으로서 분출되어 나오는 시민사회 내에서의 직접민주주의의 확대라는 과제에 대해서도 명확한 답을 제시하지 못했다.

그의 다원주의는 일종의 이상형으로서 민주주의의 한 모델을 보여주었지만, 타협과 각축을 통해 도달한 다원적 민주주의라는 균형이 사실은 얼마나 불안하고 깨어지기 쉬운 균형인지, 일단 도달한 균형이 와해되는 다음 단계까지 논의를 이어나가지는 못한 것이다. 그의 다원주의 이론은 자신의 삶의 여러 단계에서 분산된 채 표명되었고, 그 때문에 체계화된 이론으로 완성되지 못한 채 마무리될 수밖에 없었다.

그런 한계들을 포함하면서 오늘날 그의 다원주의 개념은 근대적 민주주의 제도에서 하나의 척도이자 민주주의 기본헌법의 근간이 되는 구조적 요소로 인정받고 있으며, 보편적으로 받아들여지고 있다. 냉전의 상황 속에서 미국에 의해 수입되고 확산된 학문이었지만, 독일의 정치학은 민주주의에 대한 진정성 있는 고민들을 통해 전후 새로운 분과학문으로 발전해 갈 수 있었다. 프랭켈은 그 과정에서 중요한 기반을 제공한 학자였다.

그렇다면 그를 냉전 하에 보수화된 비판적 지식인의 전형적 타입으로 평가할 수 있을까?

프랭켈의 생각을 이해하는 데에는 개인사적 요소들이 절대적 역할을 한다. 바이마르와 나치 독일, 미국과 남한에서의 경험, 그리고 다시 전후 냉전의 대치 속에서의 베를린. 이 굴곡 많고 특이했던 삶의 여정을 배경으로 구성된 민주주의 이론은 연구실에서 사색으로 구성된 것이 아닌, 몸으로 부딪힌 이론이었고, 다른 것으로 대치할 수 없는 그만큼의 절박함이 실려 있었다. 그의 삶은 단절과 배제의 연속이었고, 이를 통해 다양한 입장과 시각에 대한 존중의 의미를 체득할 수 있었다. 그가 비록 과거 자신의 사회주의적 신념을 포기하기는 했지만, 그것은 스탈린주의적 사회주의의 실상을 확인하고부터였다. 오히려 그는 항상 구체적인 장에서 정치적 진보를 향해 영향을 미치고자 했다. 그의 삶은 안정되고 전형적인 모습과는 거리가 멀었다. 바이마르 시대에는 노동법의 개선과 민주적 공화국 헌법을 유지하기 위해, 나치 시대에는 히틀러 정권에 저항하면서, 남한에서는 군정에 참여해 법치주의적 기반을 마련코자 함으로써, 그리고 다시 돌아간 베를린에서는 서독 민주주의의 틀을 견고히 하기 위해 진력했던 삶이었다. 그만큼 그의 글과 사유는 자신이 겪어온 다양한 삶의 굴곡들의 흔적이며, 동시에 당대인으로서의 생생한 현실분석이기도 하다. 그가 서독으로 돌아간 이후에도 남한을 주제로 100회 이상 강연을 했으며, 한국문제와 관련해 지속적으로 고민하고 두꺼운 한 권의 책이 묶여져 나왔다는 것은 그만큼 그가 자신의 삶을 진지하게 받아들였다는 징표이기도 하다. 그 글들은 자신이 현실에서 겪고 고민하고 부딪히며 만들어낸 산물들이다. 그래서 그의 민주주의에 대한 문제제기는 오늘날 우리에게도 여전히 유효하다.

〈부록〉

에른스트 프랭켈 선집 3에 실린 한국관련 글 리스트

시민법(Civil Law and Codes) (1946).

1946. 1. 15.-30. 사이 한국체류에 관한 메모 (Aufzeichnungen vom 15 bis 30. Januar 1946 über Fraenkels Ankunfszeit in Korea) (1946).

1946. 3. 23. 주어씨 가족에게 보내는 편지 (Brief vom 23. März 1946 an Familie Suhr) (1946).

법률소견서 342: 시민 구속의 경우; 경찰력; 계약위반에 따른 구금과 경찰력 (Opinion 342: Arrest in Civil Cases; Power of Police; Power of Police to Arrest for Breach of Contract) (1946).

법률소견서 709: 미 육군 장교의 중혼 의혹 (Opinion 709: Alleged Bigamy of American Army Officer) (1946).

법률소견서 775: 미군 고용 한인의 노동조건 (Opinion 775: Labor Conditions of United States Army Korean Employees) (1946).

법률소견서 1000: 도로 보수: 점령비용으로 지출할 것인가, 일반 정부비용으로 지출할 것인가? (Opinion 1000: Street Repairs - Whether Charged to Occupation Cost or Normal Government Costs) (1947).

1948. 1. 31. 프랭켈이 에른스트 뢰벤탈에게 보낸 편지 (Brief von E. Fraenkel an E. Loewenthal vom 31. Januar 1948).

구금에 관한 한국법 (Korean Law on Arrest) (1948).

한국 내 미군정의 구조 (Structure of United States Army Military Government in Korea) (1948).

시민봉사상 추천장 (Recommendation for Meritorious Civilian Service Award) (1946).

찰스 페글러/에른스트 프랭켈: 한국 승인에 대한 견해 (Charles Pergler/E. Fraenkel (Mitarbeiter): Views on the Recognition of the Republic of Korea) (1948).

한국 헌법의 수정제안에 대한 법적 분석 (Legal Analysis of the Proposed Amendment
  to the Constitution of the Republic of Korea) (1950).
서울로부터의 철수 (Evacuation from Seoul) (1950).
UN과 중국 간의 '휴전'이 미치는 한국의 미래에 대한 효과 (The Effect of a
  UN-Chinese 'Cease Fire' on the Future of Korea) (1950/1951).
한국 – 국제법상의 전환점? (Korea - ein Wendepunkt im Völkerrecht?) (1951).
샌프란시스코 평화조약 (Der Friedensvertrag von San Francisco) (1951).
"이승만 대통령이 부산에서 비상사태를 선포하다…." ("Präsident Dr. Rhee hat
  den Ausnahmezustand in Fusan verhängt…") (1952).
신문이 매일매일 아시아의 소식들로 넘쳐난다 (Die Zeitungen sind täglich voll
  von Asien…) (1954).
파리로 가는 길은 북경을 거쳐간다 (Der Weg nach Paris geht über Peking)
  (1955).
그들은 이승만을 위해 싸웠던가? (Kämpften sie für Symgman Rhee?) (1960).

그밖에 선집 3에는 프랭켈이 작성한 〈법률적 견해〉 중 보관되어 있
는 자료 77개의 표제가 부록으로 작성되어 있다.

한국전쟁 뒤 반공이데올로기 지형과 지식인의 자리
1950년대 『사상계』의 사상

최규진

1. 머리말

국제전과 내전의 성격을 함께 가지고 있었던 한국전쟁은 한반도에 두 개의 적대적인 국민국가가 들어서는 결정적 계기가 되었다. 한국전 쟁은 사회 전반에 큰 흔적을 남긴 채 갖가지 문화효과를 일으켰다. 체 제경쟁이 더욱 심해졌다. 체제경쟁은 곧 '문화전쟁'이기도 했다.[1]

치열한 좌우 대결과 전쟁 속에서 '사상' 때문에 많은 사람이 희생되 었다. 전후 지식인들은 '사상'을 갖는 것에 공포심을 지니고 있었다.[2] 사상사에 폭력적인 단절이 생겼다. 공백을 메울 어떤 사상을 다시 구 축해야만 했다. '대한민국 국민 만들기 기획'도 새로 시작해야 했다.[3]

---

[1] 베른트 슈퇴버 지음 · 최승완 옮김, 『냉전이란 무엇인가: 극단의 시대 1945~1991』, 역사비평사, 2008, 125쪽.

[2] 권보드래 · 천정환, 『1960년을 묻다』, 천년의상상, 2014, 114쪽.

그 때 모습을 드러낸 잡지가 바로 『사상』과 『사상계』였다.

이승만 정권에서 반공과 같은 네거티브 주장만 강했지, 적극적인 (positive) 제안이 없었던 상황에서,[4] '종합학술지'[5] 『사상계』가 나왔다. 그러나 『사상계』는 엄격한 의미의 학술지는 아니었다. '학술과 평론의 중간을 가는 중간지(中間誌)'였다.[6] '장준하 1인 잡지'로 닻을 올린 『사상계』의 전신은 『사상』이었다. 장준하가 『사상』의 편집주간을 맡았다. 『사상』은 겉으로는 '사상사'라는 민간 출판사에서 발간하는 형식을 띠었지만, 실제로는 국민사상지도원의 기관지였다. 장준하에 따르면, 『사상』은 "전파(戰破)된 국민사상을 바로잡자"는 잡지였다.[7] 『사상』은 "결전국민의 사상과 정신을 올바르게 지도귀일(指導歸一)시켜 세계사적 의의를 가지는 대공전쟁(對共戰爭)에 대한 필승의 신념을 확고히 하는" 것을 목표로 삼았다.[8] 『사상』의 성격은 이처럼 명확했다.[9]

『사상계』의 성격은 어떠했던가. 『사상계』 창간호는 『사상』 속간을 위하여 편집하였던 것을 그대로 출간했다. "동서고금의 사상을 밝히고

---

[3] 『사상』은 "우리는 아직 국민이 되어있지 아니하다는 것을 뼈에 사무치도록 느껴야 한다"고 주장하면서 국민 만들기에 앞장설 것임을 내비쳤다(이태영, 「사상적으로 본 역사적 현실」, 『사상』 4, 1952. 12, 47쪽).

[4] 서중석, 「이승만 정권 초기의 일민주의와 파시즘」, 역사문제연구소편, 『1950년대 남북한의 선택과 굴절』, 1998, 53쪽.

[5] 『사상계』 1953년 5월호 표지.

[6] 신상초, 「〈사상계〉 10년의 발자취를 더듬어: 편집자의 一人으로서」, 『사상계』, 1963. 4, 278쪽.

[7] 장준하, 「나와 잡지」(상), 『사상계』, 1963. 4, 286쪽.

[8] 이교승, 「창간사」, 『사상』 창간호, 1952. 9, 6쪽.

[9] 『사상』지에 관한 연구는 김봉국, 「1950년대 전반기 국민사상연구원의 설립과 활동」, 전남대 석사학위논문, 2010; 후지이다케시, 「제1공화국의 지배 이데올로기: 반공주의와 그 변용들」, 『역사비평』 83, 2008; 공임순, 「'사상'운동과 사상의 생활윤리화: 일민주의와 『사상』지를 중심으로」, 『서강인문논총』 35호, 2012; 홍정완, 「전후 재건과 지식인층의 '道義' 담론」, 『역사문제연구』 19, 2008.

바른 세계관 · 인생관을 수립"하려는 목표도 두 잡지가 똑같았다.[10] 첫
출발이야 그렇다 하더라도, 『사상계』의 성격이 그대로 유지된 것일까.
서북 지역주의에 뿌리를 둔 '월남 지식인이 만든 잡지'이자 '오산 숭실
의 학맥이 만든 잡지'였던[11] 『사상계』는 얼마만큼 영향력이 있었을까.
『사상계』는 '암야(暗夜)의 고등(孤燈)'이며 '자유의 선봉, 민주주의의 보
루'였다고 스스로 평가했다. 좀 더 자세하게 보자.

> 반공 · 반독재 · 자유 · 민주주의의 깃발을 높이 들었던 사상계는 독자층
> 특히 젊은 인텔리층으로 하여금 투쟁에의 정렬과 용기를 갖게 하고, 구체
> 적으로 싸우는 방식이 무엇이며 쟁취해야 할 신질서가 무엇인가 하는 윤
> 곽을 밝히는 데 많은 공을 세웠으니 이 점 사상계는 대학생과 지식층의 살
> 아 있는 민주주의의 귀중한 교재가 되었다고 생각한다.[12]

이러한 자평이 전혀 근거 없는 것은 아니다. 분명 『사상계』는 지식
공백기에 나온 '지식인을 위한 잡지'였고,[13] 독자에게 큰 영향을 미쳤
다. 주간이었던 김성한은 대학생이나 지성인이 『사상계』를 "새로운 지
식을 얻을 원천"으로 삼았다고 회고했다.[14]

『사상계』는 1953년 4월 창간되어 1970년 폐간[15]되기까지 한국 지성

---

10) 편집후기, 『사상계』, 1953.4, 201쪽.

11) 최강민, 「근대 담론의 전도사, 〈사상계〉를 말한다」, 『오늘의 문예비평』, 2005,
54~55쪽.

12) 신상초, 앞의 글, 278쪽.

13) 사상계연구팀, 『냉전과 혁명의 시대 그리고 사상계』, 소명출판, 2012, 6쪽.

14) 김성한, 「불모의 박토에 사상의 뿌리를 박기까지」, 『사상계』, 1969. 12.

15) 1970년 김지하의 「오적」 사건 때문에 『사상계』가 폐간된 것으로 알려져 있다.
그러나 '정치교수' 축출 압력을 받았던 1965년 말~1966년부터 『사상계』가 실질적
으로 붕괴하고 있었다(김건우, 「1960년대 담론 환경의 변화와 지식인 통제의 조
건에 대하여」, 『대동문화연구』 74, 2011, 145쪽).

계를 이끌었다. 지식인이 '미디어 실천'16)을 했던『사상계』는 당대의
사상지형도를 잘 보여준다. 더구나『사상계』는 대중의 사회개조 욕망
을 반영하기도 했다.17)『사상계』는 '문화의 종합적 텍스트'로서도 매혹
적이다. 사정이 그러하니『사상계』를 다룬 연구도 많다.18) 인물 연구
에서부터19) 이데올로기와 담론분석, 그리고 문화적 접근과 젠더의 관
점20)에 이르기까지 여러 시각으로『사상계』를 조명한다.

　이 글은 1950년대『사상계』를 분석 대상으로 삼는다.21) "『사상계』는
일관하여 같은 이념 같은 체제 같은 편집 방침 밑에 발간되었다."22) 그
러나 1950년대『사상계』라 하더라도 정치·사회 변동에 따라 성격이
달라졌다는 사실을 미리 말해두어야 한다.

　이 글은『사상계』의 역사의식에 초점을 맞출 것이다. 역사의식은 '역
사'만으로 그치지 않는다. 역사의식의 뿌리를 따지다 보면 끝내 사상과
맞닥뜨리게 된다. 1950년대『사상계』는 어떤 사상을 가지고 있었는가.
이 질문에 답하려면 적어도 네 가지 사항을 반드시 짚어야 한다. 첫째,

---

16) 이용성,『한국 지식인잡지의 이념에 대한 연구』, 한양대 박사학위논문, 1996, 25쪽.

17) 「언제까지나 초창기는 아니다」(권두언),『사상계』, 1958. 1(이봉범,「한국전쟁 후
풍속과 자유민주주의의 동태」,『한국어문학연구』, 55, 2011, 384쪽).

18) 박연희,「1950년대 문화연구 동향과 지성사적 가능성」,『한국학연구』29, 2013.
이 논문은 문화적 측면에서 '리뷰 에세이' 형태로『사상계』연구사를 정리했다.

19) 서중석,「분단체제 타파에 몸 던진 장준하」,『역사비평』38, 1997:임대식,「1950년
대 미국의 교육원조와 친미 엘리트의 형성」, 역사문제연구소편,『1950년대 남북
한의 선택과 굴절』, 역사비평사, 1998.

20) 김복순,「학술교양의 사상형식과 '반공 로컬 - 냉전지(知)'의 젠더: 1950년대『사
상계』를 중심으로」,『여성문학연구』29, 2013.

21) 1960년대의『사상계』는 1950년대와 다른 성격을 지닌다. 4·19가『사상계』방향
에 영향을 미쳤음은 다음 글에서도 확인할 수 있다. "법적 구속의 관념에 전혀
구애됨이 없이 마음 놓고 자유롭게 글을 쓸 수 있었던 시대는 4·19 이후 5·16
까지 '단군 이래의 자유'가 처음으로 실현됐던 시기"(신상초, 앞의 글, 280쪽).

22) 신상초, 앞의 글, 277쪽.

『사상계』의 반공논리는 무엇인가. 둘째, 냉전체제가 요구하는 이승만 정권의 자유민주주의 외피와 『사상계』의 자유민주주의는 얼마나 다를 까. 셋째, 『사상계』의 자유민주주의는 평등의 내용을 담고 있었던 것일 까. 넷째, 『사상계』는 어떻게 계급을 호명하고 대중을 어떤 시선으로 바라보았을까.

이러한 문제의식은 따로따로 분석해야만 설득력 있는 결론을 끌어 낼 수 있다. 그러나 각각의 문제의식은 서로 한 묶음으로 연결되어있 다. 따라서 이 글은 1950년대 『사상계』의 사상을 포괄적으로 드러내기 위해서 큰 틀에서 윤곽을 잡아내는 연구방법을 선택했다.

2. 『사상계』의 역사인식

1) 동양과 한국, 정체성과 후진성

'아시아'라는 어휘는 지정학적 개념이 강했고 동양은 상대적으로 문 화사적인 맥락에서 쓰는 일이 많았다.[23] 동양이란 일본이 '서양'을 대 타항으로 설정하여 축조한 문화사적 개념이었던 셈이다.[24] 『사상계』 에서 역사학자 정재각은 "Orient라는 말이 그러하듯이 동양이라는 말도 경우에 따라 또는 사람에 따라 그 의미하는 범위가 달라지는 막연한 호칭"[25]이라고 지적했다. 그는 사람마다 동양이라고 부를 때 '지리적

23) 장세진, 『상상된 아메리카와 1950년대 한국 문학의 자기 표상』, 연세대 박사학위 논문, 2007, 26쪽.
24) 김주현, 「『사상계』 동양담론 분석」, 『현대문학의 연구』 46, 2012, 450쪽.
25) 정재각, 「동양의 역사적 현실」, 『사상계』, 1957. 8, 275~276쪽.

신축성'이 생기는 것은 단순히 지리적인 요인 때문이 아니고 동양의 성
격을 서로 다르게 해석하기 때문이라고 했다. 그리고 " '서양'적 존재에
대한 '비서양적' 존재로서 '동양'을 말한다면 관대하게 받아들여야 한다"
고 주장했다.[26] 그는 동양문화가 서양문화에 견주어 아주 일찍 발생하
여 꽃을 피웠지만, 계속 성장하지 못하고 정체 또는 쇠퇴하고 말았다고
설명했다. 그렇게 된 까닭은 '가부장제적 원리 위에 성립된 전제적 관
료적 국가체제' 때문이라고 했다.[27]

『사상계』 편집위원이자 역사학자였던 김준엽은 '아시아 사회의 후진
성'을 다음과 같이 설명한다.

> 유목민의 침략이 수천 년을 두고 반복되었다는 것이 아시아 사회가 정체
> 하고 후진성을 띠게 된 원인의 하나가 될 것이다. 미개한 유목민족의 침략
> 내지 통치에서 그냥 서방 제국주의자들의 식민지로 화해 버렸다는데 아시
> 아의 후진은 결정적으로 되고 말았다. 여기에서 말하는 후진성이라 함은
> 구라파나 미국 등의 근대적 자본주의 국가에 비하여 전 아시아의 제국가
> (諸國家)의 근대화의 과정이 훨씬 뒤떨어졌다는 것을 의미하는 말이다.[28]

『사상계』는 '아시아의 정체성'에 관한 인도 대표의 연설문을 번역하
기도 했다. 그 연설문은 아시아가 사상과 공업기술이 발전하지 못했기
때문에 정체되었다고 주장했다. 사상과 경제의 발전, 이러한 목표제시
가 『사상계』의 관심을 끌었을 것이다.[29]

---

[26] 정재각, 위의 글, 276쪽.
[27] Wittfogel의 「동양사회의 이론」을 논거로 삼고 있다(정재각, 앞의 글, 1957. 8, 277~279쪽).
[28] 김준엽, 「아시아 사회의 후진성에 관한 일고찰」, 『사상계』, 1955.9, 44쪽.
[29] 나르마데위와 프라산, 「아시아 사회의 정체성: 과거의 유산」, 『사상계』, 1955. 9, 15쪽.

아시아 사상문제에 대해서 『사상』과 『사상계』는 유교를 강하게 비
판했다. 경제학자 배성룡은 유교가 경제를 천시하고 기피하는 사상을
지녔기 때문에 "근대 자본주의의 적극적인 경쟁경제에 패배할 수밖에
없었다"라고 했다.[30] 또 그는 유교가 '만성적인 정치적 혼란을 일으키
는 근원'이 되었다고도 했다.[31] 배성룡은 "유교문화의 상고주의(尙古主
意)가 역사 발전과 문화 발전을 부인했다"라고 비판했다.[32] 영문학자
이양하는 유교가 현실의 세계, 물질의 세계를 보지 못하게 했고 문학과
예술이 빈곤한 것은 공자의 가르침 때문이었다고 했다.[33] 이들은 정체
성, 다시 말하면 근대화가 늦어진 사상적 요인으로 유교를 꼽고 비판을
쏟아냈다.[34]

경제학자 조기준은 아시아가 정체성에 빠진 원인을 ① 아시아적 지
배체제와 농민생산성 문제 ② 아시아적 도시의 특색인 도시자치권의
결핍 ③ 씨족공동체의 강인성 등을 꼽았다.[35] 그리고 '아시아 정체성'
의 함의를 다음과 같이 지적했다.

> 우리가 아시아적 정체성을 논의할 때에는 다음과 같은 두 가지 점을 염
> 두에 둔다. 하나는 아시아의 중세사회 그 속에서는 항상 보수적인 세력이

---

[30] 배성룡, 「한민족의 경제사상: 동양식 정체성과 貧樂經濟觀」, 『사상』 창간호, 1952. 9, 51~52쪽.

[31] 배성룡, 「동양적 정치사상 及 양식의 연구(제1회)」, 『사상』 3, 1952. 11, 45쪽.

[32] 배성룡, 「동양적 '쇠퇴사관' 개론: 주로 과거기점주의, 本末論, 순환사관 등 諸概念」, 『사상계』, 1954. 3, 24쪽.

[33] 이양하, 「나라를 구하는 길- 모대학교에서의 강연」, 『사상계』, 1957. 9, 218쪽.

[34] 유교가 근대 이행기에 적절하게 대응하지 못했다는 주장도 있다. 김용덕, 「근세 당쟁사론」, 『사상계』 1957. 10가 그러하다. 이에 대해서는 장세진, 앞의 글, 154~155쪽 참조.

[35] 조기준, 「아시아적 정체성의 제문제」, 『사상계』, 1957. 8, 209~217쪽.

반복될 뿐이고 새로운 시민계급이 발생할 계기를 주지 않은 사회. 다른 하나는 오늘날의 아시아 제국(諸國)에서 볼 수 있는 구질서의 잔재. 그것은 오늘날에 있어서도 자유로운 시민경제의 발전을 저지하고 민주세력을 억누르는 역할을 하고 있는 요소이다.[36]

조기준이 아시아 정체성을 끌어들인 것은 민주주의 문제 때문이었음을 알 수 있다. 동양철학자 김경탁은 서양문화와 동양문화를 각각 '향외형(向外形)' 문화와 '향내형(向內形)' 문화로 나누었다. 그리고 "인류역사는 두 유형의 우열에서 끊임없이 비극을 연출했다"고 적었다.[37]

'동양 정체성'은 한국사 인식에 어떻게 투영되었는가. 김용덕이 그 내용을 가장 잘 보여준다. 그는 "우리 사회가 근대화하지 못한 정체성의 해명이 곧 국사(國史)의 기본성격을 밝히는 것이다"라고 못 박아 말했다.[38] 그가 꼽은 한국사 정체성의 원인은 다음과 같다. 첫째, 우리 사회는 농업사회다. 거기에다가 지리 환경도 불리하다. 산은 사람을 분리시키는 데 산이 많고 평야가 적다. 농업에서 물이 중요한데 가뭄과 홍수가 잦다. 치수(治水)를 둘러싸고 '아세아적 악순환'이 시작되었다. 둘째, 서양처럼 근대 과학문명을 건설하지 못했다. 그것이 전쟁에서 패배하게 된 원인 가운데 하나다. 셋째, 지리적 환경 때문에 대외관계가 복잡했다. 넷째, 사회가 고정되어 전제정치가 이어졌다.[39]

『사상계』에 따르면 동양과 조선은 정체된 사회이고 그만큼 후진적인 사회였다. 그들이 이러한 논지를 편 까닭이 무엇인가. 동양적 정체

---

36) 조기준, 위의 글, 208쪽.
37) 김경탁, 「동양문화의 본질」, 『사상계』, 1957. 8, 205쪽.
38) 김용덕, 「國史의 기본성격: 우리 사회의 정체성을 중심으로」, 『사상계』, 1953. 11, 50쪽.
39) 김용덕, 위의 글, 49~67쪽.

성론을 식민사관의 재생, 오리엔탈리즘의 내면화만으로 해석하는 것은
일면적이며, 자유민주주의를 받아들이는 과정에서 사회개조의 필요성
을 제기하기 위한 것이었다는 평가가 있다.[40] 그러나 '사회개조'의 방
향이 서구중심주의에 묶여있었음을 부정하기 어렵다. '발달하는 서양,
정체된 동양'이라는 이분법 구도가 『사상계』 전체를 관통하고 있지만,
'사회적 민주주의'를 주장하는 정치학자 이두산의 경우는 좀 다르다.
그도 "근세 자본주의의 발전과 근세적 자유주의 = 민주주의의 발흥이
인류의 자유·평등 실현과 그의 물질적 생활향상을 위하여 상당히 큰
기여를 한 것은 부인할 수 없는 사실이다"고 했다.[41] 그러나 그는 자본
주의의 '내부적 모순' 즉 자본주의 실업과 독점 그리고 '전반적인 위기'
같은 것을 지적했다. 사회주의 지식의 영향을 엿보게 한다. 이 경우에
도 반공으로 다시 각색되는 것은 피할 수 없었다. 그 내용을 시기별로
정리하면 다음과 같다.

> 자유자본주의의 독점자본주의로의 전화. 제국주의 전쟁으로서의 제1차
> 세계대전. 자본주의에 대한 '안티테제'로서 폭력적 독재주의적 볼셰비즘의
> 대두. 자본주의의 한 구명(救命) 세력으로서의 폭력적 독재적인 이태리의
> 파시즘 출현. 파시즘의 독일적 형태인 나치즘의 대두. 자본주의에 대한 일
> 대 수정적 실험으로서의 뉴딜정책의 출현. 반파시즘 전쟁으로서의 제2차
> 세계대전. 소비에트 공산주의 세력의 확대. 식민지 해방. 세계의 분극화
> (分極化), 양대 진영의 냉전과 국부적 열전. 중국 공산당의 소비에트화. 무
> 력적 팽창주의인 볼셰비즘에 대한 민주주의 옹호 전쟁으로서의 한국전쟁.
> 아세아, 아랍 제국을 중심으로 하는 중간적 평화적 또는 사회주의적 세력
> 의 대두. 원자력과 대량적 파괴무기의 경이적 발전.[42]

---

[40] 윤상현, 「〈사상계〉의 근대 국민 주체 형성 기획: 자유주의적 민족주의 담론을 중
심으로」, 『개념과 소통』 11, 2013, 60쪽.
[41] 이두산, 「정치학을 공부하는 학생에게」, 『사상계』, 1955. 6, 184쪽.

2) 『사상계』의 한국 현대사 인식

한국전쟁 뒤에 사회 통합을 위해서 일제강점기와 한국전쟁의 기억을 교정하는 작업이 매우 중요하고 첨예한 사항이었지만, 1950년대는 아직 갈등을 겪으며 유동하고 있었다.[43] 『사상계』 지식인은 곳곳에서 그들 나름의 역사의식을 내비치며 자신의 기억을 대중에게 전달하려 했다. 서양사학자 김성식은 민족주의와 민주주의를 기준으로 한국 사상의 맥을 짚는다. 그는 일제강점기를 민족주의 시대라고 결론지으면서 다음과 같이 진단했다.

때와 경우에 따라서는 많은 변천이 있었으나 민족주의 요람을 벗어나지 못하고 있었다. 지식인의 활동이 여러 갈래로 갈려졌다고 하여도 그 공통적인 배경은 민족주의 사상이었다. …… 몇몇 사람이 일본제국주의 앞잡이도 되었던 것이나 그들이 진심으로 민족주의를 버렸던 것인가는 문제라고 생각한다. …… 1차 대전 이후 사회주의 사상이 우리 지식인의 일부를 점령하였다 하여도 그것도 최후의 목적은 민족해방에 있었던 것이다.[44]

김성식은 사회주의 진영의 민족해방운동을 민족주의로 여기고 있으며, 일부 친일파마저도 민족주의를 가지고 있었다고 주장했다.[45] 그러

---

42) 이두산, 위의 글, 184~185쪽.

43) 권명아, 「기념/공유기억 연구 방법론과 탈 민족주의 연구 경향에 대한 비판적 고찰」, 『상허학보』 16, 2006, 372~373쪽.

44) 김성식, 「한국지식인의 현재와 장래」, 『사상계』, 1961. 9, 77쪽. 김성식에 따르면, 어느 시대나 민족주의란 보수주의일 따름이다.

45) 최남선 서거 직후에 발행한 『사상계』 1957년 12월호는 최남선 특집호로 편집되었다. 특집호 권두언에서 최남선을 민족의 스승으로 극찬했다. 또한, 그의 친일행적에 대해서 오해와 억설이 있다면서 최남선을 옹호했다. 안창호와 이광수의 경우, 서북출신 지식인이라는 지역적 정체성까지 더해져 『사상계』 지식인들은

나 해방이 되어서 이제 민족주의는 그 사명을 다했다는 것이 그의 판단이었다.

> 해방 전 우리의 지식인의 사상적 배경을 민족주의라고 하면 해방 이후 지식인의 사상은 민주주의였다. 미군정 3년과 6·25 동란을 계기로 하고 공산주의에 대하여 여전히 민족주의자가 계속되었으나 대한민국이 성립하였다는 것은 어느 정도 민족주의에 만족을 충족시킬 수 있었고 앞으로는 민주주의를 어떻게 달성하느냐에 중요한 문제가 있었다.

위에 인용한 글에는 독립된 대한민국이 들어섰으니 민족주의 저항의식은 이미 낡은 것이고, 이제 민주주의를 달성하는 것이 목표여야 한다는 의도가 담겨있다.[46]

헌법학자 한태연은 한국 사상계의 흐름을 다음과 같이 진단했다. 첫째, 1919년 3·1운동 뒤에 한국의 사상계는 민족주의에서 사회주의로 기울었다. 지식계급은 이미 공산주의에 대하여 충분한 예비지식을 가지고 있었다. 둘째, 1945~1950년에는 "일부 지식계급은 공산주의에 대한 이해와 동정과 그리고 협력하는 자만이 진정한 의미의 인텔리겐치아라고 자부하기도 했다." "현실에서는 대한민국에 살았지만, 상상 속에서는 인민공화국에 있었다"라고 진단했다. 한태연은 이 시기를 일컬

그들을 근대화의 선구자로 높이 평가했다(이상록, 「〈사상계〉에 나타난 자유민주주의론 연구」, 한양대학교 박사학위논문, 2010, 45쪽).

46) 김성식은 다른 글에서 민족주의에는 특수성, 전통성, 영웅주의, 배타성, 비합리성이 포함되어 있다고 했다. 그는 후진국의 '병든 민족주의'가 안으로는 민주적이고 밖으로는 국제적인 참된 민족주의로 바뀌어야 한다고 주장했다(김성식, 「병든 민족주의」, 『사상계』, 1953. 4, 158쪽). 1950년대에도 민족 또는 민족주의는 중요한 키워드였으나, 새로운 지식과 인식론을 만드는 '시대정신'의 화소 그 자체는 아니었던 듯하다. 외려 민족은 다른 키워드인 민주주의나 자유에 견주어 낡은 것 또는 민족과 자유가 지닌 가치와 배치되는 것으로 인식되기도 했다(권보드래·천정환, 앞의 책, 2014, 285쪽).

어 '회의와 방랑의 시대'라고 했다.[47] 그러나 그는 한국전쟁 뒤에 지식
계급이 사상의 회의와 방랑에서 벗어나 자유민주주의를 결단했으니
그에 걸맞게 한국사회가 후진성과 정체성을 벗어나도록 역사적 사명
을 다해야 한다고 주장했다.[48]

이제 『사상계』가 한국현대사의 전개 과정을 어떻게 해석하는지를
짚어보자. 『사상계』에서 역사란 "과오를 스스로 반성하기도 하고 우리
의 신념을 재확인함으로써 앞으로의 우리 진로를 바로잡기에 도움이
되기 위한 것"이었다.[49] 『사상계』는 3·1운동을 민족 저항의 차원이 아
닌 자유 차원에서 다시 해석했다. 그때의 '자유'란 반공과 같은 의미였
다. 보기를 들면 다음과 같다.

> 3·1운동은 거족적인 자유에의 행군이었고 광주 학생 반일 투쟁, 신의
> 주·함흥 학생 반공 투쟁 역시 자유에의 진격이었다. 6·25 적귀 남침의 격
> 파도 자유에의 진일보를 의미하기는 하나 전자가 적극적임에 반하여 후자
> 가 소극적인 점에서 질을 달리한다 할 것이다. 자유의 터전은 적극적으로
> 닦여질 것을 원할 것이다.[50]

백낙준은 『사상계』 창간호에서 독립선언서를 세계평화라는 관점으
로 해설하면서 3·1 정신을 이어받아 "공산독재 하에 신음하는 비자유
민의 자유를 위하여 싸워 나아가야 한다"고 주장했다.[51]

『사상계』는 해방 직후의 역사를 어떻게 해석했는가. 『사상계』는 1955

---

47) 한태연, 「한국의 지식계급」, 『사상계』, 1959. 5, 38~40쪽.
48) 한태연, 위의 글, 41쪽.
49) 엄상섭, 「해방 10년 정치사」, 『사상계』, 1955. 9, 197쪽.
50) 한교석, 「학원·학문의 자유」, 『사상계』, 1955. 6, 148쪽.
51) 백낙준, 「三一情神論」, 『사상계』, 1953. 4, 122쪽.

년에 해방 10주년 기념 논문을 실었다. 이때 실린 글이 『사상계』의 현대사 인식을 그대로 드러냈다. 『사상계』는 해방 10년을 "혼미, 불안, 흥분, 고난, 동란, 참화, 상극 등의 불운의 연속"이었다고 정리했다.[52] 그 10년을 ① 흥분 혼돈기(해방~ 제2차 미소공동위원회) ② 좌우투쟁 격화기 ③ 대한민국 태동기 ④ 대한민국 창건기 ⑤ 동란기 ⑥ 반성기로 구분했다.

　『사상계』는 1945년 해방 직후에 소련은 '조선 인민의 해방자'라고 주장하면서 적화 마수를 뻗쳐 38선 이북에 침투하여 눈부시게 활약했지만, 남쪽에서 미영세력은 완만한 태도를 보였다고 했다. 반공 민족주의 진영에 속하는 인물도 세계관이 미약했다고 평가했다. "신탁통치 때는 소련의 충성스러운 견마(犬馬)인 좌익의 기만성이 폭로"되었고 미소공동위원회가 결렬된 것은 "자유민주주의와 독재공산주의는 공존할 수 없다"는 것을 보여준 것이라고 해석했다.[53] 이처럼 『사상계』는 자유민주주의와 공산주의독재를 대립항으로 설정하면서 냉전의 역사인식을 내면화했다. 그렇지만 『사상계』는 미국의 실정(失政)과 한민당의 잘못을 일부 지적하기도 했다. 38선에 대해서는 "소련의 전술을 바로 평가하지 못하고 스탈린의 성격을 옳게 판단하지 못한 루즈벨트 대통령"에게 책임을 묻기도 했다.[54] 남한의 '민중폭동'은 좌익이 "한국의 실정에 정통하지 못한 미군정 당국자의 행정상의 맹점"과 "한민당의 위세를 빌려서 일제강점기에 하던 버릇을 반복하려는 무리들의 지나친 행동에 대한 민중의 반감을 이용한 것이었다"고 평가하기도 했다. 『사상계』에 따르면, 김규식과 안재홍 등이 벌인 좌우합작운동은 "공산주의에 대한

---

[52] 엄상섭, 앞의 글, 197쪽.

[53] 엄상섭, 앞의 글, 200쪽.

[54] 주요한, 「우리의 悲願」, 『사상계』, 1958. 8, 19쪽.

인도주의적인 유화(宥和)가 좌익들에게 침투의 온상이 되고 만다는 것을 확인시켜준" 사건일 따름이었다.[55]

『사상계』에게 대한민국 건립은 "38선 이남만이라도 한국인의 자주정권"을 수립한 역사적 의의를 지니고 있었다. 『사상계』는 "김구의 남북협상은 앞으로 그러한 방향으로 나아가서는 안 된다"는 역사적 교훈을 남겼다고 주장했다. 주요한은 남한이 다행스럽게도 제2의 체코슬로바키아가 되지 않고 '반공국가' 건설로 매진할 수 있었던 것은 좌익진영의 오류 덕택이었다고도 지적했다. 그 내용을 간추려 보면 다음과 같다. ① 공산당의 조직이 미처 완성되지 못한 채 급진파들이 공장접수, 대구폭동을 일으킨 것 ② 남한에 미군이 진주했는데도 섣불리 인민공화국을 선포한 것 ③ 반(反)친일파 구호가 민족주의자들을 배척하여 대중의 지지를 받지 못하고 우익 지식층이 반(反)공산진영을 급격히 조직한 것 ④ 신탁통치문제가 일어나면서 공산당이 민족감정과 모스크바 추종 사이에서 딜레마에 빠지고 민족적 반감을 사게 된 것 등이다.[56]

『사상계』는 "1948년 5월 10일에 민주주의적인 총선거를 실시하여 선량한 국민 90% 이상이 투표하여 자주정부를 구성했고, 이북에 조선인민공화국이라는 괴뢰정권이 들어섰다"고 설명했다. 우익 대 좌익이라는 사상의 적대, 자주와 괴뢰라는 남북의 거리, 이것이 『사상계』 역사인식의 핵심이었다.

한국전쟁 경험이 『사상계』 역사인식에 영향을 크게 미쳤음은 더 말

---

55) 엄상섭, 앞의 글, 200~202쪽. 『사상』의 좌담회에서 '중간노선'이나 '좌우합작'은 사상에서 혼란을 부추기고 민중을 분열하게 한 것으로 평가했다(「좌담회: 사상운동의 회고와 전망」, 『사상』 2, 1952. 10, 61쪽).

56) 주요한, 앞의 글, 1958. 8, 20쪽.

할 나위가 없다. 이제『사상계』가 한국전쟁의 성격을 어떻게 규정했는
지 살펴보자.『사상』좌담회에서 역사학자 이병도는 한국전쟁을 '멸공
성전'(滅共聖戰)이라고 불렀다. 그리고 "공산침략자=적색제국주의를 완
전히 격멸해서 우리 민족, 우리 국가 우리 국토를 완전 통일해야 한다"
고 주장했다.[57]『사상계』는 한국전쟁을 자유진영과 공산진영의 전쟁
이며 '민주주의 옹호 전쟁'[58]이라고 규정했다. 한국전쟁은 '세계사적,
인류적 차원'의 의의가 있으며, 이제 한국은 '세계문제 해결의 제단(祭
壇)'이 된 것으로 보았다.[59]『사상계』지식인들은 한국이 냉전 충돌지
역으로서 세계적인 주목을 받고 있다는 인식을 드러내었다.[60]『사상계』
지식인에게 한국전쟁은 집단안전보장체제의 실험대[61]이기도 했고, 소
련 적색 제국주의의 침략 전쟁[62]이거나 "공산 러시아가 사주하여 시작
된 제3차 세계대전"이라고까지 주장하기도 했다.[63]『사상계』지식인들
은 한국전쟁의 성격을 그렇게 규정하면서 대한민국의 정통성과 반공
통일의 정당성을 내세웠다. 그러나 자유당 정권의 부패와 모순이 더욱
심해지자 1958년 무렵부터 반공이 먼저인가, 자유민주주의가 먼저인가
를 놓고『사상계』지식인 내부에 틈새가 생겼다.[64] 국가보안법 위반

---

[57] 「좌담회: 사상운동의 회고와 전망」,『사상』2, 1952. 10, 70쪽.

[58] 이두산, 앞의 글, 185쪽.

[59] 이태영, 「한국전쟁의 역사적 의의」,『사상계』, 1953. 5 12쪽.

[60] 김예림, 「냉전기 아시아 상상과 반공 정체성의 위상학: 해방~한국전쟁후(1945~1955)
아시아 심상지리를 중심으로」,『상허학보』20, 2007, 328쪽.

[61] 이원우, 「UN군 묘지가 意和하는 것: 집단안보보장체제의 실험성적」,『사상계』,
1959. 6, 62쪽.

[62] 신도성, 「재건의 정치적 토대」,『사상계』, 1953. 9, 54쪽.

[63] 백낙준, 「한국전쟁과 세계평화」,『사상계』, 1953. 6, 6쪽.

[64] 장규식, 「1950~70년대 '사상계' 지식인의 분단인식과 민족주의론의 궤적」,『한국
사연구』167호, 2014, 298~299쪽.

혐의로 구속된 함석헌 필화사건이 극적이다. 함석헌은 한국전쟁의 원인은 "고래 싸움에 새우 등이 터진 것"이라고 했다.[65] 이어서 남북한 정권이 모두 미국과 소련의 앞잡이라고 했다.[66] 좀 더 함석헌의 글을 보자.

> 우리가 일본에서는 해방이 됐다 할 수 있으나 참 해방은 조금도 된 것이 없다. 도리어 전보다 더 참혹한 것은 전에 상전이 하나였던 대신 지금은 둘 셋이다. 일본 시대에는 종 사리라도 부모 형제가 한집에 살 수 있고 동포가 서로 교통할 수는 있지 않았나? 지금 그것도 못해 부모처자가 남북으로 헤어져 헤매는 나라가 자유는 무슨 자유, 해방은 무슨 해방인가? 남한은 북한을 소련 중공의 꼭두각시라 하고 북한은 남한을 미국의 꼭두각시라 하니 있는 것은 꼭두각시뿐이지 나라가 아니다. 우리는 나라 없는 백성이다. 6·25는 꼭두각시의 노름이었다.[67]

함석헌은 "내 비위에 거슬리면 빨갱이"라고 하는 현실을 개탄하기도 했다.[68] 그의 주장에 『사상계』 지식인 모두가 동의한 것은 아니었다. 그러나 이 무렵부터 한국전쟁의 교훈으로 자유의 소중함,[69] 또는 '내면적 상처' 등을 짚어내면서[70] 예전과는 다른 모습을 보였다. 『사상계』는 한국전쟁이 세계경제를 활성화했다면서 '무기경제'를 다룬 글을 싣기도 했다.[71]

---

65) 함석헌, 「생각하는 백성이라야 산다」, 『사상계』, 1958. 8. 26쪽.
66) 함석헌, 위의 글, 33쪽.
67) 함석헌, 위의 글, 27쪽.
68) 함석헌, 위의 글, 34쪽.
69) 한태연, 「정치사를 어떻게 적을 것인가」, 『사상계』, 1959 .6, 39쪽.
70) 「권두언, 가져지지 않는 상처: 다시 6·25를 맞으며」, 『사상계』, 1959. 6, 20쪽. 장준하는 한국전쟁이 남긴 내면적 상처로 신뢰심의 상실, 인간성의 잔인화, 순간적 향락과 사치를 들었다.

3. 『사상계』의 반공과 자유민주주의

1) 『사상계』의 반공, 네거티브 이데올로그로서의 지식인

반공주의는 자유주의나 민주주의처럼 미래를 향한 생산적인 정책이라기보다는 타자를 부정함으로써 자신을 주체로 정립시키는 이데올로기이다. 자유와 민주의 내용이 허약할수록 반공주의는 더 드세어지기 마련이다. 언제부터인가 반공은 '대한민국 국민'이 되는 자격요건이 되었다.[72] 『사상계』의 국제정치관은 냉전의식에서 한 치도 벗어나지 않았고, 이승만 정권의 반공주의와도 크게 다르지 않았다. 『사상계』의 냉전의식과 반공은 체제의 압박 때문만이 아닌, '월남 지식인' 자신의 신념과 감정구조이기도 했다.

월남인 모두가 반공의식 때문에 남쪽으로 내려온 것은 아니지만, 그들은 남한에서 반공국가의 굳건한 동반세력이 되었다.[73] 적어도 월남인은 남한 내부의 '반공 검열'을 통해 '반공 국민'이 될 수밖에 없었다. 월남인은 남한에서 얼마만큼 영향력이 있었을까. 1963년 현재, 행정부의 장·차관과 국장, 국회의원, 대사, 군장성 등 '정치 엘리트' 316명을 대상으로 한 조사 결과가 『사상계』에 실렸다. 그 내용은 다음과 같다.

---

71) 육지수, 「한국으로부터의 무역풍: 세계경제에 활력을 불어넣은 6·25」, 『사상계』, 1959. 6, 47~53쪽.

72) 김득중, 『'빨갱이'의 탄생, 여순사건과 반공 국가의 형성』, 선인, 2009, 311쪽.

73) 김귀옥, 「해방직후 월남민의 서울정착: 월남민의 사회·정치적 활동에 대한 접근」, 『전농사론』 9, 2003, 64쪽.

〈표 1〉 한국 정치지도자의 출신 지역

	전체	자유당	민주당	군사
서울	10.8	13.6	8.1	5.6
평안도	11.2	8.8	11.6	13.0
함경도	6.5	4.8	5.8	10.9
황해도	4.0	4.2	3.5	1.9
경기도	3.4	8.8	5.8	7.4
강원도	4.6	5.4	2.3	5.6
충청도	12.1	13.6	12.8	9.3
경상도	24.5	25.8	22.1	25.9
전라도	16.7	13.6	26.8	13.0
기타	2.2	1.4	1.2	7.4
	100%	100%	100%	100%

출처: 한배호, 「한국정치지도자의 사회배경」, 『사상계』, 1963.11, 84쪽.

『사상계』에 따르면, 월남해 온 이북 사람들에게는 지역을 기반으로
한 대의정치제가 상당히 불리했다.[74] 그러나 〈표 1〉에서 보듯이, '지도
자' 가운데 이북 출신이 큰 비중을 차지하고 있다.

월남 지식인은 정치 엘리트만이 아닌, 지성계에도 큰 힘을 떨쳤다.
그 성과 가운데 하나가 『사상계』다. 『사상계』는 지식인을 대상으로 반
공논리를 세련되게 전파할 책임을 떠안았다. 일반 지식인의 '사상 죄악'
을 없애거나 사상 공백을 채워 '지식인의 국민화'를 꾀하기 위해서다.
다음 『사상계』 번역 글이 그 보기이다.

공산주의의 달콤한 이론에 얽매어서 혹은 의식적으로 혹은 무의식적으
로 공산당에 협력함으로써 인간의 자유를 파괴하고 이를 짓밟는데 적지
않은 힘이 된 것이 양(洋)의 동서를 막론하고 일부 인텔리들이 저지른 가
장 큰 죄악의 하나이라고 하겠다. 이를테면 환상의 거미줄에 묶어서 몽유
병자의 구실을 한 것이 이들 인텔리였다. 그들이 진정한 자기 정신으로 돌

---

[74] 한배호, 「한국정치지도자의 사회배경」, 『사상계』, 1963. 11, 84쪽.

아오려면 어떤 통렬한 충격이 필요하였다.[75]

　1950년대 『사상계』의 반공이론에서 가장 큰 특징은 북한을 직접 다룬 글이 없다는 것이다. 북한을 말하는 것 자체가 금기였거나 정보가 없었기 때문일 것이다.[76] 초기 『사상계』의 마르크스주의와 볼셰비키 비판은 식민지시기의 그것과 크게 다르지 않았다. 또 1950년대 대한민국의 반공노선이 그러했듯이, 『사상계』도 '진영론적 반공노선'[77]이었다. 그럼에도 '전후 복구시기'에 『사상계』의 반공이론은 한국전쟁에서 비롯된 감성구조를 활용하고 서양의 이론도 인용하면서 치밀하게 논리를 구성하려 했다. 이제 몇 개의 범주로 나누어 1950년대 『사상계』의 반공논리를 들여다보자.

　첫째, 마르크스주의 이론에 대한 비판이다. 양호민은 고전적인 마르크스주의는 제2인터내셔널 붕괴와 함께 끝장난 사상일 따름이라고 했다.[78] 그러나 레닌이 빈사상태에 빠진 마르크스주의를 다시 소생시켜 '공산주의 요괴'를 후진국에 전파했다고 한다. 양호민은 마르크스의 이론을 간략하게 설명한 뒤에, 마르크스주의란 독선적이고 편협한 이론이고, "과학적 사회주의를 자처하고 있으나, 그것은 고도의 종교적 정열"이라고 주장했다.[79] 그밖에도 『사상계』는 유물사관의 모순[80]과 마

75) 로이(Cladue Roy), 「잠을 깬 좌익 인테리들」, 『사상계』, 1957. 3, 242쪽.
76) 『사상계』에서 '북한' 또는 '북괴'라는 제목으로 쓴 글로는 「대 이북관계의 현황과 북한연구의 긴급성」(『사상계』, 1960. 9)이 처음이다.
77) 후지이 다케시, 「4·19/5·16 시기의 반공체제 재편과 그 논리」, 『역사문제연구』 25, 2011, 25쪽.
78) 양호민, 「맑스와 맑스주의」, 『사상계』, 1956. 11.
79) 양호민, 위의 글, 1956. 11, 188쪽.
80) 하기락, 「절대물질의 교조: 유물사관비판」, 『사상계』, 1959. 9.

르크스주의 민족이론의 취약성을 공격했다.

1961년이 되면 『사상계』는 '맑시즘 세미나'라는 연재물을 실으면서 마르크스주의의 핵심내용을 추려서 비판하는 데까지 나아갔다. 그 내용은 다음 표와 같다.

〈표 2〉『사상계』의 「맑시즘 세미나」

저자	제목	발행 연월
신상초	세계혁명의 재인식	1961.4
임원택	유물사관의 문제점	1961.4
이창렬	잉여가치론	1961.5
윤하선	계급투쟁론	1961.6
선우학원	변증법적유물론과 그 비판	1961.7
조요한	맑시즘의 예술관과 그 비판	1961.9
최문환	맑스주의의 민족이론비판	1961.10

둘째, 공산주의에 대한 '문화적, 문명적 비판'이다. 김재준이 그 임무를 맡았다. 그는 공산주의가 모든 종교를 억압하는 가운데 스스로 교주가 되어 버렸다고 했다. 공산주의 사회는 "독재와 탄압으로 인민의 생활과 사고의 방식을 기계적으로 통일하려고 한다"고 비판했다.[81]

셋째, 공산진영의 '평화공세'와 '연립전술'에 대한 비판이다. 신도성은 남한에서 정치적 재건[82]을 이루려면 '적색 제국주의'의 정체를 분명히 알아야 한다고 주장했다. 그는 공산주의가 물질적 생산관계와 계급투쟁을 중요하게 여기고 프롤레타리아 독재를 한다는 것 등을 개관했

---

[81] 김재준, 「공산주의론」, 『사상계』 1953. 8, 148쪽.

[82] 신도성은 "재건이란 일면 건설이면서 일면 투쟁을 의미한다"고 정의했다(신도성, 「재건의 정치적 토대」, 『사상계』, 1953. 9, 46쪽). 이하나의 연구에 따르면, 1950년대 재건론은 경제재건과 문화재건을 뜻한다(이하나, 「1950~60년대 재건 담론의 의미와 지향」, 『동방학지』 151, 2010, 406쪽).

다. 그리고 공산진영이 평화주의적이고 민족주의적인 정책을 쓰는 것은 자유세계 내부의 분열과 불안을 조장하려는 뜻이라고 결론지었다.[83] 김창순은 공산진영의 평화공존정책이란 레닌 전술의 분장술에 지나지 않으며, '반공 십자군'의 국제적 단결을 방해하려는 뜻이 있다고 했다.[84] 고정훈은 소련의 평화공세란 지난날 코민테른에서 인민전선전술을 쓴 것과 맥락이 같은 '제2차 인민전선'일 따름이라고 했다.[85] 김상협은 중국과 동독이 연합정부와 블록시스템을 채택한 까닭은 분업으로 공산주의 정치체제를 강화하려는 것이며, 식민통치처럼 분할하여 통치하려는 속셈이 있다고 했다.

넷째, '공산진영의 종주국' 소련에 대한 비판이다. '소련 공산주의의 러시아적 성격'[86]에서부터 개인숭배,[87] 대외정책,[88] 그리고 소련의 잔학상에 이르기까지[89] 『사상계』 곳곳에서 소련을 비판하고 있다. 이동화의 글은 역사적인 접근을 한다는 점에서 특색이 있다. 그는 '전투적 유물론자' 레닌에서 '테러와 숙청을 일삼는 스탈린'에 이르기까지 소련 역사를 개관했다. 그리고 레닌의 폭력·무장봉기 노선을 따르는 볼셰비키당은 스탈린에 이르러 전제적 관료주의를 낳았다고 결론지었다.[90]

---

83) 신도성, 위의 글, 51쪽.

84) 김창순, 「공산주의의 운명」, 『사상계』, 1956. 11, 100쪽.

85) 고정훈, 「인민전선」, 『사상계』, 1956. 11.

86) 이두산, 「쏘련 공산주의의 러시아적 성격」, 『사상계』, 1956. 11.

87) 이주복, 「개인숭배와 집단지도」, 『사상계』, 1956.11. 김상협은 "민주정치의 발전 조류에 역행하여 '지도자'라는 새로운 우상을 재생시킨 것이 공산당과 파쇼당, 나치스 당의 20세기 독재정당이다"고 했다(김상협, 「현대 독재정당의 본질」, 『사상계』, 1956. 2, 169~170쪽).

88) R·스웨어린젠, 김만기 역, 「쏘련의 아세아정책: 1945년에서 1956년까지」, 『사상계』, 1957. 12.

89) 한교석, 「크렘린의 피」, 『사상계』, 1955.5.

다섯째, 해외 반공운동을 소개하는 방법이다. 『사상계』는 '움직이는 세계'라는 고정란에서 「영국노동자들의 반공결의」,[91]「북베에트남의 반공의거」,[92]「미스터·버마'의 반공투쟁」,「케랄라州의 반공산소동과 네루의 고민」[93] 등의 소식을 실었다.

여섯째, 공산주의를 나치즘이나 파시즘과 같은 전체주의로 보는 시각이다. 한태연이 그 내용을 잘 보여준다.

> 오늘에 있어서의 또 하나의 정치적 신학은 러시아의 공산주의에서 발견하게 된다. 파시즘이나 나치즘에 있어서와 같이 공산주의가 현실의 정치세력으로서 대두하기 시작한 것은 제1차 대전 이후의 일이었다. …… 혁명 이후의 러시아에 있어서 피와 테러로써 약속된 자유를 억압하는 하수인이 바로 '카알 맑쓰'의 공산주의 이론으로써 무장한 볼셰비키들이었다. 물론 오늘에 있어서의 러시아 볼셰비즘은 레닌에 의한 그 전통적인 러시아의 짜아리즘과 결합되었다는 의미에서 그것은 적어도 정통적인 맑시즘이 아닐지도 모른다.[94]

공산주의 사회를 전체주의로 비판할 때는 늘 민주주의 문제와 연관 짓는다. 한태연은 "민주주의와 공산주의의 프롤레타리아 독재는 영원히 합일될 수 없는 모순된 개념을 뜻한다"라고 적었다.[95]

일곱째, 『사상계』의 반공 글에서 가장 큰 비중을 차지하는 것이 아시아 공산주의 비판이다. 왜 그러했는가. 다음 글에서 답을 찾을 수 있다.

---

90) 이동화, 「볼세위즘 비판」, 『사상계』 1955. 4, 43쪽.

91) 「영국노동자들의 반공결의」, 『사상계』, 1956. 7.

92) 「북베에트남의 반공의거」, 『사상계』, 1957. 1.

93) 「케랄라州의 반공산소동과 네루의 고민」, 『사상계』, 1959. 8.

94) 한태연, 「전체주의에 대한 도전: 정치적 신학의 종언을 위하여」, 『사상계』, 1957. 1, 93쪽.

95) 한태연, 「공산주의적 질서의 반민주성」, 『사상계』, 1958. 11, 70쪽.

공산주의가 아시아 민족에게 세력을 신장할 수 있는 유리한 조건은 서구 민족에 비교하여 아시아 민족이 정치적 및 경제적으로 불안정하다는 것과 아시아에 있어서 중공을 이용하여 즉 아시아 민족을 이용하여 아시아 민족을 지배할 수 있다는 점이다. …… (소련은) 강대한 군사력을 배경으로 아시아 각국의 국내의 공산당을 사주하여 정치적 분란을 조작함으로써 공산당정권의 확립을 기도하고 있다. …… 소련은 아시아 민족의 경험적 태도를 통찰하여 동구의 위성국가 형식이 아닌 방법, 즉 아시아 각국 내의 공산당을 적극 이용하는 혁명적 중공식의 경험을 기도하고 있다.[96]

2) 『사상계』의 자유민주주의, 포지티브 이데올로그로서의 지식인

자유민주주의는 우익이 이데올로기적으로 소화하지 않으면 안 될 골칫거리였다. 좌파가 해방 때부터 민주주의를 내세우며 사상적으로 압박해 왔기 때문이다. 『사상계』는 아직 비어있는 자유와 민주의 내용도 채워나가려고 했다. 반공과 자유, 반공과 민주주의, 그들 사이의 관계는 어떠해야 하는가. 이 어려운 문제도 풀어야 했다.

『사상계』에서는 자유와 민주주의가 해방 뒤에 타율적으로 이 땅에 들어온 것으로 본다.[97] 오늘날에도 많은 이들이 자유주의와 민주주의를 미군정이 이식했다고 생각하지만, 그것은 사실이 아니다. 대한민국 임시정부의 임시헌장 1조에 "대한민국은 민주공화제로 한다"는 조항이 들어갔다. 『현대신어사전』(1922) 『신인간사전』(1929)에 이미 민주주의와 자유주의를 설명하고 있다.[98] 식민지시대 운동가, 특히 사회주의 운동가들이 남긴 글이나 대중투쟁의 요구 속에서 '자유'와 '민주'를 찾아내기는 아주 쉽다.

96) 김기수, 「아세아의 민족주의와 공산주의」, 『사상계』, 1957. 12, 151~152쪽.
97) 한태연, 「한국에 있어서의 자유」, 『사상계』, 1958. 12, 20쪽.
98) 이나미, 「자유민주주의 대 민주주의」, 『내일을 여는 역사』 58, 2015, 28쪽.

1950년대 지식인들은 민주주의의 핵심적 가치를 두고 적대를 형성하며 논쟁을 벌이는 일이 거의 없었다. 그들은 대한민국이 세워지면서 민주주의가 이미 확보된 것으로 생각하고 있는 듯했다. 자유주의 담론은 지식인들 사이에 차이가 있었다. 『사상계』는 "공산주의란 인간의 자유를 파괴하는 것"[99]이라는데 뜻을 같이했다. 그럼에도 자유의 개념을 명확하게 하는 데에 어려움을 겪고 있었다. 다음 글은 그 사실을 보여준다.

> 자유를 원하지 않는 이는 한사람도 없는 것 같다. 허나 그 자유가 무엇을 의미하느냐에 대해서는 사람마다 의견이 다른 것 같다. 현대에 있어서 자유란 말처럼 미묘한 뉘앙스를 갖고 사용되는 말은 또 없을까 한다. 저 공산주의자들마저 자유라는 말을 고창하고 자유를 위해 싸운다는데 이르러서는 위선 폭소를 금할 수 없는 일이려니와 민주주의를 신봉하고 있는 이들 가운데도 그 자유의 개념에는 현저한 차이가 있음을 간과(看過)할 수 없다.[100]

더구나 자유와 민주주의가 한 묶음이 되면서 자유 개념이 더욱 복잡할 수밖에 없었다. "대한민국의 성립과 함께 자유의 막연한 개념은 자유민주주의에 있어서의 그 자유의 개념으로 정착되게 되었다"라고 주장하기도 했다.[101] 이때의 '자유'란 반공과 같은 의미여서 여전히 '자유'란 무엇인가 하는 것이 숙제로 남을 수밖에 없었다. 다음 글은 그 사실을 명백하게 보여준다.

---

[99] 「움직이는 세계, 잠을 깬 좌익인테리들」, 『사상계』, 1957. 3, 242쪽.

[100] 신상초, 「자유주의의 현대적 고찰」, 『사상계』, 1955. 8, 107쪽.

[101] 한태연, 「한국에 있어서의 자유」, 『사상계』, 1958. 12, 22쪽.

요즈음 유행하는 '자유민주주의'라는 용어는 매우 기묘한 의미로 사용되고 있다. 원래 '민주주의'는 당연히 '자유'의 개념을 포함한 것이고, '자유'는 그것이 무질서·방종(放縱)을 의미하지 않는 이상, 당연히 '민주주의'로 발전해야 할 것이기 때문에 이 둘을 겹쳐서 자유민주주의라 할 때에는 일종의 '타우톨로지(Tautologie)'에 빠지는 것이다. 굳이 '자유민주주의'라는 술어(術語)를 사용할 필요가 있다면 그것은 공산주의자들이 스스로 민주주의를 참칭하는데 대하여 개념의 혼동을 피하기 위해서라도 할 수 있으나, 공산주의를 근본적으로 민주주의와 대척적(對蹠的)인 것으로 보는 우리의 입장에서는 이것 또한 그다지 의미 없는 일이다.[102]

위에 인용한 글에서 '공산주의자들이 참칭하는 민주주의'란 무엇일까. 김상협은 "오늘날 지구 위에는 민주주의 탈을 쓴 각종의 반민주적 민주주의가 제철을 만난 듯이 날뛰고 있다"라면서 다섯 개의 보기를 들었다. ① 소련식 프롤레타리아 민주주의: 소련 공산당 최고위간부 몇몇 사람의 무자비한 반민주적 독재 ② 파쇼 나치스의 '진정한 민주주의': 집권자의 공공연한 공갈과 협박으로 이루어진 것 ③ 소련 위성국가들의 인민민주주의: 일당 독재를 위장하기 위한 것 ④ 중공의 신민주주의: 인민민주주의를 아시아적 후진사회에 적용하는 것 ⑤ 신생 후진국의 교도(敎導) 민주주의(guided democracy): 동정할 점이 없지 않지만, 그 통치방식이 민주주의 탈을 쓴 일종의 독재정치.[103]

이 가운데 『사상계』의 인민민주주의관을 좀 더 자세하게 보자. 『사상계』에서 정치학자 이두산은 1946년 말~1947년 초 소련에서 인민민주주의가 논의되기 시작했다고 소개했다.[104] 이두산은 2회에 걸쳐 글을 실으면서 소련의 스탈린주의를 비판했다. 그는 소련이 말하는 프롤레

---

102) 신도성, 「한국자유민주주의의 과제」, 『사상계』, 1955. 8, 100쪽.
103) 김상협, 「반민주적 민주주의 시대」, 『사상계』, 1958. 11, 18-32쪽.
104) 이두산, 「인민민주주의를 비판한다」, 『사상계』 1957. 7, 199쪽.

타리아 독재란 몇몇 당 간부를 중심으로 하는 볼셰비키 일당독재를 뜻
하는 것으로 전제적 폭력적 독재일 따름이라고 했다.[105] 덧붙여 "박헌
영 일파에 대하여 피의 숙청을 단행한 북한의 스탈린주의"를 상기시키
기도 했다.[106] 그리고 '소련 위성국'의 인민민주주의를 소개하고 있다.
공산주의 위성국들은 기본 틀에서는 소련과 같지만, 세부 사항에서는
어느 정도의 차이가 있다고 했다.[107] 그러나 "인민민주주의란 노동자
계급의 영도 하에 사회주의로 인도하는 과도적 국가"라며[108] 자유민주
주의에서는 받아들일 수 없는 것으로 결론지었다. 이두산은 공산주의
위성국가인 인민민주주의 국가들이 앞으로 민족공산주의가 되거나 중
립화의 길을 걸을 것으로 내다보았다.

　"한국의 자유민주주의는 그 역사적 특성상 처음부터 민주적 제도를
갖추 자유주의를 의미"하는 것이었다.[109] 그러나 민주주의에 견주어
자유주의에 대한 관심은 상당히 적었고. 실질적인 실천은 너무나 더뎠
다.『사상계』에서 자유를 둘러싼 논쟁은 결국 서양의 '자유'를 어떤 방
식으로 이해하고 그것을 어떻게 반공과 접맥시킬 것인가였다. 1945년
뒤에 등장한 '냉전 자유주의'는 자유주의 자체를 실현하기보다는 공산
주의에 반대한다는 방어주의적 반공주의의 특성을 갖고 있었다. 냉전
자유주의는 진정한 자유주의가 아니라 "스스로를 자유주의자라고 부르
는 자들에 의한, 자유주의에 대한 배신"이었다.[110] 1950년대 초·중반

105) 이두산, 위의 글, 204쪽.
106) 이두산, 「(續) 인민민주주의를 비판한다」,『사상계』, 1957. 8, 87~88쪽.
107) 이두산, 앞의 글, 84쪽.
108) 이두산, 위의 글, 202쪽.
109) 문지영,『지배와 저항: 한국 자유주의의 두 얼굴』, 후마니타스, 2011, 26쪽.
110) 김학재,『판문점 체제의 기원』, 후마니타스, 2015, 125쪽.

『사상계』는 냉전자유주의에서 결코 멀리 떨어져 있지 않았다. 그럼에도 1950년대 후반에 들면서 정치의 자유주의는 힘을 얻게 된다. 이승만 정권의 독재가 심화되었기 때문이다. 이때부터 『사상계』의 사상에 틈새가 생기고 변화하는 계기가 마련되었다.

3) 『사상계』의 자유민주주의와 평등

『사상계』는 냉전자유주의 틀 안에 자신을 가두면서 남한의 계급분석에 관심을 기울이지 않았다. 다만 마르크스 계급론에 대한 비판은 중요하게 다루었다. 『사상계』는 남한에서 마르크스가 주장한 것처럼 자본가 대 노동자, 지주 대 농민이라는 현상보다는 특권계급 대 일반민이라는 현상이 더 중요하다고 진단했다.[111] "인간의 사회적 존재가 의식을 결정한다"라는 마르크스 계급의식론은 "자본가에 대한 증오감을 길러 노동자를 도구화하려는" 헛된 이론이라고 했다.[112] 그리고 "모든 차이를 계급이라는 각도에서 보면 문제가 더욱 혼란해진다"라며 계급적 관점을 폐기해야 한다고 주장했다.[113] "스탈린에 대한 신화와 함께 프롤레타리아트에 대한 신화를 단호하게 타파하고 배제해야 한다"는 것이 핵심이었다.[114]

신상초는 마르크스의 계급론을 도식적으로 소개한 뒤에 여러 각도에서 비판했다. 그는 마르크스가 "지금까지의 모든 역사는 계급투쟁의 역사였다고 했지만, 오히려 민족투쟁이나 인종투쟁이 지배적이었다"라

---

[111] 엄요섭, 「계급과 사회」, 『사상계』, 1953. 5, 182쪽.

[112] 엄요섭, 위의 글, 184~185쪽.

[113] 엄요섭, 위의 글, 192쪽.

[114] 이두산, 「정권 · 혁명(完)」, 『사상계』, 1956. 10, 75쪽.

고 했다. 나아가 "마르크스가 자본주의가 몰락할 것이라고 했지만, 지금 오히려 자본주의가 더 발전했다. 인간은 너무도 이기적이기 때문에 계급 없는 사회를 실현할 수 없다"라고 했다.[115] 신상초는 이렇게 마르크스 계급론을 비판하면서 민족의식이 계급의식보다 앞서야 하며, 사랑의 정신으로 '계급협조'를 해야 한다고 주장했다.[116]

『사상계』는 반민주세력을 특권계급으로 불렀다. 1950년대 후반에 "백성이 정부를 믿지 않고 정부는 백성을 의심하는 상황"에서[117] 『사상계』는 '특권계급'이라는 용어를 쓰며 이승만 정권을 드세게 비판했다. 장준하는 "민주정치가 특권계급의 정치로 변화하고 이 특권계급의 정치는 독재자의 전단정치로 변모하여 민주질서의 종언을 고하게 된다"며 이승만 정권을 몰아붙였다.[118]

『사상계』는 노동문제를 매우 적게 다루었다. 그나마 반공과 결합하는 것을 잊지 않았다. 「영국노동자들의 반공결의」를 소개하거나,[119] 노동운동의 진로를 '반공투쟁'으로 삼아야 한다고 주장하는 식이다. 그러나 시간이 흐를수록 변화의 가능성을 보였다. "노동, 자본, 기술의 3자가 평등한 입장에서 서로 협동함으로써 생산의 급속한 향상을 기하며, 그 이윤의 분배에서도 노동자와 기술자도 응분의 참여가 허용되어야 한다"는 주장도 나타났다. 한국 노동조합이 나아가야 할 방향을 짚어보는 글도 실었다. 「노동조합본질론」에서는 한국의 노동조합이 노동대중의 자주적인 조직이 아니며 한국 노동자가 저임금과 과도노동

---

115) 신상초, 「계급」, 『사상계』, 1956. 5, 179~180쪽.
116) 신상초, 위의 글, 182쪽.
117) 장준하, 「기준의 전도」, 『사상계』, 1958. 12, 16쪽.
118) 장준하, 「나라의 주인은 백성이다」, 『사상계』, 1957. 5, 16~17쪽.
119) 김대중, 「한국노동운동의 진로」, 『사상계』, 1955. 10, 142쪽.

이라는 원시적 노동관계가 지배하고 있다고 정확하게 짚었다.[120] 그 글은 '근대화의 관점'에서 다음과 같은 대안을 제시하기도 했다. 첫째, 노동조합이 자주성을 갖도록 할 것, 둘째 노조는 분배와 생산 면에서 기업과 대립할 뿐만 아니라 협력관계라는 것, 셋째 "노조는 자본가적 사회와 함께 그 생명이 영속적일 것" 등이었다.[121]

『사상계』는 노동쟁의의 현황을 점검하고 '민주적' 해결책을 내놓기 도 했다.[122] 그러나 거기에도 다음과 같은 반공주의적 시각이 짙게 배어있었다.

> 노동조합운동의 경우도 선진국의 경우와는 쟁의해결에 있어 특이한 임무를 가지지 않을 수 없다. 한국의 노동조합 즉 대한노총은 적색 주구인 전평의 망동을 봉쇄할 것을 제일의적 목표로 하여 탄생한 것이다. 전평의 목적이 남한의 정치질서를 문란시키자는 데 있었고 노동자의 권익을 옹호하자는 의도가 애당초부터 없었으므로 대한노총도 자연 그러한 활동만을 하지 않을 수 없었다.[123]

이 글에서 '전평 타도'를 목표로 삼았던 대한노총의 처지를 환기시켰다. 뒤이어 내놓은 '민주적 해결책'이란 공존공생의 길을 모색해야 한다는 것, 그리고 쟁의가 아닌 경제개발을 통해서 노동조건을 개선해야 한다는 것 등이었다.

『사상계』는 농민문제도 반공과 결합하는 것을 잊지 않았다. 농민들에게 농촌문제를 해결하려면 공산주의 사상에 유혹되지 않는 경계심

---

120) 우기도, 「노동조합본질론」, 『사상계』, 1958. 1, 99쪽.
121) 우기도, 위의 글, 106쪽.
122) 탁희준, 「4만 6천 육백환을 위한 투쟁: 한국노동쟁의의 현황과 그 민주적 해결책」, 『사상계』, 1959. 12.
123) 탁희준, 위의 글, 214쪽.

과 민주주의 사상으로 협동하는 것이 중요하다고 주장했다. 「농촌단상」
같은 수필에서는 공산당의 토지분배에 농민들은 별로 동요하지 않았
고, 특히 공산정권이 무상으로 토지를 분배한다는 것을 거절하고 남하
한, 포승면 원정리 농민들의 신념을 강조하며, 농민들의 건강한 사상을
독려했다.[124]

  1950년대 『사상계』에서 제목에 여성이라는 단어를 포함한 글이 거의
없다. 『사상계』는 그야말로 '여성 소거'의 사상화를 이루었다.[125] 서울
사대 학장이었던 김기석은 「민주국가와 여성의 지위(上)(下)」를 썼다.
그러나 김기석은 '차이'가 아닌 '차별'의 정당성을 말했으며, 남녀평등
이란 남성이나 여성이 '바른 인간'으로 자각하는 것이라고 주장할 따름
이었다.[126] 그는 "어진 안해, 어진 어머니로서 사랑과 경건과 고생과
인내 속에서 일생을 마친 유명, 무명의 여성들"을 바람직한 여성상으로
제시하기도 했다.[127]

4. 맺음말

  한국전쟁 뒤에 남북한 체제경쟁이 심해지고 냉전의 기운이 드높았
던 정세 속에서 『사상계』가 출간되었다. '국민 사상'을 바로잡는 것을
목표로 삼았던 『사상』의 뒤를 이은 잡지였다. 『사상계』 안에는 모순된

---

[124] 김명임, 『사상계』에 나타난 농촌인식, 사상계연구팀, 『냉전과 혁명의 시대 그리
  고 사상계』, 소명출판, 2012, 347~348쪽.

[125] 김복순, 앞의 글, 81쪽.

[126] 김복순, 앞의 글, 88쪽.

[127] 김기석, 「민주국가와 여성의 지위 下」, 『사상계』, 1953. 6, 90쪽.

사항이 서로 충돌하는 일도 있다. 민족주의, 자유주의, 민주주의, 반공주의 같은 핵심어들이 서로 얼크러지고 맞물리면서 일관된 담론을 산출할 수 없었기 때문이다. 그러나 큰 틀에서 보면『사상계』는 일정한 방향을 유지하고 있었다. 월남 지식인이 중심이었던『사상계』는 반공과 자유민주주의의 뼈대를 구성해 내었다. 한국전쟁 뒤의 혼돈된 사상을 반공으로 정돈하고 내용 없이 떠도는 자유민주주의의 성격을 규정하는 것, 이것이『사상계』지식인의 임무였다.

이 글은『사상계』지식인의 역사의식을 추적하는 것을 주요 목표로 삼았다. 역사의식의 심층에 자리 잡은 사상의 뿌리를 함께 살펴보아야만 한다는 문제의식도 포함하고 있다. 아시아는 정체되었고 한국은 후진적이라는『사상계』의 역사인식은 오리엔탈리즘의 내면화 또는 지식인의 열등감으로 읽을 수도 있겠지만, '근대화'의 필요성을 제기하고 지식인의 사명을 강조하기 위한 하나의 장치일 수도 있다. 그 어느 경우이든 서구중심주의에서 벗어난 것은 아니었다.

반공의 좌표를 설정해야 했던『사상계』가 한국 사상사의 궤적을 다룰 때 난감했던 문제가 바로 사회주의운동사였다.『사상계』는 일제강점기에 사회주의 사상의 영향력이 컸다는 사실은 인정하되, 사회주의를 민족주의 안으로 녹여내는 방식으로 비껴갔다. 해방공간의 사회주의 사상과 운동에 대해서는 폭력과 계급투쟁을 앞세운 적색 제국주의 추종세력일 따름이라고 규정했다. 기껏해야 '회의와 방랑으로서의 사회주의'였다.

『사상계』의 국제정치관은 냉전의식에 따랐다.『사상계』의 바탕을 이루는 사상은 자유민주주의였다.『사상계』는 인민민주주의도 있다는 것을 소개하기는 했지만, "인민민주주의란 사회주의로 건너가는 징검다리"였기 때문에 거부해야 마땅했다. 미·소의 첨예한 대립, 한국전쟁 체험, 이승만 정권의 반공이데올로기에서 지식인이 자유롭지 못했다. 『사상계』의 냉전과 반공의식은 '월남 지식인'의 자발적 신념이자 감정 구조이기도 했다. 그러나 지식인들은 두 가지 측면에서 상대적으로 능동적이었다. 첫째, 지식인들은 반공을 가치규범으로 삼되, 그들 나름대로 자유와 민주주의를 정의하면서 비어버린 사상의 내용을 채워갔다. 그런 가운데 국가 권력과 틈이 생기기도 했다. 둘째, 계몽의 장치를 통해 지식 헤게모니를 확보하려 했다. "『사상계』는 독자를 계몽하고 각성시키는 스승같은 존재였다"[128]는 자기규정이 그 보기이다.

　『사상계』가 냉전자유주의 틀 안에 자신을 고정하면서 계급이나 평등을 매우 적게 다루었다. 마르크스 계급론에 대한 비판만 무성했지, 정작 남한 계급 현실에 대해서는 체계적인 분석을 시도하지 않았다. 때로 '특권계급'을 말하거나 '계급 아닌 계급으로서 지식계급'[129]을 말하기는 했지만, '계급'이라는 용어는 『사상계』에서 결코 환영받지 못했다. 드물게 다루었던 노동이나 농민문제에도 반공의 논리가 밑바탕이 되었다. 여기에 노사협조주의나 경제발전의 논리를 덧붙였다. 『사상계』는 여성문제를 거의 다루지 않았다. 1950년대 『사상계』는 반공과 자유민주주의를 주장하면서 개인의 개성에 너무나 소홀했다. 그들의 근대화 전략에서 노동자·농민·여성은 배제되었다. 그러나 그 안에 균열과 차이의 영역이 있었다. 이승만 정부의 독재가 심해지면서 지식과 국가 권력 사이의 긴장관계가 커지기 시작했다. 시대에 따라 『사상계』의 사상도 바뀔 수밖에 없었다.

---

128) 신상초, 앞의 글, 278쪽.
129) 김하태, 「지식인의 본질」, 『사상계』, 1959. 5, 16쪽.

일본의 전시기 동아시아 국제질서 인식의 전후적 변용
'대동아국제법질서'론과 식민지 문제

송병권

1. 머리말

오늘날 다양하게 전개되고 있는 동아시아 공동체 논의는 동아시아라
는 초국가적 공간을 설정하고 역사적, 정치적, 경제적, 문화적인 지역주
의적 공동체 전망을 그려내고 있다[1]. 초국가라는 개념은 개별국가를 넘
어 다양한 수준의 행위자 사이의 중층적인 네트워크와 정체성이 형성과
변용, 그리고 재형성되는 중립적인 트랜스내셔널(transnational)[2]이란 관

---

[1] 박상수 · 송병권 편저, 『동아시아, 인식과 역사적 실재: 전시기에 대한 조명』, 서
울, 아연출판부, 2014; 이내영 · 이신화 엮음, 『동북아 지역질서의 형성과 전개:
역사적 성찰과 정치 · 경제적 쟁점』, 서울, 아연출판부, 2011; 이정훈 · 박상수 엮음,
『동아시아, 인식지평과 실천공간』, 서울, 아연출판부, 2010; Peter J. Katzenstein, *A
World of Regions: Asia and Europe in American Imperium*, Ithaca, Cornell University
Press, 2005.

[2] Joseph Nye, Jr. and Robert O. Keohane eds., *Transnational Relations and World
Politics*, Cambridge, Harvard University Press, 1972, pp. ix~xxix.

념으로 해석될 수 있지만, 그 내용을 살펴보면 베스트팔렌 체제이후에 나타난 서구의 국가와 주권의 평등원칙을 전제로 한 근대적 세계질서를 배경으로 한 인터내셔널(international)이란 관념, 개별 국가단위를 초월하는 권위나 권력을 가진 초국가적인 기구를 상정하는 슈프라내셔널(supranational)이란 관념,[3] 국가주의의 극단적 확대경향을 상정하는 울트라내셔널(ultranational)이란 관념[4] 등 세 가지 차원으로 분류가 가능할 것이다. 이 세 가지 관념은 동아시아 지역에서 초국가적 공간을 둘러싼 역사적 경험의 근저에 존재했던 원형적 민족주의를 전제로 한 프로토내셔널(proto-national)이란 관념과 근대적 민족주의를 전제로 한 내셔널(national)이란 관념[5]을 통해 상호 연관되어 있었다고 할 수 있다. 이를 그림으로 나타내면 다음과 같이 될 것이다.

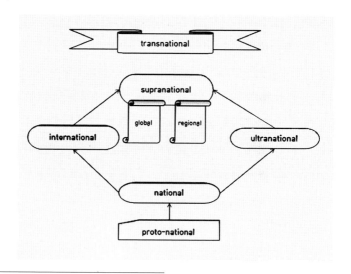

---

[3] E. H. Carr, *Nationalism and After,* New York, Macmillan, 1968, p. 11.

[4] 丸山眞男,「超国家主義の論理と心理」,『世界』5, 東京, 岩波書店, 1946.

[5] E. J. 홉스봄 저, 강명세 역,『1780년 이후의 민족과 민족주의』, 서울, 창비, 1988.

개별국가가 병존하면서 국가 간의 관계를 형성하였던 경험과 함께 제국−식민지 관계 속에서 초국가적 공간이 존재하기도 했으며, 이러한 역사적 경험이 '과거사'로서 현재의 개별 국가 간 관계를 초국가적으로 접근하고자 할 때 상황적, 심리적 배경으로서 작용하고 있다. 동아시아 지역에서 국가 간의 경계를 넘어서고자 하는 아시아주의는 '동양평화론', '동아연맹론', '일만지일체론(日滿支一體論)', '일선동조론', '동아협동체', '대동아공영권' 등 여러 상상과 기획들로서 나타났다. 이러한 기획들은 개별 국가의 상호 존재를 부정하지 않으면서 상위의 국제적 권력기관을 상상하기도 했지만, 패권적 개별국가가 통제하는 블록 단위로 재편된 지역 내 통합이라는 것으로 전개되었다. 과거의 개별적 역사적 상황에서는 트랜스내셔널이란 상황이 전혀 다른 구조를 가지고 있었던 것이다.

구미의 서세동점 이후 일본에서 나타난 아시아주의는 이른바 '지역주의'적 경향 속에서 '평등' 지향과 '맹주' 지향이란 두 가지 가능성이 병존했었다. 아시아태평양전쟁의 발발과 함께 형태를 갖추어간 '대동아공영권론'에 이러한 '맹주' 지향성이 직접적으로 연결되었다는 해석은 일면적 파악이라 할 수 있다. 오히려 '대동아공영권론'에서 나타나는 국제질서론은 1920년대 국제연맹과 영미 협조를 기조로 한 '국제주의' 노선을 유지하면서도 일본제국의 '지역주의'적 패권을 확보하겠다는 대외정책론이 배격되면서 등장한 것이라고 할 수 있다.[6] 제1차 세계대전 이후 배타적인 개별 주권국가들 위에 초국가적인 단위의 국제조직으로서 설치된 국제연맹의 운용 여부는 개별 주권국가들의 존중에 달

6) 波多野澄雄, 「戰後日本の「地域主義」と「国際主義」」, 小島勝 編, 『文部科学省研究費補助金重點領域研究総合的地域研究成果報告シリーズ: 総合的地域研究の手法確立: 世界と地域の共存のパラダイムを求めて: 南方関与の論理』 27, 1996, 37~38쪽.

려 있었다. 세계 대공황 이후 세계사는 이른바 '가진 나라와 못 가진 나라의 대립' 문제와 연동하여 지역주의적 세계 분할문제가 본격화되었다. 제1차 세계대전의 전승국의 일원이었던 일본은 아시아 지역의 유일한 강대국으로서 국제연맹에 적극적으로 참여하면서, 보편적 국제주의를 지향하였다고 할 수 있다. 일본과 국제연맹과의 균열은 1931년 일본의 만주지역 침략과 함께 시작되었다. '만주국' 수립과정에서 국제연맹의 '만주사변'에 대한 개입에 반발한 일본이 국제연맹을 탈퇴함으로써 동아시아 국제관계는 새로운 국면을 맞이하게 되었다. 유럽대륙의 신질서 구축을 선언한 독일 및 이탈리아와 연대한 일본은 동아시아의 신질서로서 '대동아지역'에서의 지역단위 질서 구축을 주창하였고, 그것은 '동아광역경제론'과 '대동아국제법질서'의 형성이라는 것으로 귀결되었다.

일본은 동아시아 지역에서의 패권을 확보하기 위하여 국제연맹 외부에 존재하는 개별 국가로서의 고립이란 한계를 극복할 지역 단위의 국제적 조직을 필요로 하였다. 세계적 규모의 대불황을 타개하기 위하여 유럽 및 미주 지역에서 출현한 지역블록 형성 흐름에 적극적으로 반응하며, 일본의 제국적 질서에 포섭된 아시아 지역 블록 형성과 그에 대한 국제법적 차원에서의 적극적 정당화논리로 등장한 것이 '대동아국제법질서론'이었던 것이다. 이 논리는 일본의 국제연맹 탈퇴를 지지하며 동아시아 지역에서의 보편적 국제주의를 부정함과 동시에 동아시아 지역 내에서 대두된 개별적 국가 및 지역의 민족주의도 반대하는 것이었다. 예를 들면, '만주사변'과 이를 통해 수립된 '만주국' 승인 문제에서, 일본은 국제연맹의 개입에 반대하였고, 중화민국의 민족주의적 저항을 차단하고자 했던 것이다. 즉, 보편적 국제주의와 민족주의에 대응하기 위해 '지역주의'를 제시했던 것이라고 할 수 있다.[7] 1930년대의 '지역주의' 주장에는 정치적으로도 극단적인 '일본맹주론'은 비교적 적었고, 일본의 기술과 자본, 동아시아 지역의 원료와 시장의 결합이라는 지역 내에서의 수직적 산업분업 강조가 폐쇄적인 경제블록이나 아우타르키 경제를 반드시 지향한 것도 아니었다는 것이다.[8]

1940년대 전반기에 등장한 '대동아공영권론'은 동아시아 지역을 하나의 지역질서로 간주하고 자신의 지역질서 지배를 정당화하기 위해 일본에서 개발된 이론틀이었으며, 일본이 중일전쟁 및 태평양전쟁 수행과정에서 제기한 관념이었다. 그 구조는 주로 정책결정과정 레벨에서는 '현대의 국방국가와 공영권 성립'과 연계되는 '자원전쟁'을 도모하기 위한 것이었다는 점과 함께, '대동아공영권' 구상 자체는 사실상 주권국가를 구성단위로 하는 국제질서 구성에 불과했다는 점도 지적되고 있다.[9] 이를 통해 "대동아공영권"이라는 광역질서론 속에는 '자원전쟁' 즉 경제 질서적 측면에서 '동아광역경제권론'[10]과 '주권국가를 구성단위로 하는 국제질서구성'이라는 법 질서적 측면에서의 '대동아국제법론'이 두 축을 이루고 있었다는 것을 알 수 있다.

'대동아국제법론'에 대해서는 일본의 근대 국제법 수용과정 속에서 '대동아국제법'의 성립과 구조에 대한 연구나,[11] 근대비판과 초근대의 상극이라는 측면에서의 사상사적 해석을 통해 전전에서 전후로의 전형이라는 부분을 부각한 연구,[12] 그리고 보편주의 비판과 그 대응으로

---

7) 三谷太一郎, 『日本の近代とは何であったか―問題史的考察』, 東京, 岩波書店, 2017, 192~193쪽.

8) 波多野澄雄 1996, 앞의 글, 38~40쪽.

9) 河西晃祐, 『帝国日本の拡張と崩壊―「大東亜共栄圏」への歴史的展開』, 東京, 法政大学出版局, 2012. 133, 181쪽.

10) 송병권, 「1940년대 전반 일본의 동북아지역 정치경제 인식: 동아광역경제론을 중심으로」, 『史叢』 80, 2013.

11) 明石欽司, 「『大東亜国際法』理論―日本における近代国際法受容の帰結」, 『法学研究―法律・政治・社会』 82-1, 2009.

서의 지역주의라는 측면에서의 해석,[13] '대동아국제법'의 실정법적 부분에 초점을 맞춘 연구,[14] '대동아국제법'을 '대동아공영권' 구상의 영토권 개념과 연결시키려는 연구[15]가 이루어졌다. 일본의 국제법학자 그룹이 제기한 '대동아공영권'의 법적 구조 및 그 정당성에 대한 논의가 패전을 전후하여 특히 전시기에 들어서 활발하게 나타났다. 국제법적 질서에 대한 정치동학적 해석 속에서 국제정치학 분야가 나타났던 것처럼, 일본제국주의의 국제법 질서론 속에서 상대적 국가평등 원칙을 석출하여, 이를 통해 자국의 지역패권 질서를 정당화하려 한 일본의 국제법학자들의 역할을 분석하고자 한다. 패전과 함께 지역패권 질서 확보의 논리로 작용하였던 상대적 국가평등 원칙은 오히려 연합국의 일본 지역 점령과 점령개혁을 정당화하는 논리로 변용되어 전화되지 않을 수 없었다는 점 속에서 일본의 국제법질서론 속에서의 지역패권 확보에의 욕망과 그 한계를 파악해 보도록 한다. 일본의 전시동원체제 속에서 그 지역질서로 제기된 '대동아공영권론'을 대상으로 한 인적·물적 자원의 동원 체제에 대한 연구에 비하여 그 정치적 질서에 대한 구상은 우리 학계에서는 아직까지 미개척분야이기도 하다.[16] 일본 제

---

12) 佐藤太久磨, 「『大東亜国際法(学)』の構想力ーその思想史的位置」, 『ヒストリア』 233, 2012.

13) 松井芳郎 「グローバル化する世界における『普遍』と『地域』ー『大東亜共栄圏』論における普遍主義批判の批判的検討」, 『国際法外交雑誌』 102-4, 2004.

14) 安田利枝「大東亜会議と大東亜宣言をめぐって」, 『法学研究』 63-2, 1990.

15) 戸塚順子 「「大東亜共栄圏」構想における領土権概念について―国際法学者松下正壽の議論を題材として」, 『人間文化研究科年報』 20, 奈良女子大学大学院人間文化研究科, 2004.

16) 한국에서의 대동아국제법에 대한 관심은 제성호, 김항 정도이다. 松下正壽 저, 제성호 역, 「국제법 사료: 대동아국제법의 제문제」, 『국제법평론』 2001-Ⅱ, 2001; 김항, 「'광역권'에서 '주체의 혁명'으로: 근대초극, 미완의 법기획, 그리고 한반도」, 『동방학지』 161, 2013.

국주의가 지구적 패권을 주장하기 보다는 지역적 패권을 주장했다는 사실 속에서 '대동아공영권'의 국제정치적 측면이 드러난다고 할 수 있는데, 이 글에서는 일본제국주의가 전망한 지역질서의 내용과 그 정당화 논리를 파악함으로써, 그 연장선상에서 '대동아공영권론'의 입체적인 비판에 일조하고자 한다.

2. 보편주의 비판과 지역주의 등장: 광역이론

일본의 국제법 이론은 '대동아국제법' 이론의 전사로서 '만주사변' 이후에 대응하는 과정에서 주목되었다.[17] '글로벌리즘' 즉 보편주의를 표방하면서 국가평등원칙의 형식적 측면을 강조하는 전통적 국제법을 유럽중심주의적 편향이라 비판하면서, 그 대안으로 지역주의를 추구하였다는 것이다. 일본의 중일전쟁 도발 후 1938년에 전쟁목적으로 '동아신질서' 구축을 천명함으로써, 지역주의는 기존의 구미 중심의 국제법질서의 수정이나 보완원리라는 예외적 국지적 질서원리의 제한성을 돌파하여 세계적 일반적 질서원리로 간주되었다. '구주신질서(歐洲新秩序)', '미주신질서(米洲新秩序)' 등 몇 개의 자기완결적인 지역적 공동체로 구성된 세계질서를 전제하고, 이에 더하여 '동아신질서'를 포함시킨 후, 이들 공동체들로 구성될 '세계신질서' 구상이 제시되었던 것이다.[18] 지역주의는 국제사회의 다원적 구성을 옹호하면서, 비록 왜곡된 형태이긴 했지만 국가평등원칙의 실질적 평등구현 가능성을 가지고

---

17) 松井芳郎, 위의 글; 明石欽司, 앞의 글.
18) 三谷太一郎, 앞의 책, 194~95쪽.

있었다는 것이다. 그러나 문제는 보편주의 비판의 정당성 주장과는 달리 그 비판이 제대로 육성되었는가에 달려있었다. 이를 마츠이 요시로(松井芳郎)가 제기한 전시기 '대동아공영권' 이데올로기 비판을 통해 확인해보고자 한다.[19] 첫째, '대동아공영권'이 설정했던 '운명적 결합'이나 '의미통일체'의 실체가 불분명했다는 점이다. '대동아공영권론'의 주장이 실체적 근거와 결합한 것이 아니라 일본이 감행한 침략전쟁의 확대과정에 따라 그 범위가 확대되어 나타났을 뿐이라는 것이다. 유일한 실체는 '전쟁'이었으므로 패전과 함께 '대동아공영권'도 소멸할 수밖에 없었다. 둘째, 자본주의 경제가 국민경제를 초월하는 시대에 보편주의에 대한 비판으로 등장했던 지역주의에도 '주권'이나 '민족자결권' 등과 같은 내셔널리즘을 부정하는 논리가 내재하여 있었다고 할 수 있다. 그러나 동시에 '대동아공영권'론에도 역내 여러 국가와 그 인민의 협력을 '조달'하기 위해서는 내셔널리즘을 '초극'하는 것이 아닌 접근이 필요했다고 할 수 있다. 셋째, '대동아공영권'론에서는 배타적인 자급자족 권역의 형성을 목표로 한 것이 아닌 권역 외부에 개방되어 있다는 점이 표방되었다. 그러나 당초 '대동아공영권'론이 상정한 유럽, 미주, 대동아 지역 광역권의 정립(鼎立)이란 세계질서 구상은 신기루에 불과한 것이었다. 이를 대체하기 위해 일본제국주의는 '무력행사'에 집중하였고, 이것이 '대동아공영권'의 비극을 낳았다는 것이다. 이런 인식은 구미 제국주의 비판이란 표어 속에서 일본의 아시아 침략을 전개하는 논리와 결합하였고, 일본의 지역 대내외적 자기 완결성 논리로 포장되었다. 구미제국주의 비판이란 일본의 제국주의적 활동에 대한 자기 성찰이 철저히 결여되어 있었던 것이다. 따라서 '대동아국제법' 논자들의

---

[19] 松井芳郎, 위의 글, 20~21쪽.

주장에는 일본의 아시아 침략전쟁을 정당화하기 위한 '대동아공영권' 이데올로기로서 기능할 가능성이 내재되어 있었다. 지역주의를 주장하는 일본의 국제법 논의에서 구미 제국주의 비판이란 점에서 정당성이 주장되었고, 또한 지역질서의 기반을 저해하는 민족주의에 대한 비판이 전개되었다. 아시아 여러 민족을 넘어서는 일본을 중심으로 한 '지역적 연대'를 주장하면서 이에 저항하는 아시아 특히 중국의 민족주의에 대한 대항으로서 일본의 제국주의 침략전쟁을 정당화했던 것이었다. 이러한 지역주의적 이데올로기는 1940년대 일본의 국제법학자들에게도 영향을 주어 '대동아국제법' 구축을 위한 움직임으로 이어졌다.[20]

'대동아국제법' 논의는 칼 슈미트(Carl Schmitt)의 광역국제법론에서의 라이히(Reich) 개념이 역외제국의 간섭 금지의 원칙으로 받아들여져,[21] 전통적 국제법의 구미 중심적 성격을 비판하며 출발했다. 야스이카오루(安井郁)와 같이 아시아 여러 민족의 '해방'을 위해 영미 중심주의적인 구 국제질서를 타파해야 한다는 의식이 일관되게 존재했다.[22] 그렇다고 당시 일본의 모든 국제법학자가 현행 국제법을 전면적으로 부정한 것은 아니었다. 다만 '대동아'의 주체성에 입각해 비판적인 재구성이 가능할 것이라고 보았다.[23] '개국'이래 근대 국제법 준수라는 입장을 고수했던 일본의 국제법적 인식 속에서 나타난 '대동아국제법'

---

20) 三谷太一郎, 앞의 글, 195~197쪽.

21) 칼 슈미트, 김효전 역, 「역외열강의 간섭을 허용하지 않는 국제법적 광역질서: 국제법에 있어서 라이히 개념에의 기여 (1939, 제4판 1942)」, 『정치신학 (외)』, 서울, 법문사, 1988; 波多野澄雄, 「「国家平等論」を超えて: 「大東亜共栄圏」の国際法秩序をめぐる葛藤」, 浅野豊美・松田利彦 편, 『植民地帝国日本の法的展開』, 東京, 信山社, 2004, 297쪽.

22) 竹中佳彦, 「国際法学者の「戦後構想」-『大東亜国際法』から『国連信仰』へ」, 『国際政治』 109, 1995.

23) 松井芳郎, 앞의 글, 9쪽.

이론의 제기는 기존 국제법의 전면적 부정이 아니라 '전환'으로 이해되었다.[24] 그것은 '근대의 초극'을 주장한 일본도 사실은 이미 근대를 경험했다는 자기이해에 기반하고 있었기 때문이었다. 즉, '대동아국제법'은 기존의 법질서인 근대적 법질서와 결별을 선언한 전혀 새로운 법이론이라고 하기보다는, 근대와 근대 초극이란 두 가지 계기에 의해 구성된 것으로, 기존 국제법과 새로운 법적 이념 사이에 항쟁과 조화라는 양면성을 지니고 있었다고 할 수 있다.[25]

따라서 '대동아국제법'의 중심과제는 국제법학의 이론적 틀 속에 '대동아공영권' 이데올로기를 모순 없이 안착시키는 것이었다고 할 수 있다. '대동아공영권'의 법적 성격은 '미주광역국제법론'이나 '구주광역국제법론'과는 다른 성질을 가진 것으로 상정되었다. 주권 원리에 기초한 '미주광역국제법론'은 국가의 자유의사적 결합인 조약과 동맹관계를 축으로 '자유주의적 계약사상'에 바탕을 둔 개념으로, 구성국의 임의 탈퇴가 가능한 광역질서로 이해되었다. 한편, '구주광역국제법론'은 광역권 내 지도국의 확대 및 연장선상에서 유럽의 광역질서를 상정하였다. 단일국가의 양적 확대는 지도국이 광역권 속에서 해소되는 결과를 낳아 지도국과 피지도국의 명확한 차이가 설정되기 어려웠다고 평가되었다.[26] 이렇게 절대주권 원리에 기초한 구미 여러 나라들이 주도하는 국제정치 질서는 '제국주의'를 낳는 온상일 뿐이라는 것이다. 따라서 '대동아국제법'의 기초는 조약도 아니고, 주권도 아니어야 했다.[27] 국가가 독립을 유지하고 생존을 확보하기 위해 '공영권'을 구성해야 한다

---

24) 明石欽司, 앞의 글, 263쪽.

25) 佐藤太久麿, 앞의 글, 52~53쪽.

26) 松下正壽,「大東亞共榮圈の法的基礎及構造」,『國際法外交雜誌』41-10, 1942.

27) 佐藤太久麿, 앞의 글, 54쪽.

는 전제를 받아들이면서도, 역내 여러 국가들로 구성된 '생존권 단체'로
서의 성격을 '대동아국제법론'에 부여하고자 했다.[28] 그러나 조약에 의
해 구성되는 '대동아국제법' 개념이 완전히 사라진 것은 아니었다.[29]

아카시 킨지(明石欽司)는 '대동아국제법론'에 대한 당시 국제법학자
들의 인식론을 다음과 같이 정리하였다.[30] 먼저 마츠시타 마사토시(松
下正壽)는 국제법의 전제로서 국가 주체성론를 배치하여, 권리는 객관
적·구체적이지만 비존재이므로 의사표시는 실효적으로 이루어져야 한
다고 주장하였다. 그는 "나는 너의 생존권을 위해 싸우겠다."라는 주체
성을 강조하였는데, 국제연맹을 탈퇴하면서까지 '만주국'의 생존권을 지
지했던 점을 들어 '주체성'이란 입장에서 '대동아국제법'을 해석하고자
했다. 또한, 타바타 시게지로(田畑茂二郞)는 국제법 이론의 '전환'을 강
조했다. '국가평등원칙'이라는 근대 국제법의 근본적 법이념이 '대동아
공영권' 내 여러 국가 사이에 적용되지 않는 상황을 설명하기 위해, 법
적 이념의 완전한 전환이 발생했다고 주장했던 것이다. 객관적 가치와
무관하게 당사국 자유의사의 합치만으로 형성되는 법질서를 부정하는
한편, '대동아공영권' 내 국가 간의 운명적 상호 결합을 충분히 자각하여
'공통의 도의의식'이라는 기본 이념 위에 법질서가 형성될 것이라고 주
장했다. 한편, 야스이 카오루는 계층적 법질서론을 주장했다. 일반 국제
법과 대립하는 것은 특별 국제법이 아닌 광역국제법이라고 파악하면서,
'합의는 준수되어야 한다'라는 명제에 기초한 현실적인 국제법 이론에
반대의견을 제시했다. 현실적 국제법이론은 자연법을 기초로 했을 때
가능하다고 주장하면서, 국제법에는 '규범의 계층성'이 존재하며, 최고

---

28) 松下正壽, 앞의 책.
29) 一又正雄, 「大東亞建設條約とその國際法史的意義」, 『法律時報』 16-1, 1944.
30) 明石欽司, 앞의 글, 273~279쪽.

위에는 국제헌법이, 그 아래에 '법의 일반법칙'과 통상적인 조약법, 관습법이 존재한다는 것이다. 따라서 실정법으로서의 국제법은 결국 불문국제헌법에 의해 '계층성'이라는 근거를 획득한다는 점을 강조하였다.

이렇게 보편적 국제법 질서와 구별되는 지역주의적 국제법 질서가 존재할 수 있다는 해석은, 필연적으로 지역주의 내에서의 지도국 문제와 국가평등 문제로 이어지게 될 것이었다.

3. 지도국 문제와 국가평등원칙의 수정

1940년 9월 27일에 일본과 독일, 그리고 이탈리아가 맺은 '삼국 동맹조약' 제1조 및 제2조에는 '구주신질서에서의 독일·이탈리아의 지도적 지위'를 인정하면서, 동시에 '대동아신질서에서의 일본의 지도적 지위'를 인정하는 조항이 들어있었다.[31] 야스이 카오루는 '구주광역국제법'이 영국 제국의 보편주의에 대항하며 등장하였고, '구주국제법'을 통한 세계지배의 종결을 내면에서 촉진했다는 의미에서 세계사적 의의를 지닌 것으로 평가했다. '구질서하에서의 동아국제법질서'에서 자신을 해방한 일본이 다시 '대동아 전 민족의 해방'을 향해 전진하며, 유럽적 세계 즉 식민지배로부터 해방될 신질서는 일본을 중심으로 독립적인 '대동아공영권'을 구성해야 한다는 것이다. 야스이는 이러한 새로운 아시아의 새로운 질서에 부합되는 법질서로서 지도국인 일본의 고유이념에 의해 지배되는 '대동아국제법질서'를 상정하고, '대동아공영권'의 대내외 관계를 규율할 수 있을 것으로 생각하였다.[32]

---

31) 「日本國, 獨逸國及伊太利國間三國條約」(1940년 9월 27일), 外務省 편, 『日本外交年表竝主要文書』下, 東京, 原書房, 459쪽.

그러나 지도국 개념과 국가평등 원칙은 상호 모순되는 관계를 가지고 있었고, 이 모순에 대해서 어떤 형식으로든지 양립가능한 개념을 찾기 위한 국제법학자의 여러 해석이 등장했다. 마츠시타는 지도국을 '단순한 실력국'으로서가 아니라 '책임부담' 능력을 가진 국가라고 정의하고, '대동아공영권' 내부의 책임부담 능력이 부족한 여타 나라를 대신하여 책임을 부담할 수 있는 실력을 갖추어야 한다고 주장했다. 한편, 카미카와 히코마츠(神川彦松)는 유럽, 미주, 소련 등 3대 대륙적, 블록적 제국에 항쟁하기 위해서는 맹주로서의 직접적인 실력을 갖춘 강대국이 지도국으로 필요하다고 주장하였다.[33]

'대동아공영권'을 위와 같이 지도국과 피지도국으로 구분한다면, 지도국과 피지도국 간에 발생하는 주권을 둘러싼 국가평등/불평등 문제가 발생할 수밖에 없었다. 마츠시타는 '생존권 단체' 개념으로 이 문제를 해결하고자 했다. 생존권(Lebensraum)이란 영역을 설정함으로써 생존권 외부에 대해서 그에 합당한 생존권과 영역주권을 보장하면서도, 생존권 내부에 대해서는 영역 내 각국의 공존공영 즉 각국의 생존권을 보장하기 위해 자국의 영역을 개방해야 한다고 주장했다. 이렇게 '대동아국제법'에서의 영토권 개념을 주장하며 인접국가의 생존권 문제와 영역주권 사이의 모순을 해소하고자 했던 것이다. 따라서 마츠시타는 '미주광역국제법론'과 같은 조약에 바탕을 둔 구성국의 임의탈퇴 가능성을 부정했다. '생존권 단체'는 광역권 구성국들이 각각 자신의 생존을 확보하기 위해 자유의지를 초월해서 결성한 운명적 결합이고, 구성국의 탈퇴가 그 자신의 생존 자체를 어렵게 하므로, 각 구성국은 임의

---

32) 安井郁, 『歐洲廣域國際法の基礎理念』, 東京, 有斐閣, 1942.
33) 佐藤太久麿, 앞의 글, 58쪽.

탈퇴가 불가능하다는 것이다. 국가평등 즉 주권 문제와 관련해서 구성
국에 생존권에 의한 제약 이외의 자유는 보장되므로, 종래 국제법학 상
의 주권 개념을 재구성할 필요가 있었다. 국가평등 원칙을 절대적 주
권 개념으로 이해할 때, 실질적으로 불평등한 국가에 평등한 이론을 무
리하게 적용해서는 안 된다는 것이다.

　마츠시타는 절대적 국가평등 개념의 대안으로 '공정의 원칙'을 제시
하였다. 여기서 공정함이란 '만방에 각각 그 자리를 얻는다는 것(萬邦
ヲシテ其ノ所ヲ得シムル)'[34]을 의미한다. '대동아공영권'은 절대적으로
평등한 국가들의 형식적 결합이 아니라, 현실적으로 불평등한 여러 국
가의 유기적 결합이므로, 국제법상으로는 각종 계서(階序)가 존재할 것
이고, 그 최상위에 공영권유지 책임을 질 국가 즉, 지도국이 존재한다
는 것이다. "스스로 완전히 국제법상의 권리를 행사하고, 의무를 이행
함과 동시에 공영권내 국가 중 국제법상 권리의 행사 및 의무의 이행
능력이 부분적으로 부족한 경우에 이를 대신하여 법률행위를 하는 국
가"로 지도국을 규정했다. 이는 지도국을 공영권에 내재하면서도 초월
하는 존재로서 규정한 것이었다.[35] 즉, 생존권내 국가들의 생존권을 보
장하는 역할은 '지도국'이 담당한다는 것이었다. 종래의 절대적 주권
즉 절대적 독립권을 대신하여 상대적 주권 즉 상대적 독립권 개념으로
근대적인 절대적 주권론을 초극하고자 했던 것이다. 이러한 상대적 주
권 원리의 개발은 지도국 원리를 획득하는 논리적 근거를 제공했다.
즉, 이론상으로는 제국주의적 질서나 주권국가 체제와 차별성을 갖춘
새로운 국제질서를 상상하고자 했던 것이다.[36]

---

34)「日本國, 獨逸國及伊太利國間三國條約」, 위의 책, 459쪽.

35) 松下正壽,『大東亞國際法の諸問題』, 東京, 日本法理硏究會, 1942, 11~28, 34~44쪽.

36) 戸塚順子, 앞의 글, 433~44쪽; 佐藤太久磨, 앞의 글, 54~55쪽.

이러한 논리는 타바타의 상대적 평등 관념과도 연결된다. 타바타는 근대 국제법질서가 서로 다른 법적 가치, 법적 이념의 존재를 전제로 한 다양한 법질서의 존재를 허용하면서 다원적으로 구성되어 있다고 파악하였다. '대동아공영권' 내에서의 국가평등 문제는 근대 국제법의 자연적 평등에 기초한 절대적 평등이 아니라, 구체적인 질서로서 "만국에서 각각 그 자신의 자리를 얻는다"라는 '대동아공영권' 이념이란 객관적 가치 기준에 따라 인정되는 상대적 평등이어야 한다고 주장했다. 타바다는 법 형성 능력은 공영권 전반의 이해에 비추어 각각의 지위, 능력에 따라 구체적으로 결정될 것이고, 이것이 상대적 국가평등을 정당화할 것이라고 주장했다. 즉, 국가라고 해서 모두 절대적 주권을 보유해야한다는 관념은 부정되어야 하며, 동일능력을 가진 자들의 평등이라는 상대적 평등이 진정한 평등이 실현되어야 한다는 것이었다.[37] 그러나 그 객관적 가치기준은 누가 확정을 짓고, 공동체의 이해는 누가 결정하는 것인가에 대한 문제는 여전히 남았다.

한편, '대동아공영권' 내의 국가평등 문제를 둘러싸고 마츠시타와 타바타가 미묘한 해석 차이를 보이는 부분도 존재한다. 첫째, 마츠시타가 '대동아공영권'의 국가평등 적용 여부를 전면적으로 부정하는 입장을 보였다면, 타바타는 오히려 이를 긍정하면서 '대동아공영권' 내의 상대적 평등을 광역 내에서의 강대국인 지도국 즉 일본의 자의적 활동을 제약할 수 있는 역할을 기대했다고 볼 수 있다고 보았다. 둘째, 마츠시타는 지도국을 '대동아공영권' 내부에 존재하면서도 동시에 이를 '초월'하는 존재로 이해했는데, 타바타는 지도국 문제에서 광역 내 여러 민족·국가의 결합을 전제로 하면서도, 그 결합은 광역권 단위의 이념을

---

37) 田畑茂二郎, 『國家平等理論の轉換』, 東京, 日本外政協会調査局, 1944, 56~62쪽.

자각적으로 체현함으로써 이루어지는 것으로 파악하여 지도국도 그 이념에 의해 구속되는 것으로 파악했다. 셋째, 마츠시타는 '대동아공영권'을 구성국의 임의 탈퇴를 부정한 운명적 결합이라고 주장했지만, 타바타는 구성국 상호 간의 운명적 결합은 구성국이 자주적으로 그 결합을 충분히 자각하여 내면화함으로써 달성될 것이라고 파악했다. 타바타는 다음 장에서 다룰 시게미츠 마모루(重光葵)가 구상한 '대동아공동선언'에도 긍정적이었다. 즉, 지도국 개념의 상위에 여러 민족의 통합된 이념을 전제하고, 이에 기초한 '대동아국제기구'가 지도국도 구속할 수 있다는 입장이었다.[38] 그러나 양자의 해석 차이에도 불구하고, '대동아공영권' 내에서의 상대적 주권을 가진 광역권 구성국들과 절대적 주권을 가진 지도국의 결합이라는 점에는 변함이 없었다고 할 수 있다.

지도국 문제를 다룰 때 지역 내 여러 나라들에 대한 계서적 구조론은 유기체적 관점의 비대칭성이란 점과 깊은 관련이 있다. 계서적 및 유기체적이란 것은 '신분(身分)' 즉 몸의 각각의 부분을 각 국가들이 담당하고 그 기능을 일탈하지 않을 때 전체 구조로서의 몸 즉 '지역'이 정상적으로 기능할 수 있다는 의미로 해석할 수 있다. 실제로도 당시 일본의 국제법학자들 중에는 에도시대의 직분적 신분관에 착안한 사회의 안정성을 유비(類比)하는 경우가 존재했다. 개인주의를 부정하고 회귀적인 동양적 가치를 추구하며 근대를 초극하려는 의도가 내재되어 있었다고 볼 수 있다. 이런 해석에 입각하면 '평시' 상황에서는 안정적이고 기능적으로 유기체적 지역질서가 유지될 수 있을 것으로 상상할 수도 있었다. 그러나 실제로 유기체적 지역질서론 자체가 '현상타파'를 위한 '전시' 상황에서 형성되어 주장되었다는 데 주목해야 할 것이

---

38) 波多野澄雄, 「「国家平等論」を超えて: 「大東亜共栄圏」の国際法秩序をめぐる葛藤」, 320쪽.

다. 즉, 위기적 상황 및 격변의 시기에 전체 지역질서의 유지를 위해 일부의 제거나 희생을 강요할 수 있다는 점이 결락되어 있었다는 것이다. 그 이유는 유기체의 중심을 차지하고 있던 지도국인 일본제국에게는, 말단에 위치한 여타 지역 내 국가 및 지방의 제거나 착취를 총체적인 질서 유지 및 방어라는 입장에서 정당화할 수 있다고 하겠지만, 개별 피지도국 입장에서는 지역질서의 유지에 앞서 자신의 생존문제가 걸려있는 상황을 쉽게 받아들일 수는 없는 문제였기 때문이다. 즉 '전시' 격변이란 상황 속에서 지배/지도국으로서의 주체와 피지배/피지도국으로서의 대상의 확연한 구분을 받아들여야만 유지될 수 있는 구조였던 것이다.

4. '대동아공동선언'을 둘러싼 주권과 국가평등의 갈등

'일만의정서(日滿議定書, 1932년 9월 15일)'를 통해 만주국의 독립을 승인하면서도, 일본이 '만주국'에 대한 정치, 군사, 경제 등 전권을 확보했던 것처럼, 일본은 상대방의 독립을 형식적으로 인정하면서도 실제 정책 결정은 일본측이 좌지우지하는 '내면지도'라는 지배형식을 취했다. 전황이 악화한 1943년경부터 일본은 '대동아공영권' 내 구성국들의 전쟁협력을 확보하기 위해 이들의 내셔널리즘에 친화적인 정책을 추구하기 시작했다. 예를 들면, 1943년 10월 30일에 체결된 '일화동맹조약(日華同盟條約)' 조문에서는 '도의에 기초한 대동아의 건설'은 여전히 남아있었으나, '각각 그 자리를 얻도록'과 같은 문구는 배제되었고, '주권 및 영토의 상호존중'(제1조), '호혜를 기조로 한 긴밀한 경제제휴'(제3조)가 전면적으로 부각되었으며, 전쟁 종결 후 일본군의 철수를 부속의정서 등으로 제시하여 중국의 주권을 존중하는 자세를 표명하였다.[39] 그러나 군사 및 일반사항에 대한 일본인 고문은 조약과 별도로 '중국측의 요청'사항이라는 형식을 취해 '내면지도'는 여전히 유지되었다.[40]

대동아건설심의회에서는 '대동아전쟁' 완수를 지상과제로 하여 일본의 통제와 지도를 강조하였고, 군사상 중요 사항은 특히 일본이 직접 장악하도록 했다. 산업 분업 구상에서는 일본(조선, 타이완 포함)은 정밀공업, 기계공업, 병기공업 등 고도화된 공업에 중점을 두었고, 경공업은 '대동아공영권' 내 타 지역으로 이동시키려 계획했지만, 전황의 악화로 이런 구상마저 실현되기 어려웠다. 따라서 '대동아공영권' 경제는 일본에 의한 일방적인 착취와 광역권 내 여러 나라들의 황폐화만을 초래했을 뿐이었다. 이런 상황은 "주는 것 없이 취할 뿐"으로, 오히려 대동아건설심의회(칙령 제95호, 1942.2.21.) 제4부회에서는 일본의 '착취'를 어떻게 위장(camouflage)할 것인지에 대한 논의가 이루어졌던 것이다.[41]

'대동아지역'에 대한 '순수한 외교'를 제외한 제반 정무를 시행할 부처로 대동아성이 설치되었다. 식민지성(植民地省)과 유사한 관청의 설치가 '대동아권' 여러 나라들을 종속국으로 취급한다는 인상을 받은 왕징웨이(汪精衛) 정부의 중국이나 타이도 불안감과 불만을 드러냈다.[42] 이런 상황 속에서 일본, 왕징웨이 정부의 중국, 타이, '만주국', 필리핀, 버마(지금의 미얀마), 자유인도임시정부(옵저버)가 참가한 '대동

---

[39] 「日本國中華民國間同盟條約」(1943년 10월 30일), 外務省 편, 위의 책, 591~593쪽.
[40] 松井芳郎, 앞의 글, 15쪽.
[41] 河原宏, 『昭和政治思想硏究』, 東京, 早稻田大学出版部, 1979, 187, 285~303쪽.
[42] 安田利枝, 앞의 글, 382쪽.

아회의'(1943.11.05.~11.06.)에서 발표된 '대동아선언'의 전문을 보면 여전히 세계 각국이 각기 그 자리를 얻어 상부상조하여 만방 공영을 도모한다고 했지만, 각 조항에는 도의에 기초한 공존공영의 신질서 건설, 자주독립의 존중, 전통의 존중과 민족의 창조성 촉진에 의한 문화의 향상, 호혜에 기초한 긴밀한 제휴에 의한 경제발전, 인종차별의 철폐, 문화교류의 추진 및 자원의 개방에 의한 세계 진보에의 공헌 등 오히려 내셔널리즘과 주권을 강조하는 모양새를 갖추었다.[43]

참가국들이 주장한 것은 자유, 주권, 독립의 가치였다. 구미 제국주의의 복귀는 물론 일본의 패권도 거부하는 자세를 보여주었던 것이다.[44] '지도국'을 자임했던 일본은 '협력'과 '공동'이란 표현을 삽입함으로써 일본의 실질적인 지도권을 확보할 것으로 기대했지만, 시게미츠에 의해 이런 표현은 모두 삭제되었다. 공영권내 각국에 완전한 독립과 평등을 부여하고자 했다고 주장했던 시게미츠도 일본제국이 '대동아공영권'의 지도자임에는 틀림없지만, 이를 표면에 드러내는 것은 득책이 아니라고 했을 뿐, 일본의 지도권을 내려놓으려 했던 것은 아니었다. 다만, 형식적으로는 중국이나 타이 등을 포함한 국가들 중에서 능력 있는 나라가 실질적인 지도자가 되는 것뿐이라고 주장했는데[45], 당시 상황에서 일본이 지도국의 위치에 서게 될 것이라는 것은 충분히 예상되는 부분이었다.

'연합국의 '대서양헌장' 선언에 대항하는 이데올로기로서 조달된 '대동아선언'은 그 항목에서 일본적인 관념은 오히려 배제되어야 했다. 카미카와의 주장처럼, 특수한 일본적 이데올로기로는 보편적 이념을 표

---

43) 「大東亞共同宣言」(1943년 11월 6일), 外務省 편, 위의 책, 593~594쪽.

44) 安田利枝, 위의 글, 413~414쪽.

45) 伊藤隆・渡邊行雄 편, 『重光葵手記』, 東京, 中央公論社, 1986, 69쪽.

명한 '대서양헌장'에 대항할 수 없다는 것이었다.[46] 이에 따라 '대동아
국제법'은 '대동아공동선언' 단계에서 다시 전회(轉回)하게 되었고, 주
권, 독립, 민족, 평등 개념의 재구축을 도모하지 않을 수 없었다. 일본
이 대동아공영권 내의 독립국에 대해서는 물론, 프랑스의 현존 식민지
에 대해서도 주권 및 영토의 상호존중을 기초로 한 관계에 서 있다거
나,[47] '대동아공영권' 구성국들이 친화의 원리에 제약받으면서도 자주
독립을 보장받고, 행위의 자유를 향유하며, 독립적 존재로서 국제법의
주체가 되어, 국제법상의 권리 능력 및 행위 능력을 완전히 보유한다
는 주장이 개진되었다.[48] 이런 경향은 결국 당시에 일본이 파악한 '미
주광역국제법'의 내용에 근접한 것이었다. 즉, '대동아국제법질서'와
'미주광역국제법질서'가 동일한 법적 논리를 보유하고 있다고 주장함
으로써, 미국의 아메리카 대륙에 대한 제국주의적 지배를 일본의 '대
동아공영권'에 대응시키며, 일본은 미국과 같은 방식의 '식민지 없는
제국주의'로서 동아시아 지배를 전망하고 이를 정당화하고자 했던 것
이다.

5. 식민지 문제와 전후의 과제

'대서양헌장'을 전쟁수행의 일개 수단에 불과한 공수표 발행이라 비

---

46) 외교간담회에서 카미카와 히코마츠(神川彦松)의 발언(1942.9.26.). 「外交懇談會
(太平洋憲章, 世界大憲章制定ニ就イテ)」, 大久保達正 외 편저, 土井章 감수,
1992, 『昭和社會經濟史料集成』 17, 東京, 大東文化大學東洋研究所.

47) 田村幸策, 「大東亞共栄圏の国際関係と「モンロー主義」との関係に就て」, 『國際法
外交雜誌』 42-9 1943, 9쪽.

48) 松下正壽, 「大東亞獨立國の法理的構成」, 『法律時報』 16-1, 1944, 35쪽.

판했던 시게미츠는 '대동아선언'을 통해 일본의 전쟁목적이 '동아의 해
방, 건설, 발전과 아시아 민족들에 대한 자유 부여 및 수호'에 있다고 주
장했다. 그런데 '대서양헌장'에서 식민지에서의 주권과 자치를 복구하겠
나는 주장이 나치 지배하의 유럽 국가들을 염두에 두고 나온 것임에도
불구하고, 처칠이 영국의 식민지 특히 인도의 독립을 인정하려 하지 않
았다는 점을 상기시키며 '대서양헌장'을 공수표라 비판할 수 있다면, '조
선과 타이완의 독립'을 부인한 채, '아시아 민족 해방'을 주창한 일본의
'대동아공동선언'도 동일한 비판의 대상이 될 수밖에 없었다. 이렇듯 일
본의 여러 국제법학자가 제시한 '대동아국제법론'이 '대동아공영권'론에
서 제시된 이데올로기를 액면 그대로 받아들여 그 배후에 있던 일본제
국 내 식민지 문제라는 현실을 외면했다는 점에서 문제가 노정되었던
것이다.[49] 식민지 문제 즉, 일본제국의 식민지인 조선과 타이완의 문제
가 대동아국제법론 논의에는 결락되어 있었다. 일본제국의 영향권 내에
존재하는 피지도국 그룹을 앞에 놓고 정작 자신의 식민지는 일본제국의
한 지방으로 처리하고자 하는 욕망이 존재하고 있었다고 볼 수 있다.
'대동아회의'에 참여했으나 피지도국 입장에 서게 될 여타 국가들은 이
에 불안감을 느껴, 일관되게 내셔널리즘을 강조하고 주권국가로서의 자
기정체성을 주장했던 것이다. 영미 중심의 식민주의와 소비에트 러시아
의 약소민족해방론에 대항할 목적으로 제창된 '아시아 해방론'은 제국
내 식민지 즉 조선과 타이완 문제와 충돌하여, '대동아국제법질서'에 대
한 근본적 회의를 유발하는 요인이 되었던 것이다.

　한편, 동남아시아의 독립 문제는 식민지적 상황에 대한 조선인의
저항의식을 불러일으켰던 것으로 보인다.[50] 1943년 6월 16일에 토조

49) 松井芳郎, 앞의 글, 12, 18~19쪽.

히데키(東條英機) 수상은 제82회 제국의회(임시회) 시정방침연설에서,
버마 및 필리핀의 독립 부여 의지를 언급하고, 말레이, 수마트라, 자
바, 보르네오, 셀레베스(Celebes) 지역에 민도에 따른 원주민의 정치참
여 조치, 특히 자바의 민도를 고려한 정치참여의 조기실현 노력에 대
한 소신을 표명하였다. 이에 대한 조선인의 반응은 '심각한 정신적 고
통'에 해당하는 것이었다. 주만주대사 우메즈 요시지로(梅津美治郞)가
대동아대신 아오키 카즈오(靑木一男)에 보낸 토조 연설에 대한 만주
지역 여론 동향 보고에 따르면, 일본인들도 토조의 시정연설이 만주국
거주 조선인에 중대한 자극을 주었을 것으로 파악할 정도였다. 조선
인 여론 전반에 대해서는 먼저, 제79회 제국의회 통상회(1942년 1월 21
일)에서 토조 수상이 천명한 버마, 필리핀 등에 대한 독립을 고려하겠
다는 언급이 조선인 일반에 상당한 충격을 주었던 경험을 반추하였
다. 표면상으로는 이미 버마, 필리핀의 독립문제는 조선인과 무관하
며, 황국신민으로서 매진하겠다는 의견을 보이고 있다고 전제했지만,
민족의식에 기인한 조선인의 불만 표출을 포착하였다. 구체적으로 이
들이 파악한 조선인 여론을 간략히 정리하면 다음과 같다.51)

---

50) 河西晃司, 앞의 책, 258쪽.

51) 「東條英機內閣總理大臣 施政方針演說, (帝国)第79回(通常会)」 및 「東條英機內閣
總理大臣 施政方針演說, (帝国)第82回(臨時会)」,『データベース「世界と日本」(代
表: 田中明彦), 日本政治・国際関係データベース』, (http://worldjpn.grips.ac.jp, 검
색일: 2017. 5. 30.); 제79회 제국의회(통상회) 및 제82회 제국의회(임시회)에서
행한 토조 수상의 시정연설 국역본은 이규수 편역, 2012,『일본제국의회 시정방
침 연설문집』, 서울, 선인, 416~429, 447~454쪽 참조; 「東條首相ノ施政方針演說ニ
対スル反響ニ関スル件」(秘第四九三号, 昭和十八年七月五日, 在滿特命全権大使
梅津美治郎, 大東亞大臣青木一男宛)『第八十二臨時議会/2 昭和18年6月22日から
昭和18年7月5日』, JACAR (アジア歴史資料センター), Ref. B02031345600, 帝国議
会関係雑件/議会ニ於ケル總理, 外務大臣ノ演說関係 第九巻 (A-5-2-0-1_2_009) (外
務省外交史料館 소장).

- 조선민족을 도외시하고 동아시아 민족정책의 근본적 해결은 없을 것이다.
- 남방 미개 원주민에 독립을 부여하는 이상 당연히 조선인에게도 동일한 영예를 부여하라.
- 수상의 남방민족에 대한 독립성명에는 무관심할 수 없고, 북방민족인 조선, 만주 양 민족에 아무런 언급이 없었다는 것은 유감스럽다.
- 이번 토조 선언이 재만 조선인에 다시 한 번 심각한 정신적 고통을 주었다는 것은 부정할 수 없으며, 극심한 우울증을 유발하였다.

즉 동남아시아에 대한 왜곡된 편견의 형태였기는 하지만, 자신보다 민도가 낮은 동남아시아 지역에 대한 독립을 인정하겠다는 선언에도 불구하고 조선의 식민지 상태를 유지하겠다는 것은 일본제국의 '대동아 해방' 주장에 정면으로 위배된다는 것이었고, 이는 조선인의 민족감정에서 용납할 수 없는 것이었다.[52]

식민지 자치나 제한적인 독립으로의 방향성을 억압하고 오히려 일본의 일 지방으로 만들고자 하는 일본제국의 욕망은 황민화운동의 강화로 나타났다고 볼 수 있다. 1945년 패전 직전에 식민지 조선과 타이완에 귀족원 칙선의원을 임명한 것은 '공식제국(the official empire)' 내에는 식민지가 존재하지 않는다는 픽션을 관철하고자 한 논리였던 것이다.[53] 다른 한편 동남아시아 지역이 '대동아공영권'의 지도국－피지

---

[52] 清沢洌, 『暗黒日記 昭和17年12月9日~昭和20年5月5日』, 東京, 評論社, 1979, 208, 494쪽.

[53] 키요사와 키요시(清沢洌)에 따르면, 귀족원의 경우 칙선의원을 조선 및 타이완은 10인 이내, 중의원에는 조선 23명, 타이완 5명을 할당하고, 카라후토에는 귀족원 다액의원(多額議員) 1명, 중의원 3명을 할당할 것을 추밀원에서 1945년 3월 17일에 결정하고, 법안으로서 의회에 제출되었다. 다만 1개년은 선거 일체정지를 법률화했다고 기록했다. 실제 조선과 타이완에 선거를 시행하기 위해 '중의원선거법중개정안'은 3월 22일에 중의원을, 3월 25일에는 귀족원을 통과했다. 또한 조선인 및 타이완인 칙선의원을 귀족원에 받아들이기 위해 '귀족원령중개정안'도 3월 25일 귀족원에서 가결되었다(清沢洌, 위의 책, 598, 727쪽); 조선에는

도국 관계를 받아들일 수 있도록 하기 위해서라도 식민지 조선 및 타이완의 정치적 처우 문제가 일정정도 재인식되었던 것이기도 했다고 볼 수 있다.

한편, 전후 국제기구론 즉, '대동아' 차원의 평화기구와 광역권을 넘어선 세계적 평화기구에 대한 전망은 '대동아공동선언' 이후 논의가 시작되었다. 광역권 내 지도국과 피지도국 관계, 지도국 이외의 광역권 내 여타 국가들 간의 문제에 대해서는 '대동아회의'와 같은 기구를 수립하거나, 광역 간 관계에 걸친 문제에 대해서는 '최고회의' 같은 기관을 상정하여, 역내 분쟁의 평화적 해결기구로서 역할을 상정하기도 했다. 즉, '대동아공영권' 자체가 완결된 자족적 공간으로 남기 어렵다는 인식 속에서 지도국 원리와 광역질서 원리 자체가 상대화되었던 것이다. 이러한 논의는 전후 세계질서가 단일한 기구로 통합되기보다는 주요국을 중심으로 한 복수의 지역그룹으로 정립할 것이라는 전망에 기초하고 있었다. 이런 흐름은 연합국이 '단일한 세계'를 지향하는 보편주의적 기구 창설 흐름과 역행하고 있었다.[54]

상대주의 주권 이론은 일본의 패전 이후 그대로 재생되어, 국제정치 레벨에서의 '국가관념의 상대화'가 다시 호명되었다. 먼저, 마츠시타는 전시기에 켈젠(Hans Kelsen)이 세계평화 유지의 근간으로 제시한 국제법질서 우위론을 비판하며, 평화유지에 적합한 질서는 국제관계 속에

1945년 4월 3일에 윤치호(尹致昊, 창씨명 伊東致昊), 박중양(朴重陽, 창씨명 朴忠重陽), 박상준(朴相駿, 창씨명 朴澤相駿), 이기용(李琦鎔), 한상룡(韓相龍), 김명준(金明濬, 창씨명 金田明), 송종헌(宋鍾憲, 창씨명 野田鍾憲) 등 7명이 선임되었고, 중의원 선거는 1946년 9월 총선거부터 적용하기로 했다(『毎日申報』 1945년 4월 4~5일; 波多野澄雄, 『太平洋戦争とアジア外交』, 東京, 東京大学出版会, 1996, 107쪽).

54) 佐藤太久麿, 앞의 글, 60~61쪽; 波多野澄雄, 「「国家平等論」を超えて: 「大東亜共栄圏」の国際法秩序をめぐる葛藤」, 321쪽.

서 압도적 우위를 가진 중심세력의 존재에 있다고 주장했다. 이런 논리 속에서 국내법질서 우위론을 지도국 개념을 설정하면서 해소하고자 했던 마츠시타는 전시기에 지역 맹주로서 일본이 수행했던 역할을 이제는 미국이 수행하고 있다고 파악했다. 모든 국가가 초강대국 미국이라는 '세계'에 포섭될 수밖에 없으므로 일본이 미국과 동일한 국가평등을 주장한다는 것은 무리일 수밖에 없다는 인식 속에서 미국의 영향권 하에서 일본의 안전을 확보할 수 있는 '정당한 방법'으로 파악하였던 것이다. 이는 마츠시타가 전시기에 제시한 상대적 주권론의 재해석에 다름 아니었다. 미국에 의존하면서 주권의 제한을 승인하는 논리는 타바타와 같은 국제법학자들에게도 동일한 대응으로 나타났다. 타바타도 상대적 주권론을 통해 '대동아국제법'에서 일본의 '지도국' 역할을 긍정하였고, 이런 연장선상에서 국가평등의 상대성을 국제법사상의 흐름 속에서 정당화했던 것이다.[55] 전시기 일본을 지도국으로 한 '대동아국제법질서'하의 지역 내 계서적 질서 속에서 정당화되었던 국가평등의 상대성과 지도국 개념은, 패전 이후에 지도국 지위를 상실하여 계서적 질서 내에서 피지도국 지위로 내려앉은 일본이 이제는 미국을 지도국으로 한 계서적 질서를 받아들일 수 있도록 하는 개념적 연속성 속에서 재생되었던 것이다. 이 흐름은 두 가지 방향으로 수렴되었다. 하나는 오히라 젠고(大平善梧)가 파악한 세계정부론 및 세계법으로의 수렴 가능성에 대한 논의였다. 오히라는 국제법을 민족주의에 기초한 국민국가 단위의 국가들 관계를 규율하는 법으로 규정하고 국가 간 대립을 전제로 한 권력조절과 세력균형을 목표로 하고 있었다고 파악했다. 이런 국제법질서는 두 번의 세계대전을 거치면서 전쟁을 억제하지

못하였고, 세계평화 건설 및 유지에 실패하였다고 파악하였다. 따라서 세력균형적인 국제법을 대체하여 국제경찰적인 세계를 반영할 세계법이 등장할 것이라고 전망하였다. 이처럼 오히라는 미국의 세계지배권 확립을 전제로서 파악했다는 점에서 로마의 만민법(jus gentium)과 같은 존재로서 세계법(world law)을 상정했던 것이다. 세계법질서 성립은 민주주의의 국제적 확장, 산업주의의 국제적 발전, 원자력 발견에 따른 과학의 획기적 발달에 바탕을 둔 질서였는데, 이는 미국을 모델로 하여 이를 세계로 확장한 개념이었다. 세계법은 국가주권을 제한하고, 지도국과 피지도국을 구분하는 전시기 동아국제법질서론이 가졌던 문제의식을 공유하는 측면도 존재했다. 세계연합국가제도를 채용하고 연방구성 국가에 무제한적인 주권의 부여를 부정하며, 연방의 중앙국가만이 완전한 주권을 행사하는 모델로서 계층적인 법률관계의 형성을 전망하였다. 세계법인 연방 구성 국가가 국내법에 우선하는 세계신질서 구상에 미국의 합중국 모델이 원용되고 있었음을 알 수 있다.[56]

또 하나는 국제연합과 지역주의의 통합문제였다. 야스이는 국제연합 성립 이전부터 존재했던 기존의 지역주의 기구가 국제연합이란 세계평화기구 안에서 포섭되어, 평화유지에 기여할 수 있도록 세계기구로 통합(integration)될 것이라고 전망했다. 야스이는 전시기 일본 중심의 동아시아세계에 대한 언급을 회피한 채, 세계가 기존의 영국 중심의 유럽세계, 미국 중심의 미주세계, 소련 중심의 공산주의세계로 삼분되었다고 파악하였다. 세계대전 이후 유럽과 미주의 통합으로 이제 구미 중심의 자본주의 세계와 소련 중심의 공산주의 세계로 양분된 상태를 상정하였다. 지역기구의 자주성 요구와 세계기구의 양립 문제는 전후

---

56) 大平善梧, 「國際法より世界法へ: 米國に於ける世界政府論の展望」, 『國際法外交雜誌』 45-10, 1946.

국제질서에 중요한 문제를 제기할 것이었다. 야스이는 여기서 두 세력권이 각축을 벌이는 접경지역으로서 일본에 주목하였다. 접경지역에서의 분쟁은 단순한 지방적 분쟁이 아니라 제3차 세계대전 유발 가능성까지도 고려해야 하므로 이 지역에 대한 근본적인 재편성을 주장했던 것이다.[57] 이 문제는 동아시아에서는 단지 일본만의 문제가 아니라, 한국전쟁과 베트남 전쟁을 통해서 실질적 위기로서 드러났다고 볼 수있다.

한편, 주권 제한에 대한 명확한 반대의견도 제시되었다. 강대국으로서의 실질적 영향력을 강조했던 국제법학자들은 절대적 주권론으로 회귀하는 모습을 보였다. 상대적 주권과 절대적 주권 문제는, 전시기의 광역권 내 지도국과 피지도국의 관계 설정 방식에 대한 논리 속에서 나타났던 '주권 평등'과 '독립'에 대한 '대동아국제법론'의 전시기적 맥락의 전후적 재해석이기도 했다. 카미카와는 절대적 주권론을 주장하며 자주헌법의 제정을 요구하였고, 타무라는 대미 의존이란 현실을 인정하면서도 자주헌법은 제정해야 한다고 주장하면서 절대적 주권론을 제시하였다.[58] 이들 절대적 주권론자들은 전시기 '대동아국제법질서' 내에서도 역내 지도국의 강력한 절대적 주권을 보유한 강력한 일본을 상정하고 있었다. 상대적 주권과 상대적 국가평등에 포섭된 역내 피지도국과는 달리 일본의 절대적 주권론을 포기할 필요가 없었던 것이다. 패전 이후 절대적 주권과 절대적 국가평등의 위기에 직면한 절대적 주권론자들은 전시기 역내 피지도국들이 대동아회의를 통해 요구했던 문제를 역설적으로 주장하게 되었던 것이다.

---

57) 安井郁, 「國際聯合と地域主義」, 『國際法外交雜誌』 45-7・8, 1946.

58) 佐藤太久麿, 위의 글, 60~61쪽.

6. 맺음말

'대동아국제법질서' 논의에서 중요한 문제의 힌트는 국제주의·보편주의/지역주의, 국가/주권의 절대적/상대적 평등 문제와 관련되어 논의되어 왔다. 지역주의, 국가의 상대적 평등, 지도국 문제가 그것이다. 구체적으로는 지도국과 피지도국의 문제, 지도국의 요건과 기능에 대해 근대권력의 크기와 비례하여 발생하는 지역 내 이해관계와 책임의 크기에 대한 문제로서 파악하는 근대적 이해방식과, 전근대적 일본 '고유의' 천하관 즉 각자 자신의 자리에 맞는 역할을 한다는 계서제적 지역 내 구조 이해방식이 있었다. 전전 일본의 국제법질서 이해는 이렇듯 보편주의에서 지역주의로, 다시 보편주의로 회귀하는 과정을 보였다. 지역주의와 관련된 문제에서도 보편주의에 열린 지역주의와 폐쇄적인 계서적 지역구조로의 이행, 전쟁 말기에 열린 지역주의로의 회귀 움직임이 나타났다. 국가의 상대적 평등 관념 속에서는 전시기 일본이 자신을 지도국으로 파악하려는 해석에서 패전 이후 새로운 지도국으로서의 미국을 받아들이고, 피지도국으로서의 일본이란 아이덴티티의 재해석 속에서 미국의 점령을 받아들이거나, 국제연합을 최상위의 국제법질서로 받아들이면서 전후 세계에 자신의 위치를 확보하려는 움직임이 나타나기도 했다.

식민지 문제에 대해서는 주로 전시기 구미열강의 식민지 문제와 관련되어 이야기되어 오곤 했다. 그러나 '대동아공영권'의 유기적 광역질서의 정당성 여부를 판단할 시금석이라 할 수 있는 일본제국 내부의 식민지 문제에 대해 '대동아국제법론'은 대응논리를 가질 수 없었다. 일본은 '대동아공영권' 내 피지도국이 상대적 주권과 상대적 국가평등을 감내할 수 있도록 설득하기 위한 논리를 개발하면서 지도국으로서 일본의 위치를 정당화하고자 시도했다. 그러나 그 지도국 내부의 식민지에 대해서는 자치나 제한적 독립보다는 오히려 제국의 일 지방으로 편입하려는 모습을 드러내면서, '피지도국'의 자발적 동의를 획득하기에는 무리가 있었던 것이다.

일본 지식인의 근대화론 비판과 민중의 발견
다케우치 요시미와 가지무라 히데키를 중심으로

1. 일본 모델론으로서의 근대화론

패전의 혼란 속에 1950년대를 맞은 일본에서는 아시아와 민족에 대한 관심이 높았다. 1949년 중화인민공화국이 수립되고 베트남과 한반도 북부에 반식민주의를 내건 정권이 들어선 것에 더해, 일본 자신이 연합군 점령 하에 놓인 상황이 이를 부추겼다. 1955년 4월 인도네시아 반둥에 집결한 아시아·아프리카 여러 나라 대표들은 미국과 소련의 제국주의적 행태를 비판하였다.[1] 냉전 질서에 균열을 내며 분출한 비식민화(decolonization) 기운은 아시아 침략 및 식민 지배에 대한 반성과 맞물리면서 일본 사회에 아시아 붐을 일으켰다.

그러나 한편에서 1952년 샌프란시스코 강화조약으로 연합군 점령이

---

[1] 옥창준, 「미국으로 간 '반둥 정신': 체스터 보울즈의 제3세계」, 『사회와 역사』 108, 2015. 12, 282쪽.

끝나고 한국전쟁 특수로 경기가 좋아지면서, 근대 일본을 급속한 경제 발전이라는 견지에서 긍정적으로 파악하려는 경향이 고개를 들었다. 1955~56년에는 이른바 고도성장이 개시되면서 사상계와 언론계에서 마르크스주의의 권위가 조락하고 '전후(戰後)는 끝났다'는 말이 유행하였다.[2] 1950년대 중반 일본은 전쟁책임, 식민지배책임의 자각과 '일본'의 자부심을 되찾으려는 욕구가 뒤엉킨 상황이었다.

1950년대 중반은 미국의 아시아 연구에서 중요한 시기였다. 냉전이 군사적 대립을 넘어 경제 성장을 중심으로 한 체제 경쟁으로 확대되면서, 아시아는 냉전 그리고 냉전 연구의 각축장으로 떠올랐다.[3] 이러한 가운데 에드윈 라이샤워(Edwin O. Reischauer) 등이 중심이 되어 구 적국인 일본을 아시아 근대화의 모델로서 재발견하려는 시도가 이루어진다. 1960년 8월에는 도쿄(東京) 인근 휴양지 하코네(箱根)에서 미국과 일본 학자가 참여한 토론회가 열렸다. 흔히 '하코네 회의'라고 불리는 이 모임의 공통테마는 '근대화 개념을 통해 본 일본'이었는데, 미국발 근대화론이 일본 사회에 모습을 드러내는 계기가 되었다.[4]

근대화론이 일본 논단에 본격적으로 등장한 것은 1961년이다. 하코네 회의에서 논의된 존 홀(John W. Hall)의 논문 「일본의 근대화: 개념 구성의 제문제」가 『사상(思想)』 1961년 1월호에 실렸고, 6월에는 월트 로스토우(Walt W. Rostow)의 저서 『경제 성장의 제단계: 하나의 비공산주의 선언』이 번역·출판되었다. 잡지 『중앙공론(中央公論)』은 5월호

2) 安丸良夫, 「日本近代化についての帝国主義歴史観」, 『新しい歴史学のために』 81·82, 1962(安丸良夫, 『〈方法〉としての思想史』, 校倉書房, 1996 수록, 210쪽).

3) 장세진, 「라이샤워(Edwin O. Reischauer), 동아시아, '권력 / 지식'의 테크놀로지: 전후 미국의 지역연구와 한국학의 배치」, 『상허학회』 36, 2012. 10, 87~94쪽.

4) 임성모, 「냉전과 대중사회 담론의 외연: 미국 근대화론의 한·일 이식」, 『한림일본학』 26, 2015, 247~251쪽.

부터 연속으로 근대화론 논문을 게재하였고, 9월호에는 같은 해 4월 주
일 미국대사로 부임한 라이샤워와 나카야마 이치로(中山伊知郎)의 대
담 「일본 근대화의 역사적 평가」가 실렸다. 이후 속칭 '라이샤워 공세'
라고 불리는 근대화론에 대한 적극적인 선전이 행해져, 1963년에 이르
면 근대화론은 일본 논단의 '유행'이 되어 버렸다. 『사상(思想)』 1963년
11월호는 「근대화를 둘러싸고」라는 특집을 꾸몄다.5)

와다 하루키(和田春樹)는 당시 유행한 '근대화'론을 "과거에서 현재를
거쳐 미래에 이르는 세계사의 기본적 과정, 그 필연적이고 바람직한 발
전 과정을 '근대화 modernization' 즉 근대 서구 사회의 제특징 전부 혹은
일부를 띠는 사회 변화 진행으로 파악하는 역사관"이라고 정의했다. 동
시에 근대화론은 미국과 소련이 중심이 된 냉전에서 서구 사회의 우위를
입증하려는 노력이기도 했다. 즉 "근대 서구 사회에는 더 이상 심각한 사
회 변화를 상정하지 않고 근대 서구 사회 자체 혹은 그 수준을 '근대화'
되지 않은 나라들 내지 지역의 목표로 삼는 역사관"이자 "사회주의적 변
혁의 필요성을 주장하는 마르크스주의와는 대립하는 역사관"이었다.6)

하코네 회의로 돌아가 미국 발 근대화론이 일본에 첫 발을 내딛은
순간의 구체적인 모습을 살펴보자. 하코네 회의는 미국에서 근대화론
의 원년이라고 할 수 있는 1958년에 존 홀 등이 중심이 되어 '아시아연
구협회'(Association for Asian Studies) 아래 조직한 '근대일본연구회
의'(Conference on Modern Japan)가 주도하였다.7) 1961년에 공개된 『하
코네회의의사록(箱根会議議事録)』을 보면 회의 참가자는 미국 측에서
존 홀, 에드윈 라이샤워 등 14명, 일본 측에서 마루야마 마사오(丸山真

---

5) 和田春樹, 「現代的「近代化」論の思想と論理」, 『歷史学研究』 318, 1966. 11, 2쪽.
6) 和田春樹, 「現代的「近代化」論の思想と論理」, 3쪽.
7) 임성모, 「냉전과 대중사회 담론의 외연: 미국 근대화론의 한·일 이식」, 247~251쪽.

男), 가와시마 다케요시(川島武宜), 오우치 쓰토무(大內力), 도야마 시
게키(遠山茂樹) 등 같은 14명으로 모두 28명이었다. 참가자들로부터 미
리 논문 19편이 제출되었고 이를 바탕으로 하여 사흘에 걸쳐 토론이
진행되었다.[8]

의사록에 정리된 토론 내용은 다소 추상적인 근대, 근대화 개념에 대
한 논의가 주를 이룬다. 정작 근대화론이 제기된 배경이라고 할 냉전
과 비식민화에 대한 인식은 행간에서 읽어낼 수밖에 없다. 의사록 첫
머리에서 '근대화 범주에 사회주의 사회를 대상으로 할 것인가'가 하나
의 문제였다고 언급하였지만(3쪽), 실제 토론에서는 그다지 사회주의
에 대한 언급 혹은 고려 없이 보편적인 근대화가 논의되었다. 식민지
문제 역시 소홀히 다뤄졌다. 근대화 방식을 놓고 'Ⅰ. Indigenous'와 'Ⅱ.
Underdeveloped'를 나눈 뒤 각각을 'A. Old and Traditional'과 'B. Young
and Empty'로 다시 나눠 모두 4개의 유형을 설정했는데, 식민지 문제
는 Ⅱ의 A 즉 'Underdeveloped'이면서 'Old and Traditional'한 유형 아래
'① Colony'와 '② Non-colony'를 두는 데 그쳤다. 참고로 일본은 Ⅱ-A-②
유형의 대표로 위치 지어졌다(17~20쪽).

눈에 띄는 것은 일본 근대를 어떻게 볼 것인가를 둘러싼 미일 학자
들의 논쟁이다. 존 홀은 "일본 학자가 '뒤쳐져 있다'는 말을 자주 쓰지
만 그것은 앞선 나라를 보기 때문"(20쪽)이라며 일본의 근대화를 평가
한 뒤, "용이하게 근대화된 나라는 그 이전에 예컨대 봉건제라는 비교
적 공통된 사회 상태가 존재"한다는 가설을 제시했다(49쪽). 여기에는
예컨대 가토 슈이치(加藤周一)도 "일본인은 feudalism에 대해 hindrance
면만을 강조해 왔지만, Jansen 씨가 paper에서 지적한 것처럼 more help

---

[8] 『箱根会議議事録; Association for Asian Studies Conference on Modern Japan Proceedings of Preliminary Seminars at Hakone, Japan; Aug.30-Sept.1, 1960』, 1961.

than hindrance 면에서 일본인은 생각한 적이 있는지 어떤지를 다시 생각해 보고 싶다"(51쪽)고 관심을 보였다.

그러나 일본 학자들은 대체로 의식이나 민주주의 측면에서 일본 근대를 비판했다. 리차드 라비노비츠(Richard W. Rabinowitz)가 나치스를 근대가 아니라고 할 수는 없다며 민주주의와 근대화의 직접적인 연관을 부정한 데 대해, 호리에 야스조(堀江保蔵) 등은 'indigenous'한 근대화를 한 나라들과 'late comers'를 구별하는 기준으로서 민주주의 진전이 중요하다면서, 일본은 민주주의가 없는 곳에 산업혁명이 일어났으므로 국가 구조 특히 'democracy' 면에서는 아직 완전하게 근대화되지 않았다고 주장했다(15~16쪽). 에드윈 크로커(Edwin S. Crawcour)는 마루야마나 고사카 마사아키(高坂正顕) 등이 "도쿠카와 시대에 일어난 근대화를 생각하지 않고, self-realization이나 인간중심주의라고 하여 오히려 old individualism"을 중시하는 문제를 지적했다(22쪽). 후일 와다 하루키가 고전적 근대화론이 "'자유롭고 민주적'인 서구사회를 이상"으로 한 데 반해, 현대적 근대화론에서 '근대화'는 '공업화'를 의미할 따름이라고 비판한 사실이 떠오른다.[9]

하코네 회의에서 로널드 도어(Ronald P. Dore)는 "일본에서 자본주의 연구는 일본 경제 내지 그 환경인 사회를 더 좋게 하려는 즉 가난을 없애려면 어떻게 하면 좋을까라는 생각 위에 서 있는 데 반해, Rosovsky 씨나 Lockwood 씨의 문제 설정은, 일본 경제는 어쨌든 잘 되어 왔다, 앞으로 근대화하는 나라가 당면한 제문제에 대해 일본 경험이 교훈을 줄 것이다, 특히 정부 역할은 중요하다는 전제에 서 있다"(64쪽)고 정리했다. 미국 발 근대화론이 일본 모델론이라는 실천적 목적에 의해 규

---

9) 和田春樹, 「現代的「近代化」論の思想と論理」, 3쪽.

정되었음을 엿볼 수 있다.

미국 발 근대화론의 동아시아적 함의는 일본의 근대적 발전 노선을 후진국 개발주의의 세계적 모델로 내세우는 데 있었다.[10] 라이샤워는 서구 근대화의 모범을 이용하여 근대화 과정을 앞당기고 게다가 대성공을 거둔 유일한 나라로서 일본을 추켜세우고, 일본 근대화가 저개발국의 본보기가 될 것이라고 주장했다.[11] 이러한 논의에 호응하는 몇몇 일본인 학자들은 '일본문화포럼' 등에 모였다. 이들은 일본 근대가 이제까지 너무나 부정적으로 평가되었다고 비판하면서 에도(江戶) 시대까지 거슬러 올라가 일본 사회와 문화의 역동성을 그리고자 했다. 특히 과거를 반성적으로 바라보려는 마르크스주의 역사학에 대해 명백한 대결 의식을 보였다.[12] 사카이 나오키(酒井直樹, Naoki Sakai)는 이와 같이 미국 발 근대화론과 일본 내셔널리즘이 결합한 구조를 '미국(보편) – 일본(특수)의 공범성'이라고 비판하였다.[13]

다만 일본 근대화에 대한 설명은 지나치게 내인론이었다. 하코네 회의에서 존 홀의 입장과 유사하게 라이샤워도 근대의 전제로서 봉건제를 상정하였다. 라이샤워는 『동양문화사』(East Asia: The Great Tradition, 1960; East Asia: The Great Transformation, 1965)에서 일본이 "아시아 국가 중에서 왜 그리고 어떻게 유일하게 근대화에 성공했는가"라는 질문을 던진 뒤, 그 답을 봉건제의 존재에서 구했다.[14] 이러한 설명으로는

---

10) 임성모, 「냉전과 대중사회 담론의 외연: 미국 근대화론의 한·일 이식」, 248쪽.

11) 金原左門, 『「日本近代化」論の歷史像―その批判的檢討への視点―』, 中央大学出版部, 1968, 237쪽.

12) 安丸良夫, 「日本近代化についての帝国主義歷史観」, 214쪽.

13) 장세진, 「라이샤워(Edwin O. Reischauer), 동아시아, '권력 / 지식'의 테크놀로지」, 91쪽.

14) 장세진, 「라이샤워(Edwin O. Reischauer), 동아시아, '권력 / 지식'의 테크놀로지」, 106쪽.

일본이 아시아 근대화의 모델이 되기 어려웠다. 봉건제를 거치지 않은 다른 아시아 지역의 근대화 가능성이 부정되기 때문이다.

여기서 강조된 것이 일본 자본과 미국 민주주의의 역할이었다. 이로써 비로소 예컨대 한국 사회에 대한 '정체성론'적 이해에도 불구하고 외부 충격에 의해 근대화가 가능하다는 논리가 성립하였다.[15] 다만 근대화론에서 말하는 민주주의란 냉전 질서에서 미국 진영에 있는 것을 의미할 뿐 실질적인 정치적 민주화와는 그다지 관계가 없었다. 결국 라이샤워의 '근대화'는 적어도 한국에게는 사실상 '공업화'의 다른 말에 지나지 않았다. 1960년대 이후 한국 지식인이 정치적 민주화를 갈망하고 또 내재적 발전론을 추구한 데는 미국 발 근대화론을 비판적으로 수용한 영향도 있었던 셈이다.

2. 전후(戰後) 역사학의 '객관주의'

하코네 회의에 참가한 미국 학자들은 일본 근대사를 경제 성장이라는 면에서 높이 평가하였다. 이 같은 관점에 서면 일본 사회의 민주주의를 위한 노력과 그 좌절의 역사는 의미를 잃게 된다. 회의에 참석한 가와시마 다케요시는 "일본인 학자는 정치적 논의(政談)와 사회과학상의 분석을 동일시한다는 오해가 일부 외국인 학자에게 있어, '민주주의를 문제로 삼는지 아닌지를 먼저 대답하라'고 날카롭게 일본인 학자를 힐난하는 장면이 있었다"고 전했다. 가와시마는 "금일 아시아·아프리카·중남미 제사회의 역사적 변화 움직임은 '민주주의' 가치와 그것에

15) 안종철, 「주일대사 에드윈 라이샤워의 '근대화론'과 한국사 인식」, 『역사문제연구』 29, 2013. 4, 300쪽.

의한 동기 부여를 무시한다면 도저히 정확하게는 분석할 수 없으므로 장래를 잘못 예견하게 될 것"이라고 주장했다. 회의에서 이러한 입장을 밝힌 것은 주로 가와시마와 도야마 시게키였다고 한다.16)

도야마는 마르크스주의 역사학 그 중에서도 일본의 '봉건성'에 주목하는 강좌파 역사학을 대표하는 학자였다. 가와시마는 마루야마 마사오와 함께 서구 사회와 비교할 때 드러나는 일본의 전근대성을 고발해온 근대주의 흐름을 대표하는 법학자였다. 강좌파와 근대주의 사이에 협업이 이루어진 셈이다. 야스마루 요시오(安丸良夫)는 마르크스주의와 근대주의 이론은 긴장·대립·오해 등을 품은 복잡한 관계에 있었지만 전후(戰後) 민주주의를 지탱하는 논리로서는 오히려 상보적으로 기능했다고 분석한 바 있다.17) 미국 발 근대화론은 이 같은 협업에 의해 지탱되던 역사상을 정면에서 부인한 셈이다.

나가이 가즈(永井和)는 강좌파 마르크스주의 역사학이 일본 근대를 놓고 두 가지 물음을 던져왔다고 분석했다. 즉 "왜 일본(= 아시아)은 서구에 비해 발전이 늦어졌는가, 왜 일본(= 아시아)에서는 봉건제에서 자본제로 이행·발전이 서구처럼 진행되지 않았는가"라는 첫 번째 물음과, 그 당연한 추론이라고 할 수 있는 "같은 아시아 나라이면서 왜 일본만이 후진자본주의국가로서 그럭저럭 독립을 유지하고 나아가 제국주의 국가로 전환된 데 반해 인도나 중국은 식민지·반식민지화되었는가, 그 차이는 대체 어디에서 유래하는가"라는 두 번째 물음이다.

강좌파 견해가 일본 사회에서 설득력을 가질 수 있었던 것은 그들이

---

16) 川島武宜, 「近代日本史の社会科学的研究——九六〇年箱根会議の感想一」, 『思想』 442, 1961. 4, 484~485쪽.
17) 安丸良夫, 「反動イデオロギーの現段階—歴史観を中心に一」, 『歴史評論』 213, 1968, 248쪽.

답하고자 한 물음 자체가 가지는 절실함에서 유래한 바가 컸다. 그런데 고도성장으로 일본과 서구 사이의 격차가 줄어들자 물음 하나는 일찍이 지녔던 절실함을 잃었다. 이제 다른 물음 하나 즉 "왜 일본만이 근대화에 성공할 수 있었는가"만이 남겨졌다. 나가이는 이로써 강좌파와 근대화론 사이에 그다지 거리가 없어졌다고 보았다.[18] 강좌파 역사학뿐만 아니라 근대주의 역시 이런 상황에서 자유롭지 않았다. 전후 일본의 근대주의를 대표하는 마루야마 마사오는 하코네 회의에서 "일본이 지금 modern society를 가지고 있는 데 반해 Turkey나 중국은 그것을 가지고 있지 않습니다"(21쪽)라고 발언한다. 다카바타케 미치토시(高畠通敏)는 "미국에서 유래한 '근대화이론'에 전후 일본적인 '근대주의'로 대항하고자 한 데 애당초 한계가 있지 않았는가"라고 분석하였다.[19]

이와 같은 상황에서 강좌파 역사학자들의 근대화론 비판은 일본 근대가 내부 '인민' 그리고 외부 '민족'들에게 남긴 상처를 고발하는 데 맞춰졌다. 이노우에 기요시(井上淸)는 근대의 역사적 진보성을 다루는 동시에 그 역사적 한계, 즉 인민이나 타민족에 대한 억압과 침략 문제, 식민주의 측면도 남김없이 다루어야 한다고 주장했다.[20] 일본의 한국사 연구자들 역시 근대화론을 신식민주의라고 맹렬히 비판하였다. 나카즈카 아키라(中塚明)와 야마베 겐타로(山辺健太郎)는 "침략자가 마치 피침략자를 근대화했다는 듯한 논의(라이샤워, 로스토우 등)"를 '현대의 신화'라고 공격했다.[21] 미야타 세쓰코(宮田節子)는 "일본 근대가

---

18) 永井和, 「戰後マルクス主義史學とアジア認識―「アジア的停滯性論」のアポリア―」, 古屋哲夫編, 『近代日本のアジア認識』, 綠陰書房, 1996, 665~666쪽.

19) 高畠通敏, 「二つの「戰後」と「近代後」―「池袋会議」の主題―」, 『世界』, 1986. 3.

20) 金原左門, 『「日本近代化」論の歷史像』, 240쪽.

21) 中塚明・山辺健太郎, 「開国と植民地化の過程」, 朝鮮史研究会, 『朝鮮史入門』, 1966, 293쪽.

타민족 특히 조선 민족의 피와 땀 위에 세워진 사실에 의해서야말로 '근대화론'은 가장 올바르게 비판될 터"라고 주장했다.[22] 한국의 박희범(朴喜範)이 "선진 자본주의의 죄과, 즉 선진경제가 후진경제에 미친 경제적 압력, 특히 그들의 식민정책이 후진국 근대화를 저해한 제효과에 대해, 그의 저서를 통하여 한마디도 언급이 없을뿐더러 교묘하게 선진경제의 이해관계를 대변한다"고 로스토우를 비판한 것과 일맥상통한다.[23]

근대화론 비판이 가지는 약점은 근대화를 지지한 민중의 존재를 어떻게 받아들일 것인가에 있었다. 이 점과 관련해서는 근대화론의 공세에 맞서 역사학자로서 처음 공격의 포문을 열었다고 평가되는 야스마루의 언급이 시사적이다. 야스마루는 "산업화라는 견지에서 일본 근대사를 보면 일본 근대화는 대성공"이었지만, 그러한 "근대화야말로 민주주의와 개인주의를 짓부수고 대외침략을 일으킨 것이 문제"였다면서, "근대화 = 산업화 = 생산력 발전이라는 시각에서 근대사를 파악하려는 입장의 대표자"인 로스토우의 논리 속에는 자유와 평등과 정의는 등장할 장소가 없다고 비판하였다. 또한 "근대 일본에 일관된 침략 충동"을 로스토우는 "반응적(reactive) 내셔널리즘 탓"으로 돌렸지만, "그러한 반동적 국가주의야말로 일본 자본주의와 불가결로 결합된 것 아니었는가"라고 지적하였다.[24]

여기까지는 다른 마르크스주의 역사학자들의 비판과 크게 다르지 않다. 야스마루의 특징은 근대화론이 "급속한 경제발전에 따른 일상적인 행복의 소소한 실현 가능성에 사는 보람을 찾으려는 민중의 실감을

---

22) 宮田節子,「日本帝国主義の朝鮮支配」, 朝鮮史研究会,『朝鮮史入門』, 1966, 299쪽.

23) 朴喜範,「「로스토우」史觀의 批判: 近代化問題를 中心으로」,『經濟論集』5-1, 1966, 4쪽.

24) 安丸良夫,「日本近代化についての帝国主義歴史観」, 217 · 222쪽.

어느 정도 그 배경으로" 하는 점을 놓치지 않은 데 있다. "마르크스주의
자도 포함하여 이른바 진보적 역사학자들 다수는 그들의 주장을 하나
의 넌센스라고만 생각해, 그들의 주장 또한 역사 사실의 한 측면에 근
거하고 있으며 민중의 일상 감각에 호소할 수 있다는 것을 무시"한다고
지적하고, 근대화론의 공세를 기존 역사상의 위기로서 진지하게 받아
들였다.[25)]

　민중의 일상 감각을 존중하고 민중의 욕구와 책임을 인정함으로써
아시아 침략으로 점철된 일본 근대를 비판하려는 시각은 실은 '쇼와시
(昭和史) 논쟁'에서 이미 제기되었다. 1950년대 들어 도야마, 이시모다
다다시(石母田正), 이노우에 기요시 등은 경제구조 결정론을 비판하고
정치사를 제창하였는데, 그러한 흐름 가운데 출간된 것이 도야마, 이마
이 세이이치(今井淸一), 후지와라 아키라(藤原彰) 세 사람이 함께 지은
『昭和史』(岩波新書, 1955)였다.[26)] 이 책은 마르크스주의 역사가들이 집
필했음에도 불구하고, 천황제와 밀착된 '쇼와(昭和)'라는 시대 구분을
제목에 넣어 '민중의 시간 관념'을 존중했고, 또 총력전을 거치면서 확
고하게 자리 잡은 '국민'이라는 개념을 피지배계급을 부르는 호칭으로
사용함으로써 시대상을 반영하였다.[27)] 다만 서술의 기본은 어디까지
나 천황제와 공산당 사이의 대결에 놓였다.

　쇼와시 논쟁은 『쇼와시(昭和史)』에는 '인간이 없다'는 가메이 가쓰이
치로(龜井勝一郎)의 비판에 의해 촉발되었다. 가메이는 "日華事變에서
태평양전쟁에 이르기까지 무모한 싸움이었더라도 그것을 지지한 '국민'

---

25) 安丸良夫, 「日本近代化についての帝国主義歴史観」, 211・243쪽.
26) 大門正克, 「昭和史論争とは何だったのか」, 大門正克編著, 『昭和史論争を問う―
　　歴史を叙述することの可能性―』, 日本経済評論社, 2006, 10・11쪽.
27) 戸邉秀明, 「昭和史が生まれる」, 大門正克編著, 『昭和史論争を問う』, 59・63쪽.

이 있었을 터"인데, "전쟁을 강행한 군부, 정치가, 실업가와 그에 반대
하여 탄압을 받은 공산주의자, 자유주의자라는 양쪽만 있지 중간에서
동요한 국민 층의 모습은 보이지 않는다"며 '국민'의 '부재'를 지적했
다.28) 쇼와시 논쟁은 마르크스주의 역사학의 정치구조 결정론을 비판
하면서 인간 묘사의 중요성을 제기한 것으로 이해되는 경우가 많지만,
최근 연구에서는 민중의 주체적인 전쟁책임을 묻고자 한 측면이 새삼
주목 받고 있다.29) 민중의 주체성이 부정됨으로써 오히려 전쟁책임이
면해지는 문제를 지적하고, 민중의 '근대화' 욕구를 포착함으로써 민중
에게 전쟁책임을 묻고자 했다는 분석이다.

　가메이는 일본 국민의 '동양인 멸시' 감정을 못 본 체하고 중국 침략
을 '지배계급'의 죄로 돌리는 행태를 "일본 '근대화'의 비극에 대한 불감
증"으로 비판했다.30) 이밖에 쇼와시 논쟁에 참가한 논자 가운데 민중
의 전쟁책임에 주목한 이로서 "전시기 사람들이 전쟁을 지지한 측면을
직시"한 마쓰자와 히로아키(松沢弘陽)와 아라이 신이치(荒井信一)를 빠
뜨릴 수 없다.31) 마쓰자와는 『쇼와시(昭和史)』 신판(1959)에 대한 서평
에서 '국민과 전쟁책임'을 거론하여 국민이 "정치적으로 악한 행위를
할 경우에는 책임능력조차 애매한 존재"로 그려지는 문제를 지적했
다.32) 아라이는 가메이의 '국민부재론'을 "의식이나 심리의 문제 - 역사
의 주체적 계기의 문제"를 제기한 것으로 높이 평가하고,33) 그로부터

---

28) 亀井勝一郎,「現代歴史家への疑問―歴史家に「総合的」能力を要求することは果し
　　て無理だろうか―」(초출 1956), 大門正克編著, 『昭和史論争を問う』, 221쪽.
29) 大門正克,「昭和史論争とは何だったのか」 및 戸邉秀明,「昭和史が生まれる」 참조.
30) 亀井勝一郎,「現代歴史家への疑問」, 221쪽.
31) 大門正克,「昭和史論争とは何だったのか」, 34쪽.
32) 松沢弘陽,「書評『昭和史(新版)』」(초출 1959), 大門正克編著, 『昭和史論争を問う』,
　　269쪽.

"종래의 전쟁책임론과는 다른 차원에서 전쟁책임을 생각"[34]하고자 했다. 또한 가메이의 비판을 "마르크스주의를 포함한 현대 역사학의 '이론은 믿지만 감각은 믿지 않는다'는 객관주의를 지적하고 주체적 계기에 대한 반성을 촉구"한 것으로 평가했다.[35] 아라이는 같은 글에서 역사학의 '객관주의'를 여러 차례 비판하였다.

전후(戰後) 역사학의 입장에서 근대화론을 비판하면서도 '민중의 일상 감각'에 주목한 야스마루의 태도는 바로 쇼와시 논쟁에서 가메이, 마쓰자와, 아라이가 제시한 방향성에 공명한 것으로 볼 수 있다. 비록 이 시점에서 근대화론을 넘어설 인식의 지평을 바로 제시하지는 못했지만, 야스마루가 중심이 된 1960~70년대 민중사상사·민중사 연구는 쇼와시 논쟁과 미국 발 근대화론이 던진 과제를 나름의 방식으로 풀어간 셈이다. 야스마루의 대표작이라 할 『일본의 근대화와 민중사상(日本の近代化と民衆思想)』(平凡社, 1974)는 근대주의와 근대화론 양쪽에 대한 철저한 비판이었다.[36] 임성모는 1950년대 후반을 달군 쇼와시 논쟁이 마르크스주의 역사학의 문제점에 대한 보수파, 자유주의 진영의 공세였다면, 하코네 회의를 계기로 도입된 미국의 근대화론은 반마르크스주의적 설명 틀에 입각하여 종래의 공세를 더욱 강화하는 무기였다고 분석하였다.[37] 이러한 상황에서 비판적 역사학 내부에서는 전후 역사학의 객관주의를 반성하는 가운데 아시아 그리고 민중의 문제가 떠올랐다.

---

33) 荒井信一, 「危機意識と現代史—「昭和史」論爭をめぐって—」(초출 1960), 大門正克編著, 『昭和史論爭を問う』, 287쪽.

34) 荒井信一, 「危機意識と現代史」, 291쪽.

35) 荒井信一, 「危機意識と現代史」, 279쪽.

36) 大門正克, 「昭和史論爭とは何だったのか」, 25쪽.

37) 임성모, 「냉전과 대중사회 담론의 외연: 미국 근대화론의 한·일 이식」, 252쪽.

3. 다케우치 요시미의 아시아주의 재평가

아시아 · 태평양 전쟁의 이념을 논한 것으로 악명 높은 '근대의 초극' 좌담회(1942)에 참여하기도 한 가메이는 쇼와시 논쟁에서 아시아 침략에 대한 민중의 책임을 묻는 변화된 모습을 보인다. 변화의 핵심은 '중국 관계의 인식'에 있었는데, 실은 가메이 스스로 '일본 근대화'의 성격을 물은 뒤 "현대사를 꿰뚫는 근간은 일본의 대중국 관계"라면서 "전후 내 눈을 뜨게 해 준 것은 다케우치 요시미(竹內好)의『현대중국론』이었다"고 고백한 바 있다.[38] 흥미로운 것은 다케우치 역시 '전쟁 일반'과 '중국(그리고 아시아)에 대한 침략전쟁'을 구별하자는 가메이의 논리를 언급하면서 "이 점만큼은 나도 가메이의 사고방식을 지지하고 싶다"고 말한 점이다.[39]

다케우치는 민중의 정서에 천착하여 내셔널리즘과 아시아주의 재평가를 꾀했다. 동시에 아시아 침략을 지지한 민중의 경험을 상기함으로써, 1960년대 초반 미국 발 근대화론이 일본 내셔널리즘과 결합하여 민중에게 널리 지지받고 있는 상황을 직시하였다. 그리고 일본 근대를 되돌아보며 내셔널리즘과 아시아주의 속에서 제국주의로 회수되지 않는 민중의 에너지를 건져내고자 했는데, 이와 같은 사상적 실험이 응축된 글이「일본의 아시아주의」(1963, 원제「아시아주의의 전망」)이다.[40]

---

[38] 荒井信一,「危機意識と現代史」, 285쪽.

[39] 다케우치 요시미,「근대의 초극」(초출 1959. 11), 마루카와 데쓰시 · 스즈키 마사히사 엮음, 윤여일 옮김,『다케우치 요시미 선집 1: 고뇌하는 일본』, 휴머니스트, 2011, 141쪽. 大門正克,「昭和史論爭とは何だったのか」, 21쪽, 참조.

[40] 다케우치 요시미,「일본의 아시아주의」(초출 1963. 8), 마루카와 데쓰시 · 스즈키 마사히사 엮음, 윤여일 옮김,『다케우치 요시미 선집 2: 내재하는 아시아』, 휴머니스트, 2011.

다케우치는 "민권파의 '아시아연대'관과 현양사의 '대아시아주의'를 갈라 대립시키는 것은, 내가 보기에 그저 기계적 구분일 뿐이다. (중략) 애당초 '침략'과 '연대'를 구체적 상황 속에서 구별할 수 있는지부터가 의문"(298쪽)이라고 주장했다. 아시아주의에 대해서는 "아무리 에누리 하더라도 그것이 아시아 나라들의 연대(침략을 수단으로 삼건 삼지 않 건 간에)를 지향했다는 공통점만큼은 인정"(302쪽)해야 한다며, 이를 최소한도로 규정된 '아시아주의의 속성'이라고 밝혔다.

다케우치가 침략과 연대가 얽혀 있는 사상적 자원으로서 주목한 것 은 천우협(天佑俠)의 실천 그리고 다루이 도키치(樽井藤吉)의 '대동합 방론(大東合邦論)'이었다. 다케우치는 천우협이 동학 농민군과 접촉한 사실을 연대의 상징으로 주목하였고(323쪽), 다루이가 펼친 "일한의 분 쟁을 해결하려면 또한 한국을 근대화하려면 그리고 열강의 침략을 막 으려면 일한 양국이 대등하게 합방해야 한다는 주장"을 평가했다. 그리 고 천우협에 참가하고 '대동합방론'에 입각하여 '한일합방'을 추진한 우 치다 료헤이(內田良平) 재평가를 주장했다.

다케우치는 일본의 사회주의가 내셔널리즘과 아시아주의를 경원시 함으로써 우익이 이를 독점 한 것에서 일본 근대사의 비극이 시작되었 다고 보았다. "일본의 사회주의가 이미 그 여명기부터 코즈모폴리턴을 직수입하지는 않았는가"라는 이시모다 다다시의 의문을 소개하고, "이 것은 단지 메이지 말기 사회주의 사상만의 문제가 아니다. 코민테른 시대의 문제기도 하고 코뮤니스트들이 왜 민족 문제에 걸려 넘어졌는 가라는 문제와도 통한다. 또 내셔널리즘의 초국가화 문제기도 하며, 동 시에 아시아주의는 왜 흑룡회 이데올로기에 의해 독점되었는가라는 문 제와도 연결된다"(359~360쪽)고 주장했다.

나아가 "현양사 = 흑룡회를 침략주의의 화신이라며 냉정하게 비판한” 에드거튼 노먼(Egerton H. Norman)에 대해 “현양사(그리고 흑룡회)는 애초부터 일관되게 침략주의였다는 규정은 절대평화론에 의거하지 않는 한 역사학으로서는 무리가 있다”고 비판했다. 다만 “뒤늦게 출발한 일본의 자본주의가 내부결함을 대외진출로 만회하려는 형태를 반복하며 1945년까지 왔다는 것은 사실이다. 근본적으로는 이는 인민이 허약했기 때문이겠는데, 역사 속에서 이런 방향으로 흘러가지 않을 계기를 발견할 수 있는지가 오늘날 아시아주의의 가장 중요한 과제일 것”(368~373쪽)이라고 주장했다.

한자와 히로시(半沢弘)가 발표한 「동아공영권의 사상: 우치다 료헤이(內田良平)를 중심으로」(1963)도 비슷한 문제의식을 담고 있었는데, 이에 대해서는 가지무라 히데키(梶村秀樹)를 비롯한 한국사 연구자들이 연명으로 비판 논문을 발표하기에 이르렀다.[41] 가지무라 등은 먼저 한자와의 논문을 “다케우치 씨의 ‘아시아주의의 전망’에 시사를 받아 그것을 발전시키고자 한 것”으로 규정하고 나아가 “다케우치 씨가 여운을 남기고 애매한 표현에 그친 부분을 한자와 씨는 너무나도 명쾌하게 단정해 버린 그런 관계에 있다고 생각한다”고 지적했다. 그리고 “한자와 히로시 씨, 다케우치 요시미 씨가 압박 민족의 감각이 민중 레벨에서 반드시 다 사라지지 않은 일본의 현상에서 이러한 논문을 공표하는 것이 어떻게 작용할지에 대해 책임 의식을 가지고 있는지 여부를 우리는 함께 묻고 싶다”(23쪽)고 비판했다.

다케우치와 한자와 비판은 무엇보다 ‘조선 근대사에 관련된 사항의 기술’이 ‘우리가 알고 있는 사실과 너무나 떨어진 것’을 지적하는 데 맞춰졌다. 사료 면에서도 일진회(一進會) 지도자 이용구의 활동을 긍정

---

[41] 楠原利治・北村秀人・梶村秀樹・宮田節子・姜德相, 「『アジア主義』と朝鮮─半沢弘「東亜共栄圏の思想」について─」, 『歴史学研究』 289, 1964. 6.

적으로 평가한 『이용구의 생애(李容九の生涯)』(時事新書, 1960)를 무원
칙, 무비판적으로 받아들임으로써 완전히 잘못된 이미지를 그리고 있
다고 지적했다. 그리고 "일본의 아시아주의 사상이 적어도 조선에 시점
을 두고 생각하는 한" "극히 주관적이고 독선적인 것이며 그 행동이 조
선의 정상적인 역사 발전에 대해 부정적 기능을 한 것이라는 점은 명
백"(28쪽)하다고 비판했다. 나아가 "현재는 일본제국주의자가 일한회담
등에 의해 아시아 재진출을 시도하면서 그를 위한 이데올로기를 국민
에게 주입하기 위해 광분하고 있는 시기"라는 점을 환기시키며, "대동
아전쟁은 너무 심하지만 거기까지 가지 않는 범위에서의 진출이라면
다시 행해도 된다는 것인가"(22쪽)라고 다케우치 등의 논리가 현실에서
가질 부정적 효과를 경계했다.

가지무라는 같은 시기에 쓴 「다케우치 요시미 씨 「아시아주의의 전
망」에 대한 하나의 해석」(1964)[42]이라는 글에서도 "주체성을 가진 사상
가이고자 하는 다케우치 씨의 의도에 경의를 표"(97쪽)하면서도, "왜 지
금 적어도 '보기에 따라서는 철두철미 침략적인' 현양사 = 흑룡회를 그
렇게 평가해야 하는가?"라고 물었다. 또한 다케우치가 아마도 조선을
염두에 두고 뱉었을 "독립은 다른 데서 주어지는 것이 아님을 메이지
일본인은 뼈 속에 사무치게 느꼈다"(99쪽)는 주장을 인용하면서, "주체
성을 강조하는 의미는 지극히 중요하다고 생각한다. 그러나 그것이 오
늘날 상황에서 어째서 내셔널한 것을 중핵으로 하여 성립하는 이외에
는 없다는 것인가"라고 되물었다.

「일본인의 조선관」 성립 근거에 대하여: '아시아주의' 재평가 비판」
(1964)[43]에서는 아시아주의 재평가론이 "민족을 실체로서 극히 중시하

---

42) 梶村秀樹, 「竹内好氏の「アジア主義の展望」の一解釈」(초출 1964. 4), 『梶村秀樹
著作集 第1巻 朝鮮史と日本人』, 明石書店, 1992.

는 반면, 계급적 시점을 결락시키고 있는 점"(107쪽)을 지적했다. 즉 "현실의 일본 국가 틀 안에 존재하는 다양하고 심각한 계급적 지배수취 관계를 사실상 전부 추상적인 민족적 피억압으로 해소해 버리는 식의 발상법으로는 다케우치 씨의 문제제기, 지배계급의 이데올로기에 대하여 진정으로 유효하게 대결할 수 없을 것"이라고 지적하고, "'근대화론', '일본 모델론'은 라이샤워가 제창함으로써만 존재하고 또 나쁜 이데올로기인 것인가"(108쪽)라고 물었다. 다케우치의 논리 자체가 근대화론에 다름 아니라는 비판이었다.

「현재의 '일본 내셔널리즘'론에 대하여」(1965)[44]에서는 근대화론과 내셔널리즘이 하나의 근원에서 발생한다고 보고 "대외진출의 이데올로기로서의 내셔널리즘도 당연히 한층 근대화된 위장이 덧칠해져 있다. 그것은 '아시아 제국의 생산력 발전에 협력한다'는 이른바 동아경륜주의적 요소의 한층 강조로 드러난다"(118쪽)고 분석했다. 또한 "내셔널리즘을 무시하는 것은 대중으로부터 이반하는 것이라는 미신을 암묵적 전제로 하여 많은 논의가 전개된다"(119쪽)고 비판하고, "강좌파 이론체계의 연장선상에서 지금에 이르기까지 '진정한 근대화 미실현론'과 함께 '진정한 내셔널리즘 미성립론'이 반복해서 표명된다"고 지적한다. 나아가 어떤 의미에서는 다케우치와 라이샤워야말로 "전전 강좌파 혹은 전후 역연(역사학연구회)의 충실한 학습자"라고 비꼬았다. 그리고 '대중'을 '지배 이데올로기'로부터 해방시키기 위해 '과학정신을 투철'하게 할 필요성을 강조했다(120쪽).

---

43) 梶村秀樹, 「「日本人の朝鮮観」の成立根拠について―「アジア主義」再評価批判―」 (초출 1964. 7), 『梶村秀樹著作集 第1巻 朝鮮史と日本人』.

44) 梶村秀樹, 「現在の「日本ナショナリズム」論について」(초출 1965. 5), 『梶村秀樹 著作集 第1巻 朝鮮史と日本人』.

가지무라의 다케우치 비판을 분석한 나카노 도시오(中野敏男)는 중국문학자인 다케우치 요시미와 조선사가인 가지무라 히데키의 대립은 "전후 일본에서 가해의 전쟁책임을 묻는 지향 내부에 발생한 중대한 분기의 존재를 보여 준다"고 보았다. 다케우치에 대해서는 아시아를 지향하는 사상적 에네르기를 인정하고 거기로부터 민족 감정에 뿌리내린 '전통'이 창출될 것으로 생각한 것에 다름 아니라며 "'국민적 주체'라는 고정관념이 완고하게 살아있다"고 보았다. 가지무라에 대해서는 전쟁책임을 지려면 민족 감정을 기반으로 내셔널한 책임주체를 세워야한다는 '고정관념'을 비판하였다고 평가하고, 이 논쟁이 1990년대 전개된 '역사주체논쟁'을 선취한 면이 있다고 분석하였다.[45] 그리고 "조선이라는 토포스가 일본의 식민주의를 특히 그 심부에서 추궁하게 되는 질과 구조를 갖추고 있"다고 결론지었다.[46] 나카노의 가지무라 평가에 대해서는 4장에서 다시 살피겠다.

가지무라의 비판에 대해 다케우치는 응답하지 않았다. 다만 『전망(展望)』지에 실린 도야마의 문제제기에 대해서는 격렬하게 반응함으로써 이른바 '『전망(展望)』 지상 논쟁'[47]이 벌어졌다.

도야마는 「메이지유신 연구의 사회적 책임」(1965)[48]에서 먼저 자신과 다른 입론은 모두 라이샤워 노선이라고 몰아붙이는 마르크스주의

45) 中野敏男, 「方法としてのアジアという陥穽—アジア主義をめぐる竹内好と梶村秀樹の交錯」, 『季刊 前夜』 第Ⅰ期8号, 2006. 7, 209·215쪽. 전후 일본 사상사 흐름 속에 가지무라의 다케우치 비판을 위치 지은 나카노 도시오의 글이 권혁태 외, 『전후의 탄생』, 그린비, 2013에 수록되어 있다.
46) 中野敏男, 「植民地主義批判と朝鮮というトポス—アジア主義をめぐる竹内好と梶村秀樹の交錯 その二—」, 『季刊 前夜』 第Ⅰ期9号, 2006. 10, 223쪽.
47) 金原左門, 『「日本近代化」論の歴史像』, 247쪽.
48) 遠山茂樹, 「明治維新研究の社会的責任」, 『展望』, 1965. 12.

진영의 비판 방식에도 문제가 있다고 지적한다(16쪽). 그러나 다케우치가 아시아주의가 '아시아 나라들의 연대(침략을 수단으로 삼건 삼지 않건 간에)'를 지향'했다고 평가한 데 대해 이의를 제기했다. 도야마는 "애당초 '침략'과 '연대'를 구체적 상황 속에서 구별할 수 있는지부터가 의문"이라는 다케우치의 주장에 대하여, "침략주의와 연대의식의 미묘한 분리와 결합 상태"가 외견으로서 드러나는 것은 의도를 말하는 사상에 있어서이지 현실의 실천에서는 침략과 연대의 결합이라는 기묘한 무언가는 있을 수 없다고 비판했다(28쪽).

또한 "근대 국가의 형성과 팽창주의는 불가분"이라는 다케우치의 언급 그리고 "(민족의) 독립은 어디까지나 자력으로 쟁취하지 않는 한 달성될 수 없다는 확신은 아시아 내셔널리즘을 보편적으로 꿰뚫고 있다"는 지적에 대해서도, 근대 국가의 형성과 팽창주의가 분리·대립할 가능성을 잃고 불가분이 된 것은 1890년대 이후의 일이며, 자유민권파의 내셔널리즘은 "조선 민중에 대한 '동정'에서 조선 민중에 대한 지도로, 동시에 무력에 의한 '개명'의 강제로라는 궤적을 그리며 침략과 전쟁을 긍정하는 사상으로 전환"(31쪽)했다고 보았다.

다케우치는 「학자의 책임에 대하여: 도야마 시게키 씨에게 답한다」(1966)[49]를 통해 반론을 가한다. 다케우치는 일본의 근대화는 성공했지만 중국의 근대화는 실패한 이유를 묻는 라이샤워 방식은 "강좌파 이론에서 식민지 문제만을 빼버린 것과 거의 같다"고 지적하고 도야마의 기도를 "식민지 문제를 재투입함으로써 라이샤워 학설에 대항하고자 하는 것"이라고 분석했다. 2장에서 살핀 강좌파의 근대화론 비판이 가지는 문제점을 꿰뚫어 본 셈이다. 이어 다케우치는 자신의 방식은 이와

---

49) 竹内好,「学者の責任について―遠山茂樹氏に答える―」,『展望』, 1966. 6.

전혀 달라, "중국의 근대화는 성공했지만 일본의 근대화는 실패했다, 그것은 왜일까라는 문제 설정"(31쪽)이라고 주장했다.

나아가 도야마가 말하는 마르크스주의 역사학의 당파성을 일종의 '신학'이라고 지적한 뒤, "나는 내 나름의 신을 믿는다. 도야마 씨의 신이 가톨릭적인 데 비하면 내 쪽은 보다 위기신학적인 신이지만 이것이 나의 당파성"이라고 덧붙인다. 그리고 둘 사이의 어긋남은 "인간관 및 역사관(혹은 역사상) 차이"에서 오는 것이라고 보았다. 즉 "도야마 씨에게 인간은 동기와 수단의 구별이 명료한 타자에 의해 완전히 파악될 수 있는 투명한 실체지만, 내게는 유동적이고 상황적으로밖에 자타에 파악될 수 없는 존재이다. 역사 또한 도야마 씨에게는 짓누르는 소여이지만 내게는 만들어낼 수 있고 분해 가능한 구축물로서 존재한다는 차이가 있다"(33쪽)고 밝혔다.

역사 발전 법칙을 전제하면 아무래도 민중은 수동적 존재로 그려질 수밖에 없다. 다케우치는 이를 '가톨릭'적이라고 표현한 셈이다. 암암리에 서구적 근대를 지향하는 일본의 근대주의와 전후 역사학으로는 성장지상주의 근대화론을 비판할 수 없다는 점에 대한 지적이었다. 다케우치는 내셔널리즘과 아시아주의에 담긴 민중의 에너지를 길어냄으로써 비로소 가능할 다른 모습의 근대를 꿈꾼 것이다.

4. 가지무라 히데키의 민중의 발견

도야마 시게키는 미국 발 근대화론이 일본 전통 사회를 높게 평가하면서 내셔널리즘과 영합하고 있는 상황에 비판적이었다. 더 본질적으로는 일본의 내재적 발전에 대한 강조가 아시아에 대한 정체성론을 낳고 마는 전후 역사학의 아포리아를 깨달았다. 도야마는 근대화론과 전후 역사학에 공통된 내인론(內因論)이 가지는 문제점을 넘어서기 위해 '세계사의 기본법칙' 수정에 나서게 된다. 도야마가 주도한 역사학연구회는 1961년 가을 공동연구 '세계사의 기본법칙 재검토·세계사 상(像) 재구성'을 행했고, 1963년에는 연구 장기계획의 일환으로서 '동아시아 역사상 검토'를 종합부회 주제로 삼았다. 도야마의 기획은 "후진적 사회의 구체제는 자본주의 미발달에 의한 것이 아니라 자본주의(정확하게는 세계자본주의) 자체의 산물"이라는 에구치 보쿠로(江口朴郞)의 수정이론, 그리고 다수의 역사적 세계를 상정하는 우에하라 센로쿠(上原專祿)의 문제의식을 흡수한 위에 구축된 것이다.[50]

에구치 보쿠로를 계승한 일본사 연구자가 도야마라면, 중국사 분야에서는 다나카 마사토시(田中正俊), 그리고 한국사에서는 다름 아닌 가지무라 히데키(梶村秀樹)가 전후 역사학의 아포리아에 도전하였다.[51] 가지무라는 1970년에 행한 강연 「배외주의 극복을 위한 조선사」[52]에서 '사회경제사주의라는 일종의 편향'(54쪽)을 자기비판한다. 내재적 발전론에 각인된 경제결정론적 경향에서 벗어나려는 노력이 엿보인다. 경제결정론에서 벗어난 가지무라가 주목한 것은 저항하는 민중이었다. 가지무라는 "단순히 사회경제사적인 것이 아닌 조선 민중의 해방투쟁사상과 그 내적인 발전 과정"(57쪽)을 보고자 하였다. 여기서 '민중'은 '영웅사관'의 주인공이 아닌 "수많은 상처 좌절한 부분을 포함하면서 그러한 모순과 고통을 강요받은 왜곡을 만신창이로 받아"(67쪽) 안은 존재였다.

---

50) 永井和, 「戰後マルクス主義史学とアジア認識」, 681쪽.
51) 永井和, 「戰後マルクス主義史学とアジア認識」, 684쪽.
52) 梶村秀樹, 『排外主義克服のための朝鮮史』, 青年アジア研究会, 1990.

그러나 가지무라가 주목한 것은 민족 주체가 아니라 개인 주체였다. 가지무라는 "인간을 되찾고자 하는 개개인의 싸움"(67쪽)을 중시했고 일본 제국주의 비판의 기준이 될 대중의식을 살필 때도 "일반론·추상적으로가 아니라 '개인'을 잡아서 할 필요"(73쪽)가 있다고 보았다. 이로카와 다이기치(色川大吉)의 연구에 대해서도 "메이지기 저변의 서민의식 차원에서 캐어내는 작업을 하고 있어 대단히 매력적"이라고 평가하면서도 "아시아관 차원에서는 매우 로맨틱하게 일본인의 주관을 긍정하는 데서 출발하고 있는 점"에 불만을 표시했다. 인터내셔널한 주체에 대해서는 여전히 유보적이었던 셈이다. 그리고 일본인으로서가 아니라 개인으로서 할아버지, 아버지의 구체적이고 일상적인 역사에 천착할 필요성을 강조했다(73~74쪽).

다케우치 요시미의 아시아주의 재평가에 대해서는 여전히 부정적이었다. 자신의 비판에 대한 다케우치의 침묵을 "적어도 소설(所說)을 지금은 철회하지 않았겠는가"라고 해석하고, 다시 한 번 "야만적인 침략을 비판하면서 '신사적'인 신식민주의적 진출을 지지하는 심리적 기반에 다름 아닌 게 아닐까"(21쪽)라고 의심하였다. "주관적으로는 오히려 매우 진지했지만 무의식적으로 독선을 보인 예"라는 신랄한 비판이었다(24쪽).

그러나 1970년대 중반 가지무라의 연구에서는 뚜렷한 변화가 포착된다.[53] 한일 '경제협력'이 본격화하면서 1970년대에 들어 한국 자본주의를 설명하는 개념으로서 '종속 발전'이라는 표현이 등장한다. 가지무라

---

[53] 이하 가지무라의 박정희 정권 인식에 대해서는 졸고, 「가지무라 히데키의 한국 자본주의론: 내재적 발전론으로서의 '종속 발전'론」, 강원봉 외, 『가지무라 히데키의 내재적 발전론을 다시 읽는다』, 아연출판부, 2014, 175~176쪽에서 발췌한 내용을 바탕으로 하여 새로운 해석을 덧붙였다.

는 '존립'을 위해서라면 '종속'을 꺼리지 않으며 노동자의 '희생'을 통해 국민의 '행복'을 이루고자 하는 것을 박정희 정권의 속성이라고 보았다.[54] 한국 민족은 외세 침략에 저항하는 수동적인 주체가 아니라, 자신의 독립과 발전을 위해서 분투하는 적극적 주체로 해석되었다. 다케우치가 그렸던 메이지(明治) 일본 이미지와 일맥상통한다.

베트남 파병 분석에도 새로운 인식 지평이 엿보인다. 1965년 8월 국회에서 한일기본조약에 하루 앞서 비준된 베트남 파병은 한일 '경제협력'과 더불어 박정희 정권의 '종속 발전' 노선을 뒷받침하는 두 기둥 중 하나였다. 가지무라는 베트남 파병이 박정희 정권의 '주체적 선택'이며 그 안에는 '조국 근대화'와 '국위 선양'이라고 하는 '사상성'이 극명하게 드러나 있다고 보았다. 그리고 이를 "근대 일본을 지탱해 온 사상의 추악함을 재판(再版)하여 보여 준다"고 비판했다.[55] 쇼와시 논쟁에서 아라이가 말한 '일본 근대화의 비극'을 떠올리게 된다.[56]

나아가 가지무라는 한국의 근대화는 참된 근대화가 아니라는 말은 더 이상 박정희 정권에 대한 비판이 될 수 없다면서, 경제 성장이라는 현실을 직시하고 한국의 현상을 '근대화된 모순'으로서 받아들일 것을 역설했다. 그리고 이를 비판하기 위해서는 근대 일본이 성취한 '자유와 민주주의'의 기만성을 포함하여 '근대화주의' 자체를 넘어설 필요가 있다고 주장했다.[57] 서구적 근대를 도달해야 할 목표로 상정하고 일본 혹은 아시아 상황을 근대의 결여나 왜곡으로 보는 경향이 강한 근대주

---

54) 藤森一淸(梶村秀樹), 「日韓条約体制10年の帰結: 日韓体制の軌跡と変革の視座」, 『破防法研究』 24, 1975, 19쪽.

55) 吉永長生(梶村秀樹), 「ベトナム派兵の傷痕」(초출 1974), 『梶村秀樹著作集 第5卷 現代朝鮮への視座』, 明石書店, 1993, 279~291쪽.

56) 荒井信一, 「危機意識と現代史」, 283쪽.

57) 藤森一淸(梶村秀樹), 「朴政権の価値体系と韓国の民衆」, 『情況』 78, 1975, 10~13쪽.

의와 전후 역사학에 대한 비판이었다.

더욱이 이와 같은 "박 '근대화' 노선"을 민중의 정서와 관련지어 설명하고 있는 점은 주목할 만하다. 가지무라는 베트남 파병과 관련해 예컨대 '해외 웅비'나 '국위 선양' 등의 구호가 '민중의 심정'에 호소하는 바가 있어, "'민족적 가치의 회복'이라는 환상이 베트남 전쟁이라는 허위의 출구를 향해 나아가는 듯한 구조를 만들어 내고 있는 것은 중대한 문제"58)라고 지적했다. '환상', '허위'라는 말에서 계몽적 지식인의 면모를 지적할 수 있을지 모른다. 다만 이전 시기 '대중'을 '지배 이데올로기'로부터 해방시키기 위해 '과학정신을 투철'하게 할 필요성을 강조한 것과 달리,59) 한국 대중의 근대화 욕구가 박정희 정권을 뒷받침하고 있는 상황을 무겁게 받아들인 점을 주목하고 싶다.

대중의 정서를 중시하는 가지무라의 태도는 해방 직후 벌어진 신탁통치 논란에 대한 평가에서도 드러난다. 민족주의적 혹은 통일지향적 역사 연구에서는 많은 대중이 '반탁' 입장에 선 것을 우익이 여론을 조작한 결과라고 보면서 '찬탁'이라는 좌익의 선택이 더 현실적이었다고 평가하는 경향이 있다. 그러나 가지무라는 "결과론적으로 생각하면 5년간 참는 쪽이 그나마 현명한 것이 아닌가"라는 '객관주의'를 비판하고, 신탁통치에 대해 "조선 인민이 커다란 의문을 느낀 것은 당연"하다며60) 대중의 판단을 존중하는 입장을 취하였다. 가지무라가 비판하고자 한 '객관주의'는 쇼와시 논쟁에서 이라이가 비판한 전후 역사학의 '객관주의'와 겹쳐진다.

---

58) 梶村秀樹, 「八・一五以後の朝鮮人民」(초출 1976), 『梶村秀樹著作集 第5卷 現代朝鮮への視座』, 93~94쪽.

59) 梶村秀樹, 「現在の「日本ナショナリズム」論について」, 120쪽.

60) 梶村秀樹, 「八・一五以後の朝鮮人民」, 43쪽.

이와 같은 서술 방향은 1974년의 글에서 예고된다. 가지무라는 스스로 자신의 한국사 연구 단계를 구분지었다. 제1단계는 '침략사 공부'를 진행하던 시기였고, 제2단계에 대해서는 내재적 발전론 체계화에 성공했지만 "'훌륭한 순수 조선'을 그린 나머지 (중략) 말하자면 객관주의 내지 허울 좋은 말의 혐의가 있었다"고 평가했다. 그리고 '로맨틱한 민족상'이 아니라 '등신대 민중'을 발견함으로써 새로운 제3단계에 들어설 수 있었다고 설명했다.[61] 스스로 지녔던 '객관주의'를 자기비판하고 있는 점이 인상적이다. 강원봉은 가지무라 사학이 새로운 전개를 보이게 된 계기로서 '김희로 사건' 등 재일 조선인의 삶에 대한 발견을 들었다.[62]

이러한 변화를 거쳐 1980년에 발표된 「조선에서 본 메이지유신」[63]에서는 다케우치 요시미에 대한 새로운 태도가 확인된다. 가지무라는 "일본인이 반성 같은 걸 말할 수 있는 것도 결국 성공한 여유 위에 서 있기 때문이 아닌가"라는 재일 한국인 대학생의 질문을 소개한 뒤 "조선 근대사를 배우는 일본인이 자주 부딪히는 딜레마"라고 덧붙인다(137쪽). 여기서 화제는 다케우치의 아시아주의 재평가로 옮아간다. 스스로의 연구에 대해 "일본 근대를 침략 사상 일색으로 칠하는 일에 정력을 쏟아 부었다"(141쪽)고 돌이켜보며, 하지만 다케우치 요시미(竹內好) 씨가 던진 그렇다면 무엇을 기반으로 삼아 일본인의 주체적 입장에서 미래를 열어 갈 것인가라는 가장 근본적인 문제설정에 대하여 단

[61] 吉永長生(梶村秀樹), 「ベトナム派兵の傷痕」, 108~125쪽.
[62] 강원봉, 「가지무라 히데키의 사회운동과 한국사 연구」, 강원봉 외, 『가지무라 히데키의 내재적 발전론을 다시 읽는다』, 115~116쪽.
[63] 梶村秀樹, 「朝鮮からみた明治維新」(초출 1980.3), 『梶村秀樹著作集 第1巻 朝鮮史と日本人』.

순히 '연대 사상'을 말소시키는 것만으로는 무의미하다고 느꼈다고 당시를 회고했다(142쪽).

가지무라는 "이 딜레마를 돌파하기 위한 유일한 무기가 '민중'의 논리"라고 말한다. 메이지기 일본의 활력을 인정하면서 이는 "생명을 건 자기변혁을 동반하면서 발휘된 저변에서 뿜어 나온 민중 자신의 에네르기가 초래한 것"이라고 분석했다. 엘리트 중간층 전제정부가 이를 압살하고 봉인한 끝에 민중을 부국강병과 침략의 방향으로 포섭해 버렸지만, 민중의 에네르기는 역사의 저층을 면면하게 지하수처럼 계속 흘렀다고 보았다. 그리고 이와 같은 역사상을 뒷받침하기 위해 이로카와 다이기치가 말한 '미발의 계기'라는 시점을 도입한다.[64] 이전 시기 이로카와에 대한 부정적 평가와는 차이가 드러나는 지점이다(143쪽).

그리고 제국주의 기획에 "포획되어 살아간 흔해 빠진 민중의 하나의 예"로서 자신의 할아버지, 아버지를 담담하게 이야기한다. 가지무라는 "할아버지와 아버지 삶의 방식이 오로지 부끄럽고 부정적인 것으로만 보였고, 조선사 학습을 계기로 근대 일본의 허망을 드러내는 일에 몰두하였다"고 돌아보았다. 그러나 그러던 중 어느덧 "할아버지와 아버지가 지닌 가난뱅이의 근면성이라든지 '묵묵한 인내력'과 같은 어쩌면 너무나도 일본적인 '미덕'을 의외로 나 또한 이어받고 있음을 깨닫게 되었다"고 고백한다. 중요한 것은 이것이 "어떠한 우리 '문화'를 만들 것인가라는 과제를 깨닫게 된" 결과라고 밝힌 점이다. 1970년 강연에서 가지무라는 할아버지, 아버지의 구체적인 일상에 천착할 것을 강조했지만 그것은 개개인으로서의 삶이었다. 그러던 것이 10년 후인 이 글에서는 '우리 문화' 그리고 '일본적인 미덕'으로서 표현된 것이다(147쪽).

---

64) 차승기, 「가지무라 히데키의 '미발의 계기': 식민지 역사 서술과 근대 비판」, 강원봉 외, 『가지무라 히데키의 내재적 발전론을 다시 읽는다』, 255~256쪽.

나카노 도시오가 분석했듯이 1960년대 가지무라는 내셔널한 주체를 강조하는 다케우치를 맹렬히 비판하였다. 하지만 1970년대 중반 새로이 '등신대 민중'을 발견한 가지무라는 나카노의 분석과 달리 오히려 다케우치의 문제 틀에 접근하는 모습을 보였다. 그렇다면 민중의 내셔널리즘은 어떻게 하면 성장지상주의나 배외주의로 치닫지 않을 수 있을까. 가지무라는 할아버지와 아버지들이 어떻게 해서 제국주의에 포획되었는가를 알 수 있을 것 같다면서 그것으로부터 해방되기 위해 "'근대'가 준 가장 좋은 것들을 충분히 소화해 냄으로써, 그에 대한 마음속 콤플렉스를 불식시켜 가는 것이 나의 과제"(147쪽)라고 밝혔다.

민중의 내셔널리즘 혹은 아시아주의 속에서 건전한 에너지를 길어올리는 것이 과연 가능할지를 둘러싼 응수는 쇼와시 논쟁에서 촉발된 이래 지금까지도 되풀이되고 있다. "일본의 3백만 사망자에 대한 애도를 선행하고 그 애도를 통하여 아시아의 2천만 사망자를 애도하며 그들에 대한 사죄에 이르는 길은 가능한가"를 물은 가토 노리히로(加藤典洋)의 「패전후론(敗戰後論)」(1995)에 의해 촉발된 '역사주체논쟁'도 그 연장선상에 있다. 쇼와시 논쟁을 정리한 오카도 마사카쓰(大門正克)는 일본 근현대를 대상으로 한 커다란 역사논쟁이 두 차례 있었다면서, '1950년대 쇼와시 논쟁'과 더불어 '1990년대에 행해진 역사인식을 둘러싼 논쟁'을 꼽았다.[65] 나카노 도시오가 1960년대 가지무라의 다케우치 비판을 1990년대 '국민적 주체' 비판을 선취한 것으로 평가한 것도 같은 맥락에서 이해할 수 있다.

이렇듯 결착을 기대하기 어려운 문제에서 가지무라가 보인 사상적 전회는 어떤 의미를 지닐까. 가지무라는 박정희 정권의 근대화 노선에

---

[65] 大門正克, 「昭和史論争とは何だったのか」, 4쪽.

완전히 포섭된 듯 보이면서도 굳건히 생활 세계를 지켜나가는 한국 민중의 모습을 놓치지 않았다. 제국주의 혹은 자본의 전일적 지배를 허락하지 않는 내재하는 외부라 할 '민중'의 존재를 발견한 것이다.[66] 1977년 저서 『조선에서 자본주의 형성과 전개』에서 "오늘날 남조선의 전면적인 '종속 발전' 아래에서 군이 '사회주의'적이지 않은 민중의 민족주의적 조류의 전개를 전망할 시점을 가질 수 있다"[67]고 언급했듯이, 이는 자신의 객관주의적 발전단계론을 극복하는 과정이기도 했다.

나아가 가지무라는 역시 1977년에 낸 『조선사, 그 발전』이라는 책 맺음말에서 '조선 민중'이라는 '이념형'을 언급한다. 하지만 가지무라가 결코 패배하지도 오류를 범하지도 않는 민중이라는 환상을 가지고 있었던 것은 아니다. 같은 글에서 "정당한 것, 깨끗한 것이 꼭 이기는 것만이 역사가 아니라는 것을 조선 근대사는 전형적으로 보여 준다"고 말한 데서 알 수 있듯이[68] 가지무라가 믿은 것은 '미발의 계기'였으며 이는 바로 다케우치가 말한 '미발의 사상'[69]과 일맥상통한다. 와다 하루키는 가지무라 사후 바친 추도문에서 가지무라의 역사학을 '민중에 대한 확신과 기도'[70]라고 이름 지었다.

(66) 졸고, 「가지무라 히데키의 한국 자본주의론」, 200쪽, 참고.

(67) 梶村秀樹, 『朝鮮における資本主義の形成と展開』, 龍渓書舎, 1977, 240쪽.

(68) 梶村秀樹, 『朝鮮史 その発展』, 講談社, 1977, 216~217쪽.

(69) 竹内好, 「講座をはじめるに当って」, 『近代日本思想史講座Ⅰ』, 筑摩書房, 1959, 8~9쪽.

(70) 和田春樹, 「民衆への確信と祈り」(초출 1989.7), 『梶村秀樹著作集 別巻 回想と遺文』, 明石書店, 1990.

전학련과 진보적 지식인의 한반도 인식
한일회담 반대 투쟁을 중심으로

1. 머리말

　패전 직후 일본의 지식인들이 한반도에 대하여 별로 언급하지 않은 이유나 배경은 어디에 있는가. 통설적으로는 일본인의 조선에 대한 멸시와 차별에 있다고 한다. 이러한 담론은 일본의 우파 지식인이나 자유주의자에 대해서는 별도의 논의가 없어도 수긍이 가는 면이 있다. 그러나 문제는 일본의 진보적 지식인의 경우이다. 진보적 지식인들이 전전에 이루어진 각종의 정책과 역사적 사실에 대하여 정치적, 사회적 책임을 묻기 시작한 다양한 논의들은 일본의 식민지였던 한반도에 대한 논의와 당연히 연결될 수밖에 없는 주제였다. 그럼에도 불구하고 패전 직후 일본의 진보적 지식인이 한반도에 대하여 언급한 논의는 그리 많지 않다. 물론 패전 직후의 혼란한 사회상황과 당장 시급한 자신들의 일상의 문제에 매몰되다 보면 타자에 대한 논의가 소원해 질 수밖에 없는 것은 자연스러운 일이다. 그렇다고 하더라도 패전 직후에 진보적 지식인이 중심이 되어 제기한 다양한 논의에서 한반도와 관련된 문제는 거의 없다고 해도 과언이 아닐 정도로 미미하다.

패전 직후의 혼란한 사회적 상황 속에서 전전과 관련된 다양한 문제를 여러 가지 형태로 가장 먼저 제기한 분야가 문학일 것이다. 이러한 전후 문학의 상황을 잘 보여주는 것 중의 하나가 혼다 슈고(本田秋五)의 『이야기 전후 문학사(物語戰後文学史)』(新潮社, 1965)이다. 이 책에는 패전 직후부터 60년대 초까지 전후문학의 대체적인 흐름을 개관하고 있다. 예를 들면, 정치와 문학 논쟁, 이를 이어받은 전쟁책임과 전향 문제, 전쟁경험, 점령과 전후문학, 지식인론, 국민문학론, 중국문학론 등 다양한 주제를 당시의 사회상황에 비추어 서술하고 있다. 이 시기에 발표된 여러 문학 작품 가운데 한반도와 관련된 작품이 전혀 없는 것은 아니지만, 이 책에서 다루고 있는 다양한 정파에 속한 작가들의 문학작품 가운데 한반도와 관련된 내용을 다룬 작품이나 작가는 없다. 또한 츠루미 슌스케가 중심이 되어 집단연구를 행한 결과물인 『공동연구 전향』에도 한반도와 관련하여 전향문제를 논한 시각은 보이지 않는다. 전향문제란 곧 전쟁협력에 관한 문제이고 이는 식민지 지배에 관한 문제와 연결될 수밖에 없는 주제가 아닌가. 이러한 상황은 패전 직후부터 70년대 혹은 80년대까지 큰 변화 없이 이어져 왔다고 생각된다.

전후의 일본 사상사를 정리하기 위해 선행되어야 할 작업 가운데 하나는 전후 일본의 진보적 지식인들에게도 조선에 대한 차별의식이 있었는지 만약 이러한 의식을 가지고 있었다면, 그들의 진보운동은 과연 무엇이었는가. 반대로 조선에 대한 차별의식이 없었다면 이들이 한반도에 대하여 언급하지 않은[1] 이유는 무엇인지에 대한 답을 찾아야만 한다. 이러한 문제에 대한 논의는 패전 이후 현재까지의 한일관계를 또 다른 측면에서 논의하는 열쇠를 제공한다.

1947년 2·1파업 중지를 명한 GHQ의 일본 점령정책 변경 의사를 바르게 간파하지 못한 공산당은 여전히 점령 하에서도 평화혁명이 가능하다는 '평화혁명'의 방침을 고수하고 있었다. 이러한 상황 하에서 이루어진 47년 4월 25일의 제23회 중의원 선거에서 패전 이후 공산당에 대한 대중들의 기대와는 달리 사회당이 143의석을 차지하여 제1당이 되어 5월 24일 카타야마 테츠(片山哲)를 수반으로 하는 사회당 정권이 탄생했다. 다음해 9월에는 공산당 산하에 학생자치회 조직을 전국적으로 통일시킨 전일본학생자치회총연맹(전학련)이 결성되었다. 전학련은 결성 이후 51년에 샌프란시스코 강화조약이 체결되자 이를 반대하는 운동의 중심에 선다. 특히 58년에 미일안보조약 개정 교섭이 개시되자 본격적으로 안보개정 반대운동을 주도하여 안보투쟁의 핵심세력으로 등장한다. 48년에 조직된 전학련은 58년 전학련 제11회 대회 직후까지 공산당의 지도하에 있었으나 반일공계 신좌익 그룹이 이탈하면서 마침내 60년 제27회 중앙위원회에서 신좌익이 주도권을 잡는다. 이후 68년에서 69년에 걸쳐 일어난 전국학원투쟁을 거치면서 69년 9월에 전국전공투연합(전공투)이 결성되자 전학련은 소멸한다. 현재 70대에 들어선 이들 전학련·전공투 세대는 일본의 전후 체제비판 세력의 핵심이었으며 진보적 지식인 그룹을 형성하였다.

---

1) 여기서 오해를 피하기 위하여 미리 언급해두고 싶은 것이 있다. 이 논문에서 필자는 패전 직후 일본의 진보적 지식인들이 식민지 지배책임에 대하여 전혀 고민하지 않았으며 아무것도 언급하지 않았다고 주장하고자 하는 것은 아니다. 그들이 공적 혹은 사적인 자리에서 여러 가지 형태로 식민지 지배책임에 대하여 논의하였다 하더라도 그것을 활자화하고 공론화하여 일본 사회가 해결해야만 하는 공통의 과제로까지 구체화시켜내지 못했다는 의미이다. 즉 당시의 진보적 지식인에게 있어 식민지 지배 책임에 대한 논의는 항상 부차적인 것이어서 우선 보류해두었다가 어느새 잊어버리고 마는 문제였다.

따라서 전후 일본의 진보적 지식인 집단과 전학련 세대는 일본 사상사에서 이른바 전중·전후파의 중심을 형성하고 있는 집단들로 45년 이후 지금까지 한일관계와 관련하여 여러 가지 측면에서 다양한 발언을 해왔다. 따라서 이들이 패전 직후에 한반도와 관련하여 어떠한 시각을 가지고 있었는지를 살펴보는 작업은 전후 일본 사회사상사의 한 측면을 살펴보는 작업임과 동시에 이들 집단의 한반도 인식을 규명하는 중요한 작업이다. 특히 45년부터 60년대까지 한국(특히 남한)과 일본의 양국 사이에서 본격적으로 사회적 정치적 이슈가 된 것은 한일회담 반대운동이 거의 유일하다. 따라서 본 논문은 한일회담 반대운동에 나타난 전학련과 당시 진보적 지식인의 인식을 분석하여 이들에게서 식민지 지배 책임에 대한 논의가 활발하지 못한 이유가 무엇 때문이었는지를 유추하고자 한다.

2. 한일회담 반대 투쟁의 전개과정

일본에 대한 미국의 점령정책은 군사적으로는 비무장화, 정치 경제적으로는 미국화라는 기본 노선에 따라 수행되었다. 그러나 1949년 중국대륙에서 공산당 정권이 탄생하고 50년에는 한반도에서 사회주의 국가 건설을 주창한 북한에 의한 한국전쟁이 시작되면서 국제정세는 급변했다. 이보다 앞서 일본 국내에서도 1947년 2·1총파업 실행을 위한 노동자 단체와 여기에 여러 가지 형태로 결합된 공산당의 존재는 미국의 대일 점령정책의 기조를 변경시킬 수밖에 없는 조건으로 작용하였다. 이에 따라 GHQ는 2·1총파업을 금지하는 명령을 내렸다. 이후 48년 12월 14일에는 15만 명에 달하는 무장경찰군 창설이 제안되었으며,

한국전쟁을 계기로 50년 7월 8일에 맥아더는 경찰력 증강에 관한 서간
을 발표하였다. 즉 미국은 일본에게 재무장을 통해 동아시아에서 미군
의 동맹군 역할을 요구하기 시작하였고 이를 위해 일본 국내에서는 역
코스가 시작되었다.

이러한 배경 하에서 미국은 동아시아에서 자국의 이권을 강화하기
위하여 아시아 각국과 군사동맹을 체결하였다. 일본과는 51년 9월 8일
에 '대일강화조약'과 더불어 '미일안전보장조약' 이른바 샌프란시스코
강화조약을 체결하였다. 이러한 조치의 연장선상에서 한국전쟁이 한
창 진행 중이던 51년 10월 20일에 GHQ의 중재로 한일예비회담이 추진
되었으며 마침내 52년 2월 15일 정식적인 제1차 한일회담이 시작되었
다. 즉 한일회담은 당사자인 한국과 일본의 필요에서 구상된 것이 아
니라 한반도에서 일어난 전쟁을 수행하기 위해 한국과 일본의 원활한
관계를 필요로 했던 미국의 요구에 의해 마련된 것이다.[2] 이러한 회담
의 기본적인 성격은 일본에서 이 회담에 관련된 다양한 의견을 제출한

---

[2] 국민대학교 일본학연구소에서 진행한 한일회담 관련 연구에는 이러한 시각이
부족하다는 인상을 강하게 받는다. 구체적으로 말하면, 한일회담과 미국과의 관
계를 명확하게 설정하지 못함으로써 이 회담을 평가하는 중요한 기준의 하나인
식민지 지배 책임에 대한 논의를 한일 간의 문제만으로 인식하는 오류가 발생했
다. 그 결과 한일 간의 전후 처리문제에 대한 미국의 책임이 신기루처럼 사라져
버렸다. 국민대학교 일본학연구소가 『한일회담 외교문서 해제집』을 발간하면서
이원덕 소장은 "한국과 미국이…… 긴밀한 공조로 일본을 압박한 사실도 나타났
다" 따라서 "통설처럼 미국이 일본 편만 들었다는 얘기는 사실이 아니다"(『동아
일보』, 2008년 5월 28일, 21면)라고 평가한다. 미국이 한국 측 의견을 적극적으로
파악하고 이를 회담에 반영하려고 노력했다면, 이는 한국 전쟁과 베트남 전쟁을
수행하기 위해 미일 군사동맹에 한국을 반드시 포섭해 넣어야 하는 미국의 동아
시아 군사전략을 실현하기 위하여 양국의 빠른 타협을 이끌어내려는 목적이라
고 보아야한다. 이렇게 보지 않고 미국이 한국과 공조하여 일본을 압박했다고
본다면, 미국이 한일회담 개시를 요구한 배경 및 베트남 전쟁 수행과정에서 미국
이 일본을 절실하게 필요로 한 동아시아 국제정세와 어울리지 않는다.

여러 집단들의 대응방식을 결정한 원인이기도 하다.

  일본에서는 안보투쟁의 정점을 이룬 60년 즉 미일신안보조약이 체결되기 이전에 한일회담 반대운동은 존재하지 않았으며 한반도와 특수한 관계를 가진 몇 몇의 단체나 개인이 어느 정도의 반응을 보인 것에 지나지 않았다.3) 또한 58년 10월 미국과 일본 사이에 미일안보조약 개정 교섭이 본격화되자 59년 3월에 좌파정당과 노동조합 지도부가 중심이 된 안보개정저지 국민회의(이하 '국민회의'라 칭함)가 결성되고 전학련을 중심으로 한 안보투쟁은 정점으로 달려가지만 60년 6월 미일신안보조약이 발효되면서 운동은 하강국면으로 돌아선다. 그러나 이러한 안보투쟁의 고양기에서도 한일회담 반대 주장은 부각되지 않았다.

  이러한 상황이 일변한 것은 1961년 한국에서 박정희에 의한 5·16군사 쿠테타가 일어난 이후이다. 쿠테타에 성공한 박정희 정권의 최대 과제는 빠른 시일 내에 경제성장을 통한 사회적 안정을 회복하여 정치적 기반을 공고히 하는 것이었다. 이를 위해 일본과 식민지 문제를 해결하고 유·무상의 차관을 제공받아 투자를 위한 재원확보를 추진하는 일은 국가적 차원에서 시급한 문제였다. 여기에서 미국과 일본은 한국의 반공정권을 지지하여 동아시아 정치질서를 안정적으로 유지하려고 하였다. 이러한 미국과 일본의 입장은 1961년 6월 20~21일에 이루어진 '이케다-케네디회담'을 통해서 확인할 수 있다. 이 회담에서 이케다 수상은 다음과 같이 주장하였다.

  어떤 의미에서 일본에게는 중국문제보다도 한국문제가 중요하다. 뭐라 하든 한국은 大國主命('오오쿠니누시노미코도'라고 읽으며 고사기와 일본

---

3) 畑田重夫, 「日韓会談反対闘争の展開とその歴史的役割」, 『アジア·アフリカ講座 Ⅲ 日本と朝鮮』, 勁草書房, 1965, 159쪽.

서기에 나오는 신. 여기서는 '일본의 개국 이래'란 뜻으로 사용됨 – 필자)
이후 지리적으로도 역사적으로도 가장 일본과 가까우며 일본의 사회와 밀
접한 관계에 있다. 특히 부산이 적화되었을 경우 일본의 치안에 커다란 영
향을 미칠 것이다. 한국의 반공체제에 대하여 일본은 중대한 관심을 가지
지 않을 수 없다. 일본은 현재의 상황에서 한국을 적극적으로 원조하고 싶
다. 이를 위해서도 한일교섭을 재개하고 싶다.[4]

일본의 발표와 발맞추어 미국은 7월 28일에 미국무장관 러스크(David
Dean Rusk)가 성명을 발표하여 한국의 반공정권이 "국가재건을 위해
적절한 시책을 채용하는 정권임을 인정하는 듯이 한국을 지지하는 입
장을 표명하였다".[5] 이러한 움직임에 이어 8월 8일에는 한미합동경제
위원회가 열렸으며, 이후 8월 24일에는 일본의 이세키 유지로(伊關佑
二郎) 외무성 아시아 국장과 이동환 주일한국대사 사이의 논의를 통해
9월 중에 도쿄에서 제6차 한일회담 본회의를 개최한다는데 의견 일치
를 보았다. 그 결과 8월 30일에는 한국의 김유택 경제기획원 원장이 한
일회담 촉진을 위해 일본을 방문하였다. 이후 한국 측 수석대표에 배
의환, 일본 측 수석대표에 일본무역진흥회장 스기 미치스케(杉道助)가
임명되어 1961년 10월 20일 도쿄에서 제6차 한일회담이 개시되었다. 이
러한 흐름과 궤를 같이하여 11월 하코네에서 열린 미일무역경제합동위
원회에 러스크 미국무장관이 참가하여 한국문제를 중심으로 토의한
후 그는 서울을 방문하였다. 이처럼 변화한 국제정세 속에서 한미일 3
국은 이번에야 말로 타결을 전제로 회담을 진행하였다. 이러한 사실은
한일회담이 사실상 미국의 동아시아 전략에서 출발한 것이고 61년 이
후는 한국 정부의 회담타결 필요성이 증대하면서 미국의 요구에 일본

---

[4] 같은 논문, 168쪽에서 재인용.

[5] 같은 논문, 168쪽.

이 적극적으로 응한 것임을 알 수 있다. 특히 러스크 미국무장관의 다음과 같은 발언은 이를 단적으로 보여주고 있다.

> 한국문제는 미국의 아시아 정책의 중심과제이다. 남부 베트남이 상당히 위험한 상태에 있는 시기에 더욱이 남한에서 발이 묶이는 것은 미국의 위신에도 관계가 있다. 동아시아 정세를 개선하는 것은 미일의 공동 목표이기 때문에 일본은 빨리 한국과 국교를 정상화하여 한국의 정치적 경제적 안정에 협력했으면 한다.[6]

60년 6월 미일 간의 신안보조약이 발효되자 지금까지의 안보투쟁은 하강국면으로 들어서면서 '국민회의'와 전학련을 중심으로 한 대중운동의 주류는 주요한 투쟁목표를 정치적 폭력행위 방지법(政暴法 또는 政防法으로 약칭) 분쇄에 두고 있었다. 이러한 운동 상황 속에서 한일회담에 관한 내용이 슬로건의 하나로 제출된 대중 집회는 61년 10월 14일에 중앙청년학생공투회의(59년 10월 28일에 안보개정반대청년공투회의, 각 노동조합 청년부 등 15개 단체로 구성된 안보개정저지 조직)가 개최한 '안보파기, 정폭법 분쇄, 정책전환 요구, 한일회담 반대 중앙청년총궐기대회'였다. 그리고 이보다 약 한달 뒤인 11월 24일에 도학련(都学連, 도쿄학생자치회연합회) 서기국이 발표한 「12·1 전도(全都) 학생의 정방법, 일한, 핵실험 반대 투쟁의 선두에 서자!(통달)」 정도였다. 이 문건은 12월 1일에 있을 도학련 주도의 투쟁에 학생들의 참가를 독려하는 내용으로 이루어져있다. 이 문건에서 도학련은 'Ⅰ 전환기에 선 일본제국주의와 통상국회의 중대한 의의'라는 항목에서 "10월의 임시국회는 정방법의 계속심의라는 피아의 힘의 역관계를 상징적으로

---

6) 같은 논문, 170쪽에서 재인용.

보여주는 시작점이 되었다. 정방법은 '급진 좌익의 탄압=안보의 뒤처리'에서 '해외진출을 위한 체제강화'로[7] 규정되었다. 이어서 두 번째 항목인 'Ⅱ 일제의 해외진출 돌파구, 한일회담 급피치로 진행'에서 한일회담의 추진상황을 간략하게 적고, 행동 방침의 두 번째 사안으로 "일본제국주의의 해외진출, 한일회담 반대!"[8]를 제시하고 있을 뿐이다. 여기에서도 알 수 있듯이 당시 안보투쟁 과정에서 제시된 슬로건 가운데 한일회담에 관련된 것은 다른 주요한 안건과 관련되거나 이를 강조하기 위한 부차적인 것에 지나지 않았다.

이러한 가운데 11월 8일 한일회담대책연락회의가 히비야(日比谷) 음악당에서 집회를 개최하면서 상황은 조금씩 변화하기 시작하였다. 같은 날 사회당은 제35회 중앙위원회에서 한일회담 분쇄, 헌법옹호 국민운동을 강화한다는 방침을 결정하였다. 또한 11일에는 재일조선인총련합이 한일회담 중지를 요구하는 집회를 열었으며, 공산당은 민주청년동맹과 공동으로 도쿄의 시바공원에서 '박정희 일본방문 반대, 한일회담분쇄총궐기대회'를 개최하였다. 이러한 움직임을 고려하여 '국민회의'는 11월 13일의 간부회의에서 한일회담 반대운동을 어떻게 다룰 것인가에 대하여 각 정파들과 토의할 수밖에 없었다.

이 회의에서 총평(일본노동조합총평의회)과 사회당은 '국민회의'가 중심이 되어 한일회담 반대운동에 대응하는 것에 반대의견을 제출하였다. 총평은 "한일회담 반대운동은 우선 정당이 철저하게 대응해야만 한다. 정당이 어떻게 진정성을 가지고 대응하느냐에 따라 방향이 달라진다. 안보반대국민회의가 한일회담 반대운동을 취급하는 것은 시기

---

7) 都学連書記局, 「一二・一全都学生の政防法, 日韓, 核実験反対の闘いの先頭に立て!(通達)」(1961.2.24.)『資料 戦後学生運動 6』, 三一書房, 1969, 109쪽.

8) 같은 자료, 111쪽.

상조이다"[9]는 의견을 제출하였다. 이러한 총평의 입장은 노동자를 중심으로 한 경제투쟁을 조직운동의 중심으로 두고 있음을 나타낸 것이라 할 수 있으며, 이후 한일회담 반대투쟁이 본 궤도에 오른 이후에도 변하지 않고 관철되고 있다. 이에 대해서는 이후에 상세하게 논하기로 한다. 한편 사회당은 "당내에 여러 가지 사정이 있는 관계로 한일회담 반대운동은 한일회담대책연락회의에서 추진하는 편이 좋다"[10]는 애매한 자세를 취하였다. 따라서 '국민회의' 역시 명확한 입장을 결정하지 못하였으며 한일회담 반대운동 역시 지지부진한 채 시간만 흘러가고 있었다.

당시 사회운동을 주도하고 있던 '국민회의'와 전학련의 태도가 한일회담을 중심의제로 취급하지 못하고 있는 가운데 한미일의 국가 간 협의는 착착 진행되고 있었다. 우선 62년 2월 19일에 김종필이 특사로 일본에 파견되어 이케다 수상과의 논의를 통해 회담을 촉진한다는데 의견일치를 보았다. 이어서 3월 12일부터 한국의 최덕신 외무부장관과 일본의 고사카 젠타로(小坂善太郎) 외상 사이에 회담의 정치적 절충을 위한 논의가 시작되었다. 이를 계기로 국회 외무위원회에서는 한일회담 문제가 다른 주요문제와 함께 3대 의제로 떠올랐다. 이러한 가운데 공산당은 3월 8일자 『아카하타(アカハタ)』를 통해 '한일회담 반대는 안보반대 공투조직의 긴급임무이다'고 주장하였으며, 또한 노동자들의 춘투 과정에서 한일회담 반대가 슬로건으로 제시되기도 하였다. 마침내 '국민회의'는 3월 30일에 안보폐기 전국통일 행동을 일으키면서 한일회담 분쇄를 정식 슬로건으로 내걸었다. 이로써 미국에 의해 식민지

---

9) 앞의 논문, 「日韓会談反対闘争の展開とその歴史的役割」, 173쪽.
10) 같은 논문, 173쪽.

문제 처리를 위한 한일회담이 처음 제기되고 10년이 흐른 시점에서 일본 국민들 사이에서 한일회담 반대투쟁이 대중적인 운동과제로 부상하였다. 이 시기부터 '국민회의'를 중심으로 한 운동은 미일의 신안보조약 속에서 '새로운 군사동맹으로 연결되는 한일회담 반대'를 주장하는 통일행동11)을 이어간다. 이 3월 30일 집회는 한일회담 반대운동을 논하는 가운데 흔히 제1차 통일행동이라 불린다. 물론 '국민회의'를 중심으로 한 운동이 적극적으로 한일회담 반대에 주력했다는 것은 아니고 안보조약강행채결 2주년을 기하여 전국적인 통일행동을 일으키는 데 있어 '한일회담 반대'라는 슬로건이 포함되었다는 소극적 의미이다. 이후 통일행동은 신안보조약 강행채결 2주년을 기하여 이루어진 62년 5월 19일의 제2차에 이어서 1963년 9월 1일의 제12차에 이르기까지 지속되었다.

그동안 한일회담 자체에는 반대하지만 적극적으로 투쟁에 결합하기를 꺼리던 사회당은 일반인을 상대로 한 교육용 팸플릿을 작성하는 등 조금씩 한일회담 반대에 힘을 쏟기 시작했다. '국민회의' 역시 9월 6일에 간사회를 개최하여 한일회담 분쇄를 위한 통일행동에 대하여 협의하였다. 이러한 결과 안보공투조직이 개최하는 한일회담 분쇄투쟁 집회가 전국 각지에서 개최되었다. 또한 진보적 지식인과 문화인으로 이루어진 '안보비판 모임(安保批判の会)'은 팸플릿 「알지 못하는 사이에: 한일회담이 자져다준 것(知らない間に一日韓会談のもたらすもの一)」

---

11) 여기서 말하는 통일행동이란 기본적으로는 안보반대 범국민 통일운동을 지칭하는 것이다. 그러나 여기서는 이 통일행동 가운데 한일회담에 관한 내용이 포함되어 있는 시점을 기준으로 이를 제1차부터 12차에 이르는 시기로 구분하였는데 이는 하타다 시게오(畑田重夫)의 논문에서 기술하고 있는 내용을 준용한 것이다. 따라서 안보반대 범국민 통일운동을 논한 다른 글에서 구분한 것과 조금 다를 수 있다. 또한 63년 9월 이후에도 안보반대 통일행동은 지속적으로 전개되었다.

을 간행하여 일본인들에게 한일회담 반대를 알렸으며, 이후 10월 16일
에 도쿄에서 '한일회담 반대 모임'을 열고 한일회담이 평화를 염원하는
일본인들에게 있어 위험한 것임을 선전하였다. 그동안 한일회담뿐만
아니라 한반도와 관련된 여러 가지 다양한 문제를 주체적인 일본인의
입장에서 검토하고 행동하자고 주장해온 '일본 조선연구소'가 팸플릿
「우리들의 생활과 한일회담(私たちの生活と日韓会談)」을 공간하였다.
이 팸플릿은 한일회담을 "일본과 일본인 자신의 직접적인 이해에 관한
문제라는 점을 강조함과 동시에" "일본 전 인민이 진지하게 임할 필요
가 있는 투쟁"[12]임을 강조하였다. 이러한 주장을 통해 일본 내부의 문
제로만 인식되어 온 임금인상 등의 경제적 문제도 한일회담과 통일적
으로 연계하여 파악해야한다는 점이 강조되었다. 이러한 노력에 힘입
어 63년 1월 16일 총평과 중립노련을 중심으로 이루어진 춘투 공투위
원회는 한일회담 분쇄를 포함한 투쟁방침을 발표하였다.

한일회담이 일본인의 일상의 문제와 관련하여 겨우 논의되기 시작
한 가운데 베트남에서의 전쟁 가능성이 점차 커지면서 63년 1월 24일
쿠로카네 야스미(黑金泰美) 관방장관이 '미국이 자신들의 원자력 잠수
함의 일본 기항에 대한 요청이 있었다'는 담화를 발표하였다. 이 문제
는 방사능에 민감함 일본인에게 자연히 중심적인 사회적 정치적 이슈
로 등장하여 원자력 잠수함의 일본 기항에 반대하는 과학자들의 성명
과 이 성명을 지지하는 서명운동과 종교, 예술, 언론, 부인 등의 각 단
체를 중심으로 한 핵잠수함 반대집회가 전국적으로 확대되었다. '국민
회의' 역시 5월 20일에 이루어진 제9차 통일행동과 22일에 '국민회의',
사회당, 공산당, 총평 등 10여 개의 단체가 공동으로 주체한 집회에서

---

12) 앞의 논문, 「日韓会談反対闘争の展開とその歴史的役割」, 188쪽.

원자력 잠수함의 일본 기항을 반대하는 성명을 발표하였다. 이로써 각종 집회의 투쟁 대상은 겨우 일본인들의 일상적인 문제와 결합된 형태로 논의되기 시작한 한일회담 반대 문제에서 점차 핵잠수함 문제로 옮겨가기 시작했다.

이러한 상황 하에서 63년 11월에 한국의 총선거에서 민주공화당이 압승하면서 정치적 기반을 다진 박정희는 한일회담 타결에 적극적으로 나섰다. 이러한 상황전개에 따라 한국에서는 대학생들이 중심이 된 한일회담 반대 집회가 격화되었다. 이러한 가운데서도 한일 간에는 수석대표들의 비공식 절충이 개시되었으며, 64년 8월 통킹만 사건, 북폭 개시 등 베트남에서의 전쟁이 본격화되면서 한국의 브라운 주미대사는 한국에게 한일회담 체결을 서두를 것을 촉구한다.[13] 이러한 국제정세 속에서 64년 11월에 일본에서는 한일회담의 조기타결을 당면한 제1의 과제로 삼은 사토 에사쿠(佐藤英作) 내각이 성립하여 회담 성사를 위한 움직임이 급진전된다. 그 결과 64년 12월 도쿄에서 제7차 한일회담이 개최되었으며, 한일양국은 65년 1월 26일에 기본관계위원회를 열고 구체안을 제시하였다. 이렇게 하여 65년 6월 22일 도쿄의 일본 수상관저에서 한일기본조약이 체결되었다.

이러한 상황에서 65년 7월 4일에 실시된 제7회 참의원선거에 모든 힘을 쏟아 부은 사회당과 공산당은 선거에 몰입하면서 한일회담 반대 운동과는 멀어졌으며, 7월 27일 양당 주최로 개최된 '베트남 침략반대, 한일조약비준 저지 국민공동 중앙집회'도 하루만의 공투로 끝나고 말았다. 결국 일본에서 한일회담 반대운동은 격화되지 않았으며 사회당, 총평, 공산당은 한일회담보다 원자력 잠수함의 일본 내항 반대에 견인

---

13) 여기에 대한 자세한 내용은 高崎宗司, 『検証 日韓会談』, 岩波書店, 1996, 157~158쪽을 참조할 것.

되어 베트남 반전운동으로 중심을 옮겼다. 사회당의 간부조차 "이웃 나라와 사이좋게 지내는 것은 당연하지 않느냐는 정부 여당의 말에 반론하지 못하였으며, 한일회담 반대의 국민여론이 높아지지 않았다"[14]고 한숨을 내쉬었다.

3. 한일회담에 대한 전학련의 입장

'국민회의'를 중심으로 안보반대투쟁의 연합전선이 구축되고 여기에 각 분야에 걸친 다양한 민주세력이 결집한 것은 전후 일본의 사회운동사에서 무엇보다 중요한 의미를 가진다. 특히 '국민회의'를 중심으로 한 전국적인 통일행동은 안보개정뿐만 아니라 이와 연계되어 동시적으로 진행되고 있던 한일회담에 대한 내용도 슬로건화 하여 제시하면서 운동의 대중적 고양에 결정적인 역할을 하였다. 그러나 60년 5월 19일에 신안보조약이 국회에서 강행 체결되면서 통일행동에 균열이 가기 시작했다. 즉 6월 4일에 이루어진 '안보저지 국민회의 전국 통일행동'에 전학련은 참가하지 않았다.

전학련은 5월 말경에 안보투쟁은 패배했다고 하면서 '국민회의'가 주관하는 통일행동을 거부하였다. 즉 '국민회의'를 중심으로 한 기성 정당과 시민주의 운동의 중심을 이룬 문화인들은 "신안보조약에 대한 타격, 아이젠하워 대통령 방일저지, 기시내각 조기퇴진을 성과로"[15] 안보투쟁을 긍정적으로 평가한 반면 전학련은 "'부르주아지의 소멸'을 쟁취

---

14) 高崎宗司, 『檢証 日韓会談』, 岩波書店, 1996, 173~174쪽.
15) 김진 편역, 『일본 학생운동사』, 백산서당, 1986, 104쪽.

하지 못했으며 '부르주아지의 급속하고도 확고한 복귀를 허용했다'는 두 가지"16) 이유로 안보투쟁을 패배로 인식했다.

안보투쟁에서 패배했다는 인식에 기초하여 이루어진 총괄 과정에서 전학련은 3개의 계파로 분열하게 된다. 60년 6월에 도쿄대학교 세포가 제출한「안보투쟁의 좌절과 이케다내각의 성립」이라는 의견서는 안보투쟁 당시의 동맹이론을 정면으로 비판하였다. 이 의견서가 직접적인 시발점이 되어 전학련은 61년 7월 제17회 대회에서 마르학동(마르크스주의 학생동맹) 전학련, 반마르학동 3파(사학동, 사청동, 구조개혁파) 전학련, 공산당계 전학련으로 분열되었다.17) 이러한 분열을 거치면서 전학련 조직은 약화되었으며 운동 현장에서 대중에게 미치는 영향력도 줄어들었다. 그러나 전학련은 안보투쟁의 패배 이후에도 61년의 정폭법 투쟁, 62년의 대관법(大管法, 대학운영에 관한 임시조치법) 투쟁, 63년의 원자력 잠수함 기항저지 투쟁, 65년의 한일협정 반대투쟁, 베트남 전쟁 반대투쟁 등에서 주요한 역할을 담당하였다.

이러한 상황에 있던 전학련은 62년 이후 안보투쟁의 슬로건 가운데 하나에 포함된 한일회담 반대운동을 자신들의 조직과 연계한 형태로 인식하고 관계하기 시작한다. 62년 1월에 사학동(사회주의학생동맹) 전국사무국은 "1962년은 일본에서 사회주의 혁명운동의 장래를 결정하는 중대한 해"18)라고 선언하면서 최근의 중요 정치정세 가운데 한일회

---

16) 같은 책, 105쪽.

17) 이러한 분열로 인하여 각 정파는 전학련 내부에서 서로 다른 전략 전술론을 제출하기도 하고 내부대립과 항쟁의 과정을 거치고 있다. 따라서 이러한 전학련을 하나로 취급하는 것은 적절하지 않은 면도 있다. 그러나 이 논문에서는 전학련 내 각 정파의 사상적 운동적 차이를 논하는 것을 목적으로 한 것이 아니라 전학련 또는 당시의 학생운동 세력이 한일회담에 대하여 어떠한 입장을 가졌으며 이러한 입장의 바탕에 깔려있는 한반도에 대한 인식을 분석하는 것을 목적으로 하고 있기 때문에 전학련 내 각 정파의 다양한 입장을 전학련이란 틀 내에서 취급한다.

담을 거론하였다. 여기서 사학동은 한일회담이 이미 최종단계에 와있 다고 인식하고 그 본질을 다음과 같이 파악하였다. 즉 "한일회담은 일 본 부르주아에게 있어 일본제국주의가 누적해온 모순의 탈출구로 다 가온 과제"이며, "일본 부르주아의 금후 정책을 결정하는 극히 절실한 과제"[19]이다. 따라서 이 회담은 "첫째로 직접적인 상품 수출 외에도 한 국의 대량적이고 값싼 노동력을 이용한 자본 진출이 이루어진다. 둘째 로 이 경우 일본 자본의 권익옹호를 위해 해외파병 혹은 그 외의 형태로 한국에 대한 정치적 지배력을 강화한다. 셋째로 후진국에 대한 공통의 이해관계를 갖는 미국 및 한국, 대만 등의 반공 파쇼 정권과 NEATO(동 북아시아 안보조약기구-필자)와 같은 군사동맹을 형성[20]하는 점에서 극히 제국주의적인 성격을 갖는다고 파악하였다. 한일회담이 갖는 성격 을 이렇게 파악하였음에도 불구하고 62년의 시점에서 전학련은 안보조 약 체결 이후에도 지속적으로 전개된 투쟁 과정에서 한일회담을 유기적 으로 연결시켜 슬로건화 하지 못하였다. 그러다가 전학련은 분열되고 약화된 조직을 재건하고 운동역량을 강화하기 위해 고심하는 가운데 63 년에 들어서면서 한일회담을 자신들의 투쟁이슈와 결합시킨다.

도쿄교육대학의 일부 정파는 "한일회담 반대투쟁은 4·5월에는 고양 되지 않기 때문에 대학민주화 투쟁을 제기해야만 하며, 전자대(全自代, 전국자치회대표자회의-필자)는 필요 없다"[21]고 주장하여 한일회담 반 대투쟁은 불필요하며 이보다 대학민주화 투쟁을 통해서 운동을 고양시

---

18) 社学同全国事務局,「1·25政防法再提出阻止·日韓会談粉砕の闘いに全力を注入 せよ」(1962.1.14.)『資料 戦後学生運動 6』, 三一書房, 1969, 157쪽.

19) 같은 자료, 159쪽.

20) 같은 자료, 159쪽.

21) 社学同都委員会書記局,「日韓会談阻止四·二六ゼネストへ全力をあげスト準備 を強化せよ!」(1963.3.29.)『資料 戦後学生運動 6』, 三一書房, 1969, 314쪽.

킬 필요가 있음을 강조하고 있다. 이처럼 전학련의 일부 정파는 조직재
건과 운동의 고양을 위해 한일회담을 이용하는 전술론 자체를 거부하기
도 하였다. 그러나 전학련 주류파는 안보투쟁 패배 이후 일련의 투쟁을
거치면서 분열된 조직 재선 과정을 다음과 같이 기술하고 있다.

> 4 · 5월에 싸워온 한일투쟁은 안보 이후의 분열과 혼란한 상황과는 달리
> 새로운 학생 대중운동 고양의 맹아를 동반한 투쟁이었다. …… 투쟁적 학
> 생운동은 도쿄도에서 도쿄대학C, 도쿄공업대학, 호세대학, 와세다대학 등
> 에서 새로운 고양의 싹을 착실히 만들어내었다. 이 1년 반에 걸친 피로 얼
> 룩진 통일행동의 전개 속에서 쟁취한 진정한 투쟁하는 동지의 투쟁하는
> 연대, 신뢰는 섹트주의적 대립을 척결하고 광대한 학생대중 속에서 투쟁을
> 실현하는 방향을 분명히 확립하였다. 이 학생대중과 활동가와의 살아있는
> 교류의 확대는 학생대중의 투쟁 에너지를 한발 한발 끌어내었다. 이 학생
> 대중운동 고양의 징조야말로 도학련, 전학련 재건을 확고부동한 것으로 만
> 드는 강력한 현실이다.[22]

전학련 주류파는 안보패배 이후 '국민회의'를 주축으로 하여 각종의
사회단체가 참가한 한일회담 반대투쟁을 통한 학생동원과 조직정비를
거쳐 전학련의 일부 조직을 재건한 사실을 높이 평가하고 있다. 따라
서 3파 전학련으로 분열된 이후 "도학련의 재건은 분명히 한일회담 반
대투쟁 속에서 만들어진 것"[23]이었다. 즉, 전학련의 분열과 조직 붕괴
이후 도학련은 다양한 형태로 자신들의 조직을 재건하기 위하여 64년
12월에 '도학련재건준비회'를 만들어 활동하였으며 그 활동의 일부로써
한일회담 반대 투쟁이 위치하고 있음을 알 수 있다.

---

22) 全学連(主流派)書記局,「六」· 一三都自代, 7月上旬都学連再建を決定, 更に全学
連再建を確認(闘争速報)」(1964.6.15.),『資料 戦後学生運動 6』, 三一書房, 1969,
417쪽.
23) 같은 자료, 415쪽.

전학련의 이러한 인식은 한일회담이 채결된 이후 도학련(3파계) 재건준비회가 제출한 투쟁 보고서에서도 나타난다. 이들은 (65년 1 · 2월에 이루어진 한일회담분쇄 · 베트남 침략반대 투쟁을 평가하면서 "작년에 막 결성된 도학련 재건준비회의 투쟁은 일찍이 전도(全都) · 전국의 투쟁적 학생운동의 조직적 재건 필요성과 의의, 그리고 그 내용을 스스로 실천을 통한 실적으로 보여주고 있다"[24]고 의미 부여하였다. 이처럼 전학련 주류파는 안보투쟁 이후 와해된 자신들의 조직재건을 위한 활동의 일부로 한일회담 반대 투쟁을 활용하고 있었다.

한편 사청동(社青同, 일본사회주의청년동맹) 해방파는 이러한 입장에 입각하여 한일회담 반대투쟁에 임한 전술방식에 대하여 "우리들 학생운동에서도 모든 좌익의 머릿속에는 위대한 안보투쟁의 이미지 속에서 한일회담을 위치지우고 있었다고 해도 과언이 아니다"[25]라고 하여 한일회담에 대한 투쟁이 그 본래의 내용과 취지에 걸맞게 수행되지 못했음을 암시하면서 "여기에서 발생하는 실력투쟁은 단순한 기술주의로써의 실력투쟁"[26]이라고 비판적으로 평가하였다.

4. 미일 군사동맹 반대

앞에서 한일회담의 경과과정을 살펴보는 가운데 명확히 한 것처럼

---

24) 都学連(三派係)再建準備会, 「日韓会談粉砕 · ベトナム侵略反対全国学生総決起大会基調報告」(1965.3.30.), 『資料 戦後学生運動 7』, 三一書房, 1970, 26쪽.

25) 「日韓闘争の中間総括と闘いの総括」社政同解放派政治機関誌『コンミューン』(1965.11.18.), 『資料 戦後学生運動 7』, 三一書房, 1970, 131~132쪽.

26) 같은 자료, 133쪽.

이 회담은 한일 양 당사자들의 필요성에서 시작되었다기보다 미국의 새로운 동아시아 전략에 기초한 것이다. 이러한 미국의 요구는 결국 동아시아에서 중국과 소련이라는 사회주의 국가와 대결하여 자국의 이익을 지키기 위한 군사동맹의 필요성으로 귀결된다. 49년 중국공산당의 성립, 50년 한국전쟁 발발, 60년 베트남 민족해방전선 결성, 64년 통킹만 사건으로 이어지는 동아시아의 군사적 긴장은 일본, 한국, 대만을 연결하는 군사동맹(이른바 NEATO)의 필요성으로 나타났다. 이러한 국제정세 속에서 일본의 재무장과 이를 통한 전쟁개입 가능성이 현실화 되는 가운데 일본의 전쟁개입에 대한 위기의식은 한일회담과 동일한 시기에 전개된 미국의 베트남 전쟁 개입과 이에 따른 일본의 군사적 역할 강조로 인하여 전 일본사회에 확대되었다.

따라서 이러한 국내외적 정세 하에서 전개된 한일회담 반대투쟁에서 전학련은 한일회담 반대를 주장할 경우 "③ 자위대의 해외파병의 필요성. ④ NEATO결성에 의한 반공군사동맹적 성격. ⑤ 일제의 해외진출의 필연성"[27]에 대하여 주의하여야 한다고 주장하여 한일회담이 가지는 군사적 성격을 강조하고 있었다. 이러한 전학련의 인식은 "현재 자민당 내에서 한일회담을 둘러싸고 반공주의와 군정 지지자가 늘어나고 있다. 그리고 한일회담을 둘러싼 반공, 임전태세화한 아시아 정책을 보장하기 위하여 소선거구법 등을 준비하고…… 일본제국주의는 내외로 반공화, '임전태세'화의 길을 걷고 있다. 그 제1보가 한일회담이다!"[28]는 형태로 표출되었다.

---

27) 社学同全国事務局,「1・25政防法再提出阻止・日韓会談粉砕の闘いに全力を注入せよ」(1962.1.12.),『資料 戦後学生運動 6』, 三一書房, 1969, 159쪽.

28) 社学同都委員会書記局,「日韓会談阻止四・二六ゼネストへ全力をあげスト準備を強化せよ!」(1963.3.29.),『資料 戦後学生運動 6』, 三一書房, 1969, 315쪽.

이처럼 60년대 초 베트남에서 전쟁의 기운이 높아지면서 일본은 미국의 군사 요충지로서 역할을 수행할 수밖에 없는 상황으로 내몰리고 있었다. 일본 정부는 이를 일본의 군사력 강화를 위한 교두보로 삼았으며 이를 위해 60년 5월 경찰관이 국회를 둘러싼 가운데 '미일 상호협력 및 안전보장 조약'(일명 신안보조약)을 강행 채결하여 다음달 6월에는 정식으로 발효시켰다. 안보조약의 강행 채결에 항의하여 모인 '소리 없는 소리 모임(声なき声の会)'이 중심이 되어 다른 사회운동 단체에 제의하여 베트남 반전 연합조직을 결성하였다. 이렇게 하여 '베트남에 평화를 시민연합'(일명 베평련)이 탄생했다. 그리고 이러한 사회적 인식은 학생운동의 구호뿐만 아니라 노동운동 등 각종의 사회단체가 주관한 운동에도 그대로 반영되어 미국 원자력 잠수함의 일본 기항 저지 투쟁과 다른 나라의 핵실험 반대운동으로 구체화되었다. '도학련 재건 준비대회 보고'는 이러한 상황을 다음과 같이 정리했다.

> 통킹만 사건에 나타난 남베트남을 축으로 하는 동남아시아의 격동에 대하여 미제국주의와 보조를 맞추면서 부르주아의 공통적인 이해로써 인민의 억압에 착수하려는 일본제국주의는 현안으로 부상한 미원자력잠수함 일본기항승인을 8월 28일에 갑자기 행하였다. …… 군사력 강화를 꾀하기 위한 원자력 잠수함 일본 기항에 대하여 도쿄에서 곧바로 항의행진을 실행하고 …… 원전투쟁의 지도체제를 강화하기 위하여 도쿄에서 10월 19일에 원자력잠수함 저지 전도(全都)학생연락회의를 결성하고, …… 도자대(都自代, 도학련대표자회의 – 필자)를 개최하였다.[29]

결국 미일 신안보조약의 체결과 베트남 전쟁의 격화는 일본의 군사

---

29) 都学連(三派系)再建準備会, 「一・一八日韓会談再開に向けて闘いを組織せよ, 全自治会は再建準備会に結集し七月再建を推進せよ」(1965.1.10.), 『資料 戦後学生運動 7』, 三一書房, 1970, 3쪽.

기지화 및 군의 전력 강화로 구체화될 수밖에 없는 상황을 초래하였다. 이러한 일본의 움직임은 일본사회 전반에 전쟁에 대한 위기의식을 확산시켰으며 운동으로 환원된 위기의식은 다시금 반전운동 활성화의 원동력이 되는 순환 고리를 형성하였다.

이처럼 일본을 둘러싼 내외 정치 환경의 변화는 한일회담에 대한 전학련의 인식에도 영향을 미쳤다. 즉, 미국을 주축으로 하고 일본을 지역 거점으로 하면서 동아시아 각국을 포괄하는 군사동맹의 필요성이 제기되는 국제정치 상황 속에서 전학련은 한일회담을 한미일의 정치·군사적 상관관계 속에서 파악한다. 그 결과 3파계 도학련은 한일회담을 "사토내각의 전면적인 반동공세의 자세는 일찍부터 한일회담을 타결하고 동남아시아로 침략의 본격적인 제1보를 내디"[30]딘 것으로 파악하였다. 따라서 3파계 도학련은 "한일회담, 베트남 군사간섭을 노골적인 일·미 양제국주의의 식민지정책으로 동시적으로 파악할 필요가 있"[31]다고 선언하게 된다. 이에 따라 전학련은 한일회담 반대가 신안보조약 반대와 맥을 같이하는 것으로 성격규정하고 미일 양 제국주의의 세계정책에 반대하는 운동에 전력을 기울이면서 조직재건을 꾀한다. 예를 들면, 한일회담도 막바지에 이른 65년에 회담성사를 위해 한국을 방문하는 시이나(椎名) 방한 저지를 위한 하네다투쟁을 전개하는 과정에서 전국적인 학생동원을 이루어 내었으며, 또한 한일회담 성사를 통한 일본제국주의의 부활을 비판하는 슬로건도 제출하였다. 전학련 각 단체의 슬로건은 한일회담 반대운동의 성격과 목표를 구체적으로 적시한 것으로 각 단체의 현실인식과 전략 전술론은 조금씩 다르지

---

30) 都学連(三派係)再建準備会, 「日韓会談粉砕・ベトナム侵略反対全国学生総決起大会基調報告」(1965.3.30.), 『資料 戦後学生運動 7』, 三一書房, 1970, 25쪽.
31) 같은 자료, 30쪽.

만 회담에 대한 공통인식을 엿볼 수 있다. 전학련 각 정파의 슬로건의 일부를 보자. 3파계 도학련은 "1. 일한조약비준분쇄! 한국학생·인민과 연대하여 비준을 실력으로 저지하자! 1. 베트남 침략전쟁 반대! 일제의 전쟁협력을 허용하지 말라!",[32] 혁마루계(일본혁명적 공산주의자동맹 혁명적 마르크스주의파) 전학련은 "1. 미제의 베트남 침략 반대!……1. 일본제국주의의 해외진출 야망 한일조약·협정회담반대!",[33] 사청동은 "일제의 해외침략─한일조약비준 저지! 베트남 반혁명연합전선에 대결하여 민족해방투쟁을 지원하자!"[34]를 슬로건으로 내세우고 있다. 이들 슬로건에서 공통적으로 보이는 인식은 한일회담이 가진 군사적 측면을 강조하는 것이다. 특히 전학련은 한일회담 성사를 통해 한국을 미일 군사동맹에 포섭하고 베트남 전쟁을 핑계로 하여 더욱 강화되고 있던 동북아시아 안보조약기구 구상을 실현하여 일본 제국주의 부활을 기도하는 일본정부의 의도를 읽어내고 이를 비판하고 있다.

한일회담에 내포된 군사적 측면은 상당히 중요한 의미를 가지고 있었다. 따라서 한일회담에 관한 다양한 문제를 다룬 당시의 논단에서 이 문제는 상당히 중요한 비중으로 다루어졌다. 당연히 일본의 군사적 행위와 관련되고 타국에 대한 침략으로 이어지는 문제인 만큼 논의는 내셔널리즘 혹은 과거의 식민지 지배 문제에 대한 인식으로 연결되어 마땅하다. 그러나 현실은 이러한 논리적 귀결과는 거리가 있었다.

---

32) 都学連(三派系)書記局, 「都学連(三派系)再建第14回大会ー採択された準備委員会の提案·諸決議·大会宣言」(1965.7.8.~9), 『資料 戦後学生運動 7』, 三一書房, 1970, 92쪽.

33) 全学連(革マル系)中央執行委員会, 「全学連(通称·革マル系)第22回全国大会ー総括·諸決議·大会宣言」(1965.7.9.~12), 『資料 戦後学生運動 7』, 三一書房, 1970, 116쪽.

34) 社学同全国委員会書記局, 「社学同再建全国大会議案·アピル」(1965.7.31.), 『資料 戦後学生運動 7』, 三一書房, 1970, 144쪽.

한일회담이 체결되고 난 이후 1965년 11월 27일 도쿄 오차노미즈 잡지회관에서 '한일문제와 일본의 지식인: 미래에 대한 모색'을 주제로 하여 이루어진 '국민문화회의 심포지엄'에서 진행된 한일회담의 군사적 측면에 대한 논의를 살펴보자. 우선 첫 발표자로 나선 히다카 로쿠로우(日高六郎)[35]는 "안보조약이 이른바 강령적인 것이라면 한일조약은 그 세목과 같은 것"이라는 어느 노동조합 간부의 말을 인용하면서 "한일조약의 가장 중요한 의미는 이것이 특히 아시아·아프리카 여러 나라에서 일어난 제2차 세계대전 후의 반식민주의 내셔널리즘에 정면으로 대립하는 도전이라는 성격을 가진 점"[36]이라고 강조한다. 히다카가 말하는 성격이란 바로 한일회담이 "반공 인터내셔널리즘이라는 형태로 반식민주의 내셔널리즘에 대립하는"[37] 내용을 내포하고 있다는 점이다. 즉 한일회담은 미일신안보조약에 명시된 것처럼 '극동의 평화와 안전을 위해 미국이 일본의 기지를 이용할 수 있는' 조항과 관련하여 중요한 의미를 갖는다는 점을 그는 강조하고 있다. 이러한 내용과 관련하여 히다카는 사토 수상의 답변을 소개하고 있다. 한일회담에 대한 논의를 위한 국회 특별위원회에서 이시바시(石橋)가 한일협정으로 인한 자위대의 한국 파병문제를 제기하자, 여기에 대하여 사토 수상은 일

---

35) 1917년 생. 전후에 도쿄대학 신문연구소 조교수, 교수를 거쳐「思想の科学」동인이며 비공산당계 마르크스주의 진영의 한사람으로 60년 안보투쟁을 지도함. 1968년 김희로 사건이 일어나자 이 사건은 재일조선인 차별에 의해 일어난 사건으로 규정하고 김희로를 변호함. 1969년 도쿄대학 분쟁으로 기동대가 대학에 난입하자 이에 저항하여 교수직을 사임함. 여기서 이들 논자들의 정치적 입장이나 정당과의 관계를 소개하는 이유는 이들의 주장이 당시 이들이 속한 조직의 입장을 대변하고 있기 때문이다. 따라서 여기서는 이들을 통해서 당시 제도권 정당이 가진 한일회담에 대한 기본적인 입장의 일단을 살펴보고자 한다.

36)「日韓問題と日本の知識人—未来への模索—」, 『現代の眼』, 7卷2号, 1966年2月, 44쪽.

37) 같은 논문, 44쪽.

본국 헌법 혹은 자위대법과 관련하여 "군사적으로 적극적인 파병과 같은 문제는 없을 것이지만, 그 외의 것에 대해서는 우리들이 유엔의 목적수행이 용이하도록 하기 위해서 협력하는 것은 있을 수 있다"[38]고 대답했다. 여기서 말하는 '유엔의 목적수행이 용이하도록' 하는 '협력'이란 동아시아에서 미국의 군사적 행위가 필요한 경우 일본은 미국의 군사적 목적 수행을 위해서 자국의 군사기지를 제공하고 이를 사용할 수 있도록 허가한다는 것이다. 이러한 언급은 이후에 전개된 베트남 전쟁과정에서 일본이 수행한 역할을 그대로 반영한 것이다. 이처럼 히다카는 한일회담을 한국에 주둔한 미군을 중심으로 한 유엔군의 존재, 유엔군 지위협정, 미일안보조약 등과 관련하여 그 군사적인 측면이 가지는 의미를 정확하게 파악하고 있었다. 그러나 문제는 여기서 일본의 지식인들이 파악한 군사적 측면의 의미란 한미일 3국간 군사협력을 포함한 '반공체제'의 완성에 한정된다는 점이다.

심포지엄의 두 번째 발표자로 나선 우에다 코이치로(上田耕一郎)[39]는 안보반대 투쟁과 비교해서 한일회담 반대 운동이 부진했던 이유로 "일본인 자신의 과거 조선에 대한 식민지 지배 문제에 대한 반성이 미약했던 문제"[40]가 존재한다고 지적한다. 그런 다음 그는 "이런 것에만 시선을 빼앗겨 실제로 한일조약에 대한 투쟁을 힘차게, 대담하게 내딛지 못하는 그런 오류에 빠지지 않도록 할 필요가 있다"[41]고 보았다. 즉

---

38) 같은 글, 46쪽.

39) 1927년 생. 1946년에 일본공산당에 입당. 대학졸업 후 『中野新報』 기자로 지역에서 조직활동을 하였다. 1956년에 『戰後革命論爭史』로 문단에 등장한 뒤 구조개혁파로 분류되기도 했으나 미야모토 겐치(宮本顕治)를 중심으로 전개된 일본공산당의 강령논쟁 과정에서 제8회 당 대회에서 확정된 반제반독점 민주주의혁명의 입장을 취하고 이전에 자신이 낸 저서 『戰後革命論爭史』를 절판하였다. 이후 일본공산당의 노선에 충실히 입각하여 활동을 전개하였다.

40) 「日韓問題と日本の知識人―未来への模索―」, 『現代の眼』, 7卷2号, 1966年2月, 52쪽.

그는 식민지 지배 문제에 대한 반성과 한일회담을 별도의 것으로 파악하고 '식민지 지배 문제에 대한 반성'도 중요하지만, 당면한 "미국의 커다란 전략 구상에 빠져들어 버리는" 한일회담이라는 "일본국민 자신의 이해관계의 문제, 그 생명과 안전의 문제, 이 문제, 특히 군사적으로 당면한 위험한 문제를 우리들은 힘을 모아 국민 전체에게 제기하고 선전할 필요가 있다"[42]고 주장하였다. 즉 그는 일본의 군사적 팽창을 암묵적 합의사항으로 바탕에 깔고 진행된 한일회담의 성격을 과거 일본이 식민지 획득을 위해 행한 군사행동의 연장선상에서 파악하고, 그 결과 이를 일본의 식민지 지배 책임으로까지 확대시키는 수준에는 이르지 못하고 있다.

이러한 주장에 대하여 세 번째 발표자로 나선 나카하라 히로시(中原浩)[43]는 "한일회담 반대운동에는 하나의 기본적인 맹점"이 있다고 전재하고 그 맹점이란 "한일문제에 대한 접근방식에는 너무 객관적 정세론만이 우세하고, 진정으로 우리들 인본인의 민족적 주체성에 입각한 접근방식이 적었다"[44]고 지적한다. 즉 그가 말하는 "객관적 정세란 예를 들면, 미제국주의에 의한 중국 봉쇄정책의 일환이라던가, 혹은 한국 대만 일본의 반공군사동맹에 포함되는 것이 아닌가 등 세계정세에서 출발한 사고"[45]이다. 한편 그가 지적한 "일본민족의 주체적 책임"은 "조

---

41) 같은 글, 52쪽.

42) 같은 글, 52쪽.

43) 評論家. 나카하라에 대하여는 자세한 자료를 찾을 수가 없었지만, 주장하고 있는 내용으로 봐서는 일본공산당이나 사회당과는 거리를 두고 있는 정파에 속하는 인물로 보인다.

44) 「日韓問題と日本の知識人ー未来への模索ー」, 『現代の眼』, 7卷2号, 1966年2月, 57~58쪽.

45) 같은 글, 58쪽.

선인에 대한 식민지적 침략의 사실, 그리고 지금 다시 일본 제국주의가 부끄러운 것도 모르고 새로운 형태의 식민지주의에 편승하려고 하는 사실. 우리들은 지금이야말로 역사 속에서 다시금 민족의 주체적 책임을 지려고 한다. 역시 이러한 사실에서 출발해야만 한다"[46]는 점이다. 일본민족이 해결해야만 하는 본질적인 관점에 서서 한일회담을 반대한 것이 아니라 "베트남 전쟁 반대와 한일회담 반대를 무매개적으로 결합한 방식에 자신은 찬성할 수 없다"[47]고 단호하게 말한다. 따라서 그가 말하는 한일회담 반대의 목적은 "역사 속에서 조선민족에 대한 일본민족의 역사적 책임을 분명히 지고 다시는 이러한 일이 없도록 식민지주의를 필연으로 한 그리고 지금도 필연으로 요구하는 일본제국주의를 타도하기 위"[48]한 것이었다. 그러나 당시 나카하라와 같은 입장을 취한 사람[49]은 소수에 불과했다.

이 심포지엄에서 기조발표를 한 세 사람은 각기 입장이 조금씩 다른 정파에 속한다. 이러한 입장은 당시 일본의 진보적 지식계를 대표한다고 할 수 있다. 문제는 나카하라의 발언에서 알 수 있듯이 당시의 한일회담 반대 논의는 동아시아 국제정세 특히 베트남 전쟁이 격화되어 가는 과정에서 한미일의 '반공체제' 완성이라는 객관정세에 너무 치중한

---

46) 같은 글, 58쪽.

47) 같은 글, 58쪽.

48) 같은 글, 58쪽.

49) 당시의 것으로는 旗田巍, 「日韓会談の再認識ー日本人の朝鮮観」, 『世界』, 1963年 12月; 編集部, 「日韓闘争の中間総括ーその運動路線の盲点と限界ー」, 『現代の理論』, 1966年1月; 佐藤勝巳, 「『日朝中三国人民連帯の歴史と理論』への私の意見(1)」, 『朝鮮研究』90号, 1969年가 있다. 이후 이러한 논의가 다시 등장한 것은 水原陽子編, 「「植民地責任」論」, 青木書店, 2009; 坂垣竜太, 「日韓会談反対運動と植民地支配責任論」, 『思想』No1029, 2010年1月을 통해서 이다. 이러한 연구사로 볼 때 한일회담 반대운동 당시에는 식민지 지배 책임론은 부차적이었으며 65년에 비준 조약 이후 운동에 대한 총괄 과정에서 제기된 것이 대부분임을 알 수 있다.

나머지 한일 국교정상화를 위해 우선 해결해야할 본질적인 문제인 식민지 지배 책임이란 문제를 놓쳐버린 사실이다. 즉, 일본제국주의 부활이란 면만 강조되고 전쟁의 연원으로써의 식민지 지배에 대한 인식이 결여된 점이다. 물론 이러한 문제는 단순한 시각의 문제라든가, 현실문제에 대한 매몰이라는 측면 이외에 제도권 정당인 공산당이나 사회당이 현실 정치 관계 속에서 가지는 대중적 지지에 대한 판단도 그 배경의 하나로 존재한다.

5. 일본자본의 해외 진출 반대

1955년 일본의 경제백서는 '더 이상 전후가 아니다'고 선언했다. 이 말은 55년을 전후로 하여 일본의 생산력 수준이 전전의 최고 수준을 상회하는 지점에 도달했음을 선언한 것이었다. 이러한 경제 상황을 정치적으로 구체화 한 것이 이른바 '55년 체제'로 상징되는 보수 자민당 정권의 장기집권 구조의 창출이다. 이후 93년 8월에 호소가와 모리히로(細川護熙)를 수반으로 하는 비자민연립정권이 등장할 때까지 자민당의 장기 집권은 계속되었다.

정치의 시대이기도 한 일본의 60년대는 경제의 시기이기도 하다. 60년 안보조약개정을 마친 키시 수상이 사의를 표명하고 뒤를 이어 이케다 하야토(池田勇人)가 수상의 자리에 앉았다. 그는 경제성장의 결과를 활용하여 그간의 정치의 시대에 마침표를 찍고 시대 분위기를 경제의 시대로 돌리기 위하여 노동자들에게 '소득배가'를 슬로건으로 내걸었다. 이러한 이케다 내각의 고도성장 정책은 "금융이 대기업에게 집중되어 있을 것, 경제의 각 부분에 이중구조가 존재하고, 저임금의 기초를 만들어 낼 것, 높은 생산성과 낮은 임금이 결합되어 만들어 내는 우리 상품의 강한 국제경쟁력"50)이라는 상황을 온존시키는 것이었다. 이러한 정책은 일본 내의 노동집약적인 산업에 대해서는 가공무역과 외국 기업과의 합병(=자본투자)을 통한 생산거점의 해외이전으로 구체화된다. 이 때 반드시 고려되어야 할 사항은 생산거점 이전 지역에 우수하고 값싼 노동력이 존재해야한다는 점이다. 이러한 면에서 한국의 "의무교육 보급율 95%라는 수치는 다른 저개발국가에 비하여 상당히 높고, 선진 자본주의국의 수준에 근접해 있으며, 근대적인 기술을 활용할 여지를 갖추고 있"51)는 요인이었다. 또한 한국의 "엄청난 산업예비군을 간접적으로 이용하여 일본 노동자의 임금 인상을 억제하려"52)고 한 일본자본주의의 의도가 관철될 수 있는 곳이기도 했다. 따라서 일본 내에서 산업 합리화 정책의 진전에 따라 "도태될지도 모르는 중소자본에게 한국은 만약 조건이 갖춰진다면 구태의연한 방식으로도 이윤을 올릴 수 있는 여지를 제공하는" 곳이었으며, 한국을 일본자본주의의 "세력권에 끌어들임으로써 독점체제의 광범위한 재편을 용이하게"53) 이루어 낼 수 있는 기회의 땅이기도 했다.

이러한 경제상황과 맞물린 사회적 현실은 한일회담 반대운동 과정에서도 나타났다. 도학련은 61년 10월 임시국회가 끝나고 정방법(政防法)을 "'급진좌익의 탄압=안보 뒤처리'에서 '해외진출을 위한 체제강화'로 위치지우"고 "제국주의적 체제강화 정책은 다음의 4개"54)로 구성된

---

50) 経済企画庁編,『図説所得倍増計画』, 藤島宇内, 「日韓交渉の思想と現実」,『思想』, 1961年3月, 368쪽에서 재인용.
51) 梶村秀樹, 「日韓交渉と日本資本主義」日本朝鮮研究所,『朝鮮研究月報』11, 1962年11月, 31쪽.
52) 같은 글, 34쪽.
53) 같은 글, 34쪽.

다고 논한다. "첫째, 안보투쟁으로 고양된 반정부 의식은 소득배가를 간판으로 하는 이케다의 낮은 자세와 경기 상승 속에서 교묘하게 허무 감으로 승화되어버렸다. 그러나 소득배가란 자본의 강제적 축적에 다름 아닌 이상 제국주의의 모순은 일 년도 지나지 않아 현재화하여 소득배가가 아니라 물가폭등임을 국민들은 알게 되었다. 이 위기에서 벗어나기 위해 부르주아는 설비투자규제, 금융조치 등 고도의 국가경제 정책을 수행함과 동시에 노동운동을 체제내화하고 반정부 투쟁을 억압"[55]하는 것이다. 둘째 자민당의 독재강화, 셋째 노동운동에 대한 탄압과 회유, 넷째 자위대의 강화에 대하여 도학련은 구체적으로 논하였다. 그리고 문건의 마지막에 자신들의 행동방침으로 "1. 일본제국주의의 해외진출, 한일회담반대!"[56]란 슬로건을 제출하였다.

이러한 정세분석은 "일본자본주의 계급은 현재 그 과잉 생산력의 처리 문제와 동시에 해외진출의 경제적 기초이자 더구나 일본에서 자본가적 재생산의 절대적 전재인 '엔의 강화'=외화, 금 달러의 준비라는 두 가지 과제를 안고 있으며 이것이야말로 일본자본가 계급의 모순의 중심을 형성하고 있다"[57]는 인식으로 이어진다. 따라서 이러한 일본자본주의의 모순을 해결하기 위하여 일본의 자본가계급은 기업의 "집중과 합병을 축으로 하는 '국제경쟁력' 강화"와 "제국주의적 '세계정책'의 개시"[58]를 필요로 하는데 이것이 바로 한일회담이라고 사타케 시계루(佐

54) 都学連書記局,「一二・一全都学生の政防法, 日韓, 核実験反対の闘いの先頭に立て!(通達)」(1961.11.24.),『資料 戦後学生運動 6』, 三一書房, 1969, 109~110쪽.

55) 같은 자료, 110쪽.

56) 같은 자료, 111쪽.

57) 渚雪彦,「帝国主義列強の抗争の現局面―日韓闘争と革命闘争の勝利のために」マルクス・レーニン主義者同盟理論機関誌,『マルクス・レーニン主義』(1964.2.15. 제2호),『資料 戦後学生運動 6』, 三一書房, 1969, 394쪽.

竹茂, 필명 渚雪彦)는 보고 있다. 즉 그는 "한일회담은 이와 관련하여 일본자본가 계급의 '통일'된 기본적 공세이며, 노동자 계급과 자본가 계급의 계급투쟁의 중심을 이루는 것이다. …… 따라서 한일회담 그 자체의 반인민적 내용을 폭로함과 동시에 '계급투쟁의 열쇠'로써의 한일투쟁의 의의를 항상 지적하고 여러 정치경제문제를 일본자본주의 계급의 동향 속에서 폭로해야만 한다"[59]고 주장한다.

격화되는 자본주의 국가 간의 경쟁 속에서 급속하게 자본축적을 이루어야 하는 일본 자본주의는 자국 내의 임금과 생산비 인상에 대응하여 해외의 값싼 노동력과 시장 확보는 중요한 과제였다. 이에 더하여 국내 자본과잉에서 발생하는 문제를 해결하지 않으면 안 되는 상황이 진척되고 있었다. 이러한 상황에서 진행된 한일회담에 대하여 사학동은 "다음의 몇 가지 측면에서 극히 제국주의적인 진출이라고 할 수 있다. 첫째, 직접적인 상품진출 외에 한국의 대량적이고 값싼 노동력을 이용하는 자본의 진출이 행해진다. 둘째, 이 경우 일본자본주의의 권익 옹호를 위해 해외파병 혹은 그 외의 형태로 한국에 대한 정치적 지배력을 강화한다"[60]고 파악한다. 즉 사학동은 경제적으로 충분히 전전의 제국주의적 상황을 상회할 만큼 회복한 일본은 한일회담에서 논의된 유·무상의 차관 제공을 통해 한국에 대한 자본 진출을 시도하고 있다고 파악한다. 그리고 자본진출의 구체적인 방법은 한국의 값싼 노동력을 활용한 생산거점 확보와 상품시장의 확대로 구현된다고 주장한 것이다. 특히 자국의 영토 외로 진출하는 일본자본주의의 권익을 옹호하

---

[58] 같은 자료, 395쪽.

[59] 같은 자료, 395쪽.

[60] 社学同全国事務局, 「1·25政防法再提出阻止·日韓会談粉砕の闘いに全力を注いせよ」(1962.1.12.), 『資料 戦後学生運動 6』, 三一書房, 1969, 159쪽.

기 위해 군사력이란 물리적 수단이 동원된다고 강조한다. 사학동은 일본이 한일회담 비준을 통해 이러한 정책을 추진할 수밖에 없게 된 것은 "일경련의 강경함—자민당 우파 부분이 사토(佐藤)정권에 대한 압력으로써 극히 고압적으로 비준 강행을 돌파하려고 하고 있"[61]기 때문이라고 파악한다. 따라서 사학동은 일본 자본주의가 자신들의 새로운 비약을 위해서 "새로운 블록권 형성과 아시아 반혁명 계급동맹의 맹주가 되려고 하는 일제(日帝)의 장기적 목표 …… 현재 착착 진행되고 있는 합리화·물가인상 등에 대한 노동자 인민의 반격을 봉쇄하려고"[62] 했다고 판단한다. 따라서 한일회담은 "두 가지 중요한 의미를 가지고 있는데 하나는 상표수출, 기술제휴, 자본수출 등등을 가지고 일본자본주의의 탈출구를 가짐과 동시에 간접적으로 일본경제의 체질개선을 이룩하여 일본자본주의를 연명시키는 역할을 하고 있다. 다른 하나는 공업제품을 수출함으로써 한국의 경제적 위기를 구제하고 나아가 경제적인 그리고 군사적인 간섭을 확립하는 것이다".[63] 이러한 인식의 결과 사학동은 한일회담 반대 투쟁이 갖는 의미를 다음과 같이 평가한다.

> 한일 투쟁이야말로 진정한 프롤레타리아 정치투쟁을 노동자의 본대 속에 창출하지 않으면 안 된다. 한일에 내포된 전쟁과 파시즘과 합리화에 대하여 강고하게 싸워나가는 혁명적 노동자 부대를 하나의 정치 조류로써 돌출시켜야만 한다. 이것이 일본 혁명전략에서 한일(이 가지는-인용자)

---

61) 社青同学生解放派理論機関誌 『解放』, 「日韓決戦をプロレタリア政治闘争として闘いぬけ」(1965.11월 임시호), 『資料 戦後学生運動 7』, 三一書房, 1970, 164쪽.

62) 같은 자료, 164쪽.

63) 「社学同東京都委員会政治局·社学同通達」(1965.3.10.), 『資料 戦後学生運動 7』, 三一書房, 1970, 35~36쪽.

위치이며 우리가 획득해야하는 것이다.[64]

이처럼 전학련에 속한 각각의 정파들은 한일회담 반대운동을 일본 노동운동의 활성화와 전위적 노동자 대중을 창출하기 위한 전략으로 파악하고 있다.

한일회담을 일본자본주의의 경제상황에 연동된 노동운동의 현실과 연계하여 논하고 있는 내용은 사회당과 그 관련 단체에서 전형적으로 나타난다. 한일조약이 체결된 이후 사회당 관련 단체와 이에 속한 관계자들의 한일회담 반대운동에 대한 총괄평가 과정에서 총평 국민운동부장 이와다레 스기오(岩垂寿喜男)는 한일조약의 체결은 "사토내각의 '반공군사체제제구축'을 지향한 적극적인 자세이며 나아가 이것은 제국주의적인 해외진출을 추진하는 일본 독점자본의 대외정책의 정체를 여실히 보여주는 것"[65]이라고 평가한다. 나아가 그는 이러한 "지배체제의 동향은 필연적으로 노동자에 대하여 저임금과 권리박탈, 합리화의 강요, 민주세력 그 중에서도 노동자계급에 대한 압박과 회유대책을 강화"[66]한다고 논했다. 이러한 상황 하에서 점차 수세로 몰리고 있는 노동자들은 한일회담 반대를 주장하는 것이 곧 자신들의 이익을 옹호하는 것임을 인지하고 "한일조약의 위험성을 직장에서 적극적인 토의대상으로 하여 전 조직적으로 제기"[67]했어야 했다. 그러나 노동운동을 총괄 지휘하는 입장에 있는 총평의 지도에서 "한일회담과 합리화, 해

[64] 社青同学生解放派理論機関誌 『解放』, 「日韓決戦をプロレタリア政治闘争として闘いぬけ」(1965.11월 임시호), 『資料 戦後学生運動 7』, 三一書房, 1970, 164쪽.
[65] 岩垂寿喜男, 「日韓条約の批准阻止をはじめとする諸闘争の中間的総括」日本社会党中央本部機関紙局, 『月刊社会党』 105, 1966年2月, 86쪽.
[66] 같은 글, 86쪽.
[67] 같은 글, 86쪽.

고, 저임금 등 적들의 공격과의 관련, 그 외의 당면한 다양한 정치과제
와의 내적인 관련을 추구하는 작업이 불충분했으며 전체적인 정치토
론이 부족했기"[68] 때문에 노동자들은 그렇게 하지 못했다고 이와다래
는 평가한다. 예를 들면, "일본이 한일조약을 체결하면, 한국의 저임금
노동력이 일본으로 유입되어 일본의 임금이 내려가며⋯⋯. 따라서 한
일문제에 반대하지 않으면 안 된다는 식의 견해가 제출되었다. 한일투
쟁의 경우에도 이러한 입장에서 한일조약 반대를 주장"[69]한 것이다.
이러한 시각에는 "한국 민중에 대한 일본의 역사적 책임 문제가 개입할
여지가 없다".[70]

즉 한일회담은 일본 자본주의의 한국 진출임에도 불구하고 결국 노
동현장에서는 한일회담 반대투쟁의 논리가 내부로 향한 시선에 그치
면서 일본 자본주의의 해외진출이 곧 과거의 일본이 행한 식민지 확보
의 또 다른 방식임을 자각할 수 없었다.

6. 가해자 의식(식민지지배 책임)의 부재

1964년에 들어서면서 한일회담 타결 가능성이 높아지자 여기에 대한
반대운동 역시 더욱 강화되었다. 그러나 한일회담 반대운동이 강화되
면 될수록 여러 정파 간의 전략 전술론에 대한 차이는 분명해져 갔다.
한편 한국에서도 대학생을 중심으로 한 한일회담 반대운동이 점차 고
조되면서 한국과 일본 학생들 간의 상호지원 및 연대를 주장하는 슬로

---

[68] 같은 글, 88쪽.

[69] 「日韓問題と日本の知識人―未来への模索―」, 『現代の眼』, 7卷2号, 1966年2月, 81쪽.

[70] 같은 글, 81쪽.

건이나 주장도 제기되었다. 그러나 전학련 서기국은 "우리들은 한국의 학생 데모를 신'3파연합'계의 제군처럼 결코 '무조건' 지지할 수는 없다"[71]고 선언하면서 그 이유를 다음과 같이 제시한다.

> 왜냐하면, 한국의 학생 데모 …… 전체에 얽혀있는 한국 민족주의를 현재로는 돌파할 수 없기 때문이다. …… 이러한 내용은 기본적으로는 배일이라는 부르주아 민족주의의 입장일 뿐이다. 따라서 그들은 현재의 한일교섭에는 반대하지만 민족적으로 보다 유리한 조건 아래서는 한일회담 추진이라는 동향으로 돌아설 수밖에 없기 때문이다.[72]

이처럼 전학련은 한국 측의 한일회담 반대논리를 민족주의적인 관점에서 파악하고 있으면서도 왜 이러한 민족주의적 시각이 강하게 묻어날 수밖에 없는가에 대한 분석은 없다. 즉 전학련은 한국의 학생들이 제시한 한일회담 반대논리의 이면에 있는 역사적 기억을 살피려고 하는 노력이 없다. 단지 한국 측의 회담 반대론자들은 민족주의적인 흐름을 이용하여 반대하고 있지만, 향후 자신들에게 보다 유리한 조건이 제시된다면 한일회담 찬성으로 돌아설 것이라고 예견한다. 전학련은 일본에게 식민지 지배를 당한 한국인이 여기에 대한 한국과 일본 정부의 분명한 입장표명이나 문제해결을 위한 구체적인 논의가 생략된 한일 양국의 국교정상화에는 찬성할 수 없다는 주장을 조금도 이해하지 않고 있다.

물론 여기에는 전학련 내 정파 간의 대립과 공산당이나 사회당과 같은 제도권 정당의 운동에 대한 반대도 내포되어 있다. 예를 들면, 전학

---

71) 全学連書記局, 「日韓会談の粉砕をめざして4・28全学連第一波統一行動をかちろれ」(1964.4.10.), 『資料 戦後学生運動 6』, 三一書房, 1969, 407쪽.

72) 같은 자료, 407쪽.

련은 같은 문권에서 민족문제의 본질에 대한 논리 전개를 통해 사·공 양당은 민족문제를 도덕적인 관점에서 접근하고 있다고 비판한다. 그 러면서 전학련은 "한일 양 인민의 투쟁의 전진과 단결은 한국 민족주의 에 대한 비판 없이는 실현될 수 없으며, 사·공이 의회주의, 반미 민족 주의에 대한 왜곡에서 벗어나지 않는 한 실현될 수 없을 것"[73]이라고 단언한다. 전학련의 이러한 주장은 제도권 정당으로서의 성격을 강하 게 가지는 사회당과 공산당의 의회주의적 성격에 대한 비판이며 나아 가 현실적인 정치 과정 속에서 단순히 유권자를 의식한 여러 정치노선 에 대한 비판을 함유하고 있다.

한편 전학련 주류파와 반대 입장에 있는 중핵파(혁명적 공산주의자 동맹 전국위원회 중핵파)는 한일협정 체결이 이루어진 후 자신들의 운 동에 대한 총괄적 평가를 행하는 가운데 "한일조약은 '평화와 민주주의' 를 대폭적으로 '빼앗'고 더욱이 '의회주의가 위협당하'고 있음에도 불구 하고 왜 대중적으로 폭발하지 못했는가? 그리고 안보-베트남에서 표 현된 문화인, 인텔리겐치아, 전체로서의 소부르주아는 왜 한일의 정치 과정에 등장하지 못했는가"[74]라고 의문을 제기했다. 스스로의 문제제 기에 대하여 중핵파는 다음과 같이 대답한다.

일본 프롤레타리아 인민이 …… 한국 인민에 대한 억압에 반대하는 입 장을 스스로 갖추지(국제주의 입장) 못하여 진정한 계급적 대결점을 정하 지 못한 곳에 문제의 곤란함이 있었다.
이것 외에 사회 배외주의자, 모든 전투적 좌익과 우리들의 한일회담 파

---

73) 같은 자료, 408쪽.
74) マル学同(中核派)中央書記局, 「プロレタリア帝国主義の旗高く, 反植民地主義闘争 の前進を一日韓闘争の中間総括」マル学同中核派機関誌, 『中核』(1965.11.30.), 『資 料 戦後学生運動 7』, 三一書房, 1970, 165~166쪽.

악에 대한 분열의 핵심은 여기에 있었다. ……

사회 배외주의로 전락한 사회당은 물론 전투적 좌익의 많은 부분은 기를 쓰고 '한국 민족주의다'라고 아우성쳤다. 그러면 그럴수록 그들은 레닌주의에서 더욱 멀어져갔다.

그리고 '일본 인민의 이해관계를 먼저 분명히 하자'고 외쳤다.[75]

즉 중핵파는 '사회 배외주의자'들이 한국의 민족주의를 배척하고 일본 인민의 이해를 더욱 중시하면서 '국제주의'의 입장에 서지 못했기 때문에 투쟁의 '대결점'을 확보하지 못했으며 나아가 조약체결을 저지하지 못했다고 평가한다. 여기서 중핵파는 전학련 주류파와 달리 한국 내에서 강하게 일어나고 있던 민족주의적인 배경을 최소한 부정하지는 않고 있다. 그렇다고 해서 중핵파가 과거 일본의 식민지 지배 책임을 강하게 의식하고 있었는가 하면 그렇지는 않다. 중핵파가 전학련 주류파의 의견에 반대한 것은 한일회담 반대투쟁을 통해서 일본제국주의에 대한 "금후의 공격 내용과 그 공격 방법"[76]에 대한 인식의 차이, 즉 혁명운동의 전략전술론의 차이에서 파생된 결과에 지나지 않는다. 중핵파 역시 기본적으로 식민지 지배 책임에 대한 인식은 미미했다고 보아 무방하다.

이처럼 일본에서 이루어진 한일회담 반대 논리에서 전중파와 전후파의 시대 경험으로 생생하게 남아있는 가해자로서의 식민지 지배에 대한 책임의식을 거의 인지하지 못하는 모습은 다른 곳에서도 보인다. 한일 양국 간의 협정체결이 막바지에 이른 시기에 1965년 3월 30일자로 도쿄대학 교양학부 자치회, 오차노미즈대학 자치회 집행위원회, 게이오대학 히요시(日吉)정치학회·의학회, 오타루 상대 자치회, 시즈오카대학 문리(文理) 자치회 명의로 된 전국학생 총궐기 제안서에서 "한일

75) 같은 자료, 167쪽.
76) 같은 자료, 166쪽.

회담의 침략외교로써의 성격과 급진성은 베트남 위기와 함께 점점 더
깊어가고 있다. …… 지금 제국주의자들은 해외에서의 수탈에 재차 발
을 내딛고 정치적인 국내체제를 강화하면서 후진지역 국가에 대한 정
치·군사 동맹을 강행하여 침략을 진행하고 있으며 한일회담이야말로
그 제1보", 즉 "한일회담이 해외침략의 제1보이다"[77]고 선언하였다. 이
제안서에서도 한일회담을 전후 일본의 새로운 해외침략으로 규정하고
있음에도 불구하고 불과 20년 전에 마감된 일본의 식민지 지배 책임에
대한 문제의식이 전혀 언급되고 있지 않다. 앞의 각 장에서 논한 것처
럼 이 제안서 역시 당면한 운동 목표를 실현하기 위하여 현실 사회운
동의 담당자들인 학생을 어떻게 운동에 결합시킬 것이며, 이를 통해 사
회운동을 어디로 이끌고 갈 것인가에 중점을 둔 관점에서 한일회담을
논하고 있을 뿐이다. 일본이라는 내부로 향한 시각에서 한일회담을 보
고 있기 때문에 한일회담이 전후의 새로운 식민지 침략의 첫발이라고
인식하고 있음에도 불구하고 이것을 과거 자신들이 행한 식민지 지배
책임에 대한 논의로까지 발전시키지 못하고 있다.

일본 신좌익의 한 분파를 이루는 구조개혁파는 "안보투쟁에서 보여
주었던 광범위하고 높은 국민적 지지가 왜 이번의 한일투쟁에는 마지
막까지 발생하지 않았는가"[78]라고 자기비판적인 문제제기를 한다. 그
러면서 이들은 그 이유를 한일회담 반대운동 그 자체가 가진 근본적인
자세와 태도에 치명적인 맹점이 있기 때문이라고 답한다. 그들이 말하
는 맹점이란 "이번 한일투쟁에서 결국 한국민족에 대한 역사적 책임,

---

77) 「日韓会談粉砕・ベトナム侵略反対全国学生総決起大会への提案」(1965.3.30.), 『資
料 戦後学生運動 7』, 三一書房, 1969, 41~43쪽.
78) 編集部, 「日韓闘争の中間総括―その運動路線の盲点と限界」, 『現代の理論』 1966
年 1月号, 15쪽.

제국주의적 지배에 대한 국민적인 반성이 결여된"79) 사실이다. 구조개
혁파는 그 결과 학생을 중심으로 장기에 걸쳐 한일회담 반대운동을 진
척시켜왔지만 근본적으로 "한국 민중 투쟁과의 연대가 전혀 실현되지
못"했다고 주장하면서 구체적인 "예를 들면 사회당의 반대에는 독도·
이승만 라인 등에 대한 반응에 '해서는 안 되는 쇼비니즘적인 민족주의
적 경향이 보였다'는 점"80)을 강조하고 있다. 이러한 지적은 한일회담
반대운동 과정에서 사회당이 현실적인 정치관계 속에서 일본의 국익
에 반한다고 보이는 이슈들에 대해 자국 중심주의적인 태도를 취한 것
에 대한 비판이다. 즉 국익=일본 민중의 이익을 옹호하는 정당이라는
정치선전을 통해 총평을 중심으로 한 노동조합의 절대적인 지지를 바
탕으로 현실 정치(=선거)에서 영향력을 확대하고자 하는 사회당의 자
세를 비판한 것이다.

사회당과 같은 대중추수주의 적인 태도는 다른 곳에서도 확인할 수
있다. 한일회담 반대운동이 최고조에 달한 시점에서 일본의 조선연구
소가 한일회담 반대운동을 고조시키기 위해서 펴낸『우리들의 생활과
한일회담(私たちの生活と日韓会談)』(1962년),『일본의 장래와 한일회
담(日本の将来と日韓会談)』(1963년),『한중일 3국 인민연대의 역사와
이론(日朝中三国人民連帯の歴史と理論)』(1964년)이란 팸플릿을 분석
한 사토 카츠미(佐藤勝巳)는 경제주의와 물신주의에 매몰되어 "'국민의
혈세를 낭비하는 한일회담 반대'라든가 '박(정희)에게 줄거라면 나에게
줘라' 라는 문구가 범람한 시기도 이즈음"81)이라고 본다. 그는 한일회

---

79) 같은 글, 15쪽.

80) 같은 글, 16쪽.

81) 佐藤勝巳,「『日朝中三国人民連帯の歴史と理論』への私の意見(1)」,『朝鮮研究』90
号, 1969, 9쪽.

담 반대운동을 고조시키기 위해 펴낸 이 팸플릿이 일본의 대중들에게 잘 팔렸음에도 불구하고 운동이 퇴조할 수밖에 없었든 이유는 "한일회담을 군사동맹, 대한(対韓) 경제 진출의 두 가지 점에 집약하여 파악했기 때문에 지금 하나의 중요한 측면인 일본 근·현대사의 뒷정리, 식민지 지배 문제를 이전의 억압국의 국민으로서 여기에 어떻게 대처해야 하는지 기본적인 관점의 결여가 위와 같은 중대한 오류를 범하게 된 배경이다. 단적으로 말하면, 일본 노동자의 에고이즘에 영합한 점에 있었기 때문에 잘 팔렸다는 것을 인정하지 않을 수 없다"[82]고 지적한다.

한일회담 반대운동에 참가한 공산당의 태도 역시 사회당과 크게 다르지 않다. 앞에서 본 공산당 계열의 평론가 우에다 코이치로는 국민문화회의 심포지엄에서 나카하라 히로시의 일본의 식민지 지배 책임론에 대하여 "이번의 한일투쟁이 미진하게 된 주요한 원인을 과거의 식민지 지배에 대한 일본인민의 반성의 나약함에서 찾는 것은 조금 성급하지 않은가 하고 생각합니다"[83]라고 하여 반대의 입장임을 분명히 했다. 우에다는 식민지 지배 책임에 관한 문제는 "분명히 복잡한 부(負)의 유산을 남겨둔 것이지만, 주요한 책임은 과거의 식민지 지배 그 자체, 일본 지배계급에게 있는 것입니다." "따라서 지금의 시점에서 우리들이 져야할 책임 방식은 …… 일본의 지배층과 투쟁하는 것 이것이 최대로 책임지는 방식이다"[84]고 한다. 즉 공산당 계열의 지식인들 역시 일본의 징치지형 속에서 지배계급과의 투쟁을 통해 자신들에 대한 지지율을 높이고 정치적 영향력의 확대를 꾀하기 위한 수단으로써 한일회담 반대운동을 활용한 측면이 크다고 할 수 있다.

---

82) 같은 글, 9쪽.
83) 「日韓問題と日本の知識人—未来への模索—」, 『現代の眼』 7卷2号, 1966年2月, 69쪽.
84) 같은 글, 69~71쪽.

7. 맺음말

1949년 중국공산당 정권의 탄생, 50년 한국전쟁, 60년 베트남 민족해방전선 결성, 64년 통킹만 사건으로 이어지는 동아시아의 군사적 긴장 속에서 미국은 일본에게 재무장을 통한 동맹군 역할을 요구하기 시작했다. 그 첫 움직임이 일본과의 샌프란시스코 강화조약의 체결이며 이어서 한국과의 관계개선을 위한 한일회담을 일본 측에 제의하였다. 즉 한일회담은 당사자인 한국과 일본의 필요에서 구상된 것이 아니라 한반도에서 일어난 전쟁을 원활하게 수행하기 위해 한국과 일본의 관계개선을 필요로 했던 미국의 요구에 의해 제안된 것이었다. 이러한 이유로 '국민회의'를 중심으로 한 한일회담 반대운동은 미일안보조약 반대운동의 연장선상에서 부차적으로 취급되었으나 63년 초에 들어서면서 한일회담 반대운동이 일본인들의 직접적인 이해관계를 가지는 문제로 취급되기 시작했다. 그러나 역설적이게도 이 시기에 베트남 전쟁과 관련한 미국의 원자력 항공모함의 일본기항 문제가 부각되면서 한일회담 반대운동은 다시 주변적인 문제로 변화했다.

전학련 주류파는 안보패배 이후 일련의 투쟁을 거치면서 한일회담 반대운동은 '광대한 학생대중 속에서 투쟁을 실현시키는 방향을 확립했으며 이 학생대중과 활동가의 살아있는 교류확대는 전학련 재건을 확고부동한 것으로 만드는 강력한 현실'이었다고 평가하였다. 즉 전학련은 안보투쟁 이후 와해된 자신들의 조직재건을 위한 투쟁활동의 일부로 한일회담 반대운동을 활용하고 있었다.

이러한 입장에서 한일회담 반대투쟁을 전개해온 전학련은 한일회담을 한미일의 정치·군사적 상관관계 속에서 파악한다. 그 결과 전학련은 한일회담 성사를 통해 한국을 미일 군사동맹에 포섭하고 베트남 전쟁을 핑계로 하여 더욱 강화되고 있던 동북아시아 안보조약기구 구상을 실현하려는 일본정부의 군사적 의도를 비판한다. 이러한 한일회담에 내포된 군사적 측면에 대해서는 당시의 진보적 지식인도 비판적인 입장을 취하였다. 그러나 전학련과 진보적 지식인은 동아시아 국제정세 특히 베트남 전쟁이 격화되어 가는 과정에서 한미일의 '반공체제' 완성이라는 객관정세에 너무 치중한 나머지 한일 국교정상화를 위해 우선 해결해야할 본질적인 문제인 식민지 지배 책임이란 점을 놓쳐버렸다. 즉, 전학련과 진보적 지식인들은 일본제국주의 부활이란 면만 강조하고 전쟁의 연원으로써의 식민지 지배에 대한 인식을 결여하고 있었던 것이다.

55년에 전전의 생산력 수준을 회복한 일본은 격화되는 자본주의 국가 간의 경쟁 속에서 급속하게 자본축적을 이루어야 하는 상황에 직면하여 자국 내의 임금과 생산비 인상에 대응하기 위하여 해외의 값싼 노동력과 시장 확보라는 중요한 과제를 해결해야만 했다. 이에 더하여 국내 자본과잉에서 발생하는 문제를 해결하지 않으면 안 되는 상황이 진척되고 있었다. 전학련은 이러한 상황타개를 위한 논의가 한일회담이라고 판단하다.

이러한 정세인식에 따라 전학련은 한일회담 반대투쟁을 통해서 '혁명적 노동자 부대를' '노동자의 본대 속에 창출해야만 한다'고 주장한다. 즉 전학련은 한일회담 반대운동을 일본 노동운동의 활성화와 전위적 노동자 대중의 창출전략으로 파악하였다. 이러한 시각에는 한국 민중에 대한 일본의 역사적 책임문제는 개입할 여지가 없었다. 이와 같은 인식은 사회당이나 총평에서도 공통적으로 확인된다. 따라서 한일회담은 일본 자본주의의 한국 진출임에도 불구하고 결국 노동현장에서는 한일회담 반대투쟁의 논리가 노동자들의 경제주의적 투쟁으로 회귀하였으며 그 결과 식민지 지배 책임과의 관련성을 자각할 수 없었다.

전학련은 한국 측의 한일회담 반대논리를 '배일이라는 부르주아 민족주의의 입장'이라고 단언하면서 한국에서 왜 이러한 민족주의적 시각이 강하게 묻어날 수밖에 없는가에 대한 분석을 행하지 않았다. 즉 전학련에게는 한국에서 제시된 한일회담 반대논리의 이면에 있는 역사적 기억을 살피려고 하는 노력이 없다. 전학련은 당면한 운동 목표를 실현하기 위하여 현실 사회운동의 담당자들인 학생을 어떻게 운동에 결합시킬 것이며 이를 통해 사회운동을 어디로 가지고 갈 것인가에 중점을 둔 관점에서 한일회담을 논하고 있을 뿐이다. 또한 진보적 지식인들이 중심이 되어 만든 팸플릿 역시 한일회담을 군사동맹과 한국에 대한 경제 진출이란 두 가지 점에 집약하여 파악했기 때문에 식민지 지배 책임에 대하여 이전의 억압국의 국민으로서 어떻게 대처해야 하는지에 대한 기본적인 관점을 결여하게 되었다.

결국 전학련과 진보적 지식인은 일본이라는 내부로 향한 시각에서 한일회담을 보고 있기 때문에 한일회담이 전후의 새로운 식민지 침략의 첫발임을 인식하고 있었음에도 불구하고 이것을 과거 자신들의 식민지 지배 행위에 대한 책임 논의로까지 발전시키지 못하고 있다.

제2부

전후 동아시아 역사인식의 변화

해방직후 3·1운동 역사상의 분화

임경석

1. 머리말

한국 사람들이 지니고 있는 3·1운동에 관한 이미지는 단일하지 않았다. 특히 3·1운동사에 관한 자유로운 논의가 가능하게 된 해방 이후에 그랬다. 해방직후 처음 맞는 1946년 3·1절 기념행사부터 이미 나뉘었다. 그 기념식은 당시 정치적 갈등의 영향 하에서 남산과 서울운동장, 두 군데서 거행됐다. 기념식만 분열된 게 아니었다. 기념사 등을 통하여 표출된 3·1운동 역사상(歷史像)도 상이한 모습을 보이고 있었다.

3·1운동 역사인식의 편차는 6·25전쟁의 참화를 거치는 동안에 수면 아래에 숨어 있었다. 근 20년 동안 계속 그러했다. 그러나 50주년 되던 1969년에 3·1운동사 인식의 편차가 다시 모습을 드러냈다. 동아일보사에서 주관하여 발간한 『3·1운동 50주년 기념논집』은 연구 범위

와 소재를 확장한 기념비적인 연구 성과로 평가받는 데에 부족함이 없
다. 하지만 그것이 함축한 역사상은 같은 시기에 출간된『역사학보』
제41호의 3·1운동 기획 논문들과 선명한 대비를 이뤘다.

　70주년 때에도 그랬다. 1989년에도 두 개의 선명히 구분되는 역사인식
이 나타났다. 하나는 한겨레신문사가 후원한 심포지움에서, 다른 하나는
동아일보사와 조선일보사가 개최한 학술회의에서 표출됐다. 전자는
『3·1민족해방운동연구』(한국역사연구회·역사문제연구소 편, 청년사,
1989)로, 후자는『3·1운동과 민족통일』(동아일보사편, 1989)과『3·1운
동과 대한민국임시정부 수립의 현대적 해석』(조선일보사 편, 1989)으로
간행됐다.

　3·1운동 연구사를 일별해 보면, 역사인식 분화의 뿌리가 깊음을 느
낀다. 해방 후 첫 3·1절 기념행사를 둘러싼 갈등이 그 이후 전개된 역
사인식 분화의 원형이 됐음을 알 수 있다. 1946년에 처음 제기된 테마
가 시간이 흐르면서 더욱 확장되고 변주됐던 것이다. 원형을 재검토하
고자 한다. 해방 후 첫 3·1절이 어떻게 치러졌는지, 그 속에서 3·1운
동 역사상이 어떻게 표출됐는지를 다시 주목해 볼 필요성을 느낀다.

　이 글의 목적은 해방 직후에 나타난 3·1운동 역사상의 스펙트럼을
조사하는 데에 있다. 1946년 3·1절 기념행사의 준비 과정과 분열 경위
를 구체적으로 확인하고, 3·1운동에 관한 담론의 다양성이 그에 어떻
게 연관되는지를 추적하고자 한다.

　기존 연구에 의하면 해방 직후 3·1운동 역사상은 두 갈래로 나뉘었
다.[1] 좌익과 우익의 기념식장에서 표출된 두 개의 역사인식으로 말이

---

[1] 지수걸,「3·1운동의 역사적 의의와 오늘의 교훈」,『3·1민족해방운동연구』청년
사, 1989; 서중석,「갈라진 삼일절 행사 반세기」,『한겨레』, 1993.2.28.; 지수걸,
「3·1운동과 국내 공산주의운동: 일제시기 조선인 공산주의자들의 '역사 만들기'」,

다. 그러나 첫 3·1절 기념식 준비과정은 좌우 두 갈래 만으로 일관됐
던 것이 아님에 유의할 필요가 있다. 분열에 맞서서 양자를 통합하려
했던 움직임도 시종 약동했음이 우리의 주목을 끈다. 애초에 다수의
정당과 사회단체를 망라하여 대규모 연합 기념행사를 갖고자 했던 의
도 자체가 민족 대단결에 있었다. 3·1운동에서 표출된 민족 통일의 정
신을 되살리고자 함이 그 취지였다. 그 흐름이 둘로 나뉘어 버린 뒤에
도 양자를 통합하려는 움직임은 꺼지지 않았다. 통합 움직임은 최종적
으로 분열이 확정되는 막바지까지 거세게 일었음에 유의하고자 한다.

특히 사회주의자들의 3·1운동 인식이 재검토되어야 할 것이다. 기
존 연구 성과는 그 이미지가 단일했던 것처럼 묘사했다. 하지만 그에
배치되는 사실들이 있다. 식민지 시대 사회주의 내부에 3·1운동 역사
상과 관련하여 '좌편향적인 평가'와 '민족통일전선적인 평가' 두 흐름이
있었다는 연구결과에 눈을 돌려야 한다.[2] 해방이전 마르크스주의 역
사학자들도 두 경향으로 나뉘어 있었다는 연구 성과가 있다. 민중적
민족문화운동과 프롤레타리아문화운동의 흐름이 그것이다.[3] 그뿐이
랴. 해방이후 문학인들이 한때 「문학건설본부」와 「조선프롤레타리아

독립기념관 심포지움, 1999; 임종명, 「탈식민시기(1945.8~1948.7) 남한에서의
3·1의 소환과 표상」, 『대동문화연구』 66, 2009; 최선웅, 「3·1운동 기념 의례의
창출과 변화」, 『역사와 현실』 74, 2009; 박명수, 「1946년 3·1절: 해방후 첫 번째
역사논쟁」, 『한국정치외교사논총』 38-1, 2016; 박명수, 「1947년 3·1절에 나타난
임정법통론과 인민혁명에 대한 미군정의 대응」, 『한국정치외교사논총』 39-1,
2017; 박종린, 「해방 직후 사회주의자들의 3·1운동 인식」, 『메타 역사로서의
3·1운동사 연구, 3·1운동 인식사의 재검토』, 한국역사연구회 연구발표회,
2017.11.18.

2) 지수걸, 「3·1운동의 역사적 의의와 오늘의 교훈」, 『3·1민족해방운동연구』 청년
사, 1989, 15~16쪽.

3) 조형열, 『1930년대 조선의 역사과학에 대한 학술문화운동론적 분석』, 고려대 박
사학위논문, 2015.

문학동맹」으로 나뉘어 민족문학의 성격을 놓고 인식의 편차를 드러냈음을 고려해야 한다. 이 사실들은 사회주의자들의 3·1운동 역사상이 단일하지 않았을 가능성을 시사한다. 해방 후 사회주의자들의 3·1운동 인식의 스펙트럼을 재검토해야 할 필요성이 바로 여기에 있다.

2. 두 개의 3·1절 준비위원회

"해방 후 처음 맞이하는 3월 1일", 이 말을 들은 사람들은 심장이 뛰었다고 한다. 1946년을 살던 당대인들의 경우다. 식민지 체제가 전복된 지 6개월이 지난 때였다. 사람들은 감격스러워했다. 일제의 통치 권력이 물러갔다는 게 아직 충분히 실감나지 않았다. 3·1운동을 공공연하게 드러내놓고 기념할 수 있게 된 현실이 낯설고 감격스러웠다. '민족 대표' 33인 가운데 한 사람인 권동진(權東鎭)은 27년 전의 일이 "얼마 전의 일과 같이 생생히" 마음속에 불타오른다고 말했다. "늙은 이 사람의 가슴은 설레는" 상태가 되고, 가슴이 메어질 듯하다고 토로했다.[4]
시인들은 다투어 3·1운동을 노래했다. 황석우(黃錫禹)가 연필을 들었다. 그날 목을 움켜 죄이는 악마의 손가락을 들어 제치고, 조선 사람들이 숨을 들이쉬게 됐다고 썼다. 산천에 피어나는 꽃 속에는 그날 피 흘린 사람들의 영혼이 깃들어 있고, 뭇 새들의 노래 소리에는 뼈저리게 울던 사람들의 울음이 담겨 있다고 표현했다.[5] 익명의 한 시인은 "총알 불볶는 비린 마당"에서 "꽃밭보다 찬란한 투쟁"이 벌어졌다고 회고했다.[6]

---

[4] 권동진, 「3·1운동의 회고」, 『신천지』 1-2, 1946.3.1., 6~7쪽.

[5] 黃錫禹, 「3월 1일」, 『대동신문』, 1946.3.1.

[6] 常民, 「3.1」, 『해방일보』, 1946.3.1.

해방이후 첫 번째 3·1운동 기념일을 성대하게 맞아야 한다! 이런 생각이 많은 사람들의 뇌리를 지배했다. 거족적으로 거창한 기념행사를 갖자는 제안도 이런 생각 속에서 나왔다. 각 정당과 사회단체가 협력하여 대규모 기념식 연합준비위원회를 구성하려는 움직임이 꿈틀거렸다. 1946년 새해가 시작된 뒤에 그 구상이 구체화됐다.

1월 중순이었다. 연합 기념행사를 준비하는 모임들이 열렸다. 가장 먼저 만들어진 모임은 「3·1기념투쟁위원회」였다. 이 준비단체는 1월 14일 조선공산당 중앙위원회가 발표한 성명서에 연원을 두고 있다. 성명서는 3·1운동 기념일을 맞아 대대적인 기념행사를 거행하자고 제안했다. 여러 정당과 대중단체가 연합하여 준비위원회를 조직하고, 그 주관 하에 기념행사를 공동으로 거행하자는 말이었다.[7] 이 제안에 기초하여 만들어진 게 바로 「3·1기념투쟁위원회」였다. 1월 하순 어느 때에 결성됐다.

그러나 모든 정당과 대중단체가 그에 호응한 것은 아니었다. 별개의 흐름이 형성됐다. 이 흐름은 10여 일 뒤늦게 움직였다. 1월 25일 한국민주당과 국민당을 필두로 하는 50여 개 단체의 대표자가 회합하여, 3·1운동 기념행사를 준비하기 위한 간담회를 개최했다. 참석자들은 42명의 임원을 선출했고, 그들에게 모든 행사준비 업무를 위임했다.[8] 임원진은 「기미독립선언전국대회준비위원회」를 자임했다. 1월 26일과 29일에 연이어 회의를 열어, 사무소를 개설하고, 예하 부서를 세워 업무를 분장했다.

3·1절 연합 기념행사를 준비하는 두 개의 기구가 출현한 데에는 당시의 정세가 연관되어 있었다. 바로 신탁통치 국면이 영향을 미치고

---

7) 「3·1운동기념일 맞아 민족적 대행사 계획」, 『자유신문』, 1946.1.16.
8) 「독립운동의 선봉, 3·1운동기념행사」, 『대동신문』, 1946.1.26.

있었다. 1946년 새해에 접어들자마자 전개된, 모스크바 3상회의 결정에 대한 찬반 소용돌이는 그 밖의 모든 다른 이슈를 빨아들이는 블랙홀과 같았다. 3·1절 연합 기념행사가 제안되던 시점에는 정치세력의 두 진영으로의 분립과 힘겨루기가 고조되던 때였다. 예컨대 1946년 1월 20일에는 공교롭게도 같은 날짜에 경쟁하는 두 세력의 중요 회의가 열렸다. 한편에서는 임시정부를 비롯한 18개 단체가 과도정부 수립을 목표로 하는 비상정치회의 주비회의를 열었고, 다른 한편에서는 공산당과 인민당을 주축으로 하는 20여 개 단체가 결속하여 진보적 민주주의 정권 수립 방안을 토의했다.[9] 정국의 분화는 갈수록 격화됐다. 2월 14일에는 미군정의 자문기관인 「남조선대한국민대표민주의원」(이하 '민주의원')이 발족했고, 이튿날에는 「민주주의민족전선」(이하 '민전') 결성대회가 열렸다.[10] 민주의원과 민전, 이 두 기관은 양대 진영으로의 분열을 표상하는 상징이자 주도체였다. 3·1절 연합 기념행사 움직임은 이 분열의 자장 속으로 빨려들어 갔다. 1946년 1월 중순부터 2월 말까지는 그 어떤 사회적, 정치적 움직임도 이 분열의 현실과 무관하기 어려웠다.

3·1절 기념행사를 준비하는 두 개의 기구가 만들어지자 우려의 소리가 높아졌다. 계급과 당파, 이념을 초월하여 전 민족적으로 통일된 기념행사를 열어야 한다는 여론이 형성됐다. 두 기구의 독자행동을 멈추게 하고 단일한 준비 기구를 세워야 한다는 요구가 고조됐다. 두 기구의 통합을 요구하는 압력이 높아졌다. 그리하여 마침내 3·1운동 연합 기념행사의 단일화를 위한 협의 모임이 성사됐다. 2월 12일에 개최된 '7정당 대표자회의'가 그것이었다. 3·1절을 보름쯤 남겨둔 시점이었다. 시

---

9) 「좌우 양진영 분열한 채 2월적 통일운동 전개」, 『자유신문』, 1946.1.22.

10) 「남조선대한국민대표민주의원 성립」, 『동아일보』, 1946.2.15.; 「민족전선 결성대회 개막」, 『자유신문』, 1946.2.16.

간이 얼마 남지 않은 때였다. 회의는 긴장된 분위기 속에서 진행됐다.

이 회의에 대표자를 보낸 정당은 신한민족당, 한국민주당, 국민당, 조선공산당, 조선인민당, 독립동맹, 조선민주당이었다. 「3·1기념투쟁위원회」를 이끌고 있는 조선공산당과 조선인민당이 눈에 띤다. 또 「기미독립선언 전국대회 준비위원회」를 주도하는 한국민주당과 국민당도 보인다. 이들의 합석은 두 갈래로 나뉘어 있는 3·1운동 연합 기념행사를 통일하는 계기가 될 수 있다는 점에서 주목을 끌었다.

쟁점이 도출됐다. 그중 하나는 두 준비기구의 위상 문제였다. 이 문제는 해결하기 어렵지 않았다. 양자를 동등하게 대한다는 점에서 합의가 이뤄졌다. 말하자면 "「기미독립선언전국대회준비위원회」와 「3·1기념투쟁위원회」는 즉시 발전적으로 해소하는 동시에, 기념행사 일체는 전기 7정당에 일임"[11] 한다는 데에 참가자들이 모두 동의했다. 한 고비를 넘은 셈이었다.

그러나 난관이 있었다. 연합 기념행사의 지도부 구성 문제였다. '명예회장'을 어떤 사람으로 추대할 것인가 하는 문제였다. 한편에서는 "1919년 독립선언에 서명한 33인으로 변절하지 않은 분 중에서 추대할 것"을 제의했다. 3·1운동 당시의 지도적 역할을 존중하자는 제안이었다. 5개 정당 대표자가 민족대표 추대론을 지지했다. 그러나 다른 편의 생각은 달랐다. 독립운동의 지도자로서 전 민족적 신망이 있는 이승만과 김구 두 사람을 추대하자고 주장했다.[12] 한국민주당과 국민당 대표자들이 그 입장을 취했다. 「기미독립선언전국대회준비위원회」가 이미 두 '영수'를 추대한다고 대외적으로 발표한 뒤이므로 명예회장 선임을

---

11) 「3·1기념 행사의 분열 책임자는 누구냐?」, 『해방일보』, 1946.3.1.
12) 「주장: 3·1기념투쟁을 통일하라!」, 『해방일보』, 1946.2.26.

변동할 수 없다고 주장했다.

양측의 의견 차이는 끝내 좁혀지지 않았다. 두 정당의 대표자는 회의장을 박차고 나가 버렸다. 통합 협상이 결렬됐다. 그리하여 남은 5개 정당도 제 갈 길을 갔다. 그들은 4개항으로 이뤄진 「5당 공동성명」을 채택했다. 그 골자는 두 개의 기성 준비 기구를 해체한다는 것, 5개 정당이 대표 2인씩 위원을 추천하여 새로운 준비위원회를 구성한다는 것, 대회의 명예회장은 민족대표 33인 가운데 생존자로서 변절하지 않은 분으로 추대한다는 것 등이었다.[13]

2월 14일, 5당 합의에 의거하여 새로운 준비위원회가 조직됐다. 「3·1기념전국준비위원회」라는 명칭의 새 준비기구가 발족했다. 명예회장으로는 7인이 추대됐다. "권동진, 오세창, 김완규, 함태영, 오하영, 임예환, 나인협"이었다. 이들이 민족대표 가운데 생존자로서 일제에 협력하지 않은 이들이었다. 실무진도 구성됐다. 각계각층의 인사들을 망라하여 61명의 준비위원이 선임됐다.

이리하여 분열이 재현됐다. 구도는 이전과 사실상 동일했다. 「3·1기념투쟁위원회」가 「3·1기념전국준비위원회」로 간판을 바꿔 단 셈이됐을 뿐이다. 분열의 구도가 고착화됐다. 누구의 눈에도 그렇게 간주되기에 이르렀다. 양자를 지칭하는 특정한 언어도 만들어졌다. 「기미측」과 「3·1측」이라는 약칭이 그것이다. 11~15개 음절로 이뤄진 두 준비위원회의 기나긴 명칭을 첫 두 음절만 따서 그와 같이 줄여 부르기시작했다. 특히 신문과 잡지 지면에서 그렇게 썼다. 그리하여 '기미'와 '삼일'이라는 명칭은 대립의 표상이 됐다. 전에는 자연히 입에서 흘러 나오는 대로 부르던 명칭들이었건만, 이제는 "좌우를 돌아다보며 그

---

[13] 「3·1기념운동에 총동원, 5당 공동성명 발표」, 『자유신문』, 1946.2.18.

눈치를 살피지 않고는 함부로 말할 수 없이" 됐다. "삼일이라 부르려면 오른편의 눈치를 살펴야 하고, 기미라 부르려면 왼편의 눈치를 살필 수밖에 없"이 됐다는 것이다.[14]

3·1절이 바짝 다가왔다. 긴장된 나날이었다. 서울 거리를 뒤덮은 거대한 군중이 둘로 나뉘어 날카롭게 대치하게 될 위기가 임박했다. 2월 25일, 불과 나흘만 지나면 3월 1일이었다. 기념행사의 통합을 꾀하는 최후의 노력이 시도됐다. 언론인들이 그 소임을 맡았다. 서울에서 간행되는 14개 신문과 통신사 대표가 회합했다. 「일간신문통신대표회의」라는 명의의 회합이었다. 참석 언론사는 신문사 11개, 통신사 3개였다. 이중에는 해방일보와 조선인민보 같은 사회주의 계열도 있고, 대동신문과 동아일보 같은 강성 보수 색채의 언론도 있었다.

참가자들은 기념행사 통일 방안에 관해서 협의했다. 그들은 실행 가능한 대안을 만들고자 했다. 두 준비위원회를 '존치'한 채로 당일 기념행사를 통일적으로 거행하는 방안을 강구한 것은 그 때문이었다. 언론계 대표자들은 「독립선언기념행사 통일안」을 작성했다. 그 내용은 두 준비위원회가 공동으로 "행사 통합에 관한 집행위원회를 구성"한다, 기념식전을 거행할 인원은 양측에서 같은 숫자를 낸다, 공동집행위원회가 당일 거행할 기념식과 시가행진의 순서를 배정한다는 등으로 이뤄져 있었다.[15]

언론계 대표자들은 이 제안이 최후의 방법이라고 생각했다. 기필코 관철하고자 했다. 그래서 강력한 영향력을 행사하는 것이 필요하다고 보았다. 그 통일안 마지막 항목에 압력 수단을 담았다. "독립선언기념

14) 吳基永, 「기미와 삼일」, 『민성』 2-5호, 1946.3.23, 3쪽.
15) 「3·1행사 통일하자, 기미 3·1 양 준비회에 제의 권고」, 『동아일보』, 1946.2.27.

행사 통일안을 승낙치 않은 편에 대해서는 기사 보도를 일절 거부"한다는 내용이었다. 파격적이었다. 통일안에 따르지 않으면, 분열을 택한 준비위원회 측의 동향에 대해서는 보도하지 않겠다는 결의였다.

언론계 모임은 교섭위원을 선정했다. 5인이었다. 언론계 내부의 다채로운 상태를 반영한 인선이었다. 1인은 통신사 몫이었다. 이종모(李鍾模, 조선통신사) 기자가 그에 해당했다. 4인은 신문사 대표인데, 정치적 성향별로 안배가 이뤄졌다. 사회주의 계열의 조선인민보[高在斗], 강성 보수 계열의 동아일보[張仁甲], 중립 성향의 서울신문[李寬求], 중앙일보[李相昊] 기자가 선정됐다. 5인 교섭단에게는 임무가 부여됐다. 이튿날인 2월 26일 오전까지 양 준비위원회에 언론계 통일안을 전달하고, 빠른 시간 내에 회답을 받아오라는 임무였다.

교섭위원들은 소임을 다했다. 제때 두 준비위원회를 방문하여 통일안을 권고했다. 문제는 회신이었다. 두 준비위원회는 어떤 태도를 보였는가?

두 준비위원회의 대응 양상은 달랐다. '3·1측'은 즉각 회신했다. 통일안을 권고받은 그날, 2월 26일자로 짧지만 명백한 의사를 담은 답신을 보냈다. "3·1기념행사에 관한 귀회의 제안을 본 위원회에서는 민족통일을 촉진하는 견지에서 전폭적으로 승인"한다는 내용이었다.[16] 언론계의 통일 요청을 아무런 조건 없이 전면적으로 수용한다는 뜻이 뚜렷이 나타나 있다.

'기미측'은 달랐다. 먼저 회신 기한을 늦춰줄 것을 요청했다. 27일 오후 2시까지 답신을 보내겠다고 했다. 하루 더 말미를 달라는 말이었다. 이 요청은 받아들여졌다. 하루가 지난 뒤에 결국 답신이 왔다. 최종 약

---

16) 「3·1준비측 회답문」, 『자유신문』, 1946.2.28.

속 시간을 1시간 30분이나 넘긴 뒤였다.

답신은 꽤 길었다. 거기에는 '기미측'이 모든 국민을 대표하고 있다는 주장이 담겨 있었다. 자신은 각계각층의 인사를 총망라하고 있고, 6개 종교단체가 참여하고 있으며, 82개 정당 및 사회단체가 가맹해 있는 명실상부한 전국민운동체라는 것이다. 이어서 통일 제안에 대한 답변이 적혀 있었다. "「3·1기념준비회」가 「기미독립선언기념전국대회」주최 하에 통합하여 기념식전을 거행할 의사가 있다면, 순서를 같이하여 기념식을 거행"하겠다고 표현되어 있었다. 얼핏 보면 조건부로 공동기념식을 거행할 수 있다고 말한 것처럼 보인다. 하지만 실제로는 그게 아니었다. '기미측'의 주최 하에 기념식을 거행하겠다는 뜻이었다. 통합 요청을 수용하는 듯한 뉘앙스를 갖고 있지만, 자신의 단독 주최가 보장되어야만 통합할 수 있다는 의미였다.[17]

언론사 대표들은 통일 제안이 거부됐음을 확인하고 성명서를 발표했다. 교섭 경과를 상세히 설명한 데 이어서 3·1절 기념행사가 분열되고 말았음을 전하는 비통한 어조의 내용이었다. 성명서는 '기미측' 책임론을 명백히 했다. "기념행사 분열의 책임이 「기미측」에 있음을 확인하고, 민족적 치욕을 자초하는 「기미측」의 고립적 행동을 탄핵"한다고 표명했다. 나아가 「일간신문통신대표회의」에서 정했던, 보도 거부 결의를 실행에 옮기겠다고 단언했다.[18]

이 성명서 채택과정에서 한 신문사가 이탈했다. 가장 극단적인 보수 입장을 취하고 있던 대동신문사였다. 대동신문사는 자사 지면을 통하여 탈퇴 성명을 발표했다. 「일간신문통신대표회의」에 대표를 보낸 것

17) 「기미기념측회답문」, 『자유신문』, 1946.2.28.
18) 「기미측의 거부로 기념행사 遂 분열」, 『자유신문』, 1946.2.28.

은 취재 목적이었을 뿐이고, 보도 거부 결의에는 참가하지 않겠다는 내용이었다.[19] 결국 언론계 공동 성명서에서 대동신문사는 제외됐다. 성명서는 13개 신문사, 통신사의 연명으로 발표됐다.

3. '기미측'과 민족대표 주도론

1946년 3월 1일, 날이 밝았다. 서울 시내 여기저기서 아침부터 각 단체가 기념행사를 개최했다. 천도교와 기독교 단체들은 전날 저녁에 대강연회를 각각 개최한 데 이어서 3·1절 아침에는 특별 기도회와 기념예배를 거행했다. 성황이었다. 미 군정청도 그날 아침에 청사 앞 광장에서 기념식을 거행했다. 군정청 예하의 각 관공서는 하루 휴업했고, 각급 학교에서는 오전 9시 반부터 학교 단위로 기념식을 가졌다.

각계각층에서 다채로운 기념행사를 준비했다. 연극계에서는 조선연극동맹 주최로 6개 연극단체가 참가하는 3·1기념 연극제를 약 한달 간에 걸쳐서 거행했다. 영화계도 나섰다. 3·1기념 영화주간을 선포하고, 서울 시내 4개 영화관에서 일본 패망과 관련된 소련과 미국의 다큐멘터리 영화를 상영했다. 음악계도 움직였다. 조선음악동맹과 음악가협회가 공동으로 탑골공원에서 기념 음악대회를 열었다. 자유신문사는 '여학교연합대음악회'를 덕수궁에서 개최했다. 12개 학교의 합창단이 참가하여 39개의 국내외 가곡을 공연했다. 보성전문학교 운동장에서는 '3·1경축 축구대회'가 열렸고, 라디오 방송국은 며칠 전부터 날마다 3·1운동 특집을 방송했다. 언론 보도의 표현에 따르면, 전 시가지

---

19) 대동신문사, 「성명」, 『대동신문』, 1946.2.27.

가 하나의 커다란 제단으로 변한 듯한 느낌마저 주었다.[20]

3월 1일 오전에 치뤄진 기념식 집회 가운데 주목되는 것은 민주의원과 민전이 개최한 집회였다. 민주의원 집회는 종로 2가 보신각 앞 사거리에서 오전 9시 반부터 시작했고, 민전이 주최한 3·1운동 기념식은 오전 9시부터 종로 3가의 탑골공원에서 열렸다. 두 집회는 정치세력을 양분하는 대표적인 단체가 주최했기 때문에 많은 사람들의 관심을 모았다. 각각 수만 명의 군중을 모은 두 집회는 종로 큰 거리를 인파로 뒤덮게 했다.[21]

두 집회는 각기 경쟁적으로 지지자를 결집했지만, 그를 가리켜 분열됐다고 평가하지는 않았다. 문제는 오후에 개최된 연합기념행사였다. 오후 12시 30분부터 '기미측'과 '3·1측'이 준비한 연합 기념행사가 각각 서울운동장과 남산 광장에서 각각 경쟁적으로 개최됐다.

'기미측' 행사장인 서울운동장은 인파로 가득 찼다. 장소가 모자라서 미처 입장하고 못하고 운동장 밖 도로 양편에 줄지어 서 있는 사람들만도 수만명이었다고 한다. 식순은 여느 국경일과 별 차이가 없었다. 국기 계양, 애국가 봉창, 개회사, 독립선언서 낭독, 기념문 낭독, 기념가 합창, 내빈 축사, 만세 삼창 등의 순서를 밟았다. 이채로운 점은 대회를 마치고 시가행렬이 이뤄졌다는 점이다. 수십만 명의 군중이 서울운동장을 나와서 동대문, 종로, 안국동, 미군정청, 광화문 네거리, 서대문 네거리를 행진했다.[22]

---

[20] 「기미순국先靈 기념예배당 건립」, 『대동신문』, 1946.3.2.
[21] 「울려진 종, 휘날리는 태극기」, 『동아일보』, 1946.3.2.; 「만백성 위한 정권 수립이 3·1운동의 궁극 목표다」, 『자유신문』, 1946.3.2.
[22] 「기미독립선언 기념 전국대회」, 『대동신문』, 1946.2.28.; 「서울운동장 式典」, 『대동신문』, 1946.3.2.

'기미측'의 기념행사에 참여한 사람들은 민족 대단결의 항쟁을 이끈 주도체가 '민족대표'라고 인정하는 데에 주저함이 없었다. '민족대표'의 한 사람인 권동진은 "우리 33인이 일으킨 독립선언 삼일운동의 목적한 바"가 이제 해방으로 인해 달성됐다고 술회했다.[23] 또 한 사람의 민족 대표인 오세창도 "우리 33인은 각계를 대표하는 사람이었는데, 각자의 편의와 사정을 충분히 고려하여 완전히 합심하였다"면서, "이 합심으로 말미암아 만세 고함소리가 천지를 진동"하는 결과를 이끌어냈다고 말했다.[24] 어느 말에나 다 민족대표가 3·1운동을 주도했다는 인식이 깔려 있었다.

내부에 균열도 있었다. '기미측'의 참가 단체인 기독교와 천도교는 서로 자기네 종교집단이 좀 더 적극적이고 주도적인 역할을 했노라고 다퉜다. 기독교 측은 구체적인 근거를 들면서 자기 단체의 활동이 기미년 독립운동의 대부분을 점했다고 주장했다. 첫째, 민족대표 33인 중에 기독교 측 인사가 16인으로서 절반을 점했다. 둘째, 국내외 연락과 해외 활동에서 기독교 측 인물들이 주도적 역할을 했다는 점을 들었다. 셋째, 국내 각지 만세시위의 선봉은 거의 기독교 지도자였고, 넷째, 기독교계 교회와 학교가 시위운동과 유인물 살포의 거점이 됐다는 것이다.[25]

함태영 목사도 같은 목소리를 냈다. 민족대표에는 천도교와 불교 단체도 참가했지만 기독교가 2/3를 점할 만큼 주도적이었다고 말했다. 그는 숫자에 착오가 있는 과장된 주장을 서슴지 않았다. 그뿐 아니라 전반적인 역할에 대해서도 그러했다. 그는 기미운동이 있은 뒤에도 기

---

23) 「기미년 회고」, 『동아일보』, 1946.3.1.

24) 「오직 민족단결, 오세창씨 談」, 『한성일보』, 1946.3.1.

25) 「조선기독교는 어디로, 독립운동의 선구」, 『대동신문』, 1946.3.1.

독교는 무서운 압박 속에서 오늘날까지 민족운동을 계속해왔다고 역설했다.[26)

천도교 측도 자신이 3·1운동의 주동세력이었다는 주장을 내세웠다. 천도교 간부 백세명(白世明)은 두 가지 근거를 들었다. 첫째, 각기 따로따로 추진되던 독립선언 준비모임들을 통일하여 단일한 '민족대표'를 결성한 것은 바로 천도교 측의 요청에 의한 것이었다. 둘째, 독립운동의 자금을 전담했다는 점이다. 기독교 측 참가자들의 운동 자금 5천원도 천도교 측에서 지불했음을 상기시켰다.[27)

임시정부 군무총장을 지낸 유동열(柳東說)도 천도교 주도론을 지지하고 나섰다. 그는 민족대표 33인의 수석 서명자가 천도교 교주인 손병희였다는 점을 높이 평가했다. 또 그가 거느린 백만 천도교도들이 각지 만세시위운동의 큰 힘이 됐다고 지적했다. "13도에서 일제히 크게 소리친 이 운동의 중심은 천도교요, 그 꼭지 인물은 손의암이었다"고 주장했다.[28)

민족대표 주도론을 견지한 사람들은 자기가 선호하는 종교단체의 역할을 제각기 과장하는 경향도 보였지만, 3·1운동의 의미에 관해서는 대체로 공동의 인식을 보여주었다. 그중 하나는 비폭력론에 대한 상찬이었다.

예컨대 이승만은 3·1절 전야의 기자회견장에서 말했다. "이 날에 우리 애국 열사들이 처음으로 비군력(非軍力)혁명을 시작하여서, 물질적 세력을 정신적 세력으로 이길 수 있다는 주의를 새로 표명하고, 그 주의를 표명하기 위하여 다수 애국남녀가 생명과 재산을 희생하였습니

26) 咸台永, 「기미년의 기독교도」, 『신천지』 1-2, 1946년 3월호, 60~63쪽.
27) 白世明, 「3·1운동과 천도교」, 『신천지』 1-2, 1946년 3월호, 93~96쪽.
28) 임시정부군무총장 柳東說, 「3·1운동과 손의암(상)」. 『대동신문』, 1946.3.2.

다"라고. '비군력 혁명'이란 곧 군사력에 의존하지 않은 '비폭력 혁명'을 가리키는 말이었다. 그는 한국인들이 세계 최초로 그것을 제기했노라고 주장했다. 서구인들은 비폭력주의의 원조를 인도의 간디라고 보고 있으나, 날짜를 헤아려보면 3·1운동이 먼저 시작된 것이라고 말했다.[29]

그는 3월 1일 보신각 앞에서 개최된 대한국민대표민주의원 주최 기념행사에서도 같은 취지의 발언을 했다. "27년 전 오늘에 우리나라에서 세계에 처음 되는 비폭력혁명이라는 것이 시작"됐다고 주장했다. 이어서 "정신적 능력이 물질적 능력을 이길 수 있다는 것"을 보여줬다면서, "우리 위대한 애국지사들이 비폭력인 시위운동으로 우리 광복에 기초를 세웠"다고 평가했다.[30]

또 하나 공동의 인식은 임시정부 계승론이었다. 3·1운동의 독립 정신을 대한민국임시정부가 계승했다는 주장이었다. 3월 1일 보신각 집회에서 김구는 경축사를 통해서 이 견해를 표명했다. "삼일운동을 통하여 임시정부라는 영도기관을 탄생시켰고, 또 이 임시정부도 …(중략)… 삼일운동의 여러 선열들의 거룩한 독립정신을 계승하고 수난의 길을 꾸준히 걸어왔다"고 발언했다. 단지 거론했을 뿐만 아니라 힘주어 강조했다. "오늘 이 자리에서 여러 동포 앞에 거듭 말씀드리고자 한다"고 표현했다.[31]

김구 개인만이 아니었다. 보신각 앞 민주의원 주최 행사는 「3·1국경절 제27회 기념식」이라고 명명됐다. 이는 "망명 정권인 대한민국임시정부의 명분과 법통을 계승"하는 의미를 담은 명칭이었다. 비록 해방 후에 처음 맞는 기념식이지만, 제1회가 아니라 제27회라고 호명하는

---

29) 「이승만박사 談, 우리의 기미운동은 세계 무저항의 시초」, 『동아일보』, 1946.3.1.

30) 「이승만박사 式辭」, 『대동신문』, 1946.3.2.

31) 「사설, 국경의 최고식전」, 『동아일보』, 1946.3.2.

이유가 바로 거기에 있다는 설명이 뒤따랐다.

4. '3·1측'과 민중 주도론

'3·1측'이 주최한 남산공원 대회에도 거대한 군중이 모였다. 노송 울
창한 숲 속에 커다란 태극기가 게양되고, 광장과 그 주위 계단에 십만
여 명의 인파가 넘실댔다. 대회는 두 부분으로 진행됐다. 하나는 독립
운동희생자 추도회이고, 다른 하나는 3·1운동 27주년 기념 시민대회
였다. 식순은 국기 게양, 애국가 합창, 추도문 낭독, 추도가 주악, 시민
대회 개회사, 기념행사 경과보고, 독립선언서 낭독, 3·1투쟁사 보고,
축사, 만세삼창 등으로 이어졌다.[32] '기미측'의 서울운동장 대회와 다
를 바가 없었다.

이채로운 게 있었다. 시가행렬을 중지하기로 결정한 점이다. 대회가
끝날 즈음에 3·1측 구성 단체의 대표들이 그것을 중지하기로 긴급 제
안을 했다. 대회장에 모인 군중 속에서 반대의 뜻이 표출됐지만 결국
가두행진을 중단하기로 의견을 모았다. 양 대회의 군중이 충돌할 가능
성이 있기 때문이었다. 3·1기념행사를 합동으로 거행하지 못한 것 자
체가 민족의 치욕인데, 그에 더하여 가두행진 군중이 둘로 분열되고 양
자가 충돌이라도 한다면, 그 부끄러움을 차마 견디기 어렵다는 이유였
다.[33] 이 조치가 '3·1측'의 단체 대표들의 발의로 제기됐다는 점에 유
의할 필요가 있다. 군중의 분열을 최소화하고 양자의 충돌을 미연에

---

[32] 「3·1기념시민대회」, 『자유신문』, 1946.3.1.
[33] 「가두행진 중지이유 성명」, 『자유신문』, 1946.3.3.

방지하려는 의도를 갖고 있었다.

'3·1측'의 3·1운동 인식은 '기미측'과는 많이 달랐다. 특히 3·1운동의 주도체 문제에 대해서 그랬다. 3·1운동이 잘못 인도됐다고 보았다. '3·1측'의 주요 참가단체인 조선노동조합전국평의회 기관지 『전국노동자신문』의 3·1절 사설에 그 입장이 잘 표현되어 있다.

> 이 운동을 영도한 민족부르주아 급 토착 대지주는 베르사이유 강화회의 급 미국에 호소하여 문제를 해결한다는 타력 본원적(本願的) 사대사상에 지배되었으며,「정의의 앞에는 총검도 굴복하는 것이니, 무저항주의로 나가라」는 기독교적 정의론과 무계획적, 타협적, 중도반단(中途半端)적인 지도를 한 까닭에, 운동은 커다란 성과를 얻지 못하고 패배되고 말았다.[34]

이 견해에 따르면 3·1운동을 지도한 계급은 '민족부르주아와 토착 대지주'였다. 이 계급은 여러 가지 약점을 갖고 있었다. 세 가지가 거론되고 있다. '타력 본위의 사대주의 정책'이 그 하나였다. 달리 표현하면 "민족자본가 계급이 자력으로서 않고 외력에 의하여 독립하려는 망상을 하였던 것"이 문제였다.[35] 미국이 표명한 민족자결주의 원칙과 베르사이유 강화회의에 기대를 걸었으며, 그 외에는 아무런 주체적 운동론을 갖지 못했다는 지적이다.

이어서 무저항주의가 거론됐다. 이른바 '지도자'들은 "간디 이상의 비폭력 무저항주의를 표방하여 고조된 대중의 항일투쟁을 기피 외포(畏怖)하고, 이것을 억압"했다고 평가했다.[36] 대중을 오도하여 3·1운동을 실패로 이끌었다는 비판이었다. '기미측'이 세계 최초라고 자랑하

---

34) 「사설, 3·1운동의 의의와 교훈」, 『전국노동자신문』 제11호, 1946.3.1.

35) 「주장: 3·1기념일에 동포에게 고함」, 『해방일보』, 1946.3.1.

36) 「권두언」, 조선과학자동맹, 『조선해방과 3·1운동』, 청년사, 1946.3, 1쪽.

던 비폭력주의를 '3 · 1측'은 정반대로 평가한 셈이다.

다음으로 무계획적, 타협적, '중도반단'적 행동이 꼽혔다. 지도자들이 대중의 열기와 의지를 이끌 조직과 계획을 제시하지 못했기 때문에 3 · 1운동은 무조직적이었고 산만했다는 것이다. 그리하여 "투쟁적 강령과 전투적 계획이 전무(全無)"했으므로 3 · 1운동이 좌절할 수밖에 없었다고 진단했다.[37] 3 · 1측 입장에 선 논자들은 이 약점에 대해서 통렬한 묘사를 아끼지 않았다. 예컨대 "보라! 3월 1일 오후 파고다공원을 떠난 수만의 군중 데모가 파도와 같이 대한문, 서소문, 일인가(日人街)를 거쳐 종로로 전입(轉入)할 때, 손병희 이하 29현(賢)은 태화관에서 축배를 들고 하세가와(長谷川) 총독에게 전화를 걸어 「아등이 재차(在此)하다」하고 자진 피수(被囚)된 사실을!" 이라는 문장을 보자.[38] 군중 데모와 '지도자들'의 행동 양상을 날카롭게 대비시키고 있다.

요컨대 '지도자들'은 3 · 1운동의 주역이 아니었다. 일제에 대한 투쟁을 이끈 것은 '인민 대중'이었다는 게 3 · 1측의 견해였다. "3 · 1운동의 피의 기록은 그들 지도층과는 이미 대척적(對蹠的) 위치에 있던 농민, 노동자 급 진보적 소시민 학생의 자주적 투쟁으로 된 것이었다"고 주장했다. 과연 '3 · 1운동의 진정한 실천자'는 누구인가? 조선과학자동맹의 연구자들은 이렇게 질문을 던졌다. 그것은 '33인'도 '48인'도 아니었다. 바로 인민 대중이었다.[39]

인민 대중이란 어떠한 존재인가 하는 문제에 관해서는 3 · 1측 안에서도 여러 입장이 섞여 있음을 발견할 수 있다. 혹자는 '인민 대중'을

37) 김일성, 「3 · 1절을 맞이하여 조선인민에게 고함」, 1946.3.1, 『북한연구자료집』 1, 고려대 아세아문제연구소, 50~52쪽.

38) 「권두언」, 조선과학자동맹, 『조선해방과 3 · 1운동』, 청년사 1946.3, 2쪽.

39) 위의 글, 2~3쪽.

곧 '노동자, 농민, 소부르주아지'라고 보았다. 3대 계급이 3·1운동의 대중시위를 담당한 주체였다는 말이다. 이 견해는 폭넓은 공감을 얻고 있었다. 조선공산당 기관지 『해방일보』의 사설, 『전국노동자신문』의 1946년 3월 1일자 사설, 조선과학자동맹 소속의 학자들 글에서 이 견해가 발견된다.[40]

그보다 더 좁게 이해한 이들도 있었다. 보기를 들면 경제학자 안병렬은 농민과 노동자, 두 계급이 3·1운동의 진정한 주인공이라고 보았다. "부르주아지의 민족반역, 소부르층의 태락(怠落), 이것은 농민 노동자 무산계급의 용감한 총궐기로서만 일본제국주의에 대하여 반기를 휘날리고 거족적 반일투쟁의 역사적 위대한 한 페이지 3·1운동을 수행할 수 있었다는 것"을 보여준다고 썼다.[41] 인민대중의 범위를 제각기 달리 설정했지만 그들 사이에는 뚜렷한 동질성이 있었다. 어느 경우든지 간에 3·1운동의 주도적 역할을 민중이 스스로 감당했다는 판단에는 동일했다.

민중 주도론을 주장하는 논자들은 3·1운동이 실패했음을 환기하는 것을 잊지 않았다. 3·1운동이 좌절된 까닭이 어디 있는가? 그것을 찾아내는 것이 바로 3·1운동을 다시 되돌아보는 진정한 동기였다. 다시는 실패를 되풀이하지 않도록 교훈을 찾고자 했다. 다시 『전국노동자신문』의 지면으로 되돌아가 보자. 3·1운동이 남긴 교훈에 대해서 이렇게 말했다.

첫째, 민족부르주아지의 개량주의적 타협적 지도방법으로는 도저히 민

---

[40] 「주장」, 『해방일보』, 1946.3.1; 「사설」, 『전국노동자신문』 제11호, 1946.3.1.; 조선과학자동맹, 『조선해방과 3·1운동』, 청년사, 1946, 3쪽.

[41] 安秉烈, 「3·1운동과 농민」, 『조선해방과 3·1운동』, 청년사, 1946, 62쪽.

족해방은 불가능하다는 것, 둘째는 노동자, 농민은 과거부터 현재까지 또 앞으로도 가장 민족을 사랑하고 민족해방전에 용감히 싸웠다는 것, 셋째는 옳은 지도와 굳은 단결이 없이는 모든 정치투쟁에서 실패한다는 것 등이다.[42]

여기서도 다시 한 번 양자의 날카로운 대비를 볼 수 있다. '민족부르주아지'를 한편으로 하고 '노동자와 농민'을 다른 한편으로 하는 양측은 대척점에 서 있었다. 그들의 역할은 정반대였다. "민족부르주아지 급정치 뿌로카들을 믿을 수 없다는 것은 과거의 쓰라린 경험을 통하여 우리는 잘 알고 있는 만치, 또 다시 그런 비극을 연출하지 않기 위하여는 노동자 농민은 굳게 단결"하자고 주장했다.[43] 하나는 실패와 불가능의 표상이고, 다른 하나는 민족해방투쟁의 진정한 동력이자 승리의 조건이었다.

요컨대 '3·1측'의 역사인식은 '개량주의 타격론'과 깊이 연관되어 있었다. 개량주의는 해방운동을 오도하는 역할을 하고 있으며 그와 동시에 광범한 대중에게 영향력을 미치는 존재였다. 그러므로 그들의 불철저성과 타협성을 대중 앞에 폭로함으로써 그들이 대중에 대해서 갖는 영향력을 무력화시킬 필요가 있었다. 그래야만 해방운동을 승리로 이끌 수 있다고 보았다. 민족대표는 믿을 수 없는 존재라는 것을 3·1운동의 경험을 통해서 잘 알고 있으므로, 그들의 입장과 태도에 대해서 정치적, 심리적 타격을 가해야 한다는 견해였다. '3·1측'의 3·1운동 민중 주도론은 개량주의 타격론과 논리적으로 표리관계에 있었다.

---

[42] 「빛나게 맞이하자! 3·1기념일, 5 정당이 연합준비」, 『전국노동자신문』 제11호, 1946.3.1.
[43] 위의 글.

5. 민족통일전선론의 역사상, 민족대표 역할론

3·1절 연합 기념행사의 분열을 막아보려는 노력이 역동적으로 경주
됐음에 유의할 필요가 있다. 준비위원회 단계에서 그러한 노력이 이뤄
졌다. 이미 보았듯이 두 준비위원회를 통합하여 기념행사를 단일화하
려는 움직임이 강력히 대두됐다. 3·1절이 임박한 시기에 두 차례에 걸
쳐서 그 움직임이 나왔다. 한 번은 두 준비위원회 대표자들이 주역이
었다. 그들은 3·1절 보름 전인 2월 12일에 개최된 '7정당 대표자회의'
에서 통합 방안을 논의했다. 그러나 이 협의는 성공하지 못했다. 두 번
째 노력은 언론인들이 주역이었다. 3·1절 나흘 전인 2월 25일에 14개
언론사 대표자들이 기념행사의 통합을 꾀하는 최후의 노력을 시도했
다. 하지만 이번에도 실패했다.

어느 경우든 간에 쟁점의 소재는 이승만과 김구를 통합 기념행사의
최고 지도자로 봉대하는 문제였다. 그를 반드시 관철하려는 '기미측'의
완강한 태도가 통합 노력의 실패를 가져온 주된 이유였다. 민족대표 33
인 가운데 전향하지 않은 생존자들을 봉대하자는 타협안마저 수용되
지 않았다.

비록 실패로 끝나고 말았지만 기념행사의 통일을 원하는 목소리는
높았다. 임시정부가 비상국민회의를 소집할 때에 임정 요인 김원봉(金
元鳳), 성주식(成周寔), 김성숙(金星淑), 장건상(張建相) 4인이 탈퇴를
성명한 것은 그와 연관된 현상이었다. 네 사람은 "좌(左)만의 통일도
통일이 아니오, 우(右)만의 통일도 통일이 아니라"고 성명했다. 이들은
좌우를 망라한 폭넓은 민족통일전선의 필요성을 제창했다. 민주주의
민족전선 안에서도 그러한 태도가 표출됐다. 독립동맹 대표 한빈(韓斌)
은 민주주의민족전선 대회 석상에서 "이 대회가 백퍼센트로 집결된 것

은 아니다. 이 대회에 참가하지 않은 사람들이 전부 반민주주의자라고
생각하면 안 된다."고 역설했다.[44] 어느 것이나 다 민족통일전선 정책
의 확장을 지향하는 움직임이었다.

이러한 사회적 심리 상태를 반영하는 3·1운동 역사상이 제시됐다.
민족대표가 설혹 불철저했고 타협적이긴 했지만, 그들이 3·1운동에
기여한 공로를 부인하기 어렵다는 견해였다. 이 견해는 민족대표가
3·1운동의 지도적 역할을 감당했음을 인정한다는 점에서 민중 주도론
과는 달랐다. '민족대표 역할론'이라고 부를 수 있을 것이다.

조선연극동맹이 주최한 3·1절 기념 연극대회에서 이러한 입장이 표
출됐다. 6개 극단이 이 축제에 참여했다. 그중에서 주목되는 것은 극단
낙랑극회에서 공연한 「기미년 3월 1일」(함세덕 작)과 조선예술극장이
올린 「3·1운동」(김남천 작)이라는 두 편의 연극이다.

극작가 함세덕이 연극을 준비하고 있다는 정보는 꽤 일찍부터 알려
졌다. 『동아일보』 1946년 1월 22일자 지면에는 "극단 낙랑극회에서는
수개월 전부터 기획 중이던 바, 작자 함세덕 씨의 「기미년 3월 1일」 5
막의 희곡이 탈고되었다"는 기사가 실렸다.[45] 여기서 유의할 만한 정
보는 탈고 시점이다. 1월 20일 경에 원고가 완성됐는데, 원고를 기획한
것은 수개월 전이었다. "졸저 「기미년 3월 1일」을 쓰고자 약 3개월에
걸쳐 수집한 자료"에 의거했다는 함세덕 자신의 진술을 감안하면,[46]
1945년 10월 중순에 처음으로 집필을 꾀했음을 알 수 있다.

해방된 지 2개월 만이었다. 이때는 조선공산당이 친일반민족행위자

44) HP생, 「미완성의 통일전선」, 『민성』 2-4, 1946.3.1.

45) 「학예소식: 기미 3월 1일」, 『동아일보』, 1946.1.22.

46) 함세덕, 「기미년 3·1운동 주모자인 33인의 획책 경위와 진상」, 『민성』 2-4,
1946.3.1., 6쪽.

세력을 제외한 광범위한 민족통일전선 정책을 실행하던 시기였다. 이 승만 세력에 더하여 김구를 필두로 하는 임시정부 세력과 연대하고자 적극적으로 노력하던 때였다. 민족통일전선체로 상정된 '조선인민공화 국'을 대표하여 이강국, 이승엽, 박문규 3인이 1945년 10월 7일에 기자 회견을 가졌다. 그들은 "우리는 언제든지 민족적 범죄자인 친일분자만 을 제외하고는 누구든지 환영한다"는 입장을 천명했다.[47] 희곡 「기미 년 3월 1일」의 얼개를 구상하던 함세덕의 문제의식은 바로 이러한 정 치적 태도와 무관하지 않았다.

함세덕은 민족대표를 영웅 서사의 주역으로 형상화했다. 가혹한 형 벌을 앞두고 기꺼이 자기를 헌신하는, 두려움 앞에서 주저하고 동요하 면서도 그 길을 걸어가는 사람들로 그렸다. 특히 민족대표 최초 구성 안이 벽에 부딪쳤을 때 기꺼이 그 곤란성을 한 몸에 짊어지기로 각오 한 이승훈의 용기에 대해서 상찬을 아끼지 않았다. 또 하나의 주역인 최린에게는, 뒷날 시중회 결성 등 변절에 대한 부정적 평가가 중첩된 탓에 비판적인 관점을 취하고 있지만, 당대의 행위에 대해서는 긍정적 으로 묘사했다. 민족대표 제2차 구성안을 입안하고 실행하는 데서 그 가 끼친 영향을 객관적으로 그렸다.[48]

기존 연구 성과 중에는 다른 의견을 제시한 것도 있다. 박혜령의 연 구에 따르면, "이 극은 3·1운동의 단순 재현이 아닌 민중적 시각에서 의 재해석을 목표하였으므로, 독립선언의 민족대표 33인에 대해서는 시종일관 비판적 시각을 견지"했다고 한다. 그 근거로는 민족대표 결집 과정에서 보여준 지도적 인사들의 부정적 태도를 들었다. 최남선은 맨

---

47) 「인민공화국은 좌익이 아니다」, 『자유신문』, 1945.10.9.
48) 함세덕, 앞의 글, 7쪽.

처음부터 자신의 안위만을 따지고, 송진우는 정견이 없이 생각을 자주 바꾸는 모습을 보이며, "기회주의적인 현상윤, 무저항 탄원주의자 함태영"이 묘사되고 있다는 것이다.[49]

그러나 이 견해는 극작가 함세덕의 내면 의도와 부합하지 않는다. 그의 의도는 희곡 속에서는 함축적으로 표현되어 있지만, 「조사 경과서」에서는 직설적으로 드러나 있다. 함세덕은 희곡 「기미년 3월 1일」을 지음과 동시에 3개월에 걸쳐서 수행한 「조사 경과서」를 발표했다. 잡지 『민성』에 게재한 「기미년 3·1운동 주모자인 33인의 획책 경위와 진상」이라는 기고문이 그것이다. 그는 이 글을 쓰기 위해서 민족대표 가운데 생존자들과 남녀 학생 주모자 20여 인을 직접 방문하여 인터뷰를 했고, 고등법원 판결문과 일본 경찰의 정보 기록 등 희귀한 문헌을 분석했다. 그는 자부했다. 자신이 쓴 조사 경과서는 주워들은 정보로 얽은 픽션이 아니라, 신뢰할만한 진실의 기록이라고. 조사 경과서에 드러난 민족대표를 보는 함세덕의 견지는 일방적인 비판이거나 찬양이 아니었다. 그는 민족대표의 약점을 구체적으로 묘사함과 더불어 그들의 영웅적 행동에 대한 상찬도 아끼지 않았다. 그들의 긍정적 역할과 부정적 속성을 입체적으로 그리고자 했다. 그는 진실의 복원을 목표로 했다. 요컨대 함세덕은 민족대표 성립 과정에서 이승훈으로 대표되는 영웅적 경향과 송진우, 최남선, 함태영 등으로 대표되는 동요하는 경향이 교차했음을 형상화하고자 했던 것이다.

김남천의 희곡도 민족대표의 근간인 기독교와 천도교가 3·1운동 속에서 수행한 역할에 대해서 묘사하고 있다. 그의 작품 「3·1운동」은 3막 8장으로 구성된 희곡인데, 평안남도 성천(成川)에서 발발한 만세시

---

49) 박혜령, 「함세덕의 '기미년 3월 1일' 연구」, 『이화어문논집』 18, 2000, 310~317쪽.

위운동을 소재로 삼았다. 자기 고향이었다. 나이 9세 때 목격한 고향의 독립투쟁을 토대로 그린 작품이었다.[50]

김남천도 기독교와 천도교가 각기 부정적 속성을 지니고 있다고 인식했다. 기독교는 서양에 대한 숭배와 추수주의를 조장하고, 조선 정신을 서양화해 왔는데 반하여, 천도교는 대중을 미신과 신비주의로 이끄는 경향이 있고, 일진회의 매국행위에 책임을 져야한다고 비판했다. 어느 경우나 다 등장인물들의 입을 빌어서 표현했다. 심지어 두 세력은 갈등 관계에 있었다. 극중에서 두 종교단체의 청년들은 충돌했다. 합동 강연회가 끝난 뒤에 구타, 폭행 사건이 발발했다.

그럼에도 불구하고 두 종교단체가 3·1운동을 주도한 사실을 김남천은 부인하지 않았다. 부인하기는커녕 결함을 갖고 있는 두 집단이 통일전선론의 관점에서 협력했음을 부각했다. 주인공의 입을 빌어서 말하기를, "모든 감정이나 교의와 주지(主旨)의 차이를 넘어서 …… 급속히 통합을 실행하여, 이날 우리 민족의 커다란 거사에 남김없이 힘을 모으도록 하여야" 한다고 주장했다.[51] 요컨대 김남천에게는 민족대표의 중심 세력인 기독교와 천도교에 대해 일방적으로 비난하는 관점은 존재하지 않았다. 두 종교 단체는 약점이 있으면서도 불구하고 3·1운동을 이끄는 지도적 역할을 수행했음을 형상화했다. 극중에서 기독교도가 한때 투항적인 태도를 보이는 것으로 묘사되지만, 그것은 진행과정에서 극복되는 것으로 상정되어 있다.

연극만이 아니었다. 민족대표 역할론은 사회주의 계열의 언론 지면에서도 찾을 수 있다. 조선공산당 북조선분국의 기관지 『정로』에 게재

---

50) 김남천, 「3·1운동(1-3)」, 『신천지』 1946.1-2호, 1-3호, 1-4호.

51) 김남천, 「3·1운동(1)」, 『신천지』 1946.1-2호, 272쪽.

된「3·1운동약사」가 그 보기다. 이 글에서는 민족대표가 지도적 역할을 했음을 인정하고 있다. 천도교와 기독교, 불교의 명망있는 인사들이 경성에 독립운동본부를 조직하고, 국내 각지에 예하 기관을 설치하여 전국 일치의 준비를 했고, 비밀리에 대중시위운동을 준비했다고 평가했다. 구체적인 역할은 더 있었다. 선언서 인쇄와 배포를 담당하고, 대중시위 날짜와 장소를 정했으며, 학생단과 연락을 맺었다. 명시적으로 '지도부'의 역할을 했다고 표현했다.

민족대표를 일방적으로 찬양했던 것은 아니다. 민족대표 구성원 가운데 "변절한 타락한 자들이 속출하여 민족의 체면도 계지(繼持)하기 창피하게" 됐음을 지적했다.[52] 이러한 약점은 민족대표가 지닌 동요성의 표현이었다. 소부르주아지가 계급적 본질상으로 위험한 동요성을 내장하고 있음을 보여주는 현상이라고 해석했다. 그렇더라도 민족대표의 불철저성을 과장하지는 않았다. 독립단 본부에 속했던 인사들의 변절과 타락은 훗날에 그러했음을 가리킨 것이지, 3·1운동 당시의 행위를 비난한 것은 아니었다.

'민족대표 역할론'의 골자는 민족통일전선 정책을 중시하는 데에 있다.「3·1운동약사」의 필자는 3·1운동의 의의를 이중적으로 규정했다. "반일본제국주의의 민족독립운동인 동시에 각 계층을 망라한 자발적 통일전선적 운동"이었다. 각 계층이란 '소자산계급'과 '공, 농, 상 각 계급'을 뜻했다.[53] 이는 소부르주아지와 노동자, 농민, 부르주아지 등 4대 계급을 가리키는 은유였다. 따라서 3·1운동은 '전 민족의 단결한 역량'이 만들어 낸 위대한 투쟁이라고 규정할 수 있었다.

---

52) 위의 글, 272쪽.
53)「3·1운동약사 (6)」,『정로』, 1946.2.25.

6. 맺음말

해방 직후에 표출된 3·1운동 역사상(歷史像)은 단일하지 않았다. 1946
년 3·1절 연합 기념행사가 서울운동장 집회와 남산공원 집회로 분열
된 데 조응하여, 3·1운동 역사상도 나뉘었다. 그중 하나는 이승만과
김구를 불가변의 지도자로 추대한 '기미독립선언전국대회준비위원회'
(기미측)에서 생성한 이미지였다. 그에 따르면, 3·1운동은 민족대표의
지도하에 모든 민족이 단결하여 수행한 독립운동이었다. 그것은 세계
최초로 비폭력주의에 의해서 인도된 영예로운 것이며, 대한민국임시정
부에 의해서 법통이 계승됐다는 견해였다.

다른 하나의 역사상은 '3·1기념전국준비위원회'(3·1측)이 제기했다.
그에 따르면, 3·1운동은 민족부르주아지가 아니라 민중의 주도에 의
해서 전개됐다. 이른바 지도자들은 의타적, 무계획적, 타협적인 속성을
지니고 있었기 때문에 독립운동을 승리로 이끌 수 없었다. 그에 반하
여 전국 방방곡곡에서 실제로 투쟁을 이끈 사람들은 인민 대중이었다.
인민 대중이란 노동자와 농민을 가리키거나, 때로는 그에 더하여 소부
르주아지도 포함하는 용어로 사용됐다.

위 두 가지 견해는 상호 대립적이었다. 3·1운동을 누가 이끌었는가
하는 문제를 둘러싸고 '민족대표 주도론'과 '민중 주도론'으로 팽팽히
나뉘었다. 이 구도는 그 당시 현실 정치에서 '남조선대한국민대표민주
의원'과 '민주주의민족전선'의 대립을 반영하는 것이었다.

3·1절 기념행사의 분열은 많은 사람들의 우려를 샀다. 두 준비위원
회를 통합하여 기념행사의 통일을 꾀하는 움직임이 나왔다. 3·1절 보
름 전에 개최된 '7정당 대표자회의'의 통합 논의, 3·1절로부터 불과 나
흘 전에 서울시내 십여 개 언론사 대표자들이 시도한 기념행사의 통합

안은 그 구체적인 예시였다. 둘 다 실패로 끝나고 말았지만 기념행사
의 통일을 원하는 목소리는 높았다.

　이러한 사회적 심리 상태를 반영하는 3·1운동 역사상이 제시됐다.
'민족대표 역할론'이 그것이다. 민족대표는 여러 가지 약점을 안고 있
지만 3·1운동의 전개과정에서 적극적 역할을 맡았음을 인정하는 견해
였다. 3·1운동 과정에서 노동자, 농민, 소부르주아지는 물론이고 민족
부르주아지를 포함한 4대 계급이 참여했다고 보았다. 이 견해는 민족
통일전선을 중시한다는 특성을 갖고 있었다. '민중 주도론'이 개량주의
의 대중적 영향력을 무력화시켜야 한다는 개량주의 타격론의 관점에
선데 반하여, '민족대표 역할론'은 4대 계급의 민족통일전선론의 관점
에 서 있었다.

해방이후 한국 역사학의 젠더인식

가족사와 여성사연구를 중심으로

정현백

1. 머리말

이미 1960년대에 여자대학을 중심으로 가족, 여성운동, 여성교육에 관한 연구들이 간헐적으로 나왔지만, 1972년 이화여대에서 전 시대를 통사로 정리한 『한국여성사』가 출간되면서, 비로소 여성사 연구가 모습을 드러내었다.[1] 그러나 한국에서 여성사연구가 본격적으로 시작된 것은 1980년대 후반이다. 이는 서구를 풍미하였던 68학생운동의 영향 속에서 탄생한 페미니즘운동 제2의 물결이 일어나면서, 서구에서 여성학연구가 활발해진 것과 관련이 있다. 1970년대 말에 이르러 이런 분위기가 한국에도 전해지면서, 여성운동의 빠른 성장과 함께 여성학 연구

---

[1] 이송희, 「한국 근대 여성사 연구의 성과와 과제」, 『여성과 역사』 6, 2007, 53-53쪽; 이송희, 「근현대 여성사연구 50년」, 한국문화연구원 편, 『한국사 연구 50년』, 서울, 혜안, 2005, 472~473쪽.

가 활발해졌고, 여성사연구도 이로부터 크게 자극을 받았다. 또한 1980
년대를 휩쓴 민주화운동의 물결 속에서 역사학계에서 활발해진 민중
사연구도 피억압자에 대한 관심과 함께 여성사 연구의 출범에 자극제
가 되었다. 달리 말하면 이제 본격적으로 출범하는 여성사연구는 한편
으로는 페미니스트의 시각에서 여성사연구에 접근하는 것이면서 동시
에 민중지향적 여성운동과 민중여성사의 관점을 견지하려 하였다.[2]

1980년대 여성사연구의 문제의식을 계승하는 1990년대에 이르면, 주
목할 만한 여성사연구의 성과가 나타났고,[3] 더불어 역사학계에서 여성
사가 '가시적'이 되어가기 시작하였다. 1994년에『한국사 시민강좌』15
집에서 여성사를 특집기획으로 다루었고, 2년 후인 1996년에는『역사
학보』150집도 최초로 여성사를 특집으로 다루어 총 12편의 논문을 게
재하였다. 대표적인 역사 학술지라 할 수 있는 두 지면에서 여성사를
특집으로 배치한 것은 여성사 연구에 대한 역사학계의 '인정행동'인 셈
이다.

2004년 9월에는 한국여성사학회가 창립되었고, 이 해 연말에 학술지
『여성과 역사』가 출간되어, 지금까지 반년간지로 이어지고 있다.[4] 이
미 역사학계에서는 1990년대 말부터 전문분야별 분과사학회가 창립되
고 그 연구가 활발해졌다. 지역별 사학회나 시대사별 학회가 생겨났다.

---

2) 이송희, 앞의 글, 2007, 57쪽.

3) 이는 소장 여성연구자들의 공동작업과 집단토론의 결과로 나온 한국여성연구회
편『한국여성사: 근대편』과 앞의 단체의 후신인 한국여성연구소가 출간한『우리
여성의 역사』를 통해서 그 성과를 확인할 수 있다. 한국여성연구회 여성사분과,
「한국여성사의 연구동향과 과제: 근대 편」,『여성과 사회』5, 서울, 창작과 비평사,
1994, 352~360쪽; 한국여성연구소,『우리 여성의 역사』, 서울, 청년사, 1999 참조.

4) 한국여성사학회의 성립배경과 제도적 발전과정에 대해서는 정현백,「여성사연
구의 현황과 과제: '자리 잡기'와 '새판 짜기' 사이에서」,『여성과 역사』17, 2012,
73쪽 참조.

또한 서양사학이나 동양사학의 경우에는 영국사나 중국사와 같은 국가사 관련 학회가 창립되었다. 이런 국내 역사학계의 발전현황에 비한다면 여성사학회의 창설은 늦은 편이다. 서구 국가들이나 일본에 비한다면 그 창립이 거의 20~30년 지연된 것이다.

2007년부터 여성사학회는 역사학 연구자들이 총집결하여 토론을 벌이는 전국역사학대회에 패널을 구성하여 참여하고 있고, 2010년에 역사학대회를 주관하는 협의체인 전국역사학대회협의회에 가입승인을 얻으면서, 17개 주관단체 중 하나가 되었다. 이를 통해 여성사학회는 역사학계의 정회원이 된 셈이다. 앞에서 언급한 대로『역사학보』의 여성사특집 편성이 여성사에 대한 '인정행동'이라 할 수 있다면, 역사학대회협의회에의 가입은, 이를 위해 애쓴 여성 역사가들의 표현을 따르자면, 일종의 '인정투쟁'의 결과라 할 수 있다.[5]

외형적으로 보자면 이제 여성사는 한국 역사학계의 당당한 일원이 되었고, 또한 지난 20년 사이에 소장 연구자들을 통해서 여성사연구는 연구의 양적, 질적 성과를 거두었다고 평가할 수 있다. 그러나 여성사연구는 여전히 '여성들만의 잔치가 아닐까' 라는 질문을 던지게 된다. 이는 여성사연구의 발전이 더 이상 연구 활성화나 튼실한 학문적 조직화에 못지않게, 역사학계 내의 위상 강화나 상호영향력을 질문할 필요성을 제기한다는 의미이다. 이는 과거 우리가 제기했던 질문들, '여성사연구는 역사학 내에서 한 분과로 제대로 인정받고 있는가, 혹은 여성사 연구자들은 학술기구나 제도에 성공적으로 편입하고 있는가, 아니

---

[5] 이 글에서 굳이 '인정행동'과 '인정투쟁'이라는 서로 다른 용어를 사용한 이유가 있다. 남성역사가가 주도하는 역사학회가 여성들에게 제안하였던 여성사특집은 '인정행동'으로 보아야할 것이나, 여성들의 오랜 설득과 로비를 통한 전국역사학대회협의회 가입은 '인정투쟁'으로 볼 수 있기 때문이다. 정현백, 위의 글, 67쪽 참조.

면 여전히 역사학계의 무관심 속에서 주변부를 형성하고 있는 것이나 아닐까[6] 등에서 한 걸음 더 나아가는 것이다. 달리 말해 지금의 문제제기는 역사학의 젠더링(gendering)에 대한 질문이자, 여성사 연구의 축적이 전체 역사학의 패러다임 변화를 견인하고 있는가를 성찰하는 것이다.

　이런 의문에 대한 대답을 찾기 위해서 이 글은 다소 색다른 방법을 선택하려 한다. 여성사가 제기하는 핵심적인 문제틀이 역사학계에서 고려되거나 수용되고 있는지 아니면 거부와 논쟁을 야기하고 있는지를 가족사와 여성사를 다루는 여성역사가와 남성역사가의 연구들을 통해서 살펴보는 것이다. 역사연구의 성과를 연구자의 생물학적 성에 따라 나누어 분석하는 것은 어색하거나 논리에 맞지 않은 일이다. 자연적으로 주어진 생물학적 성은 사회문화적인 젠더체계로 형성되어 가기 때문이다. 여성사를 전공하는 남성이 상당수 존재하는 서구 역사학계의 시각에서 보면 더욱 이해하기 어려울 수 있다. 또한 여성역사가 중에서 젠더 감수성이 더 미약한 경우도 있고, 반대로 남성 역사가 중에서 젠더 감수성이 여성역사가보다 더 높을 수도 있다. 그러나 지금의 한국 역사학계에서 이런 질문을 던져볼 필요가 있다. 이런 시도는 전체적인 흐름에서 관측하자면, 여성과 남성에 따라, 젠더 이슈에 접근하는 방식과 역사연구 방향이 눈에 뜨이게 달랐기 때문에, 이

---

[6] 이런 문제의식은 지난 20년 사이에 여성사 연구는 많은 양적, 질적 발전을 겪었지만, 역사학계의 업적을 2년 단위로 평가하는 〈회고와 전망〉 난에서는 여성사의 약진에 대한 언급이나 평가를 찾기는 쉽지 않은 현실에서 기인한다. 마찬가지로 지난 50년간에 이루어진 한국 역사학의 성과를 정리하는 글에서도 여성사의 약진에 대한 분석은 생략되어 있다. 김두진, 「한국 역사학의 연구성과와 과제」, 역사학회 편, 『한국 역사학의 성과와 과제』, 서울, 일조각, 2007, 41쪽; 김영한, 「한국의 서양사 연구 60년 성과와 과제」, 위의 책, 292~329쪽; 차하순, 「한국 역사학의 유산과 21세기의 과제」, 위의 책, 17~40쪽 참조.

러한 분류를 통해서 유의미한 해석을 도출할 수 있다는 가정에서 출발한 것이다. 역사학계의 중심부를 이루는 남성역사가들의 젠더사에 대한 관점이 바뀌지 않는 한, 우리 역사연구의 젠더링은 난망하다. 젠더 관점을 수용하는 소수의 남성역사가가 존재한다 한들, 이를 통해서 전체 한국사의 흐름이 바뀌기 어렵기 때문이다. 여기에서 굳이 '젠더링'이라는 익숙하지 않은 용어를 사용하는 것에 대한 이해를 구한다. 이는 제반 역사인식이나 연구를 젠더 관점에 비추어 행하는 것을 의미한다.

본 논문에서는 가족사와 여성사에 대한 논문과 저술들을 분석하는 것을 통하여 앞에서 제시한 문제의식을 발전시켜보고자 한다. 굳이 가족사를 연구대상으로 선택한 이유는 남성역사가에 의한 연구가 어느 정도 진척되었기 때문에 이 글의 문제의식에 비추어 분석대상이 될 만한 논문이 적지 않은 까닭에서이다. 여성사연구가 본격화되기 전부터 전근대부문에서 사회사연구의 열기와 함께 가족이나 친족에 대한 연구가 진행되어 왔다.[7] 여성사 분야에서도 가족에 대한 연구는 상당부분 이루어졌는데, 여성의 지위나 삶이 결정되거나 매개되는 것이 가족인 만큼 자연히 여성 역사가들의 관심이 높은 연구 분야인 까닭에서이다. 가족사 연구와 관련하여서는 사회과학분야, 특히 사회학과 여성학에서도 여성사나 가족사 연구에 근접한 성과물이 있다. 역사학자에 의한 연구는 아니라 할지라도 많은 수의 저작은 아니어서, 이 글에서 함께 포함하여 분석할 것이다.

본 논문에서는 먼저 2장에서 그간 여성사 혹은 젠더사 연구자들이 표방해온 핵심 주장과 문제의식을 소개하고자 한다. 3장에서는 남성역

---

7) 한국여성연구회, 「한국여성사의 연구동향과 과제: 전근대편」, 『여성과 사회』 3, 서울, 창작과 비평사, 1992, 315쪽; 이송희, 앞의 글, 2007, 56~58쪽.

사가들이 쓴 가족사/여성사 연구를 분석하고자 한다. 남성에 의해 이루어진 그간의 서술이 지닌 특성과 문제점을 분석하고자 한다. 4장에서는 그간 여성역사가들에 의해 이루어진 가족사/여성사연구의 현황을 소개하고 그 특성과 한계를 짚어볼 것이다. 마지막으로 결론에 해당하는 5장에서는 한국사연구의 젠더링을 위한 대안과 제언을 내놓을 것이다.

마지막으로 양해를 구할 점은 분석대상을 체계적으로, 그리고 시대나 지역과 같은 보다 제한된 범위 내에서 선정하지 못한 것이다. 특히 최근에 생산되는 신진 소장역사들의 연구업적에 대한 치밀한 수집과 분석은 불가능하기에, 우선 역사학계에서 영향력이 있거나 비교가능한 연구성과들을 분석대상으로 삼았다. 제한된 범위의 연구 성과를 치밀하게 분석하기 보다는 역사학 패러다임이라는 큰 문제를 향한 '말 걸기'를 시도하는 것으로 독자들이 이해해주기를 바랄 뿐이다. 본 연구의 시도는 흔히 서구 역사학계에서도 실험적으로 이루어지는 문제제기 중심의 비교사에서 착안한 것이다. 다소 조야한 시도일 수 있지만, 이 글을 앞에서 거론한 한국역사학의 젠더링에 대한 문제제기를 큰 틀에서 던져보는 작업으로 이해해주기 바란다.

2. 여성사연구와 젠더링

남성중심의 역사 서술에서 인구의 절반을 이루는 여성이 철저히 배제되었다는 인식은 여성사 연구의 출발점이다. 그러나 초기의 여성사 서술은 여성 명사들의 역사를 서술하는 데에 만족해야 하였다. 왕가의 여인, 훌륭한 가문의 덕 있는 여성 혹은 정치적, 종교적으로 지도적인 여성들에 대한 기록이나 이들에 대한 전기에서 출발하였던 것이다. 여기에서 더 진전된 연구는 사회발전에 크게 기여한 여성들, 즉 자선활동, 매춘이나 노예제폐지운동, 금연/금주운동 혹은 여성교육운동에 기여한 여성들의 모습을 서술하는 공헌사일 것이다. 여성명사들의 역사나 공헌사는 남성에 의해 규정된 가치관이나 역사관에 따른 평가에 기초한 것이고, 기껏해야 기존의 역사서술에서 생략된 여성의 역사적 경험을 발굴하여 보완하는 보충사의 역할에 그쳤다.[8]

그러나 페미니즘운동 제2의 물결과 함께 시작된 새로운 여성사쓰기에서는 가부장제의 압력 하에서도 행위자로서의 여성이 수행했던 주체적이고도 역동적인 역할을 찾으려는 노력이 나타났다. 또한 연구의 시야도 넓어져서, 그간 소홀이 다루었던 섹슈얼리티·출산이나 양육과 같은 재생산부문 그리고 몸·모성성·여성 간의 유대와 같은 사생활 영역으로 그 관심이 확장되어 갔다. 이런 분위기속에서 1980년대와 1990년대에는 여성사연구가 전성기를 맞이하였다. 여성사연구에도 박차가 가해졌다. 이를 드러내는 좋은 사례는 이 시기동안 서구 대학의 사학과에서는 여성사가 가장 각광받는 학위논문 주제로 떠올랐던 점이다.

그러나 여성사가 보여준 연구의 양적, 질적 성과에도 불구하고 '여성사는 여전히 역사학 내에서 주변부에 머물고, 기성역사학자들의 여성사가에 대한 태도는 무관심과 접촉 기피이고, 여성사가들은 여전히 강요된 혹은 스스로 선택한 고립 속에서 자조하고 있다'는 자성적 비판이 서구에서 나타났다. 이런 현실은 여성사 연구가 학문적 패러다임을 내보이지 못한 채 서술적, 나열적인 글쓰기에 멈추어 있는 한계에 기인한다는 것이다.[9] 이런 맥락에서 여성사 연구는 새로운 사료발굴과 남성

---

8) 정현백, 「새로운 여성사, 새로운 역사학」, 『역사학보』 150, 1996, 6~8쪽.

중심적인 기존 사료에 대한 비판과 재해석을 위한 근면한 노력을 계속해야 하지만, 더 나아가 기존의 시대구분이나 역사이론에 대한 재정의를 시도해야 한다. 그러나 스콧트는 보다 근원적인 해결을 위해 '여성사의 이론화'를 주창한다. 일반역사가 뿐 아니라 여성사가도 서술에 익숙하도록 훈련을 받았겠지만, 이제는 여성사가 여성의 다양한 사회적 경험이나 불평등을 설명할 종합적인 틀을 가져야 하고, 이런 문제의식 속에서 이론적 공식을 만들려는 노력을 부단히 시도해야 한다는 것이다.[10] 당연히 이런 노력이 기왕의 역사서술에서 생략된 여성경험의 역사를 보충하는 것을 넘어서서, 역사서술 전체의 관점전환으로 연결되어야 한다는 것이다.

위의 문제의식에서 스콧은 젠더(gender) 개념의 사용을 제안한다. 이미 1970년대 중반 이후 페미니스트 이론가들은 생물학적 성을 지칭하는 섹스라는 용어 대신에 사회 문화적으로 형성된 성을 표현하는 젠더라는 용어를 사용할 것을 제안하고 있다. 젠더개념이나 젠더사에 대한 반대가 없는 것은 아니지만, 서구 여성사가 사이에서 여성사 대신에 젠더사의 사용을 지향하는 목소리가 더 높은 것은 사실이다. 여성사연구가 생물학적인 성인 여성의 역사적 경험을 모으고 정리하는 것에서 나아가 사회구조를 포함한 사회 전 영역을 다루는 개념인 젠더를 사용하는 것이 더 유효하다는 의미에서이다.[11]

젠더사가들은 젠더를 '하나의 사물이나 대상이 아니라 관계와 과정

---

9) Judith M. Bennett. "Feminism & History", *Gender & History*, Vol.1. No.3, 1989, pp. 252~256.

10) Joan W. Scott, *Gender and Politics of History*, New York, Columbia University Press, 1988, p. 31.

11) 정현백. 『여성사 다시 쓰기: 여성사의 새로운 재구성을 위하여』 서울, 당대. 2007, 17쪽.

들의 복잡한 얽힘'으로 보았다. 그래서 역사 속에서 여성의 발견은 여태까지 소외되었던 대상만이 아니라, 인간들 사이에서 간과되었던 관계들을 새로이 포착하는 것이다. 이는 마치 계급을 이론적인 구조물로 파악하는 것에서 한 걸음 더 나아가 역사적으로 끊임없이 바뀌는 역동적인 인간관계로 바라보는 톰슨의 주장과도 상통하는 것이다. 이런 젠더관계는 여성과 남성간의 차이만이 아니라 여성 내부의 차이나 남성 내부의 차이도 함께 주목해야 한다는 것이다.[12] 이는 남성 역시도 젠더 본질을 지닌 존재로 가시화될 수 있음을 의미한다. 이렇게 역사 속에서 젠더를 중심으로 발생하는 모든 관계들을 포착하려 할 경우, 이는 계급이나 인종/민족개념과도 연루될 수밖에 없다. 계급관계는 젠더적(genderic)이다. 마찬가지로 인종도 젠더적이다. 그래서 역사연구에서 계급, 젠더 그리고 인종/민족은 서로 분리될 수 없는 요소이다. 이들은 서로를 만들어내고, 강화시키고 그리고 지원한다. 결국 젠더사를 지향하려는 역사가들의 노력은 이런 구성체계를 복합적으로 성찰해야할 필요성에 부딪힌다.

여성사 연구의 이론화와 여성사의 젠더사로의 전환을 요구하는 목소리는 이미 우리 역사학계에서도『역사학보』가 여성사에 관한 기획특집 출간 시 부터 제기되었다. 마찬가지로 장병인도 2007년 여성사연구의 현황과 과제를 밝히는 글에서 유사한 문제의식을 내보였다.[13] 이런

[12] Giesela Bock, "Der Platz der Frauen in der Geschichte", in: *Neue Ansätze in der Geschichtswissenschaft*, Herta Nagl-Docekal & Franz Wimmer eds., Wien, VWGÖ, 1988, pp. 119~120; Joan W. Scott, op.cit., 1988, p. 32; 배영수.「사회사의 이론적 함의. 에드워드 톰슨(E. P. Thompson)에 있어서 계급과 문화 그리고 역사적 유물론」,『역사와 현실』10, 1993, 128~130쪽.
[13] 정현백, 1996; 장병인,「조선시대 여성사연구의 현황과 과제」,『여성과 역사』6, 2007, 26쪽.

문제의식에서 볼 때 지난 20년 사이에 우리 여성사연구는 어떤 진전을 보았는가? 남성역사가들이 저술한 글들에서는 여성사연구와 관련하여 어떤 문제의식이나 연구특성이 드러나는가? 이런 질문에 대한 중간결산에 해당하는 평가를 이 글에서 시도해보려 한다. 여성사 연구물들이 『역사학보』의 '회고와 전망' 난에 따로 수집 정리되는 것도 아니어서, 전체 규모를 파악하는 것은 쉽지 않았다. 이 작업과정에서, 대표적인 역사학 학술지인 『역사학보』, 『한국사 시민강좌』, 그리고 유일한 여성사 학술지인 『여성과 역사』 등에 게재된 논문이나 알려진 단행본들이 자료적 근거가 되었다. 남성역사가에 의해 집필된 글들은 『여성과 역사』에 게재된 논문이나 가족사 연구를 중심으로 그간 활동해온 대표적인 학자들의 글 중 접근 가능한 것을 선택하였다.

3. 남성들이 쓴 가족사/여성사

1) 1990년대까지의 연구

"이기백의 한국사 연구와 관련하여 놓칠 수 없는 중요한 부분은 한국여성사 연구라 말할 수 있다. 그는 지금까지 한국의 역사가들이 인류의 절반을 차지하는 여성의 문제를 거의 돌보지 않았다는 사실을 비판한다. 이런 상태에서는 한국사의 진실을 제대로 파헤칠 수 없다고 본 것이다."[14]

위의 글은 김수태가 쓴 「이기백의 한국여성사 연구」의 도입부분을 발췌한 것이다. 김수태의 글은 원로 한국사학자 이기백의 여성사에 대

---

[14] 김수태, 「이기백의 한국여성사 연구」, 『여성과 역사』 25, 2016, 89쪽; 이기백, 「독자에게 드리는 글」, 『한국사 시민강좌』 15, 서울, 일조각, 1994, 233~235쪽.

한 관심과 연구 활동을 전체적으로 정리·소개하는 작업을 통해서 이기백이 어느 남성 역사가보다 앞서 선구적으로 한국여성사의 연구의 주제나 방법론에 대해 가졌던 깊은 고민을 잘 보여주고 있다.

이기백은 자신의 연구 분야인 한국고대사를 중심으로 1950년대 말부터 한국여성사 연구를 개척하기 시작하였다. 이미 1954년에 「삼국시대 불교수용과 사회적 의의」를 통해서, 여성이 불교에서 높은 지위를 차지하면서 영향력을 행사하였음을 구명하는 것으로 여성사연구를 시작하였다. 1959년에는 「고구려 왕비족고」를 통해 삼국시대의 왕비족 문제를 치밀하게 분석하였다.[15] 1970년에는 「부여의 투기죄」를 통해서 한국 고대 여성의 지위를 추정하려 하였다. 이 논문에서 그는 이미 연맹왕국시대부터 가부장적인 가족제도가 발생하여 발전해가는 과정을 밝히고 있고, 투기죄에 대한 해석을 통해서 (보편적인 성격을 띤 것은 아니지만) 일부다처제가 행해지고 있다는 사실을 유추해내었다.[16] 이기백은 법제도를 통해서 여성의 지위와 역할에 대한 사회사적 분석을 시도한 것인데, 여기에서 명확하게 가부장적 가족제도의 존재를 지적하고 있다. 또한 「신라시대의 갈문왕」에 대한 분석을 통해서 신라의 왕족 여성문제를 다루었다. 왕비의 부, 왕모의 부, 여왕의 배필 등을 임명하는 이 제도가 신라에서 가부장적인 가족제가 성립된 이후의 산물이며, 이후 전제왕권이 정착하는 과정에서 갈문왕 책봉은 중단되었음을 구명하고 있다.[17]

1996년에 이기백은 「한국 고대의 '동성불혼'」을 분석하였다. 그는 지금까지 잔존하는 동성불혼 관습은 유교의 영향으로 강화되기는 했으

---

15) 이기백, 「고구려 왕비족고」, 『진단학보』 20, 1959, 79~97쪽.

16) 이기백, 「부여의 투기죄」 4, 『사학지』 4, 1970, 3~10쪽.

17) 이기백, 「신라시대의 갈문왕」, 『역사학보』 58, 1973, 1~34쪽.

나, 그 기원은 신석기시대까지 거슬러 올라간다고 보았다.[18] 이는 신석기시대 씨족과 씨족사이의 혼인제를 강화하기 위한 과정에서 출원하였다는 것이다. 또한 이기백은 그의 생애말기에 '신분의 벽을 넘은 여성 선구자 평강공주'를 분석하면서, 여성사연구에 대한 그의 관심을 놓지 않았다. 그는 평강공주와 온달의 결혼에서 그녀 개인의 역할이 중요했음을 밝히면서, 신분의 차이를 뛰어 넘어 부부간의 사랑을 실천하려는 주체적 여성의 모습을 보여주려 하였다.[19] 여성주체의 모습에 주목한 점에서 이기백의 연구는 선도적이다.

또한 이기백은 불교가 여성과 깊이 연관되어 있음을 알리는 연구를 계속하는 과정에서, 왕족이나 귀족여성에 대한 연구만이 아니라, 평민신분의 여성들이나 노비 혹은 사회적으로 주변화된 집단인 과부에 주목하고 그들의 존재양태를 분석하는 단계로까지 나아간 점도 높이 평가해야 할 것이다.[20] 또한 이기백은 여성사연구에 있어서 비교사의 방법론을 강조하면서 지속적으로 비교를 시도하였다. 공간적으로는 중국과 비교하거나 혹은 베트남과 같은 다른 지역에서 나타난 인류학적 성과를 고려하면서, 여성사의 연구 성과를 높이려 하였다. 혹은 부족연맹국가시대나 고구려, 신라, 백제 등과의 비교를 시간을 가로질러 시도한 점은 높이 살만하다.[21]

위에서 언급한 원로 역사가 이기백의 여성사에 대한 관심은 그가 지닌 학문적 성실성과 지적 열정에서 나온 성과라는 점에서 후학의 귀감이 될 수 있다. 그의 여성사에 대한 개인적인 관심과 학문적 성과 외에

18) 이기백, 『한국전통문화론』(한국사학논집 11), 서울, 일조각. 2002.
19) 이기백, 「신분의 벽을 넘은 여성 선구자 평강공주」, 이기백, 위의 책, 147~155쪽.
20) 김수태, 「이기백의 한국여성사 연구」, 『여성과 역사』 25, 2016, 114~115쪽.
21) 위의 글, 96~97쪽.

도 그는 여성사가 역사학계에 출사표를 던지는 것을 크게 도왔다. 우선 1994년 이기백은 그가 책임 편집자로 일했던 『한국사시민강좌』에 '한국사상의 여성'이라는 주제로 특집호를 기획하였다. 이 특집에는 김두진이 「한국 고대 여성의 지위」에 대하여, 허흥식이 「고려 여성의 지위와 역할」에 대한 연구논문을 게재하여, 눈길을 끌었다. 중진 남성역사가들이 여성사에 대한 논문을 발표한 것은 한국사학에서는 이례적인 사건이라 할 수 있을 것이다.

2년이 지난 1996년 다시 『역사학보』는 창간 150호를 기념하여 여성사 특집을 마련하였다. 총 12편의 여성사 관련 논문이 실린 특집에서 남성역사가로서는 서양사에서 조지형과 육영수가, 동양사에서는 유인선이 논문을 발표하였다.22) 이렇게 『역사학보』가 150집 특집을 여성사로 마련하고 남성역사가들이 직접 집필에 참여한 것은 그간의 역사학계 분위기를 고려하자면 놀라운 변화라 할 수 있다. 이는 하나의 분과사로 여성사를 승인하는 것이고, 여성사로서는 역사학계라는 조직에 공식적으로 입회를 승인받은 것이라 해석할 수 있겠다. 이런 역사학회의 결정에도 노역사가 이기백의 영향력이 적지 않았으리라 추정된다.

『역사학보』는 150호가 발간된 1996년은 서구에서 새 여성운동의 자극 속에서 여성사연구가 활성화된 1970년대 말로부터는 20년의 세월이 흐른 시점이고, 한국에서도 젊은 세대에 의해 새로운 방향성을 지닌 여성사연구가 시작된 지는 대략 10년이 지난 시기이다. 이 시기에 한국사

---

22) 조지형, 「미국 여성의 법적 지위와 참정권문제」, 『역사학보』 150, 1996, 391~424쪽; 육영수, 「생시몽주의의 페미니즘」, 『역사학보』 150, 1996, 293~336쪽; 유인선, 「전근대 베트남사회의 양계적 성격과 여성의 지위」, 『역사학보』 150, 1996, 215~248쪽.

를 전공하는 남성역사가들은 어떤 생각을 하였을까? 이 질문에 대한
대답을 『한국사시민강좌』에 여성사를 주제로 하는 논문을 발표한 두
중견역사가를 통해 추적해볼 수 있을 것이다.

먼저 김두진의 글 「한국 고대 여성의 지위」는 한국 고대 여성의 지
위를 효과적으로 정리해주고 있어서, 여성사연구의 초석을 쌓는 데에
기여하였다고 할 수 있다. 그는 "한국고대사에서 여성사는 퍽 중요하게
다루어야 한다"는 점을 강조한다. 이는 고대사회에서 상층 계급으로 상
승하는 수단은 제사 관장과 야금기술인데, 전자에서 여성의 역할이 컸
기 때문이라고 보았다. 초기 농경사회에서 여성은 농업생산을 주로 담
당하면서 남성의 지위보다 지위가 낮지 않았다고 김두진은 주장한다.
고대인들은 지모신앙(地母信仰)을 가졌고, 대체로 여성이 제례를 주관
하였다. 그 결과 여사제의 유풍과 함께 여성의 지위는 높았고, 이는 박
혁거세의 해척모(海尺母)와 같이 영향력이 있었던 노구(老軀)나 노모
(老母)의 존재에서 잘 드러난다는 것이다. 또한 인도나 중국에 비해 한
국의 고대불교에서는 관음이 여성의 모습으로 나타나는 것이 빈번하
였다는 점을 통해서 김두진은 '불교에서 여성의 활동이 활발하고 그 지
위가 높았다'는 사실을 추론하고 있다.[23]

그러나 김두진은 철기 사용이후 여성은 남성에게 종속되어 갔고, 이
과정에서 불교수용이 여성의 지위를 크게 악화시킨 것은 아니나, 점차
유교가 수용되면서 여성의 상황이 열악해졌다고 주장한다. 이 과정에
서 김두진은 '합리적인 유교이념이 수용됨'에 따라 충효나 삼종(三從)
의 도리와 같은 유교적 도덕률이 요구되었기 때문이라고 보았다. 여성
을 정숙하게 하는 덕목이 강화되어 갔을 것이라는 것이다. 그럼에도

---

[23] 김두진, 「한국 고대 여성의 지위」, 『한국사 시민강좌』 15, 1994, 20~21, 27~28,
31~38쪽.

불구하고 김두진은 "한국 고대사회에서 유교이념이 도입되었다고 하지만, 여성의 지위는 후대 사회와 비교하여 높았을 것으로 생각된다"라는 마지막 문장으로 그의 글을 종결하고 있다.[24]

여기에서 궁금한 점은 왜 김두진이 '합리적'이라는 수식어를 사용하였는가 이다. 때로 수식어는 본체 이상의 의미를 전달하기도 한다. 과연 삼종지도나 정숙을 주장하는 것은 합리적인 이념인가? 김두진의 글은 객관적이고 중립적으로 보이고, 또한 고대사회 여성의 역할을 높이 평가한 것이지만, 쓰인 글의 배경에는 어떤 가치관이 작동하고 있다. 그는 가부장제의 등장이나 안착과정은 전혀 언급하지 않고 있다. 고대사회를 역사적으로 설명할 때, 우리는 가부장제 패러다임을 사용하지 않고 설명하기는 힘들다. 그런 점에서 이기백의 서술은 연맹왕국 시대부터 가부장적 가족을 지적하고 있는 점에서는 한 단계 진전한 것이지만, 과연 가부장제는 가족만을 설명하는 틀일 것인가? 그리고 고대사회에서 여성에 대한 억압은 존재하였는지, 이를 가능하게 하기 위해서 젠더 혹은 가부장제는 어떤 방식으로 총체적으로 작동했는지를 김두진은 설명해야 하였다.

허흥식의 글 「고려 여성의 지위와 역할」도 앞선 김두진의 글과 마찬가지로 고려시대 여성사의 정리에 좋은 콘텐츠를 제공하였다. 그는 고려의 가족구조는 성별 의존도가 동시대의 중국에 비해 월등히 높았다는 전제와 더불어 출발한다. 그는 그간의 고려시대 여성사연구가 夫妻 형태에 대한 사회사적 관심의 확대와 더불어 본격적으로 발전했지만, 가정과 사회에서의 남녀의 역할을 분석하는 것에까지 나아가지 못하였던 점을 지적한다. 그는 왕족의 경우 계급내혼이고 국왕은 다처혼이

---

24) 위의 글, 38쪽.

나 異性婚일 수 있지만, 대부분의 민중은 일부일처제였다고 주장한
다.25) 특히 흥미 있는 점은 몽고 압제 하에서 몽고의 일부다처제의 영
향과 인구증식의 필요성 때문에 다처제로의 변형이 시도되었지만, 여
성들의 집단적인 시위나 고급 관리들의 처가 남편을 협박하는 바람에
법제화가 실패했다는 지적이다. 여기에서 허흥식은 여성의 주체적인
행동의 흔적을 발견해내고 있다. 그러나 처가살이가 일반적인 고려사
회에서 가정내 여성의 지위는 매우 높았지만, 고려 말에 가면 남성호주
제가 굳어졌다고 유추한다.26)

그러나 허흥식이 보기에 '권력집단인 국가기관은 남성의 전유물'이어
서, 여성의 사회적 역할은 삼국시대 보다 위축되어 남성만큼 가시적이
되지는 못하였다. 그러나 가족이나 친족 등에서의 혈연적인 지위는 남
성보다 낮지 않았기에, 가정에서 여성이 제례 의식을 남성보다 강하게
주도하는 경향은 확인되고 있다고 보았다. 그러나 여성은 길쌈에 매진
하는 등 '가사'에 힘썼다는 요지의 표현이 많으나, 남성과 같이 생산활동
에 종사하거나 농사에 힘썼다는 기록은 발견할 수 없다고 허흥식은 주
장한다.27) 그는 고려사회에서 '남녀의 역할분담이 철저하였다'고 주장
한다. 여기에서 우리는 여성사 연구에 대한 그의 관점을 논박할 수 있
다. 길쌈활동이 가사노동인가, 아니면 생산노동인가? 이는 고려사회를
유지하는 데 있어서, 길쌈은 일상생활에 필수불가결한 요소이면서, 동
시에 이것으로 조세를 납부하기도 하였다. 그래서 최근의 여성사연구는
길쌈활동을 여성의 생산활동에의 참여로 해석하고 여기에서 역사주체

---

25) 허흥식, 「고려 여성의 지위와 역할」. 『한국사 시민강좌』 15, 서울, 일조각, 1994,
    64~65, 69, 70쪽.
26) 위의 글, 71, 73~74, 82쪽.
27) 위의 글, 71, 73~74, 72쪽.

로서의 여성의 모습을 재발견하고 있다. 허흥식은 전통적인 가부장제적 개념틀 안에서 고려시대 여성사를 읽고 있는 것이 아닌가?[28]

위에서 언급한 김두진과 허흥식의 글이 여성사연구에서 선구적인 시도라 할 수 있지만, 이들의 분석은, 물론 사료적인 한계 때문이기도 하지만, 사회경제적이거나 정치적 요인에 의해 설명되고 있다. 여전히 한 역사시대를 살아가는 주체들이 지닌 의식적인 노력이나 남녀 간의 사랑과 같은 정서적 측면은 고려되지 못하고 있다. 로마사의 경우, 비문 수집과 분석을 통해서 남녀 간의 사랑이나 정서적 유대에 관한 연구들이 이미 오래 전부터 발표되고 있는 점은 우리에게 좋은 자극이 될 수 있다.

여성사에 비해 가족사에 대해 남성역사가들이 많은 연구논문을 발표한 것은 가족·친족관계가 한 국가나 지역사회의 편제나 구성, 나아가 구성원들의 생활양태를 이해하는 데에 필수적인 요소이기 때문일 것이다. 동시에 이를 통해서 정치, 사회, 경제의 기본구조의 구명에도 큰 도움을 얻기 때문일 것이다. 이미 1950년대에서 1960년대에 이르기까지 김철준은 가족·친족에 대한 연구를 통해 모계에서 부계로의 전환 그리고 씨족에서 부계혈족집단으로의 이행을 보편적인 과정으로 설정하고, 부족국가 형성기에 모계에서 가부장제 가족에 기반을 둔 부계 계승으로의 전환이 이루어졌다고 보았다. 더불어 그는 조선후기의 혈연관계를 부족국가 이래 발전되어온 계기적 발전의 결과물로 보았다.[29] 김철준의 해석은 후학들에게 '사회진화론이라는 보편성에 한국사의 특수성과 개별성을 귀속시키는 것'이자 일인 학자들에 의해 제기

28) 정현백, 김선주, 권순형, 정해은, 신영숙, 이임하,『글로벌시대에 읽는 한국여성사: 통제와 '주체'되기 사이에서』, 서울, 사람과 무늬, 2016, 77, 91~93쪽.
29) 이종서,「고려시대 가족 친족 연구의 역사와 반성」,『역사와 현실』66, 2007, 233~234쪽.

된 정체성론의 틀[30]을 탈피하지 못하는 것으로 비추어졌다. 또한 김철준의 연구는 실증이 이론에 종속되어온 그간의 관행을 탈피하지 못한 것으로 평가되었다.[31]

고대사회부터 부계사회가 온존하면서 역사적 발전단계에 따라 변화해갔다는 김철준의 주장은 사회학자인 최재석의 반론에 부딪히게 된다. 1972년에 발표한 논문에서부터 최재석은 17세기 중엽을 전후하여 재산상속이 자녀균분에서 장남 우대로 바뀌고, 제사방식이 윤회봉사에서 장자봉사로 변하였다고 주장하였다. 또한 그는 조선전기까지는 문중조직이 정착하지 않았고, 부계 중심의 혈연의식도 미약했고, 사위가 처가에 거주하는 서류부가혼, 즉 솔서혼이 보편적인 관행이라고 주장하였다.[32] 사료분석을 중심으로 실증적인 연구에 치중하였던 최재석은 결국 부계 자체에 대해서도 의문표를 던졌는데, 이후 그의 주장은 고려시대와 조선시대의 가족제와 관련하여 정설로 수용되고 있다.

가족사연구에서 김철준에 이은 다음 세대에 해당하는 노명호는 사료적인 실증과 서구 인류학적 이론을 원용하여, 라말 여초 이래 오랜 동안 쌓여온 변화의 압력 속에서 친족집단은 와해되었고, 친족조직은 '양측적 친속(Bilateral Kindred)'[33]으로 변모됨을 분석하면서 고려의 가

---

30) 정체성론은 일본인 학자들이 민족적 우월감과 사회진화론에 근거하여, 조선의 가족·친족을 식민지조선의 후진성을 여실히 보여주는 사례로 간주하는 담론이다. 이들은 한국사회를 씨족적인 사회통제의 기반 위에 유지되어온 대혈연집단에 기초하고 있다고 규정하였고, 이로부터 봉건제 결여론이 유출될 수 있었다. 위의 글, 224~227쪽.

31) 위의 글, 235쪽.

32) 최재석, 『한국의 가족과 사회』, 서울, 경인문화사, 2007, 47~49, 90, 100쪽; 이종서, 앞의 글, 2007, 240~241쪽.

33) 노명호는 양측적 친속을 '모계나 부계 등 특정한 출계율이 작용하지 않는 가운데 개인을 기준으로 조직된 친족관계'로 설명한다. 노명호, 「나말 여초의 사회변동과 친족제도」, 『한국고대사연구』 9, 1995, 72쪽.

족·친족 연구에 크게 기여하였다.[34] 특히 최재석과 노명호의 연구는 조선 후기의 역사 현실로부터 유래한 통념, 즉 '문중조직이 발달한 조선후기 이후의 동성동본 부계친족집단을 토대'로 그 이전의 가족·친족관계를 파악하려 하였던 과거의 연구를 실증적인 작업을 통해 극복하려 한 점을 높이 평가해야할 것이다.[35] 여성사 연구자들에게도 이런 연구 성과는 환영할 만한 일이자 큰 자극제가 되고 있다.

2) 2000년 이후의 연구

현재의 시점에서 가족사 연구에서 주목해야할 점은 4기 연구자의 성과일 것이다.[36] 1970년대에서 1980년대에 이르는 3기 연구자들이 처음으로 고려에서 조선전기에 이르는 시기 동안 부계현상과 배치되는 역사사실을 규명해내었다면, 스스로를 가족사 연구의 4기로 규정지은 이종서는 역사학계 안에서 1980년대에는 여성사가, 1990년대에는 생활사가, 2000년대에는 심성사에 대한 관심이 높아졌음을 지적하면서, 이런 토대 위에서 가족사 연구의 새로운 지평을 열어갈 필요성을 암시한다. 그는 고려시대의 가족·친족에 대한 연구사 정리에서 그간의 연구 작업이 서구이론에 압도되거나, 사실이 이론에 종속되고, 혹은 조선후기

---

34) 위의 글, 72~73쪽.
35) 노명호, 「고려시대 향촌사회의 친족관계망과 가족」, 『한국사론』 19, 1988, 152~153, 155쪽; 노명호, 「고려시대 친족조직의 연구상황」, 『중앙사론』 5, 1987, 184쪽.
36) 이종서는 가족·친족 연구사를 1기는 개항이후 일제까지, 2기는 해방이후에서 1960년대까지, 3기는 1970년대에서 1980년대까지로 분류한다. 이후의 연구자들은 4기로 분류되었다. 이종서, 앞의 글, 2007, 243~244쪽.

이래 형성된 개념과 정서가 만들어내는 통념에 근거해서 고려사를 서술하는 점을 우려한다. 이종서는 "한국의 가족·친족연구는 우선 한국 자료에 기초하여 귀납적인 방법으로 보편적인 현상과 변동을 확인하고 인과관계를 도출해야 할 것이다"라고 주장한다.[37]

이종서는 연구자는 자신이 처한 시대적, 개인적 환경과 자신의 인식을 성찰할 필요성을 지적하고 있는데,[38] 이런 맥락에서 역사를 바라보는 관점 문제가 제기될 수 있다. 자신의 시대적, 개인적 한계를 뛰어넘는 어떤 역사적 관점이 필요하다는 문제의식일 것이다. 이종서는 「전통적인 계모관의 형성과정과 의미」에서 주로 국문학자들에 의해 이루어진 그간의 계모 관련 연구들이 '조선후기의 부권 강화와 남녀차별의식 등에 주목할 뿐 계모관의 역사성을 다루지 않았다'는 점을 지적하였다.[39] 이종서는 전처자녀에 대한 계모의 학대가 구조화되는 시기를 조선후기로 파악하고, 이를 거주관행의 변동에 기인한 역사적 산물로 보고 있다. 조선전기에는 처가 거주관행에 따라 전처자녀와 계모가 함께 살 확률이 적었지만, 이후 성리학 윤리에 기초한 거주관행과 소속의식의 변화가 일어나면서 계모를 어머니로 받아들여야 하는 당위와 함께 여러 문제가 생겼을 것이라는 해석이다.[40] 계모관을 역사연구의 대상으로 착안한 것은 매우 흥미 있는 시도이다.

그러나 역사학은 사실상 종합학문이고, 역사연구에서는 전체사적인 접근이 아니고는 진실에 도달할 수 없다. 계모관 연구에서 거주관행이나 성리학에 근거한 소속의식의 변화만이 역사성을 의미하는 것인가?

---

37) 위의 글, 246쪽.
38) 위의 글, 247쪽.
39) 이종서, 「전통적인 계모관의 형성과정과 의미」, 『역사와 현실』 51, 2004, 136쪽.
40) 위의 글, 154쪽.

앞의 요인들도 작용하였겠지만, 여기에 더하여 가부장제나 남녀차별의
식의 작동도 더해졌을 것이다. '악독한 계모상'이 형성되는 데에는 조
선시대를 지배한 감정의 변화도 한 요인으로 작용하였을 것이고, 그래
서 진실에 도달하기 위해서는 감정의 역사도 읽어내어야 할 것이다.
그는 소속의식의 변화를 강조하지만, 그의 글에서 그 실체를 실증적으
로 밝힌 것은 아니다. 전체적으로 보자면 그의 글은 性盲的(sex-blind
혹은 gender-blind)이다. 이종서는 권순형의『고려의 혼인제와 여성의
삶』에 대한 서평에서 '여성사가 독립한 것은 현실의 문제의식에서 기
인하지만, 현실과 관련된 부분을 과장함으로써 역사적 맥락을 간과할
우려'가 있음을 지적한다.[41] 또한 이종서는 권순형이 '역사 이래 여성
들은 억압받았음을 확인하는 일환'으로 그 연구를 진행한다는 오해를
살 수 있다는 점도 지적한다. 과연 그런 것인가? 아니면 남성역사가들
이 젠더감수성이 취약한 것은 아닌가? 이는 구체적인 역사연구를 놓고
더 따져보아야 할 쟁점이다.

　원로사학자 이기백에서 허흥식과 김두진이 보여준 선의에서 출발한
여성사연구 그리고 가족사분야 남성연구자들의 열정적인 노력이 여성
사를 분과사로 자리매김하고, 여성사연구의 기초를 닦는 데에 크게 기
여하였다. 하지만 남성연구자들에게서는 역사 연구의 기본축으로 젠
더체계를 받아들이는 단계로까지 나가지는 못한 것 같다. 이는 여성이
차별을 받았는지 혹은 여성의 지위가 우월하였는가의 문제 뿐 아니라

---

[41] 예를 들면 권순형은 그의 책에서 고려시대 간통에 대한 처벌, 즉 간통의 고발,
　처벌, 부가형 등 모든 면이 성 차별적이었음을 지적한다. 혹은 화간율이나 이혼
　권의 측면에서도 명백하게 성차별적 속성이 드러난다고 보았다. 이종서가 이런
　분석이 여성주의적 선입견에서 출원한 것임을 지적하려 한다면, 권순형의 지적
　이 성차별적이지 않음을 밝혀야 할 것이다. 권순형,『고려의 혼인제와 여성의 삶』,
　서울, 혜안, 2006, 225, 236, 254, 370, 371쪽.

여기에서 한 걸음 더 나아가, 한 역사적 콘텍스트 속에서 인종(민족) 및 계급과 함께 젠더가 어떤 방식으로 작동하였는가를 밝히는 작업이어야 한다. 이런 지점에서 우리는 여성사의 이론화 작업이나 젠더관점의 확장에 대한 필요성을 다시 절감한다.

또 다른 주목할 만한 남성연구자는 강명관이다. 한문학자인 강명관은 역사학자에 근접한 연구를 수행하면서, 여성사에 대한 심도 깊은 문제의식을 보여주었다. 그는 조선 전기의 기록에서 빈번하게 나타나지만 임진왜란과 병자호란 이후 자취를 감추는 '사나운 처(悍婦)'의 존재를 분석하였다. 그는 기록에 종종 등장하는 여성들의 악행을 남성—사족들이 여성의 투기를 문제 삼고, 자신들의 복수적 성관계를 제도화하려 하는 데에 대한 여성들의 저항행위로 파악하였다. 강명관은 이런 행위들은 양측적 친속제와 부처제(婦處制)의 조건 하에서 여성의 권력이 보다 용이하게 작동할 수 있었던 고려시대 이래의 친족제도의 특성 때문에 가능하였다고 보았다. 더 나아가 그는 고려시대가 아니라 조선 전기에 '사나운 처'들이 주로 등장한 이유를 새로이 등장한 조선이라는 국가에서 찾는다. 조선왕조와 더불어 등장한 사족체제가 여성에 대한 성적 통제를 강화하였기 때문이라는 것이다. 여성의 저항에도 불구하고 조선 후기에 이르면 부계제의 성립과 부처제(夫處制)로의 전환과 더불어 국가는 여성을 유순하고 순종하는 존재로 의식화할 수 있었다고 보았다.[42]

강명관은 그의 두터운 단행본 『열녀의 탄생』을 통해서 조선 후기에 와서 활발히 간행된 열녀전을 분석하고, 여기에서 드러나는 여성의 희생과 가부장제적 잔혹성을 파헤친다. 이미 조선 전기에 엄청난 양적

---

[42] 강명관, 「조선 전기 부처제(婦處制)와 '사나운 처(悍婦)'」, 『여성과 역사』 25, 2017, 1~2, 23쪽.

규모로 인쇄된 소학과 삼강행실도 그리고 내훈의 열녀편에서 강명관은 유교적 가부장제의 욕망을 여성에게 이념적으로 세뇌하는 텍스트의 존재를 발견하고, 여기에 국가의 적극적인 역할을 지적한다.[43] 죽음을 통해 열녀로 인정받는 과정은 여성의 생명까지도 가부장적 권력으로 장악하는 것인데, 더불어서 강명관은 조선의 건국과 함께 유교적 가부장제에 근거한 '여성성'이 만들어ㄴ지기 시작했다고 보았다. 이 시대에 남성은 그냥 남성이 아니라 국가－남성이 되어 갔다는 것이다.[44]

강명관은 열녀전에서 드러나는 여성의 행위를 가부장제에 대한 여성의 전략적 적응방식으로 보거나 열행이 가정 내에서 여성의 위상을 고양시키거나 여성의 사회적 자아 성취 욕구로 해석하는 데 대해 거부감을 드러낸다. 그는 "열녀전에서 가부장제에 반하는 여성주체를 찾고자 하는 것은 근원적으로 모순"임을 지적하면서, 성적 종속성을 실행한다면, 여기에서 저항의 의미를 찾기는 어렵다고 보았다.[45] 이는 뒤에서 다루게 될 여성사연구에 대한 분석에서 나오는 논쟁, 즉 열녀행위를 여성주체의 전략적 선택으로 볼 것인가의 문제와도 연결된다.

강명관의 연구는 유교 가부장제 메커니즘과 국가의 결탁을 치열하게 추적한 점에서 여성사연구에서는 높이 살만 한 성과이다. 또한 여성에게 강요된 성적 종속과 성차별에 대한 비판의식을 보여준 점에서도 그는 관행적인 연구자의 시각을 넘어서 있다. 그러나 열녀에 대한

---

[43] 강명관은 국가는 인쇄와 출판을 독점하고, 출판기관을 통해서 텍스트를 선택하고, 편집하고, 인쇄하고 보급시켰다는 것이다. 민간의 인쇄나 출판은 거의 18세기 후반이 되어서야 나타났다는 점을 고려할 때, 열녀전은 전적으로 국가의 기획으로 보아야 한다는 것이다. 강명관, 『열녀의 탄생』, 서울, 돌베개, 2009, 21~23, 549쪽.

[44] 위의 책, 21~23, 548쪽.

[45] 위의 책, 23~549쪽.

강명관의 분석에서는 주체로서 살아간 여성의 모습은 잘 보이지 않는다. 또한 강명관은 조선시대의 여성이 행한 경제적 주체로서의 역할도 부정적으로 평가한다. 여성에 의한 '재산 축적은 주체적 선택이기 보다는 유교적 가부장제에 의한 강요'의 결과라는 것이다.[46) 이는 여성이 경제활동에 참여하는 것을 통해서 스스로의 처지를 향상시켜갔다는 여성사 연구자들의 보편적 주장과는 배치되는 것이다.[47) 이렇게 되면 강명관의 연구에서는 여성주체의 행동공간은 배제된다. 그에게서 '사나운 처'들이 저지른 (때로는 기이한) 악행만이 여성의 저항행위로 남게 된다. 조선 후기 이래 여성은 단지 억압받는 피동적인 희생자일 뿐인가? 조선 후기의 젠더관계는 어떻게 작동하였는가? 이런 질문에 대한 대답은 젠더사 연구자 사이에서 보다 엄밀한 실증적인 분석과 토론을 통해서 찾아져야 할 것이다.

4. 여성들이 쓴 가족사/여성사

1) 여성사학회의 창립과 연구의 발전

지금까지 앞장에서 긴 지면을 할애하여, 남성 연구자들이 쓴 여성사/가족사 논문과 단행본을 분석하였다. 이제 여기에서는 그간 여성역사가에 의해 수행된 여성사/가족사의 연구 성과에 대한 비판적 성찰을

---

46) 강명관이 보기에 여성이 쌓은 부는 여성의 재산이 아니라 부계친족의 것일 뿐이고, 이는 여성에게 노동을 강요하면서, 이를 통해 가족의 경제까지 떠넘기는 남성 욕망의 실행이었다. 위의 책, 22쪽.

47) 정현백, 김선주, 권순형, 정해은, 신영숙, 이임하, 앞의 책, 2016, 129~130쪽.

해야 할 시점이다. 그러나 그간 여러 지면을 통하여 여성사연구의 성
과와 과제에 대한 글들이 발표되었기에, 여성들에 의한 여성사연구는
간략히 분석하고자 한다.

여성사연구의 주제들이 다양해졌다. 1970년대 말이래 활성화된 연구
들은 여성교육이나 여성운동사, 그리고 사회사 연구의 자극 속에서 가
족이나 친족에 관한 것이었다. 이미 앞에서 밝힌 대로 1980년대 말에
들어오면, 민중사나 여성주의(feminism)의 열기에 힘입어 사회주의 여
성운동이나 여성노동자 나아가 신여성에 대한 연구도 활발해졌다.[48]
다시 말해서 1980년대 이전의 여성사연구에 비해 여성주의적 인식이
높아졌다. 이는 여성사가 여성을 대상으로 하는 연구만이 아니라 여성
주의적 관점에서 접근해야 한다는 문제의식이 널리 공유된 결과이다.
1990년대로 넘어가면서, 가족연구에서도 여성의 시각에서 가족제도나
가족생활을 분석하려는 움직임도 나타났고, 실증적인 엄격성과 함께
가족 안에서 여성이 지니는 역할이나 위치에 대해 분석하려는 새로운
시도도 일어났다.[49] 정용숙의 경우처럼 이미 1990년대 전반기에 여성
주의적 시각을 적극적으로 연구에 투입하려는 고무적인 노력도 나타
났다.[50] 그럼에도 불구하고 일상생활, 여성노동 그리고 여성의식 등에
대한 연구 성과는 여전히 부족하였다.[51]

이미 『페미니즘연구』나 『한국여성학』에 여성사 관련 논문이 게재되
고 있었지만, 여성사 연구의 생산성은 2004년 한국여성사학회가 창립

[48] 이송희, 앞의 글, 2007, 57~58쪽.
[49] 장병인, 앞의 글, 2007, 29쪽; 장병인, 「고려시대 혼인제에 대한 재검토: 일부다처
제설의 비판」, 『한국사연구』 71, 1990, 1~30쪽.
[50] 정용숙, 「신라의 여왕들」, 『한국사 시민강좌』 15, 서울, 일조각, 1994.
[51] 한국여성연구회 여성사분과, 앞의 글, 1994, 319~320쪽.

되고,『여성과 역사』가 창간되어 반년간지로 출간되면서 현저히 높아졌다. 여성사연구는 새로운 공간을 갖게 된 셈이다. 자연스럽게 보다 많은 토론과 보다 많은 연구 성과가 나오게 되었고, 이와 병행하여 여성사연구를 둘러싼 토론장도 마련되었다. 양적으로 살펴보자면, 창립 이후 8년 동안『여성과 역사』를 통해 발간된 여성사 논문은 한국사 60편, 동양사 10편, 서양사는 16편이었다.『여성과 역사』이외의 다른 학술지에도 종종 여성사 관련 논문이 눈에 띄고, 허다한 여성사관련 단행본이 출간되었다. 이는 여성사 관련 연구가 양적으로 증가하였음을 의미한다. 시대사적 특성을 살펴보자면, 출간된 논문들 중에서 근현대사의 비중이 상대적으로 높았다.52) 또한 집단토론과 공동집필을 통해 좋은 여성사 개설서가 나온 것도 환영할 만하다. 우선 한국여성연구회가 출간한『한국여성사: 근대편』과 앞의 단체의 후신인 한국여성연구소가 펴낸『우리 여성의 역사』를 들 수 있다. 2016년『글로벌시대에 읽은 한국여성사: 통제와 '주체'되기 사이에서』도 출간되었다.53) 또한 소장 여성사가에 의한 단행본도 쏟아져 나와서, 여성사 연구의 저력을 과시하였다.54)

　　여성사학회 창립을 통해서 연구의 조직화가 이루어지니, 특정주제를 중심으로 연구를 기획하는 것이 용이해졌다. 여성사연구의 현황과 과제에 대한 고찰, 여성리더십, 4·19혁명과 여성, 여성의 이주와 트랜스내셔널 히스토리 등에 대한 학술대회나 특집기획이 이루어졌다.55) 연

---

52) 정현백, 앞의 글, 2012, 73쪽.

53) 한국여성연구회, 앞의 글, 1992; 한국여성연구소, 앞의 책, 1999; 정현백, 김선주, 권순형, 정해은, 신영숙, 이임하, 앞의 책, 2016.

54) 권순형, 앞의 책, 2006; 이순구,『조선의 가족 천 개의 표정』, 서울, 너머북스, 2011; 정해은,『조선의 여성 역사가 다시 말하다: 조선시대 여성들의 안과 밖 그 천의 개성을 읽는다』, 서울, 너머북스, 2011.

구주제도 더 다양해졌는데, 특히 보통여성들의 역사나 일상생활사에 대한 관심이 높아진 것은 고무적이다. 조선시대 부녀의 외출, 양반여성에 대한 시/공간 통제, 18세기 여성의 머리치장, 조선시대 태교담론, 조선시대 지배층의 부부관계, 친밀성의 상품화 등에 대한 논문이 이에 해당한다.56) 또한 유교적 가부장제 아래에서 침묵과 수동적 삶을 강요당한 여성의 모습을 넘어서, 주체로서의 여성의 행위와 삶을 파헤치려는 시도에도 박차가 가해지고 있다.57)

2) 성찰의 지점들

지난 20여 년간 이루어진 여성사연구의 성과에도 불구하고, 그간의 작업이 지닌 한계를 지적하는 목소리도 들린다. 이는 여성사 연구의 양적 성장에도 불구하고, 질적인 제고가 이루어졌는가에 대한 질문으로 이어진다. 이런 맥락에서 이송희는 여성사연구에서 개념이나 범주에 대한 정리를 요청하거나, 여전히 보통 여성들에 대한 연구가 미미한 점을 지적한다. 혹은 연구방법론에 대한 보다 많은 토론과 대안 모색을 강조한다.58) 마찬가지로 장병인도 여성사연구의 방법론과 이론의

55) 정현백, 앞의 글, 2012, 74쪽.
56) 김영선, 「영남 양동마을의 양반 가옥, 香壇과 여성의 시/공간 통제」, 『여성과 역사』 7, 2007, 1~47쪽; 서지영, 「식민지 도시 공간과 친밀성의 상품화」, 『페미니즘연구』 11/1, 2011, 1~33쪽; 정지영, 「조선시대 부녀 노출과 외출: 규제와 틈새」, 『여성과 역사』 2, 2005, 149~181쪽; 정해은. 「조선시대 태교 담론에서 바라본 이사주당의 태교론」, 『여성과 역사』 7, 2009, 1~34쪽; 정해은, 앞의 책, 2012, 275~306쪽.
57) 이런 시도는 새로이 출간되는 여성사 개설서에서 가시적으로 드러나고 있다. 다시 말해서 이는 여성주체의 행위와 삶이라는 관점에서 전체여성사를 재구성하는 것이다. 정현백, 김선주, 권순형, 정해은, 신영숙, 이임하, 앞의 책, 2016, 8~9쪽.
58) 이송희, 앞의 글, 2007, 80~81쪽.

취약성을 거론한다.[59] 역사적 맥락에 대한 구조적인 접근 없이 통시대적으로 여성에 관한 미세한 사실을 수집하여 정리하는 낙후한 방식이 여전히 만연해 있다는 것이다.

이미 이 글의 도입부에서 제기한 문제의식, 즉 여성사의 이론화와 젠더사로의 전환문제와 관련하여서는 여전히 우리 여성사연구에서는 어떤 실험적인 시도도 감행되고 있지 않다. 이런 점에서 여성사 연구가 여성주의적 문제의식을 지니기 시작했지만, 젠더사로의 접근은 아직 부족하다는 자평이 나온다. 여성사가 젠더링을 시도하지 않는 한, 우리는 역사 속에서 양성 사이에 이루어진 역동적인 관계를 포착하기 어려울 것이다. 또한 젠더체계에 대한 남성역사가들과의 협업적 연구 없이는 역사학계 내에서 여성사는 주변부를 벗어나기 어렵다. 나아가 방법론 제고와 관련하여 여성사 연구자 사이에서 보다 엄격한 훈련과 집단적인 공동작업이 필요할 것이다.

여성사연구와 관련하여 갖게 되는 또 다른 아쉬움은 치열한 논쟁이 부족한 점이다. 이는 여성사 연구가 산재하는 작은 주제들에 매달리면서, 큰 문제를 향한 진지한 질문을 던지지 않은 데서 기인한다. 그래도 지난 몇 해 사이에 여성사연구 내에서 두 가지 쟁점이 떠올랐다. 첫째는 여성사연구에서 여성주의 시각의 부작용에 대한 문제제기에서 시작하여 유교적 가부장제 하에서 여성의 주체적 역할을 둘러싼 것이다. 장병인은 여성주의 시각에서 쓴 연구들에서는 남녀평등에 대한 강한 희구나 전통사회 여성의 비참한 현실에 대한 분노로 인해, 조선시대 여성의 상대적 지위를 지나치게 낮게 평가하는 오류를 낳은 점을 비판하였다. 또한 장병인은 보수주의적 시각에서 열녀여성과 같이 유교 가부

---

59) 장병인, 앞의 글, 2007, 26~27쪽.

장제 사회에서 지배층 남성의 가치관을 내면화하여 스스로 모범이 되었던 행위를 여성주체의 전략적 선택으로 적극적으로 평가하는 시도에 대해서도 비판하였다. 이러한 역사해석은 국가권력과 결탁한 가부장제의 잔혹성이나 이에 맞서 대결했던 여성에 대한 억압을 외면하도록 할 우려가 있다는 것이다.[60] 이런 쟁점들은 앞으로 실증적인 연구의 확대와 집중적인 토론을 통해서, 정당한 역사적 평가를 내려야 할 것이다.

또 다른 논쟁으로 페미니즘과 민족주의의 관계를 둘러싼 논쟁을 들수 있는데, 이는 일본군 성노예문제에 대한 연구 속에서 등장한 것이다. 조선인 성노예문제를 제국주의·민족·성의 관점에서 분석하는 입장과 일본군 성노예문제에서 성 변수의 우위성을 강조하는 입장의 충돌이었다. 후자는 전자가 일본군 성노예문제를 민족문제로 보편화시켰다고 비판하고, 전자는 후자가 성노예문제에서 드러난 식민지적 억압을 도외시하고 현실태로 존재하는 민족문제의 현실을 고려하지 않는다는 지적이었다.[61]

그런데 위의 논쟁은 사회학과 여성학, 역사학과 여성학 사이의 논쟁이라는 점에서 여성사연구 내부의 논쟁은 아니었다. 주제의 성격상 일본군 성노예문제는 여성사의 연구주제이지만, 논쟁은 여타 사회과학 분야에서 진행되었고, 여성사 연구자의 참여는 저조하였다. 여기에서 주목할 점은 여성사연구가 사회학이나 여성학 등과 학제적 공동작업을 시도하면서, 동시에 타 학문과 경쟁해야 하는 상호관계에 놓여 있는

60) 이순구, 「조선시대 가족제도의 변화와 여성」, 『한국고전여성문학연구』 10, 2005, 135~139쪽; 장병인, 앞의 글, 2007, 44~45쪽.
61) 김은실, 「민족주의 담론과 여성: 문화, 권력, 주체에 관한 비판적 읽기를 위하여」, 『한국여성학』 10, 1994, 18~52쪽; 정현백, 『민족과 페미니즘』, 서울, 당대, 2003, 13~51쪽.

현실이다. 그러나 앞에서 드러나는 대로 역사학 일반도 여성사학도 학
제적 접근에 대한 준비가 되어 있지는 않은 듯하다.

　이런 맥락에서 지적하고 싶은 것은 여성사연구에서 사회과학적 방
법이나 이론의 원용이 드문 점이다. 젠더체계를 여성사연구에서 다룰
경우, 이는 필연적으로 계급이나 인종(및 민족)의 문제와 연루된다. 그
러나 기성 역사학계에서는 사회과학적 문제의식은 정치화로 읽히고,
그래서 역사학은 정치화를 기피해야 한다는 견해가 통용되어 왔다.[62]
이런 현실을 넘어서 2장에서 표방한 '여성사의 이론화'를 촉진하기 위
해서도 여성사연구는 사회과학 방법론과 이론의 수용을 회피하지 말
아야 할 것이다.[63]

　위에서 제기한 문제의식 속에서 역사학 분야에서 나온 업적은 아니
지만, 사회과학 이론과 젠더사를 성공적으로 적용한 사례로 박미해와
김혜경의 단행본을 언급하고 싶다. 박미해의 유교가부장제와 가족, 가
산은 기존의 역사학자들이 법제나 이데올로기 그리고 관습 등을 중심
으로 가족을 분석하는 관행을 넘어 젠더 정체성에 대해 집중적으로 분
석하였다.[64] 박미해는 조선 전기 가족을 규정하는 물적 토대와 사회이
데올로기를, 막스 베버의 이론을 원용하여 가산제와 가부장제라는 이
론틀로 설명하면서, 국가지배체제와 결합한 유교가부장제를 읽어낸다.
특히 박미해는 유교가부장제를 구조화하는 과정에서 그는 서구가부장

---

[62] 김두진, 앞의 글, 2007, 59~60쪽; 차하순, 앞의 글, 2007, 17~40쪽.

[63] 조선시대 가족사 연구자인 김경란도 기존의 사회학이나 인류학 등에서 이용된
　방법론의 적극적인 수용을 주창한다. 김경란, 「조선후기 가족제도 연구의 현황
　과 과제」. 강만길 편, 『조선후기사 연구의 현황과 과제』, 서울, 창작과 비평사,
　2000, 401쪽.

[64] 박미해, 『유교가부장제와 가족, 가산』, 서울, 아카넷, 2010, 14, 16~19, 293~295쪽;
　문숙자, 「사회학자가 본 16세기 조선의 가족(서평: 박미해, 유교가부장제와 가
　족」, 『여성과 역사』 16, 2012, 133쪽.

체와의 차이를 읽어내려는 노력도 하는데, 이런 비교사적 접근은 여성사 연구에서도 필수적인 요건이라 생각되어 한 번 더 강조하고 싶다.

김혜경도 『식민지하 근대가족의 형성과 젠더』에서 계보학적 담론분석, 심성으로서의 가족 분석 그리고 구조로 환원되지 않는 행위자에 대한 분석이라는 세 축을 통해서 식민지 하 근대가족의 모습을 파악하였다.[65] 그는 일본 총독부, 민족주의의 지식인 집단들, 미국 중심의 선교 세력, 가족 차원의 생존전략 속에서 젠더이해의 갈등적 경합을 분석하는 과정을 통해서 식민지적 근대와 가족규범의 변화를 읽어내는 성과를 거두었다.[66] 특히 김혜경은 세심하면서도 광범한 실증적인 사료읽기와 사회과학적 이론틀의 배합을 통하여 가족을 둘러싼 역동적인 상호관계를 분석해낸 것은 높이 살만하다. 이제 여성사 연구도 앞으로 사회과학에서 나오는 연구 성과들과 어떻게 경합할 것이며, 역사학 분과의 독자성을 살리면서도 이론화 과정을 어떻게 진척시킬 수 있을지를 보다 적극적으로 고민해야 할 것이다.

5. 맺음말

이 글은 한국사학의 젠더인식을 고찰하려는 문제의식에서 출발하여, 구체적으로 여성사/가족사 분야에서 남성연구자와 여성연구자가 수행한 연구들을 분석하였다. 이 글의 문제의식은 '여성사 연구가 본격적으로 진척되면, 기존 역사에서 배제된 여성의 역사를 보완하는 차원을 넘

---

[65] 김혜경, 『식민지하 근대가족의 형성과 젠더』, 파주, 창비, 2006, 33~35쪽.
[66] 앞의 책, 343~344쪽.

어 역사 전체의 패러다임을 바꾸어낼 수밖에 없다'는 인식에서 출발하였다. 여기에서 '여성사의 이론화' 문제가 제기된다. 이는 여성사연구가 그간의 양적 성장에도 불구하고 여전히 역사학의 주변부를 맴돌고 있는 한계를 극복하는 길이기도 하다. '여성사의 이론화'를 주장하면서, 이 글은 도입부에서 한국역사학의 젠더링을 주장하였다. 이는 여성사가 젠더사로 가야하고, 젠더는 필연적으로 계급이나 인종(민족)문제가 상호 교차할 수밖에 없으니, 이런 문제의식 아래에서 여성사연구가 진행되어야 한다는 의미를 담고 있다. 이를 통해 여성사는 보다 역동적이면서도 복합적인 관계망을 담아내는 전체사회사(History of Society)의 성과로도 이어질 수 있을 것이다.

그간 진행된 남성역사가들의 연구는 '여성사 연구 없이는 역사학은 진실에 도달할 수 없다는 문제의식 그리고 튼실한 연구역량과 함께 여성사를 분과사의 하나로 정착시키려는 호의적인 노력'을 보여주었다. 또한 여성사로서 출발한 것은 아니지만, 최재석 이래 가족사에 대한 사회학자나 인류학자들의 노력도 있었다. 이 남성연구자들의 노력은 역사 속에서 여성이 지닌 지위나 역할을 구명함으로써, 여성사 서술의 토대를 제공해주는 기여를 하였다. 그러나 이들의 연구에서는 성차별이나 젠더에 대한 감수성은 잘 드러나지 않았다. 이는 여성사 연구가 가족생활이나 여성의 사회적 지위에 대한 분석을 넘어, 주어진 역사적 맥락 속에서 젠더 체계가 고유하게 작동하는 방식에 대한 좀 더 복합적이면서 전체사회사적인 고찰이 필요하다는 의미이다. 그러다보니 혹간 가부장제를 강조하는 맥락에서도 이들의 연구는 가부장제적 가족 혹은 유교 이데올로기의 측면에서만 고찰할 뿐, 가부장제가 사회 내에서도 작동하는 다양하고 복잡한 체계에 대한 논의로까지 발전하지 못하였다. 그러나 최근에 들어와 한국사 연구에서 소장 역사가들 사이에 젠더문제에 대한 관심도 높아지고, 새로운 방법론적 접근도 늘어나고 있다. 앞으로 한국사 연구가 성차별주의에 대한 감수성을 더 높이고 젠더링을 더 적극적으로 추진할 것을 기대해본다.

지난 1980년대 말 이래 활성화된 여성사연구는 양적 성장의 측면에서 큰 진전을 보았다. 여성사 연구의 현황과 과제에 대한 논의를 중심으로 현행 여성사연구의 한계와 대안에 대한 논의도 있어왔다. 또한 주목할 점은 기존의 가족이나 친족, 여성교육, 여성운동에 대한 연구에서 더 나아가 연구주제가 다양해지고, 그 일례로 일상생활사, 특히 보통여성들의 삶이나 문화를 연구하는 데로까지 관심이 확장되었다. 모든 여성사 연구에서 드러나는 것은 아니지만, 성차별주의나 여성주의에 대한 감수성도 높아졌다. 또한 최근에 와서 드러나는 현저한 특징은 여성사 연구에서 억압의 피해자만이 아니라, 주체로서의 여성 모습을 드러내는 연구들이 나타나는 것이다.

그러나 여성사연구의 한계는 '젠더를 둘러싼 관계와 과정들의 복잡한 얽힘'을 읽어내는 젠더사로의 진전이 여전히 미진한 점이다. 또한 역사적 맥락에 대한 전체적인, 구조적인 분석 없이 여성에 관한 미세한 사실을 수집하여 정리하는 낙후한 방식도 여전히 남아 있다. 이제 여성사연구는 '이론화과정'으로 진전되어야 하고, 전체 한국역사학에 여성사가 던져주는 좀 더 보편적인 질문으로도 이어져야 한다. 이는 한국사학에서 통용되는 이론이나 개념에서의 젠더링도 필요하다는 의미이다. 다시 말해서 앞의 분석에서도 언급한 대로, 통용되고 있는 가부장제를 포함한 여러 인습적인 개념 자체의 재구성도 불가피하다는 것이다. 이런 큰 목표를 달성하기 위해서는 앞으로 여성사 연구가 학제적 연구나 비교사 방법론을 강화하고, 동시에 사회과학적 이론이나 방법론에도 좀 더 개방적이어야 할 것이다.

한국의 대만사 연구, 1945~2012

문명기

1. 머리말

이 글의 기본적인 목적은 해방 이래[1] 현재까지 한국에서 생산된 대만사 연구를 정리·소개하고 한국의 대만사 연구가 전체로서의 대만사 연구에 어떤 의미를 가질 수 있는지를 검토해보는 것이다.[2] 이 글과 유사한 소재를 다룬 논문이 없는 것은 아니다.[3] 해당 논문은 해방 이

[1] 현재 한국에서는 1945년을 '해방'이나 '광복' 등으로 부르지만, 대만에서는 '전후'로 부르는 경우가 훨씬 많다. 본고에서는 한국과 관련될 때에는 '해방' 또는 '해방 이후'를, 대만과 관련될 때에는 '전후'를 사용하며, 한국·대만에 함께 관련될 때에는 '1945년' 또는 '1945년 이후'를 사용하기로 한다.

[2] 이 글이 대상으로 삼는 기간은 2012년까지인데, 2013~2017년의 대만사 연구 현황에 관해서는 문명기, 「연구 분야의 지속과 확장: 중국근대사 연구(2016~17)와 대만사 연구(2013~17)」, 『역사학보』 239, 2018, 268~271쪽을 참조.

[3] 陳姃湲, 「處於'東洋史'與'國史'之間: 戰後韓國歷史學界中的臺灣史研究」, 『臺灣史研究』 18-3, 2011.

래 최근까지의 한국의 대만사 연구에 대해 연구성과의 망라적인 수집과 기초적인 수량적 실태를 보여주고 있고, 아울러 최근 한국의 대만사 연구와 관련된 연구환경, 그리고 대만사 연구의 동기를 주로 외재적 요인에 중점을 두어 분석했다. 따라서 이 글은 해당 논문과 중복되는 내용을 피하면서도 한국에서 생산된 대만사 연구의 '내재적' 파악, 즉 연구의 구체적인 내용과 특징 및 학술적 의미 등에 중점을 두어 논지를 전개하고자 한다.

이를 위해 제2장에서는 우선 한국 역사학계에서 '대만사'가 가지는 다양한 위치와 맥락을 서술하고 나아가 한국의 대만사 연구에 대해 연구주제 및 학문분과와 관련된 수량적 분석을 진행(제2절)한다. 제3장에서는 시대별(청대/식민지시대/전후)로 중요하다고 판단되는 연구의 내용과 특징을 구체적으로 서술하고, 제4장에서는 한국의 대만사 연구와 (대만·미국·일본·중국 등지의 대만사 연구를 총칭하는 의미에서의) 전체로서의 대만사 연구의 상관관계, 특히 한국의 대만사 연구가 전체로서의 대만사 연구에 어떻게 기여할 수 있는가를 검토한다. 그리고 향후 한국 대만사 연구의 발전방향에 관해 초보적이나마 몇 가지 제언하는 것으로 결론을 대신하고자 한다.[4]

---

[4] 이 글에서 분석대상으로 삼은 논문과 저서는 총 84편이다(〈부표: 한국의 대만사 연구(1945~2012)〉 참조). 또한 분석대상은 일부 예외를 제외하고는 역사학 논문으로 한정했다. 〈부표〉에서는 2편 이상의 논저를 보유한 저자의 경우, 예컨대 **하세봉(河世鳳)abcd** 등과 같이 출판연도 순으로 영문 알파벳을 부여하여 구분했다. 또한 본문에 등장하는 연구자의 성명과 논저를 구분하기 위하여, 논저를 지칭할 때는 굵게 표기하고 밑줄을 붙이기로 한다(예컨대 **문명기(文明基)a**나 **손준식(孫準植)b** 등).

2. 한국의 대만사 연구의 개황

1) 한국학계에서의 '대만(사)'의 다양한 위치와 맥락

한국에서 대만사 연구의 시작은 아무래도 해방을 기다려야 했다. 물론 식민지시대에도 대만에 대한 관찰이 없었던 것은 아니지만,[5] 교통수단의 불비[6] 및 무엇보다도 "조선인으로서의 자기 주체의 확립이 이루어지지 않았기에 '외부'에 대한 (학문적) 탐구는 사실상 불가능"했다.[7] 해방 이후 대학에 사학과가 설치되어 연구자가 배출되기 시작하고, 한국전쟁 종결 이후 구미·일본 및 대만과 학술교류가 진행되면서 대만사 연구도 시작되었다.

필자가 파악한 범위 내에서 학술적 목적으로 대만에 체류한 최초의

---

[5] 식민지시대 초기의 대표적 친일파로서 한성은행(漢城銀行) 전무취체역(專務取締役)을 역임한 한상룡(韓相龍)은 도쿄에서 개최된 전국수형교환소대회(全國手形交換所大會)에 참석하고 돌아오는 길에 대만 권업공진회(勸業共進會)를 참관하고 귀국한 후 시찰의 개략을 『內地及臺灣視察記』로 출판했다(京城, 1916년). 또한 1920~30년대에는 『朝鮮日報』와 『東亞日報』 기자들이 대만을 시찰하고 돌아와 남긴 견문기·여행기 등이 산견한다. 하지만 중국 대륙의 정치적·경제적 변동에 대한 관심에 비해서 대만에 대한 관심은 역시 부차적이었다. 1940년대 태평양전쟁 발발 이후에는 일본의 남진(南進)에 따라 조선에서 대만을 포함한 '남방(南方)'에 대한 관심이 증대하긴 하지만 조선 지식인들의 남방에 대한 지식과 정보는 유치한 수준이었다(권명아, 「태평양전쟁기 南方 種族誌와 제국의 판타지」, 『상허학보』 14집, 2005, 336~337쪽).

[6] **손준식e**, 124쪽에 따르면, 1930년에 대만을 취재한 임유진(林有鎭, 『조선일보』 기자)의 여정은 경성(京城)→부산(釜山)→모지(門司)→지룽(基隆)으로 이어지는, 많은 시일과 비용을 필요로 하는 것이어서 조선인들에게 대만은 '머나먼 이역'으로 인식되었다.

[7] 민두기, 「韓國における中國史研究の展開」, 藤維藻ほか編, 『東アジア世界史探究』, 汲古書院, 1986, 41쪽. 이는 해방 이전의 중국사 연구에 대한 언급이지만, 중국사를 대만사로 바꾸어도 차이는 없다.

한국인 역사연구자는 김준엽(金俊燁)이었다. 광복군(光復軍)의 일원이었던 그는 해방 후 귀국하여 고려대학교 교수가 되었고, 1951년부터 1955년에 걸쳐 대만에 체류하면서 중국 '최근세사(最近世史)'(주로 민국사(民國史)]를 공부하고 돌아왔다.8) 남한(대한민국)과 대만(중화민국)의 '혈맹' 관계, 장인 민필호(閔弼鎬)가 초대 주대만총영사(駐臺灣總領事)를 지낸 개인적 영향,9) 그리고 이승만정부가 중국국민당 권위주의 체제로부터 '학습'하려는 영향 등도 있었던 것으로 생각된다.10)

하지만 김준엽의 주된 관심사는 주로 당사적(黨史的) 시각에서의 중국 최근세사였다. 따라서 대만 자체에 대한 관심을 (적어도 학문적으로는) 표명하지 않았다.11) 이 점에 있어서는 한국의 중국사연구 수준을 크게 제고했다고 평가되는12) 민두기(閔斗基)의 대만 체재(1960년대)도 마찬가지였다. 한 연구가 잘 지적하고 있듯이13) 민두기의 대만에 대한 관심은 중국의 분열과 통일이라는 관점, 즉 중국사의 전개패턴에 대한 이해의 심화라는 차원에서의 관심이었다.14) 이러한 방향에서의

---

8) 정문상,「김준엽의 근현대 중국론과 동아시아 냉전」,『역사비평』87호, 2009, 232쪽 및 250쪽. 그가 대만에 체류할 당시 차주환(車柱環) 교수가 한동안 함께 있었고, 이 두 연구자의 발기에 의해 1955년 한국중국학회(韓國中國學會)가 발족되었다(김준엽,『金俊燁現代史－長征5(다시 大陸으로)』, 나남출판, 2001, 47쪽).

9) 김준엽,『金俊燁現代史－長征5(다시 大陸으로)』, 43~45쪽.

10) 이에 관해서는 후지이 다케시,「族靑·族靑系의 理念과 活動」, 成均館大學校 史學科 博士學位論文, 2010을 참조.

11) 그가 국립대만대학(國立臺灣大學)에서 수강한 과목과 접촉한 역사학자들을 보더라도 그의 기본적 관심이 중국사에 쏠려 있었다는 것을 확인할 수 있다(김준엽,『金俊燁現代史－長征5(다시 大陸으로)』, 44쪽).

12) 이 점에 대해서는 임상범,「민두기 史學의 일면: 한 중국사학자의 '中國史談論'」,『東洋史學研究』107집, 2009를 참조.

13) 陳姃湲, 앞의 글, 2011, 183쪽.

14) **민두기b**, 78쪽.

대만(사)에 대한 관심을 ① **중국사의 일부(또는 중국지방사)로서의 대만사**
라고 부르기로 하자.

하지만 민두기의 대만에 대한 관심이 단순히 중국사의 일부로서의
대만(사)에 대한 관심에 머무른 것만은 아니다. 그는 대만 체재를 통해
"대만인들의 상당히 강한 개별성의 주장과 그것을 부정 · 극복하려는
또 다른 경향의 존재"를 예민하게 인식하고 있었고, 때문에 대만독립운
동에 관한 펑밍민(彭明敏)의 주장도 상세히 소개하고 있다.[15] 뿐만 아
니라 1970년대에 이미 "대만에 살고 있는 민중(民衆)의 존재는 비록 그
들이 어떤 적극적 의사표시를 안하고(혹은 못하고) 있다 하더라도 고
려하여야 할 가장 중요한 문제임에 틀림없다."라고 지적했다.[16] 다시
말해, 표면화되지는 않았지만 대만사회 내에 잠재해있던 '성적갈등(省
籍葛藤)'을 의식하고 향후 대만사회의 전개방향에 각별한 관심을 표명
한 것이다.[17] 물론 대만 '독립'의 장래를 낙관하지는 않았지만,[18] 1970

---

[15] **민두기b**, 78쪽 및 84~88쪽.

[16] **민두기b**, 87쪽.

[17] **민두기b**, 77쪽은 "70년대 초 미국과 중공(中共)의 접근, 국제연합에서의 중국대표
권의 변화라는 난국의 타개 방법으로서 (국민당정권이) 대만인의 지지를 필요로
한다는 그 사실은 정권 담당자, 즉 외성적(外省籍)과 본성적(本省籍) 사이에 메
워져야 할 큰 고랑이 패어 있었음을 역증(逆證)하는 것"임을 강조하고 있다.

[18] "'대독(臺獨)'이라고 약칭되는 이 운동이 일본 · 미국 등지에 오래 전부터 있어왔
던 것은 사실이나 대만 내에서는 친공(親共)과 똑같이 철저한 금기이다. 설사 외
성인(外省人)의 지배로부터 벗어나자는 생각이 있다 하더라도 이러한 생각과 오
랫동안 교육받아온 중국인으로서의 의식과의 사이에 기묘한 갈등을 겪어야 하
므로 대만인의 독립운동을 감정의 차원을 넘어선 의지적 차원으로 발전시키는
데는 많은 어려움이 있다."(**민두기c**, 96쪽)라거나, "대만 독립운동 그 자체는 그리
강력한 것이 못되지만 그래도 이론적, 감정적 차원에서 많이 거론되고 있는 것은
비록 매우 수동적이기는 하나 대만인들의 개별의식의 큰 흐름이 있기 때문이라
는 입장에서이다."(**민두기b**, 79쪽)라는 언급을 통해 볼 때, 1970년대의 시점에서
는 대만독립운동의 가능성을 높이 평가하지는 않았다.

년대 '신세대' 정치운동에 대한 관심의 표명 자체가 그의 대만 문제에 대한 관심의 방향을 잘 말해주는 것이다.

이러한 그의 대만에 대한 관심은 중국사의 맥락에서의 관심이기도 하지만, 동시에 한국사회와 유사한 경로를 걸어온 대만사회의 정치적 민주화에 대한 관심이기도 하다. 중국의 대표적 자유주의자 호적(胡適)에 대한 연구에서도 알 수 있듯이[19] 그는 중국사 연구자임과 동시에 1970년대 유신체제 하에서 (주로 신문·잡지에의 기고를 통해) 자유주의적 민주주의의 실현을 기대한 자유주의자이기도 했다.[20]

때문에 1960년대 '대만 청년들의 심성(心聲)'으로 불린 『文星』의 폐간을 아쉬워했고[21] 1970년대 대만 신세대 정치운동의 좌절에 함께 좌절했으며,[22] 1990년대 이후에는 대만사회의 민주화 역정을 상세히 소개한 것이다.[23] 따라서 그에게 있어서 대만은 한국의 권위주의적 정치질서를 비판할 수 있는 우회적 채널이기도 했다. 그렇기 때문에 "이 '아름다운 섬나라'에서 일어나는 일들을 단순히 망각의 나라에서 일어난 것만으로 보아 넘길 수는 없겠다."라고 말한 것 아닐까.[24] 이렇게 본다면, ② **한국현대사의 참조대상(reference)으로서의 대만사**는 비교적 이른

---

[19] 민두기, 『中國에서의 自由主義의 실험: 胡適의 사상과 활동』, 지식산업사, 1996.

[20] 그는 1972년 1월부터 1973년 12월까지 『신동아(新東亞)』 편집위원을 맡는 등 활발한 언론활동을 벌였다(민두기, 『閔斗基自編年譜略』, 1992, 28쪽). 그의 자유주의자로서의 언론활동에 대해서는 임상범, 앞의 글에 상세하게 정리되어 있다.

[21] **민두기a**, 214~215쪽.

[22] **민두기c**는 "**민두기a**와 함께 나의 대만민주화에 관한 관심의 소산이었다. 1980년 6월 27일에 있을 예정이던 〈東洋史學科第五回集談會〉에서 '대만의 민주화운동'에 대하여 발표하게 되어 있었으나 '時局' 탓으로 하지 못하였다."(민두기, 『한 송이 들꽃과 만날 때: 閔斗基教授自傳隨筆選』, 知識産業社, 1997, 283~284쪽).

[23] **민두기d** (「臺灣史의 素描: 그 民主化 歷程」).

[24] **민두기c**, 101쪽.

시기부터 존재했다고 할 수 있다. 이러한 관심은 현재까지도 다양한 형태로 지속되고 있다.

이후 한국·대만이 공히 민주화와 자유화를 경험하는 1980년대 후반 이래 영성하게 이어지던 대만사회와 대만사에 대한 관심이 점차 증대된다.[25] 공히 식민지배를 경험했음은 물론이고 해방 이후 권위주의체제 하에서 경제성장을 경험했고, 1980년대에는 정치적 민주화도 동시적으로 달성했다. 이러한 공통의 역사적 경험은 한국사회의 대만 사회와 역사에 대한 관심을 촉구하는 중요한 배경이 되었다. 그 결과 사회과학 분야에서는 토지개혁 비교연구, 경제성장모델 비교연구, 시민사회 비교연구, 과거청산 비교연구 등이 활발하게 전개되었다.[26]

이러한 경향은 학술에도 반영되어 연구의 양적 급증을 가져왔는데, 여기에는 백영서(白永瑞) 등에 의해 주창된 '동아시아적 시각'에서의 역사 연구를 강조하는 입장, 중국의 동북공정과 일본의 역사교과서 왜곡에 대한 대응 차원에서의 대만사에 대한 관심, 그리고 한국사를 보다 상대화·객관화해서 이해하려는 한국사 영역에서의 요구 등 여러 요인이 작용한 결과라고 볼 수 있다.[27]

특히 동북공정 문제와 관련하여 한국사학계·동양사학계와 정부기관(특히 동북아역사재단)은 1990년대 이래 대만사회가 중국과의 정치적·문화적 차별화를 지향해왔다는 점에 주목했다. 다시 말해 '중국사

---

25) 陳姃湲, 앞의 글, 178쪽에 따르면, 역사학 분야에서 1961~1990년까지(30년) 총 12 편에 그친 대만 관련 연구가 1991~2010년(20년)에는 142편으로 급증했다.

26) 관련 연구를 간략하게만 소개하면, 朴允哲, 「대만의 시민사회조직과 시민사회의 성숙도」, 『중국학연구』 30집, 2004; 지은주·董思齊, 「신생 민주주의 과거청산의 정치적 동학: 한국과 대만 사례를 중심으로」, 『국제정치논총』 49-5, 2009; 윤상우, 「대만 경제성장모델의 신화」, 『한국사회학』 37-6, 2003; 申柄湜, 「한국과 대만의 토지개혁 비교연구」, 『한국과 국제정치』 4-2, 1998 등이 있다.

27) 이에 관해서는 陳姃湲, 앞의 글, 188~198쪽에 정리되어 있다.

의 상대화'를 필요로 하는 일부 한국 역사학계의 움직임과[28] 대만 역사
학계의 '중국사의 상대화' 조류가[29] 결합하여 (규모는 작지만) 일종의
'臺灣史 硏究熱'이 일었다고 볼 수 있다. 뿐만 아니라 식민사관의 극복
을 위해 민족사관을 강조한 나머지 한국사에 대한 과도한 일국사적·민
족주의적 해석이 여러 학문적 부작용을 낳았다는 반성이 제기되면서 대
만(사)는 '한국사의 상대화'를 위해서도 중요한 참조대상이 되기에 이른
다.[30] 요컨대 중국사와 한국사를 포함한 동아시아의 ③ **개별 國史의 상
대화**를 추구하는 과정에서 대만사 연구의 중요성이 부각된 셈이다.

　다른 한편으로는 1992년 韓中 수교 이래 한국 동양사연구자의 유학 루
트가 대만에서 중국으로 '대이동'한 것은 분명한 사실이지만, 대만에 장
기 또는 단기 체재하면서 중국사를 연구한 연구자도 없지는 않았다. 이
들 대만체재 경험을 가진 한국의 역사연구자들은 1990년대 이후에 전개
된 대만사회의 변화를 직접 목도했다. 이들은 당초에는 중국사 연구를
위해 대만에 체류했지만, 한편으로는 대만사회의 격변에 촉발되어 대만
사에 대한 관심도 높았다. 예컨대 백영서(漢學硏究中心 訪問學人),[31] 하

---

[28] 이러한 조류는 현재의 중국이 주장하는 '多民族統一國家論'의 타당성에 의문을
　제기하면서 만주와 티베트 및 대만에 대한 연구가 태동했고, 이러한 흐름은 전체
　적으로 중국의 '帝國性'을 문제화하는 데까지 관심이 옮겨가고 있는 상황이다(白
　永瑞, 「韓國の中國認識と中國硏究」, 飯島渉·久保亨·村田雄二郎 編, 『シリーズ
　20世紀中國史4(現代中國と歷史學)』, 2009, 106~107쪽).

[29] **하세봉c**, 176~181쪽은 1990년대 이래 대만 인문학계에서 漢學(=중국학)의 위상이
　이전에 비해 약화되었다고 진단하면서 대만학계의 향후의 중국사연구를 '타자로
　서의 중국사연구'로 명명하고 있다.

[30] 이 점을 한 원로 동양사학자는 "중국과 일본을 별로 의식하지 않는 한국사 연구
　의 관성"이라고 표현하기도 했다(李成珪, 「회고와 전망: 東洋史總說」, 『역사학
　보』 175집, 2002, 278쪽).

[31] 백영서는 1999년 5·4운동 80주년 기념학술대회(臺北)에 참가해 5·4운동 당시
　대륙과는 다른 대만의 사조를 강조하는 대만 학자들의 발표를 듣고, 또 많은 대만
　연구자들과 접촉하면서 식민지 경험이나 통일 문제에 관한 인식이 한국과 크게

세봉(中央硏究院 臺灣史硏究所 訪問學人),[32] 손준식(國立政治大學 歷史學硏究所 博士),[33] 문명기(臺灣大學 歷史硏究所 및 臺灣史硏究所 訪問學人)[34] 등은 대만사회의 변화를 직접 경험하면서 대만사 자체의 전개과정에 대한 호기심을 키운 사례들이다. 이들의 대만사 연구는 (전술한 세 가지 유형과 겹치기도 하지만) ④ **'대만중심접근법'**(Taiwan-Centered Approach)에 따라 대만사 자체에 대한 연구를 수행한 유형이라고 할수 있겠다.[35]

다른 것을 알게 되었고, 중국근대사 연구자로서 동아시아담론을 제창하던 상황에서 대만의 역사적 독특성에 흥미를 느끼게 되었다고 한다. 2001년 상반기에는 한학연구중심의 초빙으로 대만에 6개월간 체류하면서 대만의 많은 연구자들과 교류를 이어오고 있다. 그가 대만의 학계와 활발한 교류를 할 수 있었던 것은, 동아시아적 시각에서 韓·中·日·臺를 연관시켜 설명하는 장점을 가졌기 때문이기도 하고, 동시에 중국과의 수교(와 대만과의 단교) 이래 많은 한국 지식인들이 대륙으로 관심을 돌린 데 반해 그는 대만에 지속적으로 관심을 표명했기 때문이라고 보았다(「백영서 교수와의 인터뷰(2010년 7월 21일)).

[32] 하세봉은, 1999년 말 한학연구중심의 초빙으로 중앙연구원에 체재하던 중 1935년에 개최된 대만박람회에 관심을 갖게 되면서 중국근대경제사에 대한 관심을 대만근대사로 전환하게 되었다고 회고하고 있다. 즉 1980년대에 한국사회의 정치적 현실을 염두에 두고서 '변혁의 중국'에 관심을 갖고 공부했으나, 동구 사회주의 국가의 붕괴 이후로는 중국을 넘어선 '동아시아'에서 새로운 출로를 모색했다. 또한 대만 체류 기간에 '국가이면서 국가가 아닌' 대만이 걸어온 역사의 특수성에 깊은 관심을 가지게 되었다고 한다(「하세봉 교수와의 인터뷰」(2012년 7월 30일).

[33] 손준식은, 국립정치대학 역사학연구소 박사과정에 입학하여 리궈치(李國祁)의 〈臺灣史專題硏究〉를 수강한 것, 그리고 한국사회와는 판이한 대만사회의 대일인식에 대한 일종의 '문화적 충격'이 대만사를 연구하게 된 직접적인 계기가 되었다고 한다(「손준식 교수와의 인터뷰」(2012년 7월 4일)).

[34] 문명기 역시 중국근대사와 관련된 박사논문 준비를 위해 교환학생으로서 국립대만대학 역사학과에 진입(2000년 8월~2001년 6월)했으나, 2000년 천수이벤 정부의 출범과 그에 동반한 대만 민족주의의 흥기, 그리고 대만사회의 대일인식에 '문화적 충격'을 느꼈고, 중국근대사에서 대만근대사로 '전향'하게 된다. 그는 〈淸代臺灣史專題硏究〉(許雪姬 담당), 〈臺灣史料解析〉(王世慶 담당), 〈日據時期臺灣史料〉(吳密察 담당), 〈淡新檔案硏究〉(吳密察 담당) 및 周婉窈 담당의 대만사 관련 강의 등을 수강하면서 대만사 연구의 기초를 다질 수 있었다.

요컨대 해방 이후 전개된 한국의 대만사 연구에서 대만은, 중국(사)의 일부로서의 대만(사), 한국현대사의 참조대상으로서의 대만, 개별 국사의 상대화를 위한 대만(사), 그리고 대만중심접근법이라는 서로 연결되면서도 구별되는 위상과 맥락을 가지고 있었다고 할 수 있다. 이들 개별 유형이 어떻게 상호간에 내적 연관성을 가지는지는 파악하기 쉽지 않지만, 적어도 한국 역사학계에서 대만(사)가 어떻게 이해·수용되고 어떻게 맥락화(contextualize)되었는지는 보여주고 있다.

2) 수량적 분석

본 절에서는 해방 이후 한국의 대만사 연구에 대한 초보적인 수량적 분석을 시도한다. 필자가 분석대상으로 삼은 논문은 총 84편이다(이 글 말미의 〈부표: 한국의 대만사 연구(1945~2012) 참고문헌〉 참조). 이 84편을 우선 시대별로 나누어 보면 다음과 같다.

〈표 1〉 논저의 시대별 분포

시대	편수	비고
청대	17	
식민지시대	38	
1945년 이후	17	
기타	12	개설서/교과서/통사류 등
합계	84	

시대별로 관찰하는 경우 식민지시대가 청대나 전후에 비해 두 배 이

---

35) 이 표현은 폴 코헨(Paul Cohen)의 '중국중심접근법(China-centered Approach)'을 빌린 것이지만 주로 비교연구와의 대비를 염두에 두고 사용한다.

상 많다는 점이 눈에 띈다. 여기에는 몇 가지 요인이 작용했는데, 우선
① 청대의 경우 비교사적 관점에서 한국 역사학계의 관심을 끌 만한
유인이 상대적으로 적고, 청대사에 대한 기본적 이해가 전제되어야 하
며, 청대 대만사 연구에 필요한 각종 한문사료(漢文史料)를 독해하는
훈련이 쉽지 않다. 또한 ② 전후 대만사 연구는 역사학 분야보다는 사
회과학 분야에서 상대적으로 활발했고, 동시에 한국 역사학계에서는
1945년 이후의 역사를 역사학적 연구대상으로 삼기를 꺼려하는 분위기
가 없지 않았다.[36] 아울러 ③ 1992년 중화인민공화국과의 수교 및 중화
민국과의 단교로 인해 한국사회와 역사학계의 시선이 대거 중국 대륙
으로 쏠리게 된 점도 무시할 수 없는 요인이다. 동일한 분석대상을 세
부주제 별로 나누고 비교연구의 비중을 표시한 것이 〈표 2〉이다.

〈표 2〉 세부주제별 분포와 비교연구의 비중

주제		논문(밑줄은 생략)	편수		비교연구의 비중
경제사		姜抮亞, 金洛年, 문명기bcehijkm, 安秉直	11(13%)		5/11
정치사	일반	金貞和ab, 문명기adfgn, 민두기abcde, 朴赫淳, 손준식bdegil, 李昇熙, 趙世鉉a, 崔熙在, 卓一平	23	32(38%)	2/32
	독립운동사 (및 韓僑)	金勝一, 김주용, 韓相禧, 黃善翌abc	6		
	양안관계사	문명기lo, 文興浩	3		
사회문화사	일반	白永瑞a, 손준식acjm, 尹泳愉ab, 李永玉, 全京秀ab, 하세봉cdefg, 韓國臺灣比較文化硏究會	16	22(27%)	8/22
	어문학	金良守ab, 閔正基a, 손준식fh, 宋承錫	6		

36) 이 점에 대해서는 林相範, 앞의 글, 361쪽 및 민두기, 「歷史의 窓: 序文을 대신하
여」, 『歷史의 窓』, 지식산업사, 1976, ii~iii쪽 참조.

정체성(identity)	金翰奎, 白永瑞b, 손준식k, 하세봉b	4(5%)	0/4
교과서/개설서/통사류	金永信, 金裕利ab, 辛勝夏, 장미경, 趙世鉉b, 하세봉a	7(8%)	1/7
법제사	文竣英ab, 박준형, 李昇一abc, 이정선	7(8%)	6/7
기타(원주민)	閔正基b	1(1%)	0/1
합계		84(100%)	22/84(26%)

정치사의 비중이 가장 높고 사회문화사(23%), 경제사(16%), 법제사(9%)가 뒤따르고 있다. 특히 비교연구가 적지 않은 비중을 차지하는데, 분석대상 84편 중 22편(약 26%)이 비교연구이다. 이 중에서 식민지시대만을 놓고 보면 전체 38편(〈표 1〉 참조) 중 19편(약 50%)이 비교연구이다. 여기에는 몇 가지 원인이 있는데, 우선 ① 식민지시대에 관한 비교연구가 상대적으로 언어적 제약을 덜 받았고, ② 청대(비교연구 없음)의 경우 조선왕조와 대만의 정치체(polity)의 기본성격이 달랐으며, ③ 1945년 이후(16편 중 3편이 비교연구)의 경우, 장기간의 '금기'로 인해 해당 시대에 대한 연구가 한국과 대만 공히 초기단계에 있어 활발한 비교연구가 아직은 곤란한 측면이 있다.

특기할 점은 중국 동북공정에 대한 대응의 필요에 따라 동아시아 각국의 교과서 분석이 최근 활발하게 진행되고 있고, 당대 대만사회의 族群政治(ethnic politics)를 반영하여 정체성을 다룬 연구가 생산되고 있으며, 통독 문제와 관련한 대만의 '장래'에 대한 관심에 촉발되어 양안관계사에 대한 연구도 생산되고 있다(후술). 다음으로 대만사 논문을 생산한 저자들의 학문분과를 분류해보면 다음과 같다.

〈표 3〉 대만사 논저 저자들의 학문분과

학문분과		저자성명(명수)	비고
역사학	동양사	姜抮亞, 金勝一, 金泳信, 金裕利, 金貞和, 金翰奎, 문명기, 민두기, 朴赫淳, 白永瑞, 손준식, 辛勝夏, 李昇熙, 李永玉, 趙世鉉, 崔熙在, 卓一平, 하세봉(18人)	李昇熙(일본사)와 卓一平(불명)37)을 제외하고 모두 중국사 전공자
	한국사	김주용, 박준형, 李昇一, 이정선, 韓相禱, 黃善翌(6人)	
경제학		金洛年, 安秉直(2人)	식민지근대화론의 입장에 선 대표적 연구자들
법학		文竣英(1人)	
인류학		全京秀(1人)	
어문학		金良守, 閔正基, 宋承錫, 尹泳焴, 장미경(5人)	장미경(日本語文學)을 제외하고 모두 中國語文學 전공자
정치학		文興鎬(1人)	

　　한국의 대만사 연구는 한국사 연구자(6명)보다는 동양사(특히 중국사) 연구자(18명)가 주도하고 있음이 분명히 드러난다. 이렇게 중국학(역사+문학) 연구자가 상대적으로 많은 비중을 차지하는 것은, 대만의 '國語'가 중국어인데다가 중국학 연구의 심화를 위해서는 일본어 문헌의 이해가 필수적이기 때문에 대개의 중국학 연구자들은 일본어 독해 능력도 갖추고 있다. 따라서 중국학 연구자는 대만(사)연구에 있어서 강점을 지닌다. 반면 기타 학문분과(한국사·일본사나 사회과학)의 경우, 중국어로 된 대만사 연구를 충분히 흡수하지 못하는 사례가 빈번하다. 특히 한국사 연구자로서 식민지시대 대만사 관련 논문의 저자들

---

37) 卓一平은 당시 국립정치대학 대학원생이자 성균관대학교의 교환학생으로서 식민지시대 한국·대만 비교연구(석사논문)를 수행하였다. 그 외의 정보는 필자가 가지고 있지 않은데, 卓氏는 한국어로 학위논문을 작성했고 1970년대의 한국에서는 드물게 (비교연구이기는 하지만) 대만연구를 수행했기 때문에 분석대상에 포함시켰다.

중에는 중국어(와 한문) 독해능력을 갖추지 못한 경우가 꽤 많아 향후 대만사 연구의 심화에 걸림돌이 될 수도 있다.[38]

그렇다면 중국어 독해능력을 갖추고 있고 아울러 대만사회의 변화를 직접 목도한 대만유학생의 경우는 어떠한가? 다음의 표는 1970년~2008년까지 대만 각 대학의 역사학연구소를 졸업(석사·박사 포함)한 역사(주로 중국사) 연구자들의 학위 이후의 대만사에 대한 관심 여부를 나타낸 것이다.

〈표 4〉 대만소재대학 학위소지자들의 대만사 연구 상황

연구자 성명	논문제목	(학위)	졸업학교/ 연도	대만사 작품 유무	비고
辛勝夏	甲午戰前中國朝野對朝鮮問題的看法	(석사)	臺大/1970	○	개설서
權重達	資治通鑑對中韓學術之影響	(박사)	政大/1979	×	
尹貞紛	明代軍屯之硏究	(석사)	臺大/1982	×	
金鐘潤	洋務運動時期的兵工業	(석사)	師大/1983	×	
鄭德熙	陽明學對韓國的影響	(석사)	師大/1985	×	
金鍾博	明代里甲制與賦役制度之關係及其演變	(박사)	文化/1985	×	
朴明熙	五四與三一運動發生背景之比較硏究	(석사)	政大/1986	×	
睦銀均	晚淸中韓關係之硏究	(박사)	臺大/1987	×	
金勝一	軍閥統治時期的湖南農村社會經濟	(석사)	政大/1987	○	臺灣 韓僑
全寅永	淸季自强思想與韓國開化思想比較硏究	(박사)	師大/1988	×	
李鉉	淸代'實學思想'對韓國之影響	(박사)	師大/1988	×	
조재송	葉適經世思想硏究	(박사)	臺大/1989	×	

---

38) 板垣龍太, 『朝鮮近代の歷史民族誌: 慶北尙州の植民地經驗』, 明石書店, 2008, 30 쪽은 20세기 식민지 조선사회에 강고하게 존재한 19세기적(또는 '근세적') 양상을 ('근대적' 양상과 함께) 균형감 있게 다루기 위해서는 한문사료의 독해가 필수적이라는 점을 지적하고 있다.

김택중	明清之際在野知識分子的歷史意識	(박사)	師大/1989	×	
姜吉仲	高麗與宋遼金關係之研究	(박사)	文化/1989	×	
도중만	清末廣東團練之研究(1796~1874)	(석사)	師大/1991	×	
李潤和	中韓近代史學之比較研究	(박사)	文化/1991	×	
金貞和	近代中韓反傳統思想之比較研究	(박사)	師大/1994	○	2·28사건
김영환	拓拔鮮卑早期歷史研究	(박사)	臺大/1996	×	
손준식	戰前日本在華北的走私活動(1933~1937)	(박사)	政大/1996	○	식민지시대
車雄煥	戰前平津地區知識分子對日本侵華反應之研究	(박사)	政大/1996	×	
金泳信	西山會議派之研究(1923~1931)	(박사)	政大/1997	○	개설서
柳智元	清初東北城市及其市民生活研究	(박사)	政大/1997	×	
李和承	明清傳統商人區域化現象研究	(박사)	師大/1997	×	
申美貞	日據時期臺灣與韓國敎育政策比較研究	(석사)	政大/1997	○	학위논문
강인규	朝期倫敦傳道會在上海宣敎研究(1843~1860)	(박사)	師大/1998	×	
李慶龍	羅汝芳思想研究	(박사)	臺大/1999	×	
金相範	唐代禮制對於民間信仰觀的制約與作用	(박사)	師大/2001	×	
徐相文	毛澤東與韓戰	(박사)	政大/2006	×	
鄭炯兒	友好同盟的悲劇: 二戰結束前後之中蘇關係	(박사)	師大/2008	×	
鄭椙元	秦漢時代土木工程特徵之研究	(박사)	師大/2008	×	

전체 30명 중[39] 대만사 관련 논저가 최소 1편 이상인 연구자는 총 6명으로 약 20% 정도이고, 지속적으로 대만사 연구를 수행한 연구자는 사실상 손준식 한 명에 불과하다. 여기에는 몇 가지 원인이 있다. 우선

---

[39] 〈표 4〉에 제시된 30명은 역사학 분야의 대만유학생 중 일부에 불과하다. 대만유학 경험을 가진 역사연구자에 관한 기본적인 정보나 통계가 거의 없는 상황에서 필자의 개인적인 조사에 더하여 손준식·정형아 등의 도움을 얻어 작성한 것이어서 불완전한 통계에 머무르고 있다.

① 이들이 대만에 유학한 것은 기본적으로 중국사연구를 위해서였고, 따라서 학위논문의 주제 자체가 대만사가 아니라 중국사였다는 점이다. 중국사를 학위논문 주제로 선택한 경우 연구대상을 대만사로 변경하는 것은 쉬운 일이 아니다. ② 한국 동양사학계에서의 대만사의 위상이 상대적으로 낮아 유학생들은 귀국 이후 취직에 이르기까지 (설령 대만사에 관심이 있다고 하더라도) 대만사를 선택하기 대단히 어렵다. 한국 동양사학계의 '취업시장'을 고려하면 앞으로도 전망은 그리 밝다고 하기 어렵다.

마지막으로 ③ 한국 역사학계의 대만사 경시 경향도 빼놓을 수 없다. 이시다 히로시(石田浩)는 "중국의 대만에 대한 국제적 고립화와 배제정책, 대만에 대한 무력해방 주장에 대해 (일본의－필자) 중국 연구자는 하등 문제를 느끼지 못하고, 또 대만에는 중국 연구자가 좋아하는 '인민'이 없다는 듯이 대만인을 무시해왔다. 이것은 분명히 사상적 타락이다."라고 지적한 바 있다.[40] 이시다의 비판은[41] 한국의 중국 연구자에게도 동일하게 적용될 수 있다. 물론 개혁개방 이래 중국의 정치경제적 중요성이 날로 증대해갔고, 따라서 한국·일본 등의 주변국가가 이러한 동아시아 국제질서의 중대한 변화에 대응하는 것은 불가피

---

[40] 石田浩, 『共同幻想としての'中華'』, 東京, 田畑書店, 1993, 37쪽 (**하세봉c**, 183쪽에서 재인용).

[41] "대만 민족주의를 유효하게 분석하고 설명하는 것이 대만사에 있어서 가장 중요한 과제"라고 선언한 바 있는 우미차(吳密察) 역시 일본의 역사연구자가 "이전에 대만을 영유한 사실에 맞닥뜨리지 않으면서 쌍방의 역사적 관계를 망각하려고 하고 있다."고 지적하고 있고, 미사와 마미에(三澤眞美惠)는 "국민국가라는 틀이 의문시되는 불안정한 상황 하에서 주민이 주체적으로 해방을 요구하기 위해 기동하는 내셔널리즘을 교조적으로 비판하는 것에는 신중해야 한다."라고 하여 대만 민족주의 비판을 경계하고 있다. 반면 천광싱(陳光興) 등은 민족주의적 시각에서의 대만(사)연구에 비판적이다(이상의 내용은 谷ケ城秀吉, 「臺灣」, 日本植民地研究會 編, 『日本植民地研究の現狀と課題』, アテネ社, 2006을 참조).

한 일이기도 하다.

하지만 한국에서 중국사나 일본사에 비해 대만사가 응분의 관심을 받지 못하고 있는 현상 또한 엄연한 사실이다. 특히 '同中有異, 異中有同'의 역사적 경험을 공유한 한국에 있어서 대만은 단순히 중국의 一省으로 간주되는 것보다 훨씬 큰 학문적·현실적 의미를 가짐에도 불구하고, 대만(사)연구의 가치와 중요성에 대한 공감대는 좀처럼 확산되지 못하고 있다.[42] "다시 말해 '한국인의 시각'으로 연구주제와 영역을 선택·집중할 때에야 비로소 의미 있는 동아시아사를 국제적으로 제시할 수 있으며, 또 연구의 분산에 따른 파편적 영세성을 면할 수도 있다"고 본다면,[43] 대만사야말로 한국학계의 역량을 집중해야 하는 분야임에도 불구하고 현실은 여전히 그렇지 못하다.

그럼에도 불구하고 희망적인 징후를 찾아보자면, 대만사 연구의 중요성에 대한 새로운 인식의 흐름이 없는 것은 아니라는 점이다. 대만(중화민국)과의 단교 20주년을 맞아 그간의 한국사회의 대만 이해와 인식을 점검하고 반성한다는 취지에서 공동저서가 출판되고 있고,[44] 韓國臺灣比較文化硏究會가 일련의 공동연구 성과를 한국어와 중국어로 각각 출간한 것도 의미 있는 성과의 하나이다.

더욱 고무적인 것은, 2000년대 이후 한국과 대만 연구자들이 직접 대면하는 횟수가 급증하면서 상대방 학계에서 생산된 연구성과의 내용과 관심사를 직·간접적으로 파악할 기회가 늘어났다는 점이다.[45] 아

---

[42] 한국 동양사학계에서 중국사연구가 차지하는 비중이 지나치게 커서 심지어는 일본사연구조차 '주변'의 위치에 머무르고 있다는 반성(구범진, 「통계로 돌아본 『東洋史學硏究』: 제100집의 발간을 기념하여」, 『東洋史學硏究』 100집, 2007)도 있는 실정이다.

[43] 조병한, 「회고와 전망: 동양사총설」, 『역사학보』 183집, 2004, 207쪽.

[44] 최원식 등, 『대만을 보는 눈: 한국·대만, 공생의 길을 찾아서』, 창비, 2012.

울러 대만학계의 연구성과를 적극적으로 흡수하려는 한국 역사학계가 대만 연구자들의 우수한 연구성과를 번역·소개하는 사례가 많아지고 있는 것도 고무적인 현상이다.[46] 이렇게 본다면 현재는 지난 10~20년 전에 비하면 크게 진전된 상황이다. 이러한 의미 있는 변화가 앞으로 어떠한 구체적 성과를 가져올 수 있을지 지켜보아야 할 것이다.

3. 시대별 연구의 내용과 특징

본 장에서는 해방 이후 한국에서 생산된 대만사 연구 성과 중에서 일정한 수준을 갖추었고 동시에 학술적 의미를 가지고 있다고 판단되는 논저들을 시대별로 나누어 소개하고 평가하고자 한다. 이러한 소개와 평가의 과정에서 한국에서의 대만사 연구 상황을 보다 깊게 이해할 수 있음은 물론, 대만이나 기타 지역에서의 대만사 연구와의 비교를 통해 한국의 대만사 연구가 가진 특징과 (만일 있다면) 장점도 드러나리라 기대한다.

---

[45] 예컨대 동북아역사재단이나 다양한 연구소·학회가 주최하는 학술회의에 참가한 대만 학자를 보는 것은 이제 일상적인 것이 되었고, 한국 학자의 대만사 관련 학회 참가를 위한 대만 방문 역시 눈에 띄게 증가했다. 특히 한국 성공회대 동아시아연구소와 대만 淸華大學 臺灣文學硏究所가 공동으로 조직한 워크숍(〈총력전하의 문화사정: 식민지 후기 한국과 대만 비교연구〉)은 양국의 학자들이 일본이나 미국 등의 '우회적' 채널을 거치지 않고 직접 대면했다는 점에서 중요한 의미를 가진다.

[46] 예컨대 문명기는 柯志明, 『米糖相剋: 日本殖民主義下臺灣的發展與從屬』, 群學出版, 2003을 번역했고, 손준식과 신미정은 周婉窈, 『臺灣歷史圖說』, 聯經, 1998을 번역했다.

1) 청대 대만사

한국에서의 청대 대만사 연구는, 1683년 이래 대만이 청제국의 일부였다는 역사적 규정성에 의해 기본적으로 중국사의 일부로서 연구되어 왔다. 처음에는 대개 중국사 연구자들이 대만과 관련된 사건을 중국근대사의 맥락에서 연구해왔으나,[47] 2000년대 들어서는 대만사의 맥락에서도 의미를 가지는 연구가 출현하기 시작했다. 물론 양적으로는 매우 적지만 언급할 만한 연구가 없는 것은 아니다.

우선 손준식은 1874년 이전의 '消極治臺'와 1874년 이후의 '積極治臺'라는 이분법적 이해에 의문을 제기하면서 1874년 이전·이후에 관계없이 청조의 대만 정책은 소극치대와 적극치대 사이에서 끊임없이 동요했다는 점을 강조했다.[48] 이후 손준식의 관심은 식민지시대 대만사로 옮겨갔고, 청대 대만사 연구를 본격적으로 수행한 것은 문명기이다. 2007년 한국 최초로 대만을 소재로 하여 역사학 박사학위(논문제목: 「淸末 臺灣의 建省과 劉銘傳: 재원확보방안을 중심으로」)를 취득한 문명기의 기본적인 문제의식은, '內地化論'에 근거한 청말 대만사 이해와 '수정주의적' 해석[49]에 의한 청말 대만사 이해를 통합해 청말 대만사에 관한 대안적(alternative) 설명방식을 찾는 데 있었다.

구체적으로 문명기는 劉銘傳에 의해 추진된 '臺灣新政(=대만판 양무운동)'에 대해 (긍정과 부정의) 상이한 평가가 양립하는 이유를, 개별

---

[47] 朴赫淳, 崔熙在 등이 전형적인 사례이다.

[48] 손준식b 및 손준식e, 157쪽; 182~183쪽.

[49] 이 표현은 張隆志, 「劉銘傳·後藤新平與臺灣近代化論爭―關於十九世紀臺灣歷史轉型期研究的再思考」, 『中華民國史專題論文集』(第四屆討論會), 國史館, 1998에서 따왔다. 수정주의적 해석의 사례로는 許雪姬, 『滿大最後的二十年―洋務運動與建省』, 自立晩報, 1993 등을 꼽을 수 있다.

연구자가 대만신정의 지역적 차이, 즉 북부 지역에서의 성공적인 개혁과 남부 지역에서의 지지부진한 개혁 중 어느 한쪽만을 강조했기 때문이라고 보았다. 실제로 대만신정의 성과는 북부와 남부에서 현저한 차이를 보였다. 그렇다면 이러한 차이는 어디에서 기인하는가? 문명기는 유명전이 '많은 사람의 반대를 무릅쓰고'("力排衆議") 淸賦(지세개혁)와 開山撫番(번지개발)을 '同時竝進'한 점, 그리고 番地(=원주민 거주지)의 분포가 남북 간에 큰 차이를 보인다는 점에 주목했다. 즉 유명전은 대만신정에 필요한 재원의 자체조달을 위해서는 대만 신사층의 '경제적 이성'에 반하는 지세개혁의 실행이 필수적이라고 보았다. 동시에 이들 신사층을 대만신정에 참여시키기 위해서는 (위험을 무릅쓰고) 번지개발을 지세개혁과 동시에 실행하여 신사층에 번지개발의 경제적 이익을 제공해야 한다고 생각했다.

하지만 번지는 대만 중북부에만 집중적으로 분포되어 있었다. 때문에 유명전은 중·북부 신사층과의 관계에서는 번지개발의 이익과 지세개혁(=증세)에 따른 경제적 손실을 상쇄시킬 수 있었지만, 남부 신사층과는 이러한 정치경제적 이익의 '교환관계'를 맺을 수 없게 된다. 실제로 번지개발을 통해 중부의 霧峰林家와 북부의 板橋林家는 '富의 급격한 증가'를 실현한 반면, 남부 신사는 이익의 분점에서 배제되었다. 이는 남부 신사층의 대만신정에 대한 부정적 태도를 강화시켰고, 결국 남부에서의 대만신정은 효과적으로 진행될 수 없었다. 유명전의 대만신정을 긍정하는 연구는 중북부에서의 '성공'을 강조한 반면, 수정주의적 입장의 연구는 남부에서의 '실패'를 강조했기 때문에 대만신정에 대한 상이한 역사상이 양립하고 있지만, 이 양립은 청말 대만의 番地의 분포와 淸賦/開山撫番의 동시병진을 종합적으로 고려하면 해소될 수 있는 문제이다.[50]

문명기의 청말 대만사 연구가 가질 수 있는 학술적 의의는, ① John Shepherd와 柯志明 등에 의해 정립된 청대 대만의 족군정치(ethnic politics) 개념을 적극 수용하되 이를 19세기 후반 대만사로 확장시켰다는 점, ② 대만신정에 관한 상호 대립하는 두 관점을 넘어서는 제3의 역사상을 수립할 가능성을 제시했다는 점, ③ 대만의 건성 사례를 동시대의 신강 및 동삼성과 비교연구함으로써 청조의 변경통치에 대한 개념화(= 일반화)를 시도하고 있다는 점, 그리고 ④ 청말 대만 지방권력의 재정의 현지조달 전략과 대만총독부의 '재정자립' 전략을 연결시켜 이해함으로써 통상적인 시대구분을 넘어서는 장기적 시각에서의 대만근대사 이해에[51] 일조할 가능성을 제시했다는 점 등이다.

2) 식민지시대 대만사

백영서 · 하세봉과 더불어 2000년 이래 대만사 연구를 선도한 손준식의 연구주제는 식민주의와 언어, 대만총독부의 통치정책, '대만의식 (Taiwan Identity)'의 역사적 형성과정 등 다양한 분야에 걸쳐 있다. 대만 유학시기에 겪었던 (대일인식과 관련한) 문화적 충격이 그를 대만사 연구로 이끈 최대의 동기이다. 따라서 그의 관심이 식민지시대에 집중된 것도 자연스러운데, 그의 식민지시대 대만사 연구가 식민지시대 한국사를 의식하고 있다는 점은 분명하지만 그의 연구에 명시적으로 드

---

50) **문명기m**은 新疆 建省의 사례를 대만 건성과 비교한 연구이다.

51) 이러한 관점의 필요성은 張隆志, 「劉銘傳 · 後藤新平與臺灣近代化論爭: 關於十九 世紀臺灣歷史轉型期研究的再思考」, 『中華民國史專題論文集』(第四屆討論會), 國 史館, 1998; 張隆志, 「國家建構 · 社會轉型與殖民近代性: 關於十九世紀臺灣歷史 轉型期研究的再思考」, 第五回日臺青年臺灣史研究者交流會議(發表文), 2001 등에 서 강조하고 있다.

러나 있지는 않다.

이 점은 식민지시대 대만사를 연구하는 여타 연구자들과는 구별되는 특징이다. 즉 그는 대만중심접근법에 가까운 연구경향을 보이는데, 이에 대해 손준식은 "비교연구는 한국사와 대만사 양자에 대한 충분한 이해가 전제되어야 하는데, 대만사는 물론이고 한국사에 대해서는 전문적 지식이 없다. 따라서 비교연구는 먼 장래의 연구과제로 생각한다."고 겸손하게 변명하고 있다.[52] 하지만 손준식은 한국에 대만사 전문가가 거의 없는 상황에서 한국 역사학계의 대만사에 대한 학문적 수요를 충족시키기 위해 노력했다. 손준식이 다양한 연구주제를 '소화'할 수밖에 없었던 것도 한국학계의 요청에 대한 성실한 대응의 결과로 보아야 할 것 같다.

한편 동아시아적 시각에서 중국사 및 대만사 연구에 힘써온 하세봉의 식민지시대 대만사 연구[53] 역시 손준식과 유사하게 (비교연구가 없는 것은 아니지만) 대만중심접근법을 취하고 있다. 동시에 그는 논리와 이성(=인과론적 해석) 중심의 근대역사학(또는 'hard history')을 비판하면서 감각과 심성의 역사학을 역설하고 있다. 이러한 그의 입장은 탈식민주의에 의해 추동된 '문화론적 전환'과 맥락을 같이 하는 것이기도 한데,[54] 어쨌든 그 논리적 귀결로서 박람회나 이미지·픽션(Fiction)을 활용해 '명사와 동사의 역사학'이 아닌 '형용사의 역사학'으로 가는 실마리를 파악하기 위해 노력해왔다.[55] 하지만 'soft history'만으로 총체

---

[52] 「손준식 교수와의 인터뷰」(2012년 7월 4일).

[53] 陳姃湲, 앞의 글, 2011, 187~188쪽.

[54] 戶邊秀明, 「ポストコロニアリズムと帝國史研究」, 日本植民地研究會 編, 『日本植民地研究の現狀と課題』, アテネ社, 2006, 63~70쪽.

[55] **하세봉e**, 114~115쪽.

적인 역사상이 만들어지는 것은 아니다.[56] 특히 식민지시대 한국사회
의 성격을 둘러싸고 '식민지근대화론'과 '식민지수탈론'이 첨예하게 대
립해온 한국 역사학의 전개과정을 이해한다면, 대만사 연구자들이 'hard
history'에 보다 많은 관심을 기울인 것은 어찌 보면 당연하다.

우선 식민지시대 한국 법제사의 새로운 이해를 위한 방법으로서 대
만 법제사 연구가 활발하게 이용되고 있다. 文竣暎은 식민지대만의 사
법제도 형성과정에 대한 분석을 통해, 사법에 대한 행정의 우위 및 태
형제도·범죄즉결제도·민사구류제도 등 식민지에만 실시되는 각종
律令의 실시로 인해 사법제도의 근저를 잠식하는 소위 '대만형 사법제
도'가 만들어지고, 이것이 관동주나 조선 등에 확산되었다고 보았다.[57]
이러한 관찰은 식민지사법제도의 원형이 대만에서 만들어져 조선에
이식·응용되었다는 점을 강조하고 있다.

반면 李昇一은 대만에서는 구관조사를 바탕으로 한 대만총독부 독
자의 입법 노력이 어느 정도 관철된 반면, 조선에서는 이토 히로부미
(伊藤博文)와 우메 겐지로(梅謙次郎) 등의 식민지 독자입법 노력이 1910
년 이후 내지 법률의 '依用'이 추진되면서 좌절되었다고 보았다. 그리
고 1908년의 〈臺灣民事令〉(독자입법)과 1912년 〈朝鮮民事令〉(일본민법
의 의용) 사이의 불과 4년 만에 식민지 입법시스템이 급변한 것은 일본
중앙정부의 식민지 통치방침이 내지연장주의로 변화된 데 따른 결과
로 해석했다.[58] 말하자면 文竣暎은 '대만형 사법제도'가 내지 사법제도

---

56) Hui-yu Caroline T'sai(蔡慧玉), *Taiwan in Japan's Empire Building - An Institutional Approach to colonial engineering*, Academia Sinica on East Asia, Routledge, London & New York, 2009, pp. 4~10.
57) **文竣暎a**, 214~218, 228~229쪽.
58) **李昇一a**, 271~274쪽; 298~303쪽.

와 다르다는 점을 강조한 반면, 李昇一은 내지 법률체계가 의용된 결과 식민본국과 식민지 사이에 큰 차이가 없었고, 따라서 개별 식민지권력은 1910년대 이후 식민지 경영을 위한 (법률적 측면에서의) 독자적 정책수단을 가지기 어려웠다고 보았다.

경제사야말로 식민지시대 한국사연구의 '최전선'이라고 할 수 있는데, 한국·대만 비교연구는 식민지근대화론의 입장에 서 있는 安秉直과 金洛年에 의해 시작되었다. 안병직은 1960년대 이후 고도경제성장을 지속한 한국과 대만이 중요한 차이점을 가지고 있다고 보면서, 한 예로 대만에서는 중소기업의 비율이, 한국에서는 대기업의 비율이 높았던 점을 들었다. 그리고 그 원인으로서 초기축적의 차이를 들면서, 민족공업 분석을 통해 초기축적의 실상을 구체적으로 분석했다. 결론적으로 안병직은 식민지 이전과 이후에 있어서 대만은 한국보다 경제발전 수준이 한 단계 앞서 있었기 때문에 거래비용이 낮았고, 상품화의 정도도 대만이 조선보다 높았다고 보았다. 또한 土壟間(대만)과 精米業(조선)의 비교를 통해 한국과 대만의 산업조직상의 차이는 단순한 유형적 차이가 아니라 발전단계의 차이를 내포하고 있음을 주장했다.[59]

金洛年은 초기조건의 차이에 주목한 안병직의 발상을 받아들이되 무역과 공업화, 공장과 가내공업을 중심으로 두 지역의 차이를 분석, ① 대만이 조선에 비해 農工 연계가 강했으며 1920년대까지 높은 산업성장을 보였다는 점, ② 하지만 대만 공업은 1930년대 이후에도 농산물가공업 중심의 구조를 벗어나지 못한 데 비해 조선은 일본자본의 유입에 힘입어 공업화가 본격화되었다는 점, 그리고 ③ 조선에서 가내공업의 비중이 매우 높고 자가소비적인 성격을 띤 것은 상품경제의 발달수

---

[59] 安秉直.

준이 낮은데다 계절적 편중이 심한 농업노동의 특성에도 기인한다는 점 등을 밝혔다.[60]

안병직과 김낙년의 공업화 비교연구는 두 지역의 발전단계의 차이점에 유념하면서도 전체적으로는 무역과 식민지투자(식민본국으로부터의 자본유입)가 식민지경제에 근본적인 변화를 초래했다는 점을 더 강조한다. 이는 한국근대사의 '주류적 견해'인 내재적발전론(및 이와 짝을 이루는 식민지수탈론)을 비판하고 한국 근대화 과정에서의 '외재적 요인'의 중요성을 환기시켰다는 의미를 가진다. 이에 반해 강진아와 문명기의 연구는 안병직·김낙년 등의 '식민지근대화론'의 재고를 촉구한다는 점에서 흥미롭다.

우선 강진아는 생산부문의 비교만으로는 두 지역의 경제사적 특성이 잘 드러나지 않는다고 비판하면서 유통부문, 특히 조선·대만의 對中貿易을 비교함으로써 안병직·김낙년과는 다른 결론에 도달하고 있다. 대중무역에 있어서 대만의 경우 대만인(=토착자본)이 무역을 담당하면서 수혜를 누렸던 것과 달리 조선의 경우 조선인은 철저히 배제되었고 오히려 화교자본이 대중무역의 담당자였다는 점을 지적한 후, 한국사에 있어서 진정한 의미의 세계경제로의 편입은 1950년대 이후에 실현되었다고 주장했다. 안병직·김낙년 등은 일종의 移植工業論에 근거하여 1930년대 한국의 무역수지와 공업투자 분석을 통해 식민지공업화를 긍정적으로 평가했지만, 무역구조에 있어서 한국은 본질적으로 식민지이전 상태를 벗어나지 못했다는 것이 강진아의 결론이다.[61] 이 연구의 함의는, 1910년에 한국근대화의 획기로서의 의미를 부여하는

---

[60] 金洛年.
[61] 姜抮亞, 39쪽.

것은 역사적 현실과 상충되며 진정한 획기는 1945년에서 찾아야 한다는 것이다.

한편 문명기의 연구는, 대만총독부와 조선총독부의 초기 재정정책 비교연구를 통해 일제하 조선에서의 '근대화/근대성'의 성립에 의문을 제기한다.[62] 식민본국 일본이 조선·대만에 대해 유사한 통치체제를 구축하고 유사한 통치방식을 구사했음에도 불구하고 '통치효과'에서는 큰 차이를 보였다는 사실에 주목한 문명기는, 그러한 현상의 배후에 두 총독부의 재원조달능력에 있어서의 현저한 차이가 존재하고, 이러한 차이가 상이한 통치효과를 낳은 최대원인임을 지적했다. 나아가 통치효과의 차이를 관료와 경찰의 배치(밀도) 및 식자율 등의 통계를 통해 확인한 문명기의 연구는, '전지전능하고'(omnipotent) '편재하는'(omnipresent), 따라서 강력한 국가능력을 보유한 '국가'(=조선총독부)에 의한 근대화/근대성의 성립을 강조하는 식민지근대화론과 식민지근대(성)론의 이론적 전제가 수정될 필요가 있다는 점을 제시하고 있다. 다시 말해 식민지조선의 근대는 '遍在'했다기보다는 '偏在'했을 가능성이 크다는 것이다.

이상을 통해 볼 때, 식민지대만의 사례와 달리 식민지조선의 사례는 식민지근대화 또는 식민지근대성을 둘러싼 역사상의 각축이 여전히 진행 중이라는 점을 알 수 있다. 이러한 차이는 1945년 이후 (여러 원인에 의한) 두 지역의 '역사기억'의 차이로만 환원될 수 없는, 식민지 역사과정 자체의 근본적 차이를 반영하고 있는지도 모른다.[63]

---

[62] 이하의 내용은 **문명기j**와 **문명기n**의 내용을 요약한 것이다.

[63] 강진아와 문명기가 식민지시대 한국·대만의 역사적 경험의 차이를 강조한 데 반해 **白永瑞a**는 구조적 동일성을 강조하는 입장을 취하고 있어 대조적이다. **白永瑞**의 핵심은, 한국과 대만의 식민지 경험에 대한 평가의 차이는 식민지유산을 청산하는 과정에서 빚어진 상상의 소산이고, 일본제국 안의 구조적 위치는 동일하다는 점을 강조한 것이다.

3) 전후 대만사

한국의 전후 대만사 연구는 2·28사건과 '光復'의 의미, 권위주의 체제의 정치와 경제, 정체성(identity) 문제, 대만 韓僑[64] 및 양안관계사 등을 중심으로 하여 진행되었다. 전술한 바와 같이 대만·한국 역사학계의 1945년 이후 시기에 관한 연구는 초기단계인 탓도 있어 연구가 풍부하다고 말하기는 곤란하지만, 나름의 특색을 갖춘 연구들이 없지는 않다.

우선 대만의 탈식민 문제와 성적(省籍) 문제의 역사적 근원이라고 할 수 있는 2·28사건의 개략을 정리한 金貞和의 연구가 있고, 대만 민주화에 지속적으로 관심을 표명한 민두기 역시 서평의 형태로 2·28사건의 의미를 탐구한 바 있으며, 한국과 대만에서의 '광복'의 상이한 의미를 주로 문학작품 분석을 통해 다룬 연구도 있다.[65] 전후 냉전체제와 관련해서는 남한과 대만의 國民化 프로젝트 추진에 있어서 '전통문화'가 어떻게 활용되었는지를 다룬 논문과 戰前의 '제국대학'이 1945년 이후 국립대학으로 재편되는 과정을 냉전사의 시각에서 다룬 논문이 있다.[66]

양안관계에 대해서도 나름의 특색을 가진 연구들이 소수이지만 출간되었다. 우선 정치학자인 文興鎬는 한반도의 분단상황을 강하게 의식하면서 양안관계를 연구했다. 그의 양안관계 연구는 "비록 역사적 배

---

[64] 한편 주로 한국근대사 연구자들에 의해서 1945년 전후 중국과 대만에 거주하던 韓僑의 '귀환' 문제와 그 역사적 연원을 이루는 식민지시대 조선인의 대만 이주 문제가 연구되었는데, 이들 연구는 기본적으로 한국근(현)대사의 일환이라는 성격을 가지고 있고, 따라서 대만사와의 관련성은 희박한 편이다.

[65] 金貞和ab; 민두기e 및 金良守b.

[66] 尹泳裪ab.

경과 구체적 현실이 남북한 관계와는 다르지만, 급변하는 양안 관계를 통해 한반도의 진정한 평화와 번영에 유익한 뭔가를 얻어낼 수 있지 않을까 하는 기대감을 갖고 있었기 때문"이었다.[67] 특히 그는 양안관계의 역사에서 극히 중요한 변수인 '미국요인'의 다각적 검토에 중점을 두어 연구했는데, 미국은 현상유지를 통한 전략적 이익의 극대화에 몰입하기 때문에 중국이 유리한 고지를 선점한 상황에서의 현상유지('불균형의 균형')가 비교적 장기적으로 지속될 것으로 보았다.[68] 문명기는 미국의 양안전략이라는 요인 외에도 마잉주(馬英九) 정부의 三不政策이 대만의 주류 민의와 합치한다는 점, 60년 이상 독자적인 정치체와 경제체를 운영해온 대만사회의 자기인식, 즉 대만정체성이 양안의 정치변화에 중요한 견제요인으로 작용할 수 있다는 점 등을 들어 '현상유지의 장기지속'이라는 양안관계의 '제3의 모델'을 제안하고 있다.[69]

양안관계사가 한국사회의 유사성에 의해 촉발되었다면, 대만 정체성 연구는 차이에 의해 촉발되었다. 잘 알려져 있듯이 한국사회는 그 내부에 이질적인 族群(ethnic group)을 거의 가져보지 못한, 세계사적으로도 독특한 역사적 경험을 가지고 있다. 때문에 한국인의 눈에는 대만사회의 省籍 문제와 族群政治 자체가 이색적이고 따라서 지적 호기심을 자극하는 문제이다. 하세봉은 이러한 차이에 주목하여 대만 정체성 문제를 탐구했다. 즉 그는 대만사회가 "한국사회와 다르다는 점은 한국사회를 모델로 한 사고방식에서는 생겨나기 힘든 새로운 사고틀을 제공할 수 있다."고 주장하면서, 교과서 『認識臺灣』에 나타난 대만의식의 역사적 형성과정을 분석했다.[70]

---

[67] 文興鎬, 「서문」, 7쪽.
[68] 文興鎬, 214~223쪽.
[69] 문명기o, 173~176쪽.

　　하세봉에 앞서 대만 정체성 문제에 관심을 표명한 민두기는 "대만의 앞날로부터 회피하려는 '나룻배의식'이 대만인들에게도 없지 않은 것을 보고 대만 문제는 통치자 쪽(≒外省人)이나 재야운동가 쪽(≒本省人)에게 다 같이 곤란함이 있음을" 간파하고 있다.[71] 이러한 나룻배의식은 강진아가 말하는 '無國籍性' 또는 '다중적 정체성' 개념과 통하는 면이 있다.[72]

　　이렇게 복잡한 대만인의 정체성 형성에서 중국에 대한 인식이 가지는 중요성에 착안해 吳濁流의 『亞細亞的孤兒』를 소재로 대만인 정체성의 역사적 형성과정을 분석한 백영서는 식민지시대를 거치면서 중국인과 일본인 사이에 '끼인 존재'이자 '환영받지 못하는 존재'가 되어버린 대만인이 '아시아의 고아'로서의 정체성으로부터 벗어날 출로는 없는지를 검토하고 있다. 孤兒意識으로부터 벗어날 출로를 찾는 어떠한 노력도 쉽사리 統獨의 양극화된 자장 속으로 분해될 수 있음을 지적하면서 백영서는 그 대안으로 자신의 동아시아론의 한 요소인 '이중적 주변의 시각'을 제안하고 있다. 즉 주변을 특권화하거나 본토주의로 환원되는 위험에서 벗어나기 위해서는 중심과 주변의 관계를 탈역사화하지 않고 역사적 맥락 속에 위치시켜 비판적으로 분석해야 함을 역설하고 있다.[73]

---

70) **하세봉c**, 특히 제2장과 제3장.

71) **민두기c**, 101~102쪽.

72) **姜抮亞**, 148쪽.

73) 백영서, 「일본인인가, 중국인인가—20세기 전반기 중국여행을 통해본 대만인의 정체성」, 임성모 등저, 『동아시아 역사 속의 여행』(2), 산처럼, 2008, 388~389쪽.

4. 한국의 대만사 연구와 전체로서의 대만사 연구

이제까지 필자는 '대만'이 한국의 역사학계에서 가지는 맥락을 제시하고 아울러 시대별 대만사 연구의 특징을 개관했다. 하지만 이 글의 주제와 관련해 더욱 중요한 점은, 한국의 대만사 연구가 한국학계의 다양한 학문적 현안을 해결하는 데 일정한 역할을 할 가능성을 제시했다는 점이다. 예컨대 식민지시대 한국사를 재검토하고 보완해 나가는 과정에서 '식민지 대만'은 유력한 참조대상이 되고 있다. 주로 일국사적 관점에서만 수행된 식민지시대 한국사연구에 '식민지 대만'을 개입시킴으로써 한국사연구는 더욱 풍부하고 심화된 논의를 전개할 수 있게 된 것이다. 전술한 강진아의 연구는 林滿紅의 일련의 대만경제사 연구가 있었기에 식민지조선과의 비교를 모색할 수 있었고,74) 문명기의 식민지시대 대만·조선 비교연구는 柯志明의 대만경제사연구에 대한 이해가 중요한 계기가 되었다.75) 뿐만 아니라 대만은 일본 식민통치의 원형이라는 역사적 위상을 가짐으로써 文竣暎과 문명기로 하여금 식

---

74) 姜抮亞 중 臺灣의 對中貿易에 관한 서술은 林滿紅의 연구에 의지하고 있는데, 예컨대 Man-hong Lin, "Taiwanese Merchants, Overseas Chinese Merchants and the Japanese Government in the Economic Relations Between Taiwan and Japan, 1895~1945", 『アジア太平洋討究』 4, 2001; Man-hong Lin, "Overseas Chinese Merchants and Multiple Nationality: A Means for Reducing Commercial Risk, 1895~1935", *Modern Asian Studies* Vol.35 Part 4, 2001; 林滿紅, 「日本植民地期臺灣與香港經濟關係的變化: 亞洲與世界關係調動中之一發展」, 『中央研究院近代史研究所集刊』 36輯, 2001 및 林滿紅, 「日本植民地期臺灣の對滿洲貿易促進とその社會的意義, 1932~1941」, 秋田茂・籠谷直人 編, 『1930年代のアジア國際秩序』, 溪水社, 2001 등이 그것이다.

75) 커즈밍 지음, 문명기 옮김, 『식민지시대 대만은 발전했는가: 쌀과 설탕의 상극, 1895~1945』, 일조각, 2008)의 「역자서문」에서 문명기는 "역자가 이 책에 관심을 가진 최대의 이유는 일제시대 한국경제사를 둘러싼 한국학계의 오랜 논쟁과 무관하지 않다."라고 번역의 동기를 밝히고 있다.

민지조선의 사법제도와 통치모델 설명을 위해서 '대만형 사법제도'와 '대만모델'을 설정할 수 있게 해주었다.

그리고 이는 역으로 식민지시대 대만의 역사상을 성찰하게끔 하는 작용도 할 수 있다고 믿는다. 예컨대 강진아나 문명기의 물음, 즉 '대만과 한국의 해방 이후 대일인식의 차이는 어떤 역사적 기원을 가지는가?'에 대한 해답을 추구하다 보면[76) 자연스럽게 '어째서 대만의 전후 대일인식은 한국과 달리 우호적일까?'라는 물음을 던지게 된다. 이 물음은 ('관방항일사관(官方抗日史觀)'을 포함한) 기존의 식민지 대만의 역사상을 재검토할 수 있는 유력한 계기가 될 수 있다.[77) 뿐만 아니라 식민지시대 한국·대만의 이동(異同)을 분별하고 그 원인을 탐구하는 과정은 식민지시대 대만사를 전체적으로 재발견하는 과정이 될 수도 있을 것이다.

청대 대만사 연구에 있어서도, 예컨대 문명기의 청말 대만사 연구는 전술한 셰퍼드(Shepherd)와 커즈밍(柯志明)의 연구 외에도 쉬셰지(許雪

---

76) **姜抮亞**, 123~124쪽; **문명기j**, 91~93쪽.

77) 식민지권력이 얼마나 억압적·전제적인가에 따라서 피식민지사회의 해당 식민지권력에 대한 호오가 결정될 것 같지만, 식민지시대 대만과 조선의 사례는 반드시 그렇지는 않다는 점을 잘 보여준다. 1945년 이전 조선과 대만의 예민한 관찰자였던 야나이하라 다다오(矢內原忠雄)는 "정치의 상태에 이르러서는 대만은 조선보다 열악하기가 몇 배이다. 총독이 육군무관일 경우 군대지휘권을 가진다는 官制는 대만에만 있고 조선에는 없었다. 지방제도에 있어서도 선거제도가 조선에는 있지만 대만에는 없다. 관리특별임용의 범위는 조선이 넓고 대만이 좁다. (중략) 조선에 몇 개의 조선인 발행 신문이 있는 데 반해 대만에는 본도인 발행 일간지가 허용되지 않고 있다. 통치제도에 있어서나 원주자의 관리임용에 있어서나 언론의 자유에 있어서나 대만의 정치적 상태는 조선에 비해 훨씬 전제적(專制的)이라는 것은 명백하다. 대만에는 정치적 자유가 전적으로 결여되어 있어 그 맹아가 배태되어 있다는 것조차 인정되기 힘든 상태이다."(矢內原忠雄, 『帝國主義下의 臺灣』, 岩波書店, 1988(원저의 간행연도는 1929), 180쪽)라고 파악했다. 따라서 식민지 대만과 조선의 대일인식의 차이는 '전제의 정도'가 아닌 다른 설명을 필요로 한다.

姬)의 청말 대만정치사에 대한 연구,78) 린만홍(林滿紅)의 청말 대만 경제사에 대한 선구적 연구,79) 황푸산(黃富三)의 무봉림가와 판교림가에 대한 종합적 연구,80) 린위루(林玉茹)의 신주(新竹) 신상(紳商)에 대한 실증적 연구,81) 그리고 기존의 시대구분을 넘어서는 장기적 시야에 기초한 연구의 필요성에 대한 장룽즈(張隆志)의 문제제기82) 등으로부터 자양분을 흡수한 결과이다. 역으로 한국의 청대 대만사 연구가 대만학계에 모종의 자극을 줄 여지도 없지 않다고 생각한다. 예컨대 문명기가 제시한 청말 대만사에 대한 제3의 관점은 최소한 기왕의 관련 연구를 되돌아보는 계기가 될 수 있다. 또한 식민지시대 한국사회의 대만인식에 관한 손준식의 연구는 식민지대만을 바라보는 대만 바깥의 시선에 관한 중요한 사례연구가 될 수 있을 것이고, 하세봉·백영서의 대만 정체성에 대한 탐구는 편협할 수 있는 본토주의(nativism)와 맹목적일 수 있는 보편주의(universalism)의 위험성을 피해 동아시아적 시각에서 대만의 현안을 모색할 수 있는 여지를 제공해줄 수도 있다.

한편 전후 대만사는 한국현대사와의 상호관련이나 비교연구의 측면에서 풍부한 가치를 가지고 있고 따라서 향후 보다 활발한 연구가 기대되는 분야이다. 예컨대 1950년대 미국·일본이 주도하는 동아시아 냉전체제 하에서 두 지역의 권위주의체제가 보여준 긴밀한 '협력' 관계

78) 許雪姬, 『滿大最後的二十年: 洋務運動與建省』, 自立晚報, 1993; 許雪姬, 「福建臺灣建省的研究: 由建省到分治」, 『國立政治大學歷史學報』第3期, 1985 등.

79) 林滿紅, 『茶·糖·樟腦業與臺灣之社會經濟變遷(1860~1895)』, 聯經, 1997 등.

80) 黃富三, 『霧峯林家的興起: 從渡海拓荒到封疆大吏(1729-1864)』, 自立晚報, 1987; 黃富三, 『霧峯林家的中挫(1861~1885)』, 自立晚報, 1992 등.

81) 林玉茹, 『淸代臺灣港口的空間結構』, 知書房, 1996; 林玉茹, 『淸代竹塹地區的在地商人及其活動網絡』, 聯經, 2000 등.

82) 張隆志, 「劉銘傳·後藤新平與臺灣近代化論爭: 關於十九世紀臺灣歷史轉型期研究的再思考」, 『中華民國史專題論文集』(第四屆討論會), 國史館, 1998 등.

에 대한 연구는 관계사의 측면에서 중요한 시사점을 줄 수 있고, 두 권위주의 체제의 비교를 통해 드러나는 역사적 이동(異同)은 두 지역의 현대사를 보다 풍부하게 이해하는 데 기여할 것이다. 뿐만 아니라 1945년 이래 '국가와 비국가의 경계'에 처한 대만의 역사적 경험은 일부 한국 연구자들의 학문적·실천적 관심을 촉발해왔다.

예컨대 하세봉은 "완전하게 하나의 국가로 자립하기 곤란한 사회단위인 대만은, 피아가 분명했던 20세기(='국민국가의 세기')를 지나서 새로운 세계가 형성되고 있는 오늘날 중요한 시사점을 던져줄 수 있다."고 말하고 있다.[83] 백영서 역시 '국가도 비국가도 아닌' 대만의 애매한 위치가 이론적·실천적으로 흥미롭다고 보면서, 대만이 현재 직면한 이중적 탈식민의 문제는 단순한 곤경이 아니라 새로운 변혁의 맹아로 볼 수도 있다는 점을 강조한다. 이는 지난 1993년 이래 그가 지속적으로 주장해온 동아시아담론과 한반도 분단 문제에 대한 실천적 관심에서 비롯된 것이다.[84] 하세봉·백영서의 이러한 대만에 대한 관심이 학술적으로 어떤 기여를 할지는 더 지켜봐야겠지만, 전술한 한국현/당대사의 참조대상으로서의 대만, 그리고 개별 국사의 상대화라는 맥락과 직접 연결되는 문제이기도 하여 흥미롭다.

마지막으로 대만사회나 역사에 관한 한 '제3자'라고 할 수 있는 한국의 대만사 연구는, '국외자'라고 보기는 곤란한 미국·일본·중국 등과는 다른 독특한 이점을 가질 수 있다. 미·일·중은 대만에 대해 큰 이해관계를 가지는 국가들이고 따라서 이들 국가·지역의 대만(사)연구가 가치중립적이기는 쉽지 않다. 반면 한국의 경우 특정한 정치적 입

---

83) 「하세봉 교수와의 인터뷰」(2012년 7월 30일)
84) 「백영서 교수와의 인터뷰」(2012년 7월 21일).

장으로 인해 대만(사)연구가 왜곡될 가능성은 상대적으로 훨씬 낮다. 때문에 가와시마 신(川島眞)이 말하는 "대만의 정치상황이나 학문상황을 체감하면서도 일정한 거리를 가지는 시선"은[85] 오히려 한국의 대만사 연구자가 확보할 가능성이 상대적으로 크지 않을까?

여기에 연구자들이 기본적으로 韓·中·日文의 독해능력을 갖추고 있다는 점은, 일정한 수준을 유지하면서도 특정 학계의 편향에 좌우되지 않는 객관성을 유지하는 연구를 생산할 가능성이 높다는 것을 의미한다. 대만·중국이나 일본의 대만사 연구자들이 한국어 문헌에 접근하지 못함으로 인해서 생기는 곤란이나[86] 시각의 제약으로부터[87] 상대적으로 자유롭다는 점에서 한국의 대만사 연구자들은 비교적 분명한 강점을 가지고 있다. 언어의 문제에서 한 발 더 나아가 (대만과 한국의 '구조적 동일성'[백영서], 대만과 대비되는 '단일민족'의 역사적 경험[하세봉]이나 한국의 '예외적인' 식민지경험에 대한 인식[문명기] 등의) 한국의 역사적 경험에 바탕을 둔 '한국적 시각'이 대만사 연구에 적절히 활용된다면, (연구의 질적·양적 측면에서는 대만·중국·미국·일본 등과 비교할 수 없지만) 전체로서의 대만사 연구에 기여하는 바

---

85) 谷ケ城秀吉, 앞의 글, 134~135쪽.

86) 예컨대 **韓國臺灣比較研究會에 참여한** 김예림의 「한국측서문: 차이의 장소와 소통의 가능성을 향하여」(12쪽)는 〈총력전하의 문화사정: 식민지 후기 韓國과 臺灣 비교연구〉 워크숍을 진행하면서 '번역'을 통해서만 소통이 가능했던 '지난한' 과정을 "서로 다른 언어로 글을 쓰고 소통하는 것은 예상보다 몇 배 더 힘겨운 일이었다."라고 회고하고 있다.

87) 필자가 관찰한 바에 따르면 대만의 대만사 연구자 중에서 식민지시대 한국사 연구를 참조하는 연구자가 없지는 않다(張隆志, 「殖民現代性分析與臺灣近代史研究: 本土史學史與方法論芻議」, 若林正丈·吳密察 主編, 『跨界的臺灣史研究: 與東亞史的交錯』, 播種者, 2004 등). 하지만 일본어로 된 한국사 연구만을 검토의 대상으로 하고 있기 때문에, 일본 학계의 관심사에 종속될 가능성이 아주 없지는 않다.

가 없지는 않을 것이다.

5. 한국의 대만사 연구의 장래: 결론을 대신하여

필자는 전술한 한국의 대만사 연구의 과거와 현재를 토대로 하여 한국의 대만사 연구의 발전방향에 대해 간략히 언급하는 것으로 이 글을 마무리하고자 한다. 우선 대만사 연구인력 문제인데, 대만사를 전문영역으로 설정하고 연구를 진행하는 연구자는 극소수이다. 따라서 당분간은 동양사(주로 중국사) 연구자나 한국사 연구자가 대만사 연구를 담당하는 상황이 지속될 것으로 보인다. 대만사에 대한 심도 있는 연구를 경험하지 않은 연구자들에 의한 대만사 연구는 일정한 한계를 가질 수밖에 없지만, 대만사 연구에 대한 인식 전환이나 대만사 연구자의 '취업시장'에서의 위상 등의 문제가 변화되지 않는 한 이러한 상황에 큰 변화가 있을 것 같지는 않다. 현재로서는 '苦撑待變'할 수밖에 없을 것 같다.

그럼에도 불구하고 구체적·실용적인 차원에서의 발전방안을 모색해보자면, 우선 ① 한국과 대만에서의 대만사 관련 주요 연구성과를 상호 번역하는 것이 필요하다. 한국학계의 대만사에 대한 '관심의 부족'은 상당 부분 '무지'의 결과이기도 하므로, 대만의 대만사 연구를 한국에 적극적으로 번역·소개함으로써 대만사에 대한 관심을 유발할 수 있을 것이다. 동시에 일정한 수준과 특색을 갖춘 한국의 대만사 연구성과를 대만학계에 적극적으로 번역·소개함으로써 한국의 대만사 연구에 대한 관심도 촉발할 수 있을 것이다. 그리고 ② 한국에 소재한 대만사 관련 자료를 발굴하고 소개하는 것도 의미 있는 활동이 될 것이다. 예컨대 『동아일보』와 『조선일보』를 비롯한 한국어 신문·잡지에 등장하는 대만 관련 기사를 수집·정리하는 등의 작업은 보다 풍부한 대만사 연구를 위한 기초자료가 될 수 있을 것이다. 아울러 한국에서 대만사 연구를 수행하면서 겪게 되는 어려움 중의 하나는 (사료와 연구 논저를 포함한) 대만사 관련 문헌의 확보가 쉽지 않다는 점이다. 따라서 ③ 대만에서 생산된 대만사 관련 문헌을 지속적·제도적으로 확보할 수 있는 방안을 마련하는 것도 중요하다. 마지막으로 ④ 한국과 대만의 대만사 연구자들이 공통적으로 관심을 가지는 주제를 발굴하고 이를 토대로 공동연구를 진행하는 것도 의미 있는 시도가 될 것이다.

　한국과 대만은 늘 '중심'에 의해 매개되어온 두 개의 '주변'이었다. 과거에는 중화제국과 일본제국, 이어서 1945년 이후 미국에 의해 주변으로 위치지워졌지만 '직접' 만난 적은 거의 없었다. 21세기에 들어서야 본격적으로 두 사회의 연구자들이 직접 대면하기 시작한 것이다. 한국 학계는 '대만은 우리에게 무엇인가?'를 진지하게 물어보기 시작했고, 대만의 역사가 한국학계와 한국사회에 제시해줄지도 모르는 의미를 탐색하기 시작했다. 한국의 대만사 연구는 이제 막 싹을 틔우기 시작했지만, 견실하게 뿌리내리기 위해서는 현재의 연구환경을 개선하려는 노력을 경주함과 동시에 의미 있고도 실현가능한 모든 방법을 활용하여 한국에서의 대만사 연구의 기초를 하나하나 만들어나가야 하지 않을까.

〈부표: 한국의 대만사 연구(1945~2012)〉

[범례]

1. 1945년부터 2012년까지 한국어로 출간된 대만사 관련 논문과 저서·역서의 목록임. 단 본문 작성에 필요한 논저에 국한했고, 따라서 모든 대만사 관련 논저를 망라한 목록은 아님.
2. 한국어 이외의 언어(일본어·중국어 및 영어)로 작성된 논문·저서의 한국어 번역은 생략함.
3. 역사학 연구자의 논문·저서를 중심으로 수록하되, 문학·사회과학 중 본문의 서술과 관련된 논문·저서는 선택적으로 포함시킴.
4. 배열순서는 저자의 가나다순이며, 동일저자의 경우에는 출판연월을 기준으로 함.

姜抮亞, 「식민지 대만과 조선의 對中貿易 구조 비교」, 『대구사학』 81, 2005.

金洛年, 「식민지기 臺灣과 朝鮮의 공업화 비교」, 『경제사학』 29, 2000.

金勝一, 「臺灣 韓僑의 역사적 천이 상황과 귀환문제」, 『한국근현대사연구』 28, 2004.

金良守a, 「1970년대 대만의 향토문학논전」, 『중국현대문학』 19, 2000.

金良守b, 「한국과 대만 문학 속 '光復'의 기억」, 『중어중문학』 48, 2011.

金泳信, 『대만의 역사』, 知英社, 2001.

金裕利a, 「대만사, 중국사, 세계사: 2004~2008년 臺灣의 고등학교 역사과정개혁 분석」, 『역사교육』 109, 2009.

金裕利b, 「臺灣의 대만사교육: 고등학교 교과서와 대학입시문항 분석」, 『역사교육』 116, 2010.

金貞和a, 「2·28 대만 민중항쟁과 연구」, 『인문학지』(충북대학) 35, 2007.

金貞和b, 「2·28 대만 민중항쟁과 대만의식」, 『사림』 29, 2008.

김주용, 「식민지 대만과 趙明河의 의열투쟁」, 『한국독립운동사연구』 26, 2006.

金翰奎, 「대만의 역사공동체적 정체성」, 『서강인문논총』 21, 2007.

文明基a,「淸佛戰爭 전후(1883-1885) 대만 지역정치의 구조 - '二劉之爭'의 분석을 중심으로」,『역사문화연구』 24, 2006.

文明基b,「청말(1886-1889) 대만의 地稅改革과 그 성격」,『동양사학연구』 95, 2006.

文明基c,「청말 대만의 번지개발과 족군정치(Ethnic politics)의 종언」,『중국근현대사연구』 30, 2006.

文明基d,「광서14년(1888)의 한 就地正法 사건을 통해 본 청말 대만신정의 시대상 -『淡新檔案』 사례연구」,『중국근현대사연구』 33, 2007.

文明基e,「대만 建省時期(1886~1891) 劉銘傳의 재원확보노력과 대외교섭 - 이금개혁과 장뇌전매를 중심으로」,『명청사연구』 27, 2007.

文明基f,「臺灣事件(1874) 이후 청조의 대만경영과 건성방안의 형성」,『역사학보』 194, 2007

文明基g,「1920년대 한국·대만의 자치운동에 대한 비교사적 접근 -지배층의 존재양태와 '中國' 요인을 중심으로」,『중국근현대사연구』 39, 2008.

文明基h,「19세기 후반 대만의 개항과 경제변동, 1861~1895 - 이중종속(double dependency) 개념의 보완을 위한 시론」,『중앙사론』 27, 2008.

文明基i,「19세기 후반 대만 개항체제의 성립과 대만사회의 변화」,『인천학연구』 10, 2009.

文明基j,「대만·조선총독부의 초기재정 비교연구 - '식민제국' 일본의 식민지 통치역량과 관련하여」,『중국근현대사연구』 44, 2009.

文明基k,「계약문서를 통해 본 청대 대만의 一田兩主 관행의 형성과 변용」,『역사문화연구』 35, 2010.

文明基l,「청대 대만 지방재정사를 통해 본 兩岸關係의 역사적 맥락 - 臺運·臺餉과 福建協餉을 중심으로」,『인문학연구』(인천대) 13, 2010.

文明基m,「청말 新疆의 建省(1884)과 재정 - 대만 건성(1885)과의 비교를 겸하여」,『중국학보』 63, 2011.

文明基n,「근대일본 식민지 통치모델의 전이와 그 의미 - '대만모델'의 關東州·朝鮮에의 적용 시도와 변용」,『중국근현대사연구』 53, 2012.

文明基o, 「〈兩岸經濟協力基調協議〉(ECFA)를 통해 본 양안관계의 역사적 전망」, 『동아시아문화연구』 51, 2012.

文竣暎a, 「제국일본의 식민지 형사사법제도의 형성 - 1895~1912년 臺灣과 朝鮮의 법원조직과 형사법규를 중심으로」, 『법사학연구』 23, 2001.

文竣暎b, 「제국일본의 식민지형 사법제도의 형성과 확산 - 대만의 사법제도를 둘러싼 정치·입법과정을 중심으로」, 『법사학연구』 30, 2004.

文興鎬, 『대만문제와 양안관계』, 폴리테이아, 2007.

閔斗基a, 「臺灣에서의 전통평가논쟁과 自由主義 기운의 좌절 - 1960년대의 대만 사상계의 기상도」, 閔斗基, 『中國近代史論 I』, 지식산업사, 1976(原載: 『世代』 9月號, 1969).

閔斗基b, 「臺灣의 向方 - 曹瑛煥 編, 『臺灣의 將來』를 紹介하면서」, 『동양사학연구』 10, 1976.

閔斗基c, 「臺灣에서의 새 세대 정치운동과 그 좌절 - 1970년대」, 閔斗基, 『現代中國과 中國近代史』, 지식산업사, 1981.

閔斗基d, 「臺灣史의 素描 - 그 민주화 역정」, 閔斗基, 『시간과의 경쟁 - 동아시아 근현대사논집』, 연세대학교 출판부, 2001.

閔斗基e, 「書評: 行政院研究二二八事件小組 著, 『二二八事件研究報告』(增補版)」, 『중국근현대사연구회회보』 1, 1993.

閔正基a, 「20세기초 臺灣의 어문운동」, 『중국학보』 44, 2001.

閔正基b, 「청말 『點石齋畫報』가 보여주는 동아시아 세력관계 재편 속 대만 원주민 형상」, 『아시아문화』 26, 2010.

박준형, 「청일전쟁 발발 이후 동아시아 각지에서의 淸國人 규제의 제정과 시행 - 日本·朝鮮·臺灣의 예를 중심으로」, 『한국문화』 47, 2009.

朴赫淳, 「臺灣事件論」, 『서울대東洋史學科論集』 6, 1982.

白永瑞a, 「상상 속의 차이성, 구조 속의 동일성 - 京城帝大와 臺北帝大의 비교」, 『한국학연구』(인하대) 14, 2005.

白永瑞b, 「일본인인가, 중국인인가 - 20세기 전반기 중국여행을 통해본 臺灣人의 정체성」, 임성모 외, 『동아시아 역사 속의 여행』(2), 산처럼, 2008.

孫準植a, 「청대 대만 義學의 설립과 그 특색」, 『명청사연구』 7, 1997.

孫準植b, 「청조의 대만 인식과 정책」, 『근대중국연구』 1, 2000.

孫準植c, 「제국대학에서 국립대학으로: 전환기의 臺灣大學」, 大學史研究會 編, 『전환의 시대 대학은 무엇인가』, 한길사, 2000.

孫準植d, 「일본의 대만 식민지지배 - 통치정책의 변화를 중심으로」, 『아세아문화』 18, 2002.

孫準植e, 「청대 대만의 개발과 청조의 정책」, 하정식·유장근 편, 『근대 동아시아 국제관계의 변모』, 혜안, 2002.

孫準植f, 「'同化'와 '開化'의 상흔 - 식민지 대만의 언어정책과 그 영향」, 『중국근현대사연구』 26, 2005.

孫準植g, 「식민지 조선의 대만 인식 - 『朝鮮日報』(1920-1940) 기사를 중심으로」, 『중국근현대사연구』 34, 2007.

孫準植h·李玉順·金權汀, 『식민주의와 언어: 대만·인도·한국에서의 동화와 저항』, 아름나무, 2007.

孫準植i, 「'皇民化運動' 이전(1895-1936) 대만의 식민통치 협력자」, 『역사문화연구』 31, 2008.

孫準植j, 「일제 식민지하 대만 경찰제도의 변천과 그 역할」, 『중국근현대사연구』 47, 2010.

孫準植k, 「일제하 '대만의식'의 형성배경과 그 성격」, 『중앙사론』 31, 2010

孫準植l, 「『東亞日報』(1920-1940) 기사를 통해 본 식민지조선의 대만인식」, 『중국학보』 61, 2010.

孫準植m, 「일제 식민통치에 대한 대만인의 반응과 경찰 이미지」, 『역사문화연구』 37, 2010.

宋承錫, 「'대만문학'의 中國結과 台灣結 - '대만문학본토론'과 '중국문학론'의 대화」, 『중국어문학논집』 18, 2001.

辛勝夏, 「中國當代40年史(1949~1989) - 오늘의 중국: 대륙과 대만의 역사」, 고려원, 1993.

安秉直, 「식민지기 臺灣과 朝鮮의 民族工業에 관한 비교연구」, 『경제사학』 23, 1997.

尹泳裪a, 「2차세계대전 후 남한과 대만의 국립대학의 초기형성 연구」, 『중국 현대문학』 40, 2007.

尹泳裪b, 「냉전기 국민화 Project와 "傳統文化" 담론 - 한국·대만의 비교연구」, 『중국어문학논집』 43, 2007.

李昇一a, 「日帝의 동아시아 구관조사와 식민지법 제정 구상 - 대만과 조선의 구관입법을 중심으로」, 『한국사연구』 151, 2010.

李昇一b, 「식민지 조선과 대만의 創氏改名·改姓名 비교연구」, 『대동문화연구』 76, 2011.

李昇一c, 「동아시아에서 재판규범으로서의 '慣習法' 개념의 수용과 변용 - 『全國民事慣例類集』, 『韓國慣習調査報告書』, 『臺灣私法』의 분석을 중심으로」, 『한국민족문화』(부산대)43, 2012.

李升熙, 「일본의 대만 식민지지배와 헌병대 - '臺灣憲兵隊'의 특징과 역할을 중심으로」, 『사림』 33, 2009.

李永玉, 「1840-43년 臺灣事件 - 歷史事件과 歷史家의 붓끝」, 『동양사학연구』 82, 2003.

이정선, 「식민지 朝鮮·臺灣에서의 "家制度'의 정착과정 - 戶主·家族과 '戶主相續' 개념을 중심으로」, 『한국문화』 55, 2011.

장미경, 「〈日本語敎科書〉로 본 식민지 교육 - 조선 『普通學校國語讀本』과 대만 『公學校用國民讀本』을 중심으로」, 『일본어문학』 48, 2011.

全京秀a, 「植民과 戰爭의 日帝人類學 - 臺北帝大와 京城帝大의 인맥과 활동을 중심으로」, 『비교문화연구』 8-1, 2002.

全京秀b, 「植民과 戰爭의 日帝人類學 - 臺北帝大와 京城帝大의 인맥과 활동을 중심으로」(2), 『비교문화연구』 8-2, 2002.

曹世鉉a, 「1920년대 대만 내 Anarchism운동에 대한 시론」, 『동북아문화연구』 13, 2007.

曹世鉉b, 「중국대륙에서 출간된 臺灣史 개설서의 역사서술」, 『중국사연구』 62, 2009.

崔熙在, 「洋務派의 대만사건 대책론과 '淸議'」, 『역사교육』 39, 1986.

卓一平, 「日帝의 臺灣 및 韓國 식민지정책에 대한 비교연구」, 성균관대학교 사학과 석사학위논문, 1972.

河世鳳a, 「대만역사의 망각과 기억 - 중학교 교과서 『認識臺灣』의 인식」, 『역사와 경계』 38, 2000.

河世鳳b, 「대만의 정체성과 역사 찾기」, 『역사비평』 53, 2000.

河世鳳c, 『동아시아 역사학의 생산과 유통』, 아세아문화사, 2001.

河世鳳d, 「모형의 제국 - 1935년 대만박람회에 표상된 아시아」, 『동양사학연구』 78, 2002.

河世鳳e, 「식민지권력의 두 가지 얼굴 - 朝鮮博覽會(1929년)와 臺灣博覽會(1935년)의 비교」, 『역사와 경계』 51, 2004.

河世鳳f, 「식민지 이미지의 형성과 멘탈리티 - 大阪 勸業博覽會(1903年)의 臺灣館을 중심으로」, 『역사학보』 186, 2005.

河世鳳g, 「대만 박물관과 전시의 정치학 - 3대 박물관을 중심으로」, 『중국근현대사연구』 45, 2010.

韓國臺灣比較文化硏究會 編, 『전쟁이라는 문턱 - 총력전하 한국·대만의 문화구조』, 그린비, 2010.

韓相禱, 「朝鮮義勇隊의 국제연대의식과 臺灣義勇隊」, 『한국근현대사연구』 11, 1999.

黃善翌a, 「일제강점기 대만지역 한인사회와 강제연행」, 『한국독립운동사연구』 24, 2002.

黃善翌b, 「해방 후 대만지역 한인사회와 귀환」, 『한국근현대사연구』 34, 2005.

黃善翌c, 「해방 후 대만한교협회 설립과 한인의 미귀환」, 『한국근현대사연구』 38, 2006.

중국 상하이 『역사』 교과서 논쟁과 지식인

상하이 지역 고등학교 역사교과서의 변화

김지훈

1. 머리말

냉전이 해체되고 중국의 개혁 개방이 진행되면서 동아시아는 그 어느 때보다도 활발한 교류를 하고 있다. 그러나 일본의 우익 역사교과서가 지속적으로 발간되고 있으며, 중국의 동북공정 등이 문제가 된 이후 동아시아 3국의 역사인식을 둘러싼 충돌도 계속되고 있다. 이 과정에서 동아시아 각국의 역사교육과 역사교과서에 대한 관심도 높아졌고, 중국의 역사교육과 역사교과서 제도에도 큰 관심을 보이고 있다. 중국은 개혁개방 이후 역사교육과 교과서 편찬에서 급격한 변화를 보이고 있다. 중국은 과거 하나의 『역사교학대강』에 의거한 단일교과서에서 『역사과정표준』에 따른 여러 종류의 교과서를 발간하였으나 최근에는 한 종류의 국정교과서를 사용하고 있다.

중국의 역사교과서에 대해서는 그 동안 많은 연구가 있었다.[1] 중국

역사교과서의 중국근현대사 서술의 특징을 분석하거나[2] 국가주의와
애국주의가 중국교과서에 미친 영향 등을 연구한 성과가 있다.[3] 또한
중국교과서에 나타나는 통일된 다민족국가론과 중화민족론 등에 관한
연구[4]와 한국사를 어떻게 인식하고 있는가에 대한 연구도 있다.[5] 이

---

[1] 중국의 역사교육과 교과서 문제에 대해서는 다음의 연구가 있다. 고구려연구재단,
『중국의 역사교육과 교과서』, 서울, 고구려연구재단, 2006; 동북아역사재단, 『중국
역사 교과서의 민족 국가 영토 문제』, 동북아역사재단, 2002 등이 있다. 한국의 중
국 역사교과서 관련 연구에 대해서는 다음의 글을 참고할 수 있다. 오병수, 「국내
학계의 중국 역사교과서 연구 경향과 과제」, 『동북아역사논총』 53, 2016.

[2] 중국역사교과서의 근현대사 인식에 관해서는 다음의 연구가 있다. 이은자, 「아편
전쟁과 중국의 '문호개방'에 대한 역사교육과 역사인식」, 『중국근현대사연구』 19
집, 2003; 박정현, 「청일전쟁에 대한 중국의 역사인식과 역사교육의 방향」, 『중국
근현대사연구』 20집, 2003; 유용태, 「환호 속의 경종: 전장 중국에서 본 러일전쟁」,
『역사교육』 90집, 2004; 김종건, 「중국 역사교과서상의 중국근대사 내용과 변화
검토: 최근 초급중학교과서를 중심으로」, 『중국근현대사연구』 23, 2004; 이은자,
「중국 근대사 서술에 대한 두 가지 시각: 중국 역사교과서와 대만 역사교과서의
비교 분석을 중심으로」, 『사총』 66, 2008; 윤세병, 「중국에서의 근현대사 인식과
역사 교과서 서술: '革命'에서 '現代化'와 '民族'으로」, 『역사와 담론』 69, 2014.

[3] 중국역사교과서의 국가주의와 애국주의에 대해서는 다음의 연구가 있다. 유용
태, 「중국 역사교과서의 현대사 인식과 국가주의」, 『역사교육』 84집, 2002; 윤휘
탁, 「중국의 애국주의와 역사교육」, 『중국사연구』 18집, 2002; 오병수, 「중국의
위험한 민족수난사 교육: 근현대교과서의 전쟁사관을 중심으로」, 『역사교육논
집』 34집, 2002; 윤휘탁, 「'동아시아 근현대사상 만들기'의 가능성 탐색」, 『중국근
현대사연구』 25집, 2005; 김정호, 「중국 초등사회과의 애국주의 교육 내용 분석」,
『사회과교육』 46, 2007; 이춘복, 「중국 역사교과서에 나타난 민족주의와 동화주
의: 북경사범대학 중등역사교과서 분석을 중심으로」, 『다문화콘텐츠연구』 6,
2009; 김인희, 「중국의 애국주의교육과 역사허무주의: 1988년 〈하상(河殤)〉의 방
영에서 1994년 〈애국주의교육실시강요(愛國主義實施綱要)〉 선포까지」, 『중국사
학사학보』 38, 2019.

[4] 중화인민공화국 시기 민족 통합과 다민족국가론 등의 문제에 대해서는 다음의
연구가 있다. 박장배, 「근현대 중국의 역사교육과 中華民族 정체성 2 -중화인민
공화국 시기의 민족통합문제를 중심으로」, 『중국근현대사연구』 20집, 2003. 중
국의 역사교육과 통일적 다민족국가론과 관련해서는 다음의 연구가 있다. 김유
리, 「개혁 개방 이후 중국의 역사교육과 '통일적 다민족국가론'」, 『북방사논총』
6호, 2005.

외에도 중화인민공화국의 역사교과과정과 역사교과서에 대한 연구도
있었다.[6] 최근에는 『역사과정표준』에 따른 역사교육과 역사교과서문
제에 관한 연구가 나오고 있으며, 주로 역사교과서의 구성체제와 내용
의 특징 등을 검토하기도 하였다.[7]

중국의 교과서제도는 1980년대 이후 국정제에서 검정제로 이행하였
고 과거 『역사교학대강』에 의거한 단일 교과서에서 『역사과정표준』에
의한 여러 종류의 교과서가 발행되는 체제로 전환되었다. 중국의 개혁
개방 정책과 시장경제의 발전에 따라 중국에서는 출판사들이 교과서

---

[5] 최근 중국의 중고등학교 교과서에 수록된 한국사 서술에 대해서는 다음의 연구
가 있다. 박영철, 「중국역사교과서의 한국사서술」, 『역사교육』 84집, 2002; 전인
영, 「중국근대사 교육의 관점과 한국사 인식」, 『역사교육』 84집, 2002; 장세윤,
「近刊한・중 역사교과서의 양국 관련내용 검토」, 『백산학보』 68집, 2004; 김지
훈・정영순, 「최근 중국 중고등학교 역사교과서 속의 한국과 한국사」, 『중국근현
대사연구』 23집, 2004; 김지훈・정영순, 「중국 실험본 중학교 역사교과서의 한국
인식」, 『사학연구』 78호, 2005; 김지훈, 「중국의 역사과정표준 고등학교 실험역사
교과서의 한국관련 서술」, 『한국근현대사연구』 36집, 2006.

[6] 중국의 역사교과서의 변화과정에 관해서는 다음의 연구가 있다. 김지훈, 「현대중
국 역사교과서의 역사: 1949~2006년 중고등학교 교과서를 중심으로」, 『백산학보』
75집, 2006. 중국의 역사 교육과정의 변화에 대해서는 다음의 글을 참고할 수 있다.
김유리, 「중국 교육과정의 변천과 역사교육」, 『근대중국연구』 2, 2001; 오병수, 「중
국 중등학교 역사교과서의 서술양식과 역사인식」, 『歷史敎育』 80, 2001; 오병수,
「중국 중등학교 역사 교육과정의 추이와 최근 동향」, 『歷史敎育』 84, 2002; 권소연,
「중국 역사교육과정의 변화와 추이: '사상중심 역사학'에서 '실용주의 역사학'으로」,
『중국근현대사연구』 31, 2006; 김지훈, 「중국의 신교육과정과 역사과정표준실험교
과서」, 『동북아역사논총』 17집, 2007; 윤세병, 「중국 세계사교육과정의 변천: 초급중
학교 교학대강을 중심으로」, 『역사와 역사교육』 23, 2011; 윤세병, 「중국의 역사과
교육과정의 현황: 2011・2017 과정표준을 중심으로」, 『역사교육논집』 65권, 2017.

[7] 『역사과정표준』과 이 과정표준에 따라 편찬된 역사교과서에 관해서는 다음의
연구가 있다. 김유리, 「역사교학대강에서 역사과정표준으로: 최근 중국의 역사
교육과정의 개혁」, 『역사교육』 96, 2005; 김유리, 「중국 고등학교 역사과정표준에
따른 4종 판본 『역사』 실험교과서의 구성체계 분석」, 『역사교육논집』 40집, 2008;
김유리, 「중국 고등학교 역사과정표준에 따른 『역사』 실험교과서의 서술내용 분
석」, 『역사교육』 105집, 2008 등이 있다.

시장에 참여하고 있으며 경쟁도 치열해졌다.

그러나 최근 중국은 초중등 과정을 포함한 모든 교과서를 단일한 국정교과서로 편찬하고 있다.[8] 이러한 변화를 이해하기 위해서는 중국의 국가정책과 역사교육의 흐름을 전반적으로 파악하면서 중국의 교과서를 살펴 볼 필요가 있다.

중국은 전국적인 교과과정과 지방과정을 운용하고 있다. 이 가운데 2003년부터 상하이의 고등학교에서 사용된 상하이교육출판사의 고등학교『역사』교과서는 문명사의 시각에서 주제사의 형태로 서술되어 이전의 교과서와 다른 면모를 보였다. 그러나 2006년 9월『뉴욕타임즈』에서 상하이의 새 역사교과서에서 마오쩌둥이 제외되고 빌게이츠가 추가되었다는 등의 보도를 하면서 중국 내에 파장을 일으켰고 결국 이 교과서는 1년 만에 사용이 중단되었다.

상하이에서는 2007년 가을학기부터 화동사범대학출판사의『고중역사』가 사용되기 시작하였다. 여기서는 상하이의 고등학교 역사교과서를 둘러싼 갈등과 교과서 내용의 변화와 특징에 관해 검토해 보려 한다.

2. 상하이 고등학교『역사』교과서의 편찬

상하이는 1988년부터 1998년까지 제1기 교과과정 개혁을 실시하면서

---

8) 중국은 2019년 1학기(가을학기)부터 인민교육출판사의 역사교과서만을 사용하기로 결정하였다. 이 교과서의 내용에 대해서는 다음의 글을 참고할 수 있다. 김지훈, 「현대 중국의 한국전쟁 인식 변화: 역사 교과서의 서술 변화를 중심으로」, 『사림』 64, 2018; 김지훈, 「중국의 해양영토인식과 국정 역사교과서의 서술 변화」, 『사림』 67, 2019; 김지훈, 「국가의지(國家意志)와 역사교과서의 정치화: 2018년 중국 중학교 역사교과서의 현대사 서술」, 『역사교육연구』 33, 2019.

독자적인 역사교과서를 사용하였다. 1997년 상하이 과정교재 개혁을 마치고 1998년부터 상하이는 제2기 교과과정 개혁을 실시하기로 하였다.

2001년 말 상하이시는 상하이사범대학 역사과 쑤즈량(蘇智良)교수를 중심으로 역사편찬조를 조직하여 제2기 교과과정 개혁 교과서를 집필하도록 하였다. 상하이시교육위원회는 화동사범대학과 푸단대학 등의 전문가들을 동원하여 과정표준을 만들었다. 쑤즈량교수는 이『과정표준』에 근거하여 역사교과서를 편찬하였다.

상하이의 역사교과서 편찬조는 상하이 지역 대학교 역사학과의 전문가, 상하이사범대학과 일선 학교의 역사교사 등 100여 명 이상이 참여하였다. 역사교과서 편찬조는 상하이사범대학 교내에 있었고 쑤즈량교수가 책임을 맡았다.

2004년 11월 상하이시 교육위원회는『상하이시 중학역사과정표준(시행고)』에서 고등학교 역사과정의 내용을 역사 유물주의의 지도 아래, 문명사를 기본 흐름으로 편찬하였다. "인간", "생산력", "교류" 등 문명의 발전에 영향을 준 요소를 중심으로 인류문명의 발전과정과 성과를 서술하는 것이었다.[9]

원래 상하이의 제1기 과정개혁 역사교과서는 중학교에서 중국역사와 세계역사를 배우고 고등학교 1학년에서 중국사와 세계사를 함께 편성하였으며, 고등학교 3학년에서 중국고대사를 배우도록 하였다. 그러나 이 교과과정은 고등학교에서 배우는 역사가 중학교 역사과정과 대부분의 내용이 중복되는 문제가 있었다.

이러한 문제를 개선하기 위하여 새 교과 과정에서는 중학교에서 중국역사와 세계역사를 서술하고 고등학교 과정에서는 내용 중복을 피

---

9) 「上海新版历史教科书淡化毛泽东等内容引争议」, 『青年周末』 2006.09.21, http://news.21cn.com/domestic/shiyong/2006/09/21/2980987_1.shtml.

하기 위해 중국역사와 세계역사를 합쳐서 주제 중심의 문명사 형식으로 편찬하기로 결정하였다.

이에 따라 고등학교 1학년 역사교과서 상권은 1500년 이전 각 지역의 문명사를 서술하고, 고등학교 1학년 역사교과서 하권은 신항로 개척이후 현재까지의 문명사를 서술하기로 하였다. 고등학교 3학년 과정은 세계 범위의 문명과 세계 강국의 현대화 과정, 18세기 이후의 중국역사를 서술하여 학생들이 총체적인 역사관을 획득하도록 구성하였다. 이에 따라 처음 완성된 교과서는 2003년 상하이의 100여 개 중고등학교에서 실험적으로 사용하면서 수정과 보완을 하였다.

2003년 중국 국무원은 상하이에 교육종합개혁 시험구를 설립할 권한을 부여하였다. 이 교과서는 교육부의 「기초교육과정개혁강요(시행)」의 요구에 따라 상하이시 중소학과정교재위원회에서 제정한 『중소학과정방안』과 『상하이시 중학역사과정표준(征求意見稿)』에 의거하여 편찬되었다. 이 교과서는 상하이 지역의 근 100여 개의 학교에서 3년의 시범 사용을 거쳐서 2005년 8월 상하이의 제2기 과정개혁 역사교과서 9책으로 완성되었다.[10] 상하이시 교육개혁위원회는 전문가의 심사를 거쳐서 이 교과서를 2006년 9월부터 전 상하이시에서 사용하기로 결정하였다.[11]

상하이의 초중고등학교는 5-4-3학제를 실시하고 있다. 이러한 학제는 중국 대부분의 지역이 6-3-3제를 실시하고 있는 것과 차이가 있다. 상하이지역의 사회과학 영역의 과정을 살펴보면 다음과 같은 구조로

---

10) 周育民, 「关于上海历史教科书问题──对北京几位历史学家批评的回应」, 『开放时代』 2009-01-10, 144쪽.

11) 「上海二期课改历史教材遭停用 曾被指弱化战争」 2007.09.13, 『南方新闻网』, http://news.sina.com.cn/c/2007-09-13/105213882564.shtml.

편성되어 있다.

〈표 1〉 상하이지역 1~12학년(초중고등학교) 사회과학 학습 과정과 기초시수[12]

종합과정	분과 과정	종합과정	분과과정	종합과정
1~5학년	6~8학년	9학년	10~11학년	12학년
품덕과 사회 (408)	역사(136)	사회(68)	역사(102)	사회(60)
	지리(136)		지리(102)	
	사상품덕(204)		사상정치(196)	

　상하이 초중고등학교의 사회과학 학습과정은 소학교 1~5학년에서 종합과정으로 품덕과 사회를 408시간을 배우고 중학교 6~8학년에서 분과 과정으로 역사와 지리를 각각 136시간, 사상품덕을 204시간 배운다. 중학교 9학년 때는 종합과정으로 사회 68시간을 배운다. 고등학교의 경우 10~11학년에서 분과과정으로 역사와 지리를 각각 102시간, 사상정치를 196시간 배우며 12학년 때 종합과정으로 사회 60시간을 배운다. 따라서 상하이 지역의 학생들은 종합과정→분과과정→종합과정→분과과정→종합과정의 순서로 사회과학을 학습하게 된다.

　이 사회과학 학습과정 가운데 중학교와 고등학교의 역사과목은 다음과 같다.

〈표 2〉 상하이 중고등학교 과정유형과 내용[13]

학교와 학년	과정유형	과정내용	시수
중학교 6~8학년	기초형 과정	중국역사, 세계역사	136
	확장형 과정	상하이향토역사	10
고등학교 10~12학년	기초형 과정	주제사(1 2006)→통사(2007)	102
	확장형 과정	주제사(2 2006)→통사(2007)	90

---

12) 괄호 안의 숫자가 시수임. 上海市敎育委員會, 『上海市中學歷史課程標準(試行稿)』, 上海, 上海敎育出版社, 2004, 29~30쪽.

상하이의 중학교 6~8학년의 기초형 과정은 화동사범대학출판사의 『중국역사』와 『세계역사』 교과서를 사용하고 있다. 또한 상하이지역의 역사를 이해하기 위해서 『상하이 향토역사』를 가르치고 있다.[14] 이 중학교 교과서는 문명의 발전과정에서 역사적 인물과 사건, 제도 등을 위주로 서술하고 있다.

상하이 지역에서 2003년부터 사용된 상하이교육출판사의 고등학교 『역사』 교과서는 각 문명의 발전과정에서 중요한 특징과 중요한 사실 등을 주제사의 형태로 편찬하여 과거의 역사교과서와 확연한 차이를 보였다. 상하이의 고등학교 기초형 과정은 1학년 1학기 교과서에서 인류 초기 문명과 인류생활, 인류문화 등 3개의 주제를 중심으로 서술하고 있다.[15] 1학년 2학기 교과서는 문명의 융합과 충돌, 경제 글로벌화 시대의 문명, 문명의 현실과 미래 등의 주제를 다루고 있다.[16] 고등학교의 확장형(拓展型) 과정 교재는 고대 3대문명의 형성과 변화, 주요 선진국가의 현대화 과정, 18세기 이후의 중국,[17]과 전쟁과 문명, 세계유산과 인류문명, 과학기술의 발전과정 등[18] 6개 주제로 구성되어 있으며 이 가운데 3개 주제를 선택하도록 하고 있다.[19]

---

[13] 上海市敎育委員會, 『上海市中學歷史課程標準(試行稿)』, 上海, 上海敎育出版社, 2004, 42쪽.

[14] 上海市敎育委員會敎學硏究室, 『上海市中學課本 上海鄕土歷史』, 上海, 上海敎育出版社, 2003.6 1판.

[15] 上海市中小學課程改革委員會, 『高級中學課本 歷史 高中一年級第一學期(試用本)』, 上海, 上海敎育出版社, 2003.8 1판, 2004.8 2쇄.

[16] 上海市中小學課程改革委員會, 『高級中學課本 歷史 高中一年級第二學期(試用本)』, 上海, 上海敎育出版社, 2004.1 1판, 2004.11 2쇄.

[17] 上海市中小學課程改革委員會, 『高級中學課本 歷史 高中三年級(試驗本)』, 上海, 上海敎育出版社, 2005.8 1판, 2006.7 2쇄.

[18] 上海市中小學課程改革委員會, 『高級中學課本 歷史(試驗本)』, 上海, 上海敎育出版社, 2006.1 1판, 2006.1 1쇄.

그러나 이 역사교과서는 2006년 문명사를 위주로 서술하면서 종래의 전통적인 혁명사관이 약화되었다는 국내외의 언론 보도로 인하여 논란을 불러 일으켰다.

3. 2006년 상하이 고등학교 『역사』 교과서를 둘러싼 논쟁

미국 『뉴욕타임즈』는 2006년 9월 1일 개정된 상하이지역의 고등학교 역사교과서에 관해서 「마오는 어디에? 중국의 역사교과서 개정」[20]이라는 보도를 했다. 이 신문은 새로운 상하이의 고등학교 역사교과서에서 전쟁과 역대 왕조들, 공산주의 혁명을 삭제하고 경제, 기술, 사회적 관습과 세계화 등의 다양한 주제를 강조하고 있다고 보도하였다.

또한 상하이의 새 역사교과서에서는 한때 세계 역사의 전환점으로 중시되었던 프랑스 대혁명과 볼셰비키 혁명에 대한 서술이 줄어들었고, 마오쩌둥과 공산당의 장정, 난징대학살 등에 관한 내용은 중학교 과정에서만 가르친다고 하였다. 반면에 JP모건과 빌 게이츠, 뉴욕 증권거래소, 우주왕복선, 일본의 신칸센 등의 내용을 강조하고 있다고 보도하였다.

이 신문은 황제나 장군 등의 지도자들과 전쟁을 강조하던 것에서 벗어나 인민과 사회를 중심으로 서술하였다고 하면서 특히 프랑스의 역사학자 브로델(Fernand Braudel)의 영향을 받았다는 저우춘성(周春生)

---

19) 上海市敎育委員會, 『上海市中學歷史課程標準(試行稿)』, 上海, 上海敎育出版社, 2004, 64쪽.

20) Joseph Kahn, "Where's Mao? Chinese Revise History Books", *New York Times*, 2006.9.1, http://www. nytimes.com/2006/09/01/world/asia/01china.html?pagewanted =all.

교수의 말을 인용하고 있다. 이 교과서는 고대사 부분에서도 분서갱유를 단행한 중국 최초의 황제 시황제의 통치를 언급하지 않고 있으며, 몽골에 저항한 문천상에 대해서도 서술하지 않았다고 하였다.

『뉴욕타임즈』의 보도에 의하면 이러한 교과서의 변화는 3개 대표론을 주창한 장쩌민(江澤民)과 조화사회를 강조하는 후진타오(胡錦濤)의 정치적 견해를 반영하고 있는 것으로 보인다고 하였다. 이 보도는 장쩌민의 3개대표론이 공산당의 권한을 확대하고 계급 투쟁을 희석시키려 하는 것이고, 후진타오의 "조화사회"는 공산당의 일당 통치 아래 안정되고 번영하는 통일된 중국을 건설하겠다는 것이라고 하였다. 이 기사는 일부 전문가의 말을 인용하여 이 교과서는 왕조의 변화와 농민투쟁, 민족의 항쟁과 전쟁을 강조하지 않았는데 그것은 중국공산당 지도부가 인민들이 그런 문제에 대해 생각하는 것을 원치 않기 때문이라고 하였다. 이 기사는 중국 당국이 외부 세계와 혁신, 기술과 무역 관계에 관심을 가지고 있다고 지적하였다.[21]

『뉴욕타임즈』의 상하이 역사교과서의 변화에 대한 보도는 국내외에 널리 알려졌다.[22] 중국에서도 『뉴욕타임즈』에서 소개한 상하이 고등학교 『역사』 교과서의 변화에 주목하였다. 중국의 언론매체들은 뉴욕타임즈의 기사를 소개하면서 "상하이판 역사교과서 혁명과 전쟁 약화", "새 교과서를 비준하는데 정부가 중요한 역할을 하였다", "마르크스주의가 삭제되고 사회주의 감소", "진시황의 분서갱유 삭제" 등 자극적인 내용들을 보도하였다.[23]

---

21) Joseph Kahn, "Where's Mao? Chinese Revise History Books", *New York Times*, 2006.9.1, http://www. nytimes.com/2006/09/01/world/asia/01china.html?pagewanted=all.

22) 「상하이 새 표준교과서 '마오 퇴출, 게이츠 진입'」, 『연합뉴스』, 2006.9.1.

중국의 인터넷에서는 「빌 게이츠가 마오쩌둥을 대체」[24], 「정변, 신판 상하이 역사교과서에서 시작」,[25] 「상하이교과서는 "오렌지혁명"의 시작」[26] 등 자극적인 제목의 글들이 올라와 큰 논쟁이 벌어졌다.

특히 2006년 9월 마오쩌둥 사망 30주년을 맞이하고 있던 중국에서 상하이의 역사교과서가 마오쩌둥에 대해 단지 예절 부분에서만 한차례 언급하고 있다는 보도는 큰 논란을 불러 일으켰다.[27]

인터넷에서는 문천상 등 역사적으로 중요한 인물이 삭제된 상하이 역사교과서를 역사 연대, 역사 사건, 역사인물과 역사사적이 없는 "역사교과서"라고 하면서 도대체 청소년에게 어떤 역사관을 전파하려는 것이냐고 비판하였다.[28]

2006년 9월 "상하이 신판 역사교과서"는 관련 검색 항목이 39,200개에 이를 정도로 인터넷에서 논란을 일으켰다. 신화망(新華網) 등 중국의 대형 포털에서는 상하이 신판 교과서에 대한 토론이 진행되었다. 한편 상하이 역사교과서가 마오쩌둥과 중국공산당의 장정, 식민침략, 혁명, 전쟁 등을 소개하지 않았다는 관점에 대해서 80%의 네티즌들이 동의하지 않았다고 한다.[29]

---

23) 「是改变, 不是"政变"──专访上海新版历史教科书主编苏智良」, 『南方周末』 2007. 09.12, http://www.infzm.com/content/6972.

24) 「中国新版历史教科书"盖茨"在取代"毛泽东"」, 『凤凰博报』 2006.09.02, http://blog. ifeng.com/article/315995.html.

25) 黎阳, 「政变, 从新版上海历史教科书开始」, 『华岳论坛』 2006.09.03, http://www. wengewang.org/read.php?tid=3500

26) 「上海教科书是"橙色革命"的开端」, http://xtigeia.blog.163.com/blog/static/21640842 006822112950/.

27) 「仅提到一次毛泽东 历史教科书何以吓人一跳?」, 『新民晚报』 2006.09.12, http:// view.news.qq.com/a/20060914/000042.htm.

28) 陶短房, 「不仅仅为文天祥捏把汗」 2014.09.14, http://view.news.qq.com/a/20060914 /000075.htm.

상하이 신판 역사교과서 문제와 관련하여 중국의 인터넷 게시판에서는 다음과 같은 네 가지 쟁점이 논의되었다.

① 중국근대사 등의 내용 감소 문제
내용삭감은 창조정신을 체현한 것인가?
찬성: 식민사를 강조하는 것은 인재 양성에 적합하지 않다.
반대: 고등학생은 중국근대 굴욕의 역사를 모른다.

상하이의 신판 교과서는 중국사와 세계사를 3년에서 2년 교육으로 단축하고 고등학교에서 문화, 사상, 문명을 가르치면서, 왕조의 교체, 국가의 흥망, 혁명과 전쟁, 식민과 반식민 등 전통적인 역사편찬에서 중요하게 취급했던 내용을 다루지 않고 통상적인 연대도 보이지 않는다. 그 대신에 "대하문명", "해양문명", "초원문명" 등이 소개되어 있다.

찬성: 식민사를 강조하는 것은 인재 양성에 적합하지 않다. 식민지시대 민족 고난의 역사를 과도하게 강조하는 것은 오늘날 상하이에서 필요로 하는 고급인재를 양성하는데 도움이 되지 않으며 글로벌화하고 있는 시대적 흐름에 부합하지 않는다.

반대: 상하이의 역사교과서가 중학교의 중국사와 세계사를 3년에서 2년으로 줄이고 고등학교 1학년에서 문화, 사상, 문명을 집중적으로 가르치면서 왕조교체, 국가의 흥망, 혁명과 전쟁, 식민과 반식민 등 전통적 역사편찬 내용을 다루지 않고 있는데 서방국가의 흥망성쇠와 중국근대의 굴욕을 알지 못하고 10월 혁명과 프랑스혁명, 나폴레옹, 히틀러, 스탈린, 마오쩌둥에 대한 구체적 사실들을 볼 수 없는 것은 잘못이라고 하였다.[30]

② 문명사가 편년사를 대신한 문제
문명사로 편년사를 대체
찬성: 단지 지도자에 주목하는 역사에서 벗어나는 것이다.

---

29) 「上海新版历史教科书淡化毛泽东等内容引争议」, 『青年周末』 2006.09.21, http://news.21cn.com/domestic/shiyong/2006/09/21/2980987_1.shtml.

30) 「上海新版历史教科书淡化毛泽东等内容引争议」, 『青年周末』 2006.09.21, http://news.21cn.com/domestic/shiyong/2006/09/21/2980987_1.shtml.

반대: 이는 역사를 소멸시키는 것이다.

찬성: 지도자에게 주목하는 역사에서 벗어나야 한다. 고등학생이 한무제나 루드비히2세를 모르는 것은 중요한 것이 아니다. 6년의 역사교육을 통해서 자신이 속한 중국문명의 매력을 이해하고 중국인임을 알면 되는 것이다.
반대: 역사의 연대와 역사적 사실, 역사적 인물과 사건이 없는 "역사교과서"는 교훈을 주지 못한다. 경험과 교훈을 전수해 주지 못하는 역사교육은 의미가 없다.[31]

③ 지구사관과 민족사관 문제
지구사관이 민족사관에 승리했는가
찬성: 이것은 역사의 완벽한 형태이다. 고등학교 역사교과서는 중국사와 세계사를 구분하지 않고 인류문명사의 각도에서 역사를 서술했다.
반대: 애국주의를 배양하는 것이 가장 중요하다.

찬성: 역사는 원래 상호 연관된 것이다. 지구사관은 인류학의 거시적 각도에서 후대 사람들이 설정한 국가 구분과 편년을 없애고 역사의 가장 원시적이고 가장 통일적이고 완벽한 형태를 보여주는 것이다. 역사교육의 중점은 얼마나 많은 사건 발생의 시각을 기억시키느냐가 아니고 학생들이 역사적 방법으로 사고하는 능력을 배양하는 것이다.
반대: 애국주의를 배양하는 것이 가장 중요하다. 세계 각국은 역사가 길고 짧은 경우를 막론하고 모두 학생들에게 애국주의교육과 민족정신 배양을 가장 중요하게 여기고 있다.

④ 시대적 요소와 전형적인 역사적 내용의 문제
시대의 요소로 전통적인 역사내용을 대체한 것
찬성: 신세기의 명의다.
반대: 이것을 역사서라고 부를 수 있는가?

---

31) 陶短房, 「不仅仅为文天祥捏把汗」 2014.09.14, http://view.news.qq.com/a/2006091
4/000075.htm.

상하이의 신판 역사교과서는 문화와 과학기술, 경제성장, 발명, 대외무역, 정치적 안정, 지구화와 조화사회를 증가시키고, 모건스탠리, 빌 게이츠, 뉴욕증권거래소, 우주왕복선, 신칸센 등 시대적 특징을 가진 사물을 강조하였다.

찬성: 오늘날의 학생들은 자신이 생존하고 있는 세계에서 필요한 지식을 이해해야 한다. 글로벌화한 경제, 지구촌의 공존, 조화사회 등은 현재 사회의 중요한 특징이므로 새로운 내용을 교육을 통해서 이해해야 한다.

반대: 역사에서 고대 복식의 설계를 배워야 하는가? 진나라가 기원전 221년 중국을 통일한 것을 배워야 하는가?[32] 역사적 사건과 인물에 대해 배우지 않고 옛날 풍속과 복식 등을 배운다면 역사책인가 아니면 백과사전인가?[33]

이러한 논란 속에서 상하이교육출판사 고등학교 교과서 편찬 책임자인 쑤즈량교수는 상하이 역사교과서는 중학교 1학년 중국사, 2학년 세계사, 상하이 향토사, 고등학교 1학년과 3학년 역사 등 모두 9책으로 구성되어 있는데『뉴욕타임즈』의 조셉 칸 기자가 상하이의 고등학교 1학년 교과서를 보고 과장된 기사를 작성하였다고 비판하였다.[34]

쑤즈량교수는『뉴욕타임즈』의 조셉 칸과 중국의 언론매체가 정부의 비준을 받은 교과서를 왜곡하여 편파적이고 부정확한 보도를 하였다고 비판하였다. 그는 언론매체들이 교과서를 제대로 보지 않고 일부 언론보도 내용만을 가지고 논란을 확산시켰다는 점도 지적하였다.

쑤즈량교수는 자신의 교과서가 마오쩌둥을 거의 언급하고 있지 않

32) Joseph Kahn, "Where's Mao? Chinese Revise History Books", *New York Times*, 2006.9.1, http://www. nytimes.com/2006/09/01/world/asia/01china.html?pagewanted =all.

33) 「上海新版历史教科书淡化毛泽东等内容引争议」, 『青年周末』 2006.09.21, http://news.21cn.com/domestic/shiyong/2006/09/21/2980987_1.shtml.

34) 「史上最短命教科书? 沪版《历史》风波再起」, 『南方周末』, 20070913. http://book.sohu.com/20070913/n252130261_1.shtml.

앉다는 주장에 대해서 중학교 1학년과 고등학교 3학년 과정의 교과서
에서 주로 다루고 있다고 항변하였다. 상하이 역사교과서에서 빌 게이
츠는 한 곳에서 언급했지만 마오쩌둥의 경우는 120여 차례 나오고 있
는데 미국 언론에서 단장취의(斷章取義)하여 편파적인 보도를 한 것이
라고 하였다고 비판하였다.[35]

2006년 9월 28일 쑤즈량교수는 상하이시 교육위원회 관료와 교육부
를 방문하였다. 교육부에서는 상하이시가 교과서를 검정할 권리가 있
는가 여부를 두고 상하이에서 편찬한 교과서도 의무교육법에 따라 국
가 교육부의 심사를 거쳐야 한다고 하였다. 그러나 상하이시 교육위원
회는 국무원에서 정식으로 교육종합개혁시험구로 지정된 상하이가 스
스로 교과서를 검정하는 것도 국가검정의 일종의 형식이므로 의무교
육법과 모순이 되지 않는다고 하였다. 이 날 교육부는 쑤즈량교수와
상하이 교육 당국의 소명을 듣고『뉴욕타임즈』등 국내외 언론 보도가
과장되었다는 점을 수긍하였다고 한다.[36]

그러나 2006년 10월 16일 교육부 고등학교사회과학연구센터(高等學
校社會科學發展研究中心)[37]는「사회과학정황반영」과「저명역사학자
상하이 신판 고등학교역사교과서를 평함」이라는 제목으로 중국사학회
회장 리원하이(李文海), 중공당사연구실 전 부주임 샤젠쑨(沙健孫), 중
국사학회 부회장 장하이펑(張海鵬), 역사연구소 소장 천주우(陳祖武),

---

[35]「是改变, 不是"政变"──专访上海新版历史教科书主编苏智良」,『南方周末』2007.
09.12, http://www.infzm.com/content/6972.
[36]「沪版『历史』: 短命的与速成的」,『南方周末』20070912, http://www.infzm.com/
content/6970.
[37] 교육부 고등학교 사회과학발전연구중심은 1986년 11월에 설치되었다. 철학 사회
과학이론문제와 중국 특색의 사회주의 건설의 실제 문제와 철학사회과학 발전
동태 등을 연구한다.『중국고교사회과학』잡지를 출판하고 있다. http://baike.
baidu.com/view/2778722.htm?fr=aladdin.

중국사학회 부회장 위페이(于沛), 마르크스주의이론연구와 건설공정 중국근현대사강요 편사조 수석 전문가 공슈펑(龔書鋒), 당대중국연구소 연구원 톈쥐젠(田居儉) 등 7명의 베이징의 역사학자를 소집하여 상하이 역사교과서문제에 대한 좌담회를 소집하였다. 이 회의에서 역사학자들은 상하이의 새 고등학교 역사교과서가 마르크스주의 유물사관에서 이탈하여 현상만을 설명하고 본질을 서술하지 못하였다고 결론을 내렸다. 7명의 베이징 역사학자들은 이 교과서가 정치와 이론, 학술면에서 모두 엄중한 잘못이 있다고 비판하였다.[38]

이후 중국사학회의 명의로 역사학자를 초청하여 다시 좌담회를 개최하였고 참석자들은 상하이의 고등학교 역사교과서를 혹독하게 비판하였다. 이 회의에는 10월 16일 회의에 참석했던 리원하이(李文海), 샤젠쑨(沙健孫), 공슈펑(龔書鋒), 위페이(于沛), 톈쥐젠(田居儉) 이외에 수도사범대학교수 치스룽(齊世榮), 교육부 중학역사교재심사위원회 위원 장촨시(張傳璽), 톈진사범대학교수 팡쭤헝(龐卓恒), 중국사회과학원 마르크스주의연구소 연구원 우은위안(吳恩遠) 등이 참석하였다.

이 좌담회에서 참석자들은 상하이 고등학교 역사교과서가 문명사를 중심으로 인류의 생존과 발전과정을 보여주겠다고 했는데 이는 마르크스주의의 유물사관에서 이탈한 것이고, 단지 역사현상만을 서술하고 있을 뿐 역사의 본질을 말하지 않고 있다고 하면서 다음과 같이 비판하였다.

① 계급관점의 부재: 이들은 인류가 문명사회에 진입한 중요한 지표는 국가의 탄생이고, 국가는 계급모순을 피할 수 없는데 이 교과서는 계급, 계급관계, 계급투쟁을 서술하고 있지 않다고 하였다. 이 교과서

---

38) 「短命的新版历史教科书 一本颠覆了旧史观的非法教材」, 『南方周末』 2007.09.20, 『领导文萃』 2008-03-15, 42쪽.

는 국가의 탄생, 고대의 법률, 근대 공업사회의 발전, 현대과학기술혁
명 등을 다루면서 계급적 관점에서 벗어나 있다는 점을 지적하였다.

　② 선진국의 부는 식민지 착취: 이 좌담회 참석자들은 이 교과서가
"기계공업의 거대한 생산력이 사회의 재부(財富)를 풍부하게 하여 선
진국가의 대다수 인구가 빈곤에서 탈출하였다"[39]고 서술한 것을 역사
왜곡이라고 비판하였다. 왜냐하면 선진국가의 재부는 기계공업의 거
대한 생산력과 식민지 확장을 통한 식민지국가에 대한 약탈과 착취에
의한 것이라는 것이다.

　③ 미국의 이라크 침략: 참석자들은 이 교과서에서 전략과 전술을
설명하면서 1990년대 미국이 디지털부대를 만들고, 이에 상응하는 첨
단 무기로 무장하였으며 2003년 이라크를 공격하면서 대량의 정밀유도
무기로 이라크의 전략시설을 공격했다고 묘사하여 미국이 국제사회와
유엔의 반대에도 불구하고 이라크를 침략한 본질을 숨기고 있다고 비
판하였다.

　④ 경제 글로벌화에 대한 문제의식 부재: 경제의 글로벌화에 대해서
도 "경제 글로벌화의 발전은 세계 각국과 지구의 경제 연계를 강화시켜
세계경제의 성장을 가속시켰다"고 하여 경제 글로벌화에 따른 부정적
인 영향을 서술하지 않았다고 비판하였다. 베이징의 역사학자들은 글
로벌화가 양날의 칼과 같아서 현재의 경제 글로벌화는 미국패권주의
의 영향 아래 미국 등 선진국가의 이익을 반영하는 것이며, 경제글로벌
화로 선진국가와 개발도상국가간의 불평등과 세계의 빈부격차가 심해
지는 중요한 요인이라고 지적하였다.

　⑤ 한국전쟁 미화: 이들은 이 교과서가 제2차 대전 이후 미소 양극체

---

[39] 蘇智良 主編, 『高級中學課本 歷史 1年級 第2學期』, 上海, 上海敎育出版社, 2004,
　　8쪽.

제를 설명하면서 냉전기간, 미소 쌍방이 군사영역에서 날카롭게 대립하면서 "조선전쟁"이 발생하였다고 설명한 것에 대해 "조선전쟁"이라는 표현을 문제 삼았다. 베이징의 역사학자들은 이 교과서가 미국이 일으킨 조선침략전쟁을 추상적인 "조선전쟁"으로 표현하여 중국의 항미원조(抗美援朝)의 성질을 왜곡시켰다는 것이다.

⑥ 고대문명을 무릉도원으로 묘사: 상하이 역사교과서는 "대하문명"을 설명하면서 동방의 대하 유역에서 인도와 중국의 농경문명이 탄생했고, 비옥한 옥토에서 농민들이 해가 뜨면 농사를 짓고 해가 지면 쉬는 생활을 했다고 하여 마치 농업문명사회를 투쟁과 충돌, 압박이 없는 무릉도원처럼 묘사했다고 비판하였다.

⑦ 서구의 정치제도 찬미: 상하이 『역사』교과서는 서방의 사회제도를 찬미하고 있다. 이 교과서는 삼권분립의 기원과 근대 삼권분립제도를 설명하면서 몽테스키외가 "입법권과 행정권이 동일한 개인이나 기구의 손에 집중되면 자유가 존재할 수 없다. 만약 사법권이 입법권과 행정권으로부터 분리되어 있지 않다면 자유도 존재하지 않는다"고 하였다. 마지막 결론에서는 "현재 많은 국가에서 자국의 국정에 따라 삼권분립제도의 합리적인 요소를 적극적으로 흡수하여 효율적이고 청렴한 국가정치체제를 건설하려고 노력하고 있다"고 소개하고 있는데 자본주의 정치제제의 실질을 감추고 있어 학생들에게 유해한 서술을 한 것이라고 비판하고 있다.

이 좌담회에 참석한 베이징의 역사학자들은 이 교과서가 미국 등 서방의 사회제도를 찬미하고 있다고 하면서 이 교과서의 상당 부분의 내용이 역사를 왜곡하고 있으며 학생들이 역사의 본질을 볼 수 없게 하고 있다고 비판하였다.

⑧ 마르크스주의 관점의 부재: 베이징의 역사학자들은 이 교과서의

사상혼란은 편찬자들이 마르크스주의 이론을 견지하지 않고 서방사학
이론의 영향을 받았기 때문이라고 하면서 역사를 파편화하고 역사의
모순운동의 객관적 법칙성을 부인하고 있다고 비판하였다. 이들은 상
하이의 역사교과서가 중국사회와 중국사학발전의 실제에서 이탈하였
고 마르크스주의에 대한 언급이 없다고 비판하였다. "사학"을 소개하면
서 중국의 마르크스주의 역사관을 소개하지 않았고, 프랑스의 아날학
파를 소개했지만 궈모뤄(郭沫若), 판원란(范文瀾), 젠보잔(翦伯贊), 바
이쇼우이(白壽彝) 등 저명한 마르크스주의 사학자들을 소개하지 않았
다고 하였다. 게다가 중국의 역사학자 가운데 천인커(陳寅恪)만을 소
개하면서 그가 학술연구에서 "독립적 정신, 자유 사상"의 원칙을 견지
했다는 점을 강조했다고 비판하였다.

　⑨ "역사허무주의": 베이징의 역사학자들은 상하이판 고등학교 역사
교과서의 문제는 고립적인 현상이 아니며 역사 허무주의 풍조의 범람
에 따른 것이라고 지적하였다. 허(虛)는 희석시키고, 모호하게 하며, 왜
곡하는 것이고 무(無)는 취소하고 제거하는 것이라고 하면서 문명사관
으로 유물사관을 대체하는 위험한 교과서라고 하였다. 이 교과서는 이
름만 『역사』일 뿐이고 실제로는 중국사, 세계사, 고대사, 근대사의 경
계를 타파하고 문명사라는 이름으로 단편적으로 생산도구와 일부 사
회생활을 말하면서 역사를 토막 상식처럼 나열하였다고 비판하였다.

　⑩ 유심사관: 사회관계, 계급투쟁, 정치를 언급하지 않고 세계근현대
사와 중국근현대사의 중요한 사건과 인물을 서술하지 않는 이 역사교
과서는 역사교육을 하려는 것인가 역사교육을 취소하려는 것인가? 라
고 비판하였다.

　이들은 상하이의 고등학교 역사교과서가 생산력과 생산관계, 토대와
상부구조의 모순에서 벗어나 유심사관의 관점에서 역사를 파편화하고

역사발전의 내재적 연계를 분리하여 버렸다고 비판하였다.[40]

이러한 비판에 대해 상하이 『역사』 교과서의 집필자였던 저우위민 (周育民)교수는 2009년 베이징 역사학자들의 지적이 교과서의 일부분의 내용을 문제삼아 부당한 비판을 하고 있다고 반박하였다. 그는 상하이 역사교과서가 계급관계와 사회형태에서 이탈하여 고립적이고 추상적인 문명을 서술하고 있다는 비판에 대해 교과서에서 씨족이나 부족의 장이 세습 귀족이 되어 통치계급이 되었다는 등의 서술을 통해서 국가의 탄생과 계급사회에 대해서 다루고 있다고 반박하였다.[41]

또한 기계공업의 거대한 생산력이 사회의 재부를 풍부하게 하여 선진국가의 대다수 인구가 빈곤에서 탈출하였다는 서술이 역사를 왜곡한 것이라는 주장에 대해서도 교과서의 그 다음 문장에서 "공업혁명의 흐름은 인류에게 거대한 진보를 가져온 것과 동시에 많은 새로운 사회모순을 가져왔다. 우선 공업생산은 노동자를 기계에 예속시켰다. 그 다음 자본주의 공업화 생산의 조건 아래서 공급과 수요의 모순은 여러 가지 경제위기를 발생시켰다. 선진적 생산방식을 장악한 서방공업국가는 시장을 개척하고 원료를 획득하기 위하여 식민지 국가를 압박하고 약탈하였으며 인류를 공전의 세계대전으로 끌어넣었다"[42]고 서술하여 서구 공업혁명의 문제점을 지적하였다고 반박하였다.

경제의 글로벌화와 국제경제관계에서 개발도상국가들이 처한 불평등한 지위에 대해서는 제16과 국제경제관계의 마지막 부분에서 "역사

---

40) 「几位历史学家评上海新版高中历史教科书」, 『环球视野』刊摘, http://www.global view.cn/ReadNews.asp?NewsID=12824

41) 周育民, 「关于上海历史教科书问题——对北京几位历史学家批评的回应」, 『开放时代』 2009-01, 145~146쪽.

42) 蘇智良 主編, 『高級中學課本 歷史 1年級 第2學期』, 上海, 上海教育出版社, 2004, 9쪽.

상 개발도상국들이 장기간 선진국가의 식민지 혹은 반식민지가 되어 낙후한 경제와 의존적인 경제구조를 가지게 되었다. 개발도상국가는 독립을 획득한 이후에도 이러한 경제적 지위를 바꿀 수 없었다"는 등 서술을 하고 있다고 하였다.

전략과 전술 부분에서 미국의 정보화부대와 이라크전에서 첨단무기를 사용한 것만을 설명하고 이라크전쟁의 침략성을 서술하지 않았다는 주장에 대해서도 전략과 전술에서 미국의 첨단무기기술이라는 역사적 사실을 학생들에게 설명한 것이라고 하였다. 그는 이 교과서를 비평한 베이징의 역사학자들에게 오늘날의 중국 청년들이 의화단 때와 같이 선진무기의 거대한 살상력에 무지하길 원하느냐?고 반문하였다.

"조선전쟁"이라는 표현이 중국의 항미원조의 성질을 왜곡했다는 비판에 대해서도 저우위민교수는 이 표현이 상하이 역사교과서가 발명한 것이 아니고 중국내에서 광범하게 사용하고 있는 용어라는 점을 지적하고 1884년 "중법전쟁(中法戰爭)"과 1894년 "중일갑오전쟁(中日甲午戰爭)"도 모두 침략전쟁의 성질을 왜곡하고 있는 것이냐고 반박하였다.

'대하문명'을 설명하면서 농업문명사회의 투쟁과 충돌, 압박이 없는 무릉도원으로 묘사한 것은 학생들을 속이는 것이라는 비판에 대해서도 저우위민교수는 제4과 대하문명의 후반부에 "거대한 국가기구를 유지하고 공공건설을 하기 위하여 통치자들은 민간에 부역을 징발할 필요가 있었다. 이러한 부역은 주로 인구의 절대부분을 차지하는 농민의 부담이 되었다. 분산적인 소농민들은 국가의 폭정에 시달려서 타향으로 도망하거나 유민이 되거나 막다른 처지에 몰려서 이판사판으로 봉기를 일으켰다"고 서술하고 있다고 반박하였다.

삼권분립에 대해서도 부르주아계급이 군주전제에 반대하는 투쟁을 하면서 형성된 중요한 정치이론과 성과라고 하면서 정치권력을 서로 견제하는 "삼권분립"이론과 제도 자체는 계급성이 있는 것이 아니며 계급성은 이 제도를 운용하는 통체계급에 의해 결정되는 것이라고 반박하였다.

저우위민교수는 베이징 역사학자들이 지적한 내용들이 상하이판 역사교과서가 마르크스주의 유물사관을 벗어났다는 주장을 입증하는 근거가 될 수 없다고 반박하였다. 그는 상하이 역사교과서에서 마르크스 엥겔스가 과학적 사회주의를 창립한 역사적 공적을 소개하고 『공산당선언』을 인용하고 있다고 강조하였다.

한편 2006년 10월 베이징의 역사학자들은 다음의 네 가지 요구를 하였다.

> 첫째, 역사교과서 편찬은 역사유물주의의 지도를 받아야 하며 "문명사"도 유물사관의 지도에서 이탈할 수 없다.
> 둘째, 중학교 역사교과서는 국가의지를 체현한 것이므로 교과서 편찬 권리를 지방에 부여하는 것은 적절하지 않다.
> 셋째, 중학교 역사교과서는 마르크스주의 사회역사발전의 법칙을 가르쳐야지 개인의 학술적 견해를 발표하거나 학술토론을 하는 장소가 아니므로 쟁점이 되는 문제를 교과서에 서술해서는 안 된다.
> 넷째, 상하이지역은 이 신판 교과서의 사용을 즉각 중지하고 국가에서 편찬한 교과서로 대체해야 한다.[43]

2006년 12월 26일 교육부 고교사회과학중심 주임 톈신밍(田心銘)은 "상하이 신판 고등학교 역사교과서에 일정한 문제가 존재하고 있다. 교육부는 매우 중요하게 생각하고 있고, 교육부의 지도자도 이미 명확한

---

43) 「几位历史学家评上海新版高中历史教科书」, 『环球视野』刊摘, http://www.global view.cn/ReadNews.asp?NewsID=12824

태도를 가지고 있다"[44]고 발언하였다.

2007년 2월에는 전 중앙군사위원회 판공실 주임이었고 군사과학원 부원장을 지낸 리지쥔(李際均)장군은 상하이의 신교과서가 혁명과 전쟁, 마오쩌둥, 홍군의 장정, 제국주의 침략, 남경대학살 등을 축소하거나 삭제하고 뉴욕증권거래소, 일본의 신칸센 등의 내용을 증가시켰다고 하면서 혁명의 우량한 전통을 발양하고 사회주의 영욕관을 창도하는 것이 중국공산당의 정치목표라고 하면서 정면으로 비판하였다.[45]

2007년 4월 26일 교육부는 쑤즈량교수와 상하이시 교육위원회 책임자 등이 참석한 상하이 고등학교역사교과서 토론회를 개최하였다. 이회의에서 베이징의 전문가들과 상하이의 교과서 편찬자들이 논의하여 상하이 고등학교 역사교과서의 수정이 필요하다는데 의견이 일치하였으나 상하이 고등학교 역사교과서의 틀을 완전히 고칠 것인지, 2007년 9월 신학기에 수정된 교과서를 새로 출판할 것인가 여부에 대해서 의견이 갈렸다.

베이징에서 돌아온 쑤즈량은 회의 내용을 정리하여 고등학교 역사교과서 집필자들과 1주일 동안 의견을 교환하고 교과서를 수정하여 2007년 9월 신학기에 사용하기로 하였다.

2007년 5월 상하이의 일부 전문가들은 베이징의 역사가들의 비판에 동감하여 고등학교 과정표준을 새로 편찬하고 9월에 새로운 교과서를 출판하자는데 동의하였다. 상하이시 교육위원회는 9월 1일에 새로운 고등학교 1학년 역사교과서를 출판하기로 결정하였다. 상하이시 교육위원회는 1주일 안에 새로운 역사과정표준 전문가조와 편찬조를 조직

---

44) 翟胜明, 「"新年学术暨庆贺马克思主义研究院成立一周年座谈会"综述」, 『马克思主义研究』, 2007-03-05, 123쪽.

45) 李际均, 「振兴国魂军魂」, 『瞭望』, 2007-02-12, 1쪽.

하였다. 이 과정에서 원래 상하이 고등학교 역사교과서 편찬에 참여했
던 필자들 가운데 쑤즈량교수를 제외한 모든 교과서 필자들이 배제되
었다.[46)

결국 이 교과서의 편찬자인 상하이사범대학의 쑤즈량교수는 상하이
고등학교 역사교과서 편찬을 포기하였다.[47) 2007년 6월 상하이시 교육
위원회는 화동사범대학교 역사과에 새로운 상하이 고등학교 역사교과
서를 편찬하도록 의뢰했다.[48)

결국 이런 과정을 거쳐서 상하이교육출판사의 고등학교 역사교과서
는 2006년 9월 이후 발생한 논란으로 2007년 9월부터 사용이 중단되었
다. 이 교과서는 정식으로 사용된 지 1년 만에 논란 끝에 사용이 중지
되는 중국교육사에서 가장 단명한 교과서가 되었다.

4. 화동사범대학교의 고등학교 『고중역사』 교과서 편찬

2007년 상하이의 새 고등학교 역사교과서 편찬은 화동사범대학교에
서 담당하였다. 그러나 2개월 안에 교과서를 편찬해야 했기 때문에 정

---

46) 蘇智良교수는 새로운 제강과 자신들이 처음 계획했던 구상과 부합하지 않았고,
   내용상 중학교 역사과정과 세계사 등이 중복되며, 2개월 안에 새로운 고등학교
   역사교과서를 편찬하기 어렵다는 등의 이유를 들어 고등학교 역사교과서 책임
   자를 사직했다. 「上海二期课改历史教材遭停用 曾被指弱化战争」 2007.09.13, 『南
   方新闻网』, http://news.sina.com.cn/c/2007-09-13/105213882564.shtml.
47) 「중국 역사 교과서 다시 '좌향좌': 세계화 다뤘던 상하이교과서 1년만에 사용 중
   단」, 『문화일보』, 2007.9.18. http://www.munhwa.com/news/view.html?no=2007091
   8010329323100020.
48) 周育民, 「关于上海历史教科书问题——对北京几位历史学家批评的回应」, 『开放时
   代』 2009-01-10, 145쪽.

상적으로 출판하는 것은 불가능하였다. 2007년 9월에 급히 발행된 화동사범대학교의 고등학교 『고중역사』 교과서의 제1분책은 단지 66쪽에 불과했다. 2007년 1학기(가을학기) 상하이에서는 한 학기에 사용될 교과서가 여러 권의 분책으로 나누어 시간을 두고 출판되는 특이한 사태가 벌어졌다. 2007년 9월 2개월 만에 만든 화동사범대학교의 고등학교 『고중역사』 교과서는 8년을 준비하고 3년 동안 시범사용을 한 후 1년 동안 전면적으로 보급되어 사용된 상하이교육출판사의 고등학교 역사교과서를 대체하였다.

새로 편찬된 상하이의 고등학교 『고중역사』 교과서는 화동사범대학교 출판사에서 2007년 1학기(가을학기)부터 출판되어 사용되고 있다. 이 1~2학년용 『고중역사』 교과서는 모두 6권으로 분책되어 있다. 화동사범대학출판사의 『고중역사』는 단기간에 편찬되었기 때문에 1분책은 66쪽, 2분책은 68쪽, 3분책은 55쪽에 불과했다.[49] 이 교과서는 고등학교 1학년 1학기에 제1분책과 제2분책, 1학년 2학기에는 제3분책과 제4분책을 배운다. 2학년 1학기에는 제5분책과 제6분책을 배운다. 화동사범대학교에서 편찬한 『고중역사』 교과서는 중국사와 세계사를 함께 가르치도록 구성되어 있다. 이러한 구성은 이전의 상하이교육출판사 고등학교 『역사』 교과서의 문명사를 주제로 한 체제를 포기하고 중국사와 세계사 통사체제로 전환한 것을 의미한다.

2003년부터 출판된 상하이교육출판사의 『역사』는 인류문명의 발전이라는 문명사의 시각에서 어떻게 인류가 생존하고 발전하여 왔는가를 서술하고 있다. 그래서 고등학교 『역사』는 1학년 1학기에 인류의 초기 문명, 인류의 생활, 인류 문화를 다루고 있었다.[50] 이 『역사』 1학년

---

[49] 화동사범대학출판사의 『고중역사』는 4분책부터 분량이 늘어나 87쪽이고 5분책은 149쪽, 6분책은 132쪽으로 늘어났다.

2학기 교과서에는 문명의 융합과 충돌, 경제 글로벌화 시대의 문명, 문명의 현실과 미래 등을 다루고 있다.[51] 상하이의 고등학교에서는 1학년 때 기초형 과정의 주제사(1)을 교육하고 2학년 때는 지리를 배우며, 3학년 때 발전형 과정부문의 주제사(2)를 배우도록 되어 있다.

2007년부터 출판된 화동사범대학출판사의 『고중역사』는 내용면에서 상하이교육출판사의 『역사』와 큰 차이를 보이고 있다. 다음의 표는 고등학교 1학년 과정의 상하이교육출판사 『역사』와 화동사범대학출판사 『고중역사』를 비교한 것이다.

〈표 3〉 고등학교 1학년 상하이교육출판사 『역사』와 화동사범대학출판사 『고중역사』의 목차

교과서		상하이교육출판사 『역사』	화동사범대학출판사 『고중역사』
학년	1학년 1학기	주제1: 인류의 초기문명 1. 문명사회의 표지 제1과 금속공구 제2과 문자 제3과 국가 2. 문명과 지리환경 제4과 대하문명 제5과 해양문명 제6과 초원문명 주제2: 인류생활 1. 사회구조 제7과 혼인과 가족 제8과 종족과 인구 제9과 등급과 계급 2. 사회생활 제10과 복식 제11과 음식 제12과 주거 제13과 교통 3. 사회풍속	제1분책 제1단원 고대 동방 제1과 고대 메소포타미아 유역 제2과 고대 이집트 제3과 고대 인도 제2단원 고대 아메리카와 검은 아프리카 제4과 아메리카 인디안 문명 제5과 고대 검은 아프리카 제3단원 고대 그리스 로마 제6과 고대 그리스 도시국가 제도 제7과 고전 고대 그리스 문화 제8과 고대 로마정치제도 제9과 로마법체계 제4단원 고대 이슬람 세계 제10과 이슬람교와 아랍제국 제11과 오스만제국 제5단원 중세 서유럽 제12과 봉건제도 제13과 왕권과 교권 제14과 장원과 도시

50) 上海市中小學課程改革委員會, 『高級中學課本 歷史 高中一年級第一學期(試用本)』, 上海, 上海敎育出版社, 2003.8 1판, 2004.8 2쇄, 서문.
51) 上海市中小學課程改革委員會, 『高級中學課本 歷史 高中一年級第二學期(試用本)』, 上海, 上海敎育出版社, 2004.1 1판, 2004.11 2쇄 서문.

		제14과 명절 제15과 인생의례 제16과 사회 왕래 주제3: 인류문화 제17과 법률과 기원 제18과 법체계 제19과 재판제도 2. 인문과학 제20과 문학 제21과 사학 제22과 철학 제23과 예술 3. 종교 제24과 종교 기원 제25과 종교 전파 제26과 종교 특징	제15과 중세 문화 제2분책 제1단원 선사시기부터 하상왕조까지 제1과 중화문명의 요람 제2과 문헌과 고고학 속의 하문화 제3과 상왕조와 청동기 문화 제2단원 주왕조에서 진제국의 굴기까지 제4과 봉건(封邦建國)과 예악문화 제5과 사회변혁과 백가쟁명 제6과 대일통 중앙집권 국가의 형성 제7과 진말 농민봉기 제3단원 한왕조에서 남북조까지의 통일과 분열 제8과 대일통 제국의 중건 제9과 한무제 시대 제10과 동한의 흥망성쇠 제11과 할거와 분립 제12과 남북대치와 민족융합 제4단원 수왕조의 창건과 당의 흥성 제13과 수당정치의 신 체제 제14과 정관의 치와 개원성세 제15과 중외 문화교류 제16과 찬란한 문학예술
	1학년 2학기	주제 4: 문명의 교류 융합과 충돌 1. 3차례의 파도와 문명전승 제1과 농업시대 제2과 공업시대 제3과 정보통신시대 제4과 고등교육 제5과 박물관과 도서관 2. 문명공간과 개척 제6과 구역탐험 제7과 글로벌 탐험 제8과 우주탐험 3. 문명 역정 속의 칼과 불 제9과 군사기술 제10과 전략과 전술 제11과 전쟁 규칙 주제 5: 경제 글로벌화시대로 가는 　　　문명 1. 근현대 국가제도 제12과 민족국가 제13과 삼권 분립 제14과 공민사회 2. 근현대경제제도 제15과 시장경제 제16과 국제경제관계	제3분책 제5단원 북송·남송의 번영과 원왕조의 통일 제17과 송왕조의 건립과 제도의 창설 제18과 북송 중기의 개혁 제19과 다민족 정권의 병립 제20과 남쪽으로 경제 중심의 이동 제21과 휘황한 과학기술 제22과 원왕조의 통일 제6단원 명왕조의 흥망과 청전기의 강성 제23과 명왕조 전기의 경제와 정치 제24과 명말 사회위기와 농민 봉기 제25과 강건성세(상) 제26과 강건성세(하) 제27과 명청대외무역 제28과 초기의 서학동점 제4분책 제1단원 15~16세기 서구 사회의 변화 제1과 자본주의 생산관계의 맹아 제2과 민족국가의 형성 제3과 신항로의 개척과 초기 식민활동 제4과 문예부흥과 종교개혁 제2단원 17~18세기 부르주아계급혁명 제5과 영국혁명

		3. 문명 충돌 속의 국제정치질서	제6과 계몽운동
		제17과 국제법	제7과 미국독립전쟁
		제18과 국제조직	제8과 프랑스대혁명
		제19과 전후 국제체제	제3단원 공업사회의 도래
		주제 6: 문명의 현실과 미래	제9과 영국공업혁명
		1. 사회이상과 현실	제10과 자본주의경제제도의 확립
		제20과 인권	제11과 공업시대 초기의 사회모순
		제21과 사회보장	제4단원 사회주의운동과 마르크스주의
		제22과 사회주의의 이상과 현실	제12과 공상에서 과학적 사회주의로
		2. 문명을 위협하는 공해	제13과 파리코뮨
		제23과 전염병	제5단원 자본주의 세계체제의 형성
		제24과 마약	제14과 미국의 확장과 강성
		제25교 사이비종교	제15과 독일의 통일과 굴기
		제26과 조직범죄집단	제16과 러시아의 개혁과 자본주의의 발전
		3. 역사적 시야 속의 자연과 사회	제17과 일본 메이지 유신
		활동과(1) 인간과 자연	제18과 제2차 공업혁명
		활동과(2) 인간과 사회	제19과 자본의 전 지구적 확장과 제국주의의 세계계분할

    상하이교육출판사의 고등학교 『역사』는 인류 문명의 발전이라는 시각에서 중국사와 세계사를 주제사로 함께 서술하였지만, 화동사범대학 출판사의 고등학교 『고중역사』는 중국사와 세계사를 합해 놓은 통사 형식으로 서술하고 있다. 『고중역사』는 근대 이전의 경우 『고중역사』 제1분책에서 고대부터 중세까지의 세계사를 가르치고,[52] 제2분책에서 고대에서 당왕조까지의 중국사,[53] 제3분책에서 송부터 청 전기까지의 중국사,[54] 제4분책에서 15세기부터 19세기까지의 세계사를 서술하고 있다.[55] 『고중역사』 제5분책과 제6분책에서는 중국사와 세계사를 같

---

[52] 上海市中小學課程改革委員會, 『高中歷史』 第一分冊(試驗本), 上海, 華東師範大學出版社, 2007.8 1판 1쇄.

[53] 上海市中小學課程改革委員會, 『高中歷史』 第二分冊(試驗本), 上海, 華東師範大學出版社, 2007.10 1판 1쇄.

[54] 上海市中小學課程改革委員會, 『高中歷史』 第三分冊(試驗本), 上海, 華東師範大學出版社, 2008.1 1판 1쇄.

[55] 上海市中小學課程改革委員會, 『高中歷史』 第四分冊(試驗本), 上海, 華東師範大學出版社, 2008.11 1판 1쇄.

은 책에서 함께 서술하고 있다. 제5분책에서는 아편전쟁(중국사)부터
제2차 세계대전(세계사)를 다루고 제6분책에서는 중일전쟁(중국사)에
서 현대 세계와 중국을 다루고 있다. 근대 이전의 역사에 관해서는 중
국사와 세계사의 연관성이 크지 않았기 때문에 분리해서 서술하고 1840
년 아편전쟁 이후의 근대 역사는 세계사와의 연관성을 고려하여 함께
서술한 것으로 보인다.

화동사범대학의 『고중역사』는 기존의 상하이교육출판사의 『역사』
교과서에 대한 비판을 의식하여 내용상으로는 교과서의 서문에서 사적
유물론의 세계관과 방법론 등 마르크스주의 역사관을 강조하고 있다.[56]
『고중역사』의 제5분책은 중국사와 세계사를 함께 서술하고 있는데
1, 2, 6, 7단원을 중국사에 3, 4, 5, 8, 9단원을 세계사에 할애하고 있다.
『고중역사』 제5분책은 상하이교육출판사의 고등학교 『역사』 교과서가
비판받았던 것을 의식해서 마오쩌둥과 중국혁명에 관한 내용이 늘어
났다.

이 교과서는 마오쩌둥에 관해서는 후난성의 중국공산당 초기 조직
에 참여했고(100쪽), 1921년 중국공산당의 창당대회에 참가하였다고 서
술하고 있다(100~101쪽). 1924년 1월 국공합작이 형성되면서 마오쩌둥
이 국민당 중앙집행위원회 후보위원이 되었다는 점도 언급하고 있다
(103쪽). 1927년 9월 마오쩌둥의 추수봉기 참여와 정강산 혁명근거지의
투쟁(112쪽), 1929년 마오쩌둥의 홍군이 강서남부와 복건서부에 근거지
수립(113쪽), 1930년부터 국민당의 공산당에 대한 포위토벌을 막은 마
오쩌둥(113쪽), 1931년 11월 중화소비에트공화국 임시중앙정부 주석 취
임(113쪽), 1935년 준의회의에서 마오쩌둥의 활동(120쪽), 마오쩌둥의

---

56) 上海市中小學課程改革委員會, 『高中歷史』 第一分冊(試驗本), 上海, 華東師範大
學出版社, 2007.8 1판 1쇄, 1쪽 서문.

홍군 장정 지휘(121쪽) 등을 서술하고 있다.

『고중역사』 제5분책은 중국공산당의 혁명사를 마오쩌둥 등 중국공산당을 중심으로 한 혁명사 위주의 서술 경향을 보이고 있다. 이 교과서는 마오쩌둥의 20대 사진(100쪽), 중공 1차 전국대표대회 밀랍인형 사진(101쪽) 등도 수록하고 있다.[57]

『고중역사』 제6분책은 제1단원 중국인민항일전쟁에서 항일민족통일전선의 건립, 전면전장과 적후 항일근거지, 항일전쟁의 승리 등을 다루고 있다. 제2단원 중국인민해방전쟁에서는 국민당의 통치와 국공내전을 서술하고 있다. 제3단원 전후 국제정치체제의 변화에서는 얄타체제와 브레튼우즈체제(Bretton Woods system), 미소 냉전, 식민체제의 와해, 국제관계의 변화, 냉전의 종결 등을 다루고 있다. 제4단원 전후 과학기술혁명과 경제의 글로벌화에서는 전후 과학기술혁명, 유럽의 통합과정, 신흥공업국의 발전, 경제 글로벌화 등을 서술하고 있다. 제5단원에서는 신중국의 탄생, 국민경제의 회복, 사회주의제도의 건립 등을 다루고 있다. 제6단원 중국사회주의건설의 길의 탐색과 곡절에서는 사회주의 건설과정에서 대약진운동과 문화대혁명, 중화인민공화국의 경제문화와 과학기술의 발전을 설명하고 있다. 제7단원 중국 특색의 사회주의 사업의 개척에서는 1978년 이후 중국의 개혁개방과 일국 양제 등을 서술하고 있다. 제8단원 세계로 향하는 중국에서는 중화인민공화국의 외교와 대외관계를 설명하고 있다.

『고중역사』 제6분책은 제1단원 중국인민항일전쟁에서 중일전쟁시기 마오쩌둥의 활동에 관해서도 자세하게 서술하고 있다. 마오쩌둥의 팔로군 작전 지침을 설명하고 마오쩌둥이 연안의 동굴에서『지구전을

[57] 上海市中小學課程改革委員會,『高中歷史』第五分册(試驗本), 上海, 華東師範大學出版社, 2008.8 1판 1쇄, 100~149쪽 참조.

논함』을 집필하는 모습을 보여주고 있다(7쪽). 이 교과서는 "탐색과 쟁명"란에서 1938년 5월 속승론(速勝論)과 망국론(亡國論)에 대응하여 마오쩌둥이 쓴 『지구전을 논함』을 읽고 독후감을 이야기하도록 하고 있다(11쪽).

중일전쟁이 막바지에 이르렀던 1945년 4월 개최된 중국공산당 제7차 전국대표대회에서 마오쩌둥이 『연합정부를 논함』을 발표하고 있는 사진을 게재하고 "중국공산당은 마르크스레닌주의의 이론과 중국혁명의 실천을 통일한 마오쩌둥사상을 공작의 지침으로 삼는다"는 중국공산당의 새로운 당장(黨章)을 소개하고 있다. 또한 이 대회에서 마오쩌둥을 우두머리로 하는 중앙영도집체가 선출되어 중국공산당이 사상적으로 정치적으로 조직적으로 공전의 단결을 이루었고 마오쩌둥의 기치 아래 인민들이 항일전쟁과 신민주주의혁명의 승리의 기초를 닦았다고 마오쩌둥의 공헌을 높이 평가하고 있다.[58]

제1단원의 마지막에는 마오쩌둥이 중국공산당 8차 전국대표대회에서 개막사로 연설한 『두 중국의 운명』에서 중국인민의 앞에는 광명의 길과 암흑의 길이 있다고 한 내용을 인용하고 이에 대해 토론하도록 하고 있다(15쪽).

제2단원 중국인민해방전쟁에서는 1945년 8월 장제스와 마오쩌둥의 충칭담판에 대해서 마오쩌둥의 사진을 수록하고 본문에서 자세하게 소개하고 있다(18쪽). 또한 1946년 8월 마오쩌둥이 미국기자와 인터뷰하면서 한 "모든 반동파는 종이호랑이"라고 한 내용을 소개하고 학생들이 이해하도록 하고 있다(21쪽). 1949년 4월 21일 마오쩌둥과 주더(朱德)의 『전국을 향해 진군하는 명령』을 소개하고 있다(28쪽). 이 교과서

[58] 上海市中小學課程改革委員會, 『高中歷史』 第六分册(試驗本), 上海, 華東師範大學出版社, 2009.1 1판 1쇄, 12쪽.

는 학생들이 중일전쟁과 국공내전 시기에 마오쩌둥의 활동과 업적을 이해시키는데 중점을 두고 있는 것으로 보인다.

제5단원에서는 1949년 9월 중국인민정치협상회의 제1차 전체회의에서 마오쩌둥이 중앙인민정부 주석으로 결정되었다는 것을 설명하고 있다(76쪽). 그리고 1949년 10월 1일 마오쩌둥이 천안문 성루에서 "중화인민공화국 중앙인민정부가 오늘 수립되었습니다!"라는 선언을 본문에서 설명하고 사진을 함께 수록하고 있다(77쪽).

베이징의 일부 역사학자들은 상하이교육출판사의 고등학교『역사』에서 한국전쟁을 "조선전쟁"이라고 표현한 것에 대해 미국이 일으킨 조선침략전쟁을 추상적인 "조선전쟁"으로 표현하여 "항미원조"의 성질을 왜곡시켰다고 비판했었다.[59]

한국전쟁에 대한 서술을 보면 화동사범대학출판사의『고중역사』제6분책의 제8과 미소 냉전의 개시의 "베를린 위기와 조선전쟁" 항목에서 "조선전쟁"이라고 서술하고 있다.(38~39쪽) 그러나 같은 책의 제16과 신중국의 탄생에서는 "항미원조"라는 항목에서 한국전쟁을 서술하였다.(78쪽) 이 교과서는 세계사 부분에서는 한국전쟁을 "조선전쟁"이라고 표현하고, 중국사 부분에서는 "항미원조"라고 서술한 것이다. 촉박한 시간 속에서 교과서가 편찬되었기 때문에 표현을 통일시키지 못한 것으로 보인다.

이 부분에서도 1950년 10월 8일 조선인민해방전쟁을 원조하고 미제국주의의 침략에 반대하기 위해 동북변방군을 중국인민지원군으로 개편하여 한국전쟁에 개입한다는 마오쩌둥의『중국인민지원군 결성에 관한 명령』의 일부 내용을 본문에 인용하고 있다(78쪽).

---

[59] 「几位历史学家评上海新版高中历史教科书」,『环球视野』刊摘, http://www.global view.cn/ReadNews.asp?NewsID=12824.

제6단원에서는 1956년 4월 개최된 중국공산당 제8차 전국대표대회에서 마오쩌둥이 한 『십대관계를 논함』을 소개하고 있다(90쪽). 또한 마오쩌둥과 중공중앙이 반우파투쟁을 하기로 결정했고, 15년 내에 영국의 철강생산량을 따라잡겠다고 한 마오쩌둥의 연설을 언급하고 있다(91쪽). 그리고 이렇게 촉발된 대약진운동이 1959년부터 1961년까지 중국 국민경제에 심각한 곤란을 초래했다는 점도 지적하고 있다(92쪽). 이 단원 19과의 말미에는 마오쩌둥이 중국공산당 제8차 대회에서 한 "낙후한 농업국인 중국을 선진적이고 공업화된 중국으로 바꾸겠다고 한 마오쩌둥의 연설을 인용하고 학생들이 이에 대해 이해하도록 하고 있다(93쪽).

이 교과서는 문화대혁명에 관해서 마오쩌둥이 국내외 계급투쟁의 형세가 더욱더 심각해지고 있고, 중국에 "수정주의"가 출현할 것이라는 우려 속에서 1966년 5월 문화대혁명을 일으켰다고 서술하여 마오쩌둥의 판단에 따라 문혁이 시작되었다고 서술하고 있다. 또한 1966년 8월 마오쩌둥이 『사령부를 포격하라: 나의 대자보』를 발표하여 중공중앙이 부르주아계급의 사령부라고 비판하면서 창끝을 유소기와 등소평에게 겨누었다는 것을 본문에 설명하고 있다(98쪽). 그리고 1976년 9월 9일 마오쩌둥이 죽고 "사인방"이 체포되어 문화대혁명이 종결되었다고 서술하고 있다(101쪽).[60]

화동사범대학의 『고중역사』 교과서는 상하이사범대학 『역사』 교과서에서 마오쩌둥에 대한 서술이 거의 사라졌다는 보수적인 지식인들의 비판을 의식하여 20세기의 역사를 마오쩌둥의 활약을 중심으로 서술하고 있다. 다만 이 교과서는 중국혁명 과정에서 마오쩌둥의 활약을

---

[60] 上海市中小學課程改革委員會, 『高中歷史』 第六分冊(試驗本), 上海, 華東師範大學出版社, 2009.1 1판 1쇄, 참조.

강조하고 있지만 프롤레타리아 문화대혁명시기 마오쩌둥의 잘못에 대해서도 지적하고 있다.

5. 맺음말

개혁 개방 이후 다양해진 역사교과서의 역사서술은 중국의 전통적인 혁명사 중심의 역사인식과 충돌을 일으키며 다시 주목을 받고 있다. 최근 상하이의 고등학교『역사』교과서를 둘러싼 논란은 미국 등 해외 언론의 보도로 과장된 측면이 있었지만 중국의 역사교육에 큰 영향을 미쳤다.

이 과정에서 일부 역사학자들은 상하이교육출판사의 고등학교『역사』교과서가 문명사를 중심으로 인류의 생존과 발전과정을 강조하고 있으나 이는 마르크스주의의 유물사관에서 이탈한 것으로 계급모순에 따른 계급투쟁을 서술하고 있지 않다고 비판하였다.

결국 중국 당국과 지식인, 여론의 비판 속에서 상하이시 교육당국은 상하이교육출판사의 고등학교『역사』교과서의 사용을 1년 만에 중지시켰고 2007년 가을학기부터 화동사범대학출판사에서 편찬한 고등학교『고중역사』로 대체하였다.

상하이 고등학교 역사교과서가 대체되는 과정은 중국에서 공산당과 국가, 지식인의 관계를 전형적으로 보여주는 것이었다. 중국공산당이 정부와 기업에 강력한 영향력을 행사하면서 국가를 통제하고 여기에 적극적으로 지식인들이 동조하면서 체제를 유지하고 있는 것이 당시 중국의 모습이었다. 중국정부의 입장에 동조한 일부 역사학자들은 교과서가 국가의지를 체현하는 것이라고 하면서 국가가 교과서를 편찬해야 한다고 하였다. 이러한 일부 지식인들의 상하이 역사교과서에 대한 비판은 학문적인 비판의 범위를 뛰어 넘은 정치적 비판이었다.

이 사건 이후 중국은 중고등학교와 대학교의 역사교과서 등을 모두 단일한 국정교과서로 편찬하자는 주장이 나왔고 몇 년 동안의 논란을 거쳐서 역사를 비롯한 정치, 어문 교과서를 단일한 국정교과서로 편찬하기 시작하였다. 특히 2006년 상하이 고등학교 역사교과서 비판에 참여했던 일부 베이징의 역사학자들은 중국의 중학교와 고등학교 통편 국정 역사교과서 편찬에 책임자로 활동하였다.

한편 2007년부터 새로 출판된 화동사범대학출판사의 고등학교『고중역사』는 중국사와 세계사를 문명사의 입장에서 주제사로 편찬한 상하이교육출판사의 고등학교『역사』 교과서와는 다르게 중국사와 세계사를 통사 형식으로 함께 편찬하였다.

이 교과서는 갑자기 출판하게 되었기 때문에 내용면에서 화동사범대학출판사의 중학교『세계역사』,『중국역사』와 유사한 부분이 많았다.『고중역사』는 중국사의 경우는 정치사를 위주로 서술하여 중학교『중국역사』와의 중복을 피하려 했지만 일부 내용이 반복되어 서술되고 있다. 특히 이 교과서는 세계사 부분에서 중학교 과정과 중복되는 부분이 많은 편이다.

화동사범대학출판사의『고중역사』는 상하이교육출판사의『역사』가 비판을 받았던 것을 의식해서 근현대사 서술에서 마오쩌둥을 중심으로 한 중국공산당의 혁명사를 강조하는 방향으로 개편되었다.『고중역사』 제5분책과 제6분책에서는 많은 지면을 마오쩌둥의 혁명활동에 할애하였다.

화동사범대학출판사의 화동사범대학출판사『고중역사』는 1~6권의 총 분량이 555쪽이다. 이 가운데 중국사는 294쪽으로 53%이고 세계사는 261쪽으로 47%를 차지하고 있다. 이러한 중국사와 세계사의 비중은 같은 출판사의 중학교 역사교과서의 중국사가 324쪽으로 54.5%, 세계사가 270쪽으로 45.4%인 것과 유사한 비율이다. 상하이 지역의 역사교과서는 세계사 교육의 비중이 비교적 높다는 것을 알 수 있다.

한편, 중국의 역사학계는 포스트모더니즘 등의 영향으로 종래의 혁명사관에 대한 비판과 부정이 확산되고 있다. 특히 중국의 젊은이들은 중국혁명과 중국공산당사 등 근현대사 지식이 부족하고 역사관에도 문제가 있다는 비판을 받고 있다. 중국정부는 2007년 봄학기부터 전국의 대학에서『중국근현대사강요(中國近現代史綱要)』를 필수과목으로 지정하여 '민족의 독립과 인민의 해방', 중국공산당과 사회주의의 정당성을 강조하는 역사를 가르치기로 결정하였다.[61]

상하이 역사교과서 문제가 제기되자 베이징의 일부 역사학자들은 역사교과서는 국가의지를 체현해야 하므로 국가에서 교과서를 편찬하여 사용해야 한다고 주장하였다. 이후 중국공산당과 교육당국에서는 역사교과서를 단일교과서로 개편해야 한다는 주장이 힘을 얻었고, 교과서에 대한 국가의 통제를 강화하는 방향으로 나아가고 있다.

중국은 2011년 중학교『역사과정표준』을 반포하고 2006년 기존의 검정 역사교과서를 편찬하였지만 2019년 1학기(가을학기)부터 교육부에서 주도하여 편찬한 인민교육출판사의 중학교 역사교과서만을 사용하고 있다. 2017년 중국교육부는 고등학교『역사과정표준』을 개정하여 반포하였고, 2019년 1학기에 인민교육출판사에서 출판한 한 종류의 고등학교 역사교과서를 편찬하여 사용하고 있다.

또한 중국은 2017년 전국의 교과서 관련 업무를 지도하고 연구하는

---

61)「解放論壇; 爲近現代史成爲大學必修課叫好」,『解放日報』, 2007.1.20.

기구로 국가교재위원회(國家敎材委員會)를 설립하였다. 중국은 초중 등 역사교과서를 단일한 국정교과서를 사용하는 체제로 전환하였다. 이러한 변화는 개혁 개방 이후 중국 역사교육의 흐름과는 상반되는 방 향이라고 할 수 있다.

전후 일본의 전쟁 기억과 역사인식

체험과 기억의 풍화(風化)를 둘러싸고

이규수*

1. 전쟁을 기억한다는 것

역사학계는 과거의 특정 사건을 기억하는 경향이 강하다. 현대 사회 구성원의 체험 혹은 기억 속에서 지나칠 수 없다고 판단한 사건의 배경과 전개 과정 그리고 그 역사적 의의를 재조명하고, 이를 바탕으로 '공생'이 가능한 미래 사회를 전망하자는 문제의식 때문일 것이다. 이는 역사학에 부여된 책무이자 지속적인 사회 변혁을 지향하는 인문학 본연의 자세이다. 역사학은 앞으로도 기억해야 할/기억할 수밖에 없는 사건을 매개로 과거사를 재해석해나갈 것이다.[1]

---

* 일본 히토쓰바시대학 대학원 언어사회연구과 교수.

[1] 예를 들어 동학농민혁명 120주년, 러일전쟁 100주년, 한국강점 100주년, 전후 70주년, 한일회담 50주년, 메이지 150주년, 러시아혁명 100주년, 3·1운동 100주년 등 다양한 형태의 학술대회와 '역사 다시읽기' 작업은 이를 잘 말해준다. 특히 일본을 중심으로 이루어진 러일전쟁 100주년 기념행사는 전쟁 기억이 '기념'이라는

이 과정에서 공통적으로 언급되는 것 가운데 하나는 전쟁 기억과 역사인식의 문제이다. 이른바 '전쟁의 세기'였던 20세기를 총괄하기 위해서는 전쟁을 둘러싼 체험과 기억의 관계는 결코 피할 수 없는/피해서는 안 되는 영역이기 때문이다. 역사·공민 교과서나 '위안부' 문제를 비롯한 한·일 간의 상충하는 역사인식 문제 또한 전쟁 체험과 기억을 둘러싼 입장과 해석의 차이에 기인한다. 역사학은 전쟁 체험과 기억으로부터 결코 자유로울 수 없다.

기억에 대한 담론은 기존의 역사 서술이 자민족 중심주의와 역사의 연속성에 대한 맹목적인 '믿음'을 견지해왔다는 부분에 문제를 제기하며 등장했다. 홉스봄(Eric Hobsbawm)은 "전통이란 사실 그 기원을 살펴보면 극히 최근의 것에 불과하고 때로는 발명된 것이다"[2]며 전통을 구별된 기억을 통해 형성된 '문화적 구성물'로 바라보았다. 또 앤더슨(Benedict Anderson)은 "민족이란 원래 제한되고 주권을 지닌 것으로 상상되는 정치공동체"[3]로 규정하면서 민족을 정치적 정당화/지배의 정당화를 위해 인위적으로 '창조된 것'으로 설명했다. 이들의 주장에 따르면, 의도적으로 기억된 것은 전통이 아니라 허구이며, 국가와 민족은

형식으로 구체적으로 어떻게 작동하는지를 보여준 사례였다. 국가 차원의 기념 행사는 이루어지지 않았지만, 일본 우파는 러일전쟁을 20세기 초 일본이 직면한 '국난'을 '극복'한 일대 사건으로 간주했다. 이들에게 러일전쟁은 당시 국제관계의 위기를 '극복'한 훌륭한 사례로 인식될 뿐이다. 과거에 대한 '그리움'이 작동한 것이다. 타자에게 비친 러일전쟁의 실상에 대한 논의는 사라지고, 단지 일본이 직면한 어려움을 극복하기 위해 국민이 하나가 되어 대처하자는 방식의 논조가 팽배했다. 이에 대해서는 박진한, 「일본의 전쟁기념과 네오내셔널리즘: 러일전쟁 100주년을 돌이켜보며」, 『역사교육』 98, 2006; 도진순, 「세기의 망각을 넘어서-러일전쟁 100주년 기념행사를 중심으로」, 『역사비평』 77, 2006 등을 참조.

[2] 에릭 홉스봄 지음·박지향, 장문석 역, 『만들어진 전통 The Invention of Tradition』, 서울, 휴머니스트, 2004, 19쪽.

[3] 베네딕트 앤더슨 지음·윤형숙 역, 『상상의 공동체: 민족주의의 기원과 전파에 대한 성찰 Imagined Communities』, 서울, 나남, 2002, 25쪽.

'공동의 기억'에 의해 만들어진 정치적 구성 집단이다.

한편 인식의 사전적 의미는 인식 과정의 결과이다. 넓은 의미로는 인간 지식의 총체를 말하며, 좁은 의미로는 일정 범위의 대상에 대한 지식을 뜻한다. 그러나 인식은 단지 진위를 가리는 지식의 영역에 머무는 것이 아닌 인간의 무의식의 영역에도 깊게 개입되어 있다. 푸코(Michel Foucault)의 에피스테메(episteme) 등의 개념은 지식이 인간의 무의식의 영역에 개입되어 있는 것이며, 따라서 윤리적 태도, 종교적 신념, 지식의 총화로서의 사회적 태도와도 관련되어 있음을 알려준다.[4]

따라서 역사인식의 토대는 경험, 기억, 지식의 복잡한 다층적 관계성이라고 할 수 있다. 예를 들어, 한 민족에 대한 이미지는 개인의 체험이 공통의 체험으로 기억되는 방식과 깊게 관련되어 있다. 개인의 경험이 역사적 지식에 의해 집단의 체험으로 기억되고, 다양한 개인의 체험이 소거되거나 변형됨으로써, 하나의 정형화된 집단 기억이 만들어진다. 이는 역사적으로 오랜 기간 형성된 것이며 각종 교육을 통해 직간접적으로 전승된다.

민족 간의 상호 인식은 교류와 외교 관계 등을 통해 형성되며 미래의 관계를 결정하는 중요한 요소이다. 특히 근대에 들어와 제국과 식민지라는 역사를 체험한 한일 양국이 '공생'이라는 가치를 추구해 나갈 때, 양국의 상호 인식의 역사는 실질적인 영향력을 지닌다. 이런 의미에서 '전쟁과 폭력'을 둘러싼 한·일 간의 역사적 체험과 기억을 구성하

---

[4] 푸코는 특정한 시대를 지배하는 인식의 무의식적 체계, 혹은 특정한 방식으로 사물들에 질서를 부여하는 무의식적인 기초를 에피스테메라 칭했다. 철학용어로서 에피스테메는 실천적 지식과 상대적 의미에서의 이론적 지식, 또는 감성에 바탕을 둔 억견(臆見: doxa)과 상대되는 '참의 지식'을 말한다. 이에 대해서는 미셀 푸코, 이광래 역,『말과 사물』, 서울, 민음사, 1986; 미셀 푸코, 이정우 역,『지식의 고고학』, 서울, 민음사, 2000 참조.

는 상호 인식의 토대를 살펴보는 작업은 현재의 양국 관계만이 아니라, 미래에 대한 전망을 가늠하는데 매우 중요이다. 상호 인식을 규명하는 작업은 한일 관계의 과거와 현재, 미래를 가늠하는 스펙트럼이다.

한국과 일본의 역사적 체험과 기억, 상호 인식을 고찰하는 방식으로는 크게 사회/심리적 접근 방법과 역사적 접근 방법으로 나눌 수 있을 것이다. 사회/심리적 접근 방법은 가해자/피해자 관계의 복합성에 대한 심층 심리적 분석을 통해 갈등 관계의 해소 가능성을 규명하는 것이다. 이 방식은 갈등 관계의 일반론적인 특성을 상대화하는데 도움을 준다.[5]

실제 한·일 간 체험과 기억, 인식 문제는 주지하듯이 근대 이후의 가해자 의식과 피해자 의식의 격차에 기인한다. 그러나 이것만으로는 한일 관계를 이해하는데 불충분하다. 한·일간 역사적 체험과 기억의 문제에는 현상 분석만으로 설명되지 않는 사회 문화적 요인이 잠재하고 있기 때문이다. 특히 근대 이후 한일 관계는 '지배'와 '피지배'라는 부조리한 상황이 연출되었고, 그 비대칭적 관계는 끊임없이, 그리고 새롭게 재생산되고 있다. 한일 관계의 재정립을 위해 역사적 체험과 기억의 차이점을 다양한 측면에서 고찰하지 않으면 안 되는 이유도 바로 여기에 있다.

---

[5] 이와 관련하여 폴 리쾨르(Paul Ricoeur)는 인간의지·자유·악과 관련된 사건과 상징을 기술하고, 해석에 관한 다양한 언어학·정신분석학적 이론을 주창했다. 그에 따르면 기억이란 '훈련되어지는 것'이며 기억의 '진실성'에 배치되는 것은 기억의 '남용'이라고 규정한다. 그리고 기억의 남용 유형을 '방해된 기억', '조작된 기억', 강제된 기억'으로 구분하여 설명하면서, 특히 다른 외부 집단이 자신이 속한 집단 내부에 가한 폭력의 기억은 특정 힘의 작용에 의해 왜곡된 기억으로 존재하면서 새로운 폭력의 원천으로 이용될 가능성이 크다고 말한다. 요컨대 기억이란 집단 기억으로 존재하면서 특정 지배 권력에 의해 선택되고 재편되는 유동성을 지니고 있다. 이에 대해서는 ポール·リクール著·久米博訳,『記憶·歷史·忘却(上)』, 東京, 新曜社, 2004 참조.

현재 동아시아는 새로운 국면에 접어들었다. 아베 신조(安倍晋三)의 주변 국가로부터 동의 받지 못한 일방적인 '전후 70년 담화'를 비롯해 한·일 정부 간의 '위안부' 합의 문제, 주한 일본 대사관 앞 소녀상 철거 문제 등 일본의 전쟁 책임과 역사인식 문제를 둘러싼 공방이 펼쳐지고 있다. 모두가 '공감'할 수 있는 해결의 실마리도 보이지 않는 오리무중 상태이다. 더구나 한반도 사드 배치를 둘러싼 한·중의 갈등과 북한 핵 미사일 문제 등 국제 사회는 새로운 냉전 상황을 맞이하고 있다. '전쟁과 폭력'을 둘러싼 기억의 중요성이 더욱 강조되는 지금이다.

이하에서는 이러한 문제의식과 현실인식 위에서 전후 일본은 전쟁을 어떻게 기억하는지, 그러한 체험과 기억은 역으로 조선/중국/오키나와 나아가 여성과 아동에게 어떻게 비춰지는지, 그리고 전후 역사학은 전쟁 체험의 기억으로의 전환 과정에서 어떠한 역할을 수행했는지, 90년대 이후 역사수정주의의 대두와 더불어 전쟁과 사상자를 둘러싼 기억은 어떻게 변질되었는지 등을 살펴본다. 이를 통해 무엇보다 전쟁 체험과 기억의 문제는 전후 일본의 사회적 맥락에서만이 아니라, 동아시아로부터의 시선을 포함한 상호 인식의 형태를 통해 재인식해야 한다는 점을 강조하고자 한다. '체험과 기억의 역사적 진실'은 상호 인식을 통해 그 객관성과 효용성을 담보할 수 있다고 믿기 때문이다.

2. '패전' / '종전'인가?

1945년 8월 15일 정오, 라디오를 통해 히로히토(裕仁)의 '종전 조칙' (終戰詔勅)이 일본에 방송되었다. 히로히토가 미디어를 통해 일본 국민에게 육성을 전한 최초의 사례가 되었다. '종전 조칙'은 8월 14일 어

전 회의에서 포츠담 선언 수락이 결정된 후 그 날로 발표되었으며, 히로히토의 조칙 낭독은 미리 녹음된 것이었다. 본토 결전을 주장하는 일부 강경파 군인들이 이 방송을 저지하기 위해 녹음한 테이프의 탈취를 기도했으나 실패한 사실도 잘 알려져 있다.

히로히토의 육성 방송이 있으리라는 사실은 일본 국민들에게 미리 예고되었지만, 세부 내용은 전혀 알려지지 않았다. 방송을 통해 히로히토의 조칙 내용을 듣고서야 처음으로 일본 국민들은 일본이 패배했다는 사실을 알게 되었다. 천황제 국가 체제 하에서 히로히토의 육성은 '전쟁이 끝났다'는 사실을 가장 확실하게 밝히는 것이었기 때문에 일본 국민들은 '죽지 않고 살았다'는 감정을 실감했다.

전쟁은 종결되었지만 전쟁을 둘러싼 성격 규정에는 입장에 따라 커다란 차이가 있었다. 히로히토가 낭독한 조칙에는 '항복'이나 '패배', '종전' 등의 용어는 사용되지 않았다. 조칙의 요지는 일본 민족이 연합국의 막대한 무력에 의해 더 이상 피해를 입고 괴멸되는 사태를 막기 위해 히로히토가 '평화를 택하기로 했다'는 것뿐이었다. 히로히토의 덕분에 일본 국민은 '평화를 선물 받은 것'이다.

패전 이후 일본에서는 '패전' 대신에 '종전'이라는 용어를 사용한다. 히로히토의 '종전 조칙'은 일본 민족의 안위를 걱정하는 히로히토의 결단에 의해 평화를 찾고자 한다는 내용이었다. 전쟁이 일본의 패배로 종식되었다는 사실을 은폐하는 '숨은 기제'로 작동되었다. '패전' 대신 '종전'이라는 용어를 사용하는 것은 후술하듯이 단지 용어상의 문제를 넘어 일본 국가의 기본적인 역사인식을 보여준다. '종전 조칙'의 '종전'은 전후 일본의 역사인식의 단면을 보여준다.

전후 역사학에서는 이를 반영하듯 전쟁 피해자라는 의식이 강조되었다. 일본의 만주 침략 이후 15년간 지속된 이른바 '15년 전쟁'은 일본인 전체를 물리적으로만이 아니라, 정신적으로 총동원한 처참한 전쟁이었다. 일본 국내는 물론 식민지와 점령지의 남녀노소를 불구하고 전선과 총후를 구별할 수 없는 전쟁 체험이었다. 이를 반영하여 1953년부터 54년에 걸쳐 간행된 역사학 연구회의 『태평양전쟁사』[6]와 10년 후에 일본 국제정치학회가 간행한 『태평양전쟁으로의 길』[7] 등은 패전 이전에는 알 수 없었던 은폐된 전쟁의 실태를 규명했다.

그러나 이들 전쟁사 관련 연구는 가해자로서의 의식은 희박하다고 말하지 않을 수 없다. 물론 침략 전쟁이라는 역사인식 위에서 전쟁의 진상을 심층적으로 규명하고 있지만, 중국 등 아시아는 어디까지나 전쟁의 무대로 의식되었을 뿐이었다. 침략 전쟁을 일으킨 자는 누구인가, 침략 전쟁에 일본인 민중을 동원시킨 자는 누구인가, 왜 일본인은 전쟁을 저지하지 못했는가에 대한 역사적 반성은 보이지만, 아시아 민중에 대한 시각은 결여되었다. 요컨대 피해자로서의 일본인이라는 역사인식이 농후했을 뿐이다.

인식의 불균형은 역사 용어에서도 엿볼 수 있다. 예를 들어 '15년 전쟁'이란 만주 침략, 중일 전쟁, 태평양 전쟁을 연속선으로 파악하는 관점에서 제시된 명칭이다. 만주 침략이 시작된 1931년부터 전쟁 종결 시기인 1945년까지 15년간(정확하게는 14년)을 하나의 전쟁기로 보고, 태평양 전쟁을 그 세 번째 단계로 자리매김하는 것이다.

이 용어는 츠루미 슌스케(鶴見俊輔)가 태평양 전쟁이라는 명칭 때문에 누락되고 마는 아시아의 입장을 고려하여 만들어냈다.[8] 태평양 전쟁은 일본군의 진주만 기습으로 발발된 미국과 일본 사이 전쟁만을 연

---

6) 歷史學硏究會編, 『太平洋戰爭史 全5冊』, 東京, 東洋經濟新報社, 1953~54.

7) 日本國際政治學會編, 『太平洋戰爭への道 全7冊』, 東京, 朝日新聞社, 1962~63.

8) 鶴見俊輔, 『戰時期日本の精神史』, 東京, 岩波書店, 1982.

상시키기 때문에 일본의 중국 침략으로 시작된 전쟁의 역사적 의미를 망각하기 쉽다. 그러나 태평양 전쟁은 독립된 별개의 사건이 아니라 이전부터 전개되어 온 일본 제국주의의 아시아 침략의 귀결이다. 따라서 만주 침략 이후 일본의 아시아 침략과 전쟁 책임을 명확히 할 수 있어야 한다는 것이 '15년 전쟁'이라는 명칭을 주장하는 사람들의 입장이다. 이 명칭은 태평양 전쟁에서 결여되어 있는 '아시아'의 시점과 대동아 전쟁에서 결여되어 있는 '일본의 제국주의적 침략'의 시점을 동시에 보완하는 의의를 갖는다.[9]

'15년 전쟁'이라는 명칭은 만주 침략부터 태평양 전쟁에 이르는 전쟁의 계속성을 강조하고 중국과 동남아시아에 대한 일본의 침략을 중시한다는 점에서 중요하다. 그러나 이 명칭에도 문제가 없지는 않다. 먼저 명칭을 사용하려는 의도와 무관하게, 실제로 사용할 때는 전범 재판인 도쿄 재판을 단순히 '정의의 재판', '문명의 재판'으로 간주하여 도쿄 재판에 포함된 여러 모순을 직시하지 않으려는 입장과 결부되었다는 점이다.[10] 도쿄 재판은 실제로 미국 중심주의의 역사관, 미국의 점령

---

9) 이러한 시각에서의 주요 연구는 다음과 같다. 黑羽淸隆, 『十五年戰爭史序說』, 東京, 三省堂, 1979; 江口圭一, 『十五年戰爭の開幕 (昭和の歷史4)』, 東京, 小學館, 1982; 藤原彰, 『日中全面戰爭(昭和の歷史5)』, 東京, 小學館, 1982; 日本史研究會編, 『講座日本歷史(10) 近代 4』, 東京, 東京大學出版會, 1985; 藤原彰・今井淸一編, 『十五年戰爭史 1~3』, 靑木書店, 1988~89; 江口圭一, 『十五年戰爭小史』, 東京, 靑木書店, 1986; 江口圭一, 『二つの大戰 (體系日本の歷史14)』, 東京, 小學館 1989.

10) 이에 대해 야마구치 야스시(山口定)는 전범 재판인 도쿄 재판을 단순히 '정의의 재판', '문명의 재판'으로 간주하여 도쿄 재판에 포함된 여러 모순을 직시하지 않으려는 입장과 결부되었고, 일본의 대외 침략의 계속성을 너무 강조해 연속된 발전 단계(만주 사변, 중일 전쟁, 태평양 전쟁)에서의 방향 전환 가능성과 그 단계에서의 국제적 관련 상의 새로운 변화의 성격을 면밀히 검토하는 일을 어렵게 만든다고 비판했다. 도쿄 재판은 미국 중심주의의 역사관, 미국 점령 정책의 사정, 그 도중에 시작된 냉전과의 관련 때문에 뉴른베르크 재판에 비해 아주 정치적인 색채가 농후한 재판이 되어 갖가지 모순을 내포했는데, 이 점을 냉정히

정책 실시, 그 도중에 시작된 냉전과의 관련성 등 나치스에 대한 전범 재판인 뉴른베르크재판에 비해 아주 정치적인 색채가 농후한 재판으로 변질되었기 때문이다. '15년 전쟁'이라는 용어를 사용할 때는 이런 점도 냉정히 고려해야 한다.

가해자로서의 역사인식이 제기된 것은 1960년대 후반 이후였다. 일본군이 중국 전선에서 저지른 전쟁 범죄가 드러나기 시작했다. 1972년에 혼다 가츠이치(本多勝一)의 『중국 여행』이 출판된 것도 이 무렵이었다.[11] 전쟁 범죄, 예를 들면 난징 대학살의 실태와 세균전 부대(731부대), 독가스 사용, 아편을 활용한 작전, 조선인 강제 연행 등 가해자로서의 역사적 사실이 논의되었다. 피해자로서의 일본인만이 아니라, 가해자로서의 일본인을 발견하기 시작한 것이다.

전쟁에 관여한 당사자는 다양한 형태로 각자의 시각에서 전쟁을 기억하기 시작했다. 고도 경제 성장기와 맞물려 전쟁을 체험한 병사의 수기 등이 대량 제작 배포되었고, 여성에게 총력전이란 무엇이었는가라는 문제도 제기되었다. 『총후사 노트(總後史ノート)』에서는 일본인 여성이 후방에서 국방부인회나 대일본부인회를 통해 전쟁에 가담한 사실과 여성운동의 지도자가 침략 전쟁을 옹호한 책임 문제가 제기되었다.[12]

'1945년 8월 15일'을 바라보는 동아시아의 입장은 서로 달랐다. '종전'과 '패전'을 둘러싼 입장의 차이는 확연했다. 이러한 수용 방식의 차이는 지식인만이 아니라 일반 국민에게까지 뿌리 깊게 자리 잡았다고 추측된다.

고려하면서 논의해야만 할 것이다. 이러한 검토는 단순한 역사학상의 과제일 뿐만 아니라 전쟁책임론에 대해서도 한층 깊이와 문제설정의 구체화를 가능케 하는 것이기 때문이다(다나카 히로시 외, 이규수 옮김, 『기억과 망각』, 서울, 삼인, 2000).

[11] 本多勝一, 『中國の旅』, 東京, 朝日新聞社, 1972.
[12] 女たちの現在を問う會編, 『總後史ノート』, 東京, JCA出版, 1977~85.

거칠게 말하면 '미국에게는 패배했지만, 아시아에는 결코 패배하지 않았다'는 역사인식이었다. 현재 한일 양국의 역사 현안 문제를 둘러싼 일본 사회의 보수화 현상 또한 이 대목에서 그 연원을 찾을 수 있을 것이다.

3. 이중의 피해 의식

피해 체험에 매몰된 일본 사회는 민족적 책임과 자각을 뒷받침할 논리를 세우지 못했다. 더욱이 중국과 달리 전쟁 당사자가 아니었던 조선의 식민지 지배에 대한 인식은 아시아·태평양 전쟁 체험의 그늘에 가려 거의 드러나지 않았다. 침략 전쟁에 대한 일본인의 책임 의식은 가해자인 동시에 피해자라는 이중성 때문에 모호해졌고, 자신의 가해 책임을 인정하는 데 심리적인 저항감을 지니게 되었다. 국가와 보수 우익 정치가들은 가해 책임을 인정하는 일은 '나라를 위해' 또는 '무고하게' 죽어간 사람들을 가해자로 몰아 두 번 죽이는 일로서 국민의 감정을 손상시킨다고 생각했다. 현재도 보수 우익 정치가들이 '전몰자 유족회'를 중요한 지지기반으로 삼고 있는 것도 그 때문일 것이다.

일본 사회에는 일본이 아시아·태평양 전쟁의 피해자라는 의식 외에 또 하나의 피해자 의식이 존재한다. 그것은 일본 국가와 천황제 파시즘의 피해자라는 의식, 일본 국민은 전쟁 피해자인 동시에 군국주의의 피해자라는 이중의 피해자 의식이다. 일본 국가와 국민을 분리시켜 국가를 가해자로, 국민을 그 피해자로 설정하는 방식은 전후 진보 지식인들이 천황제 파시즘과 국가주의, 민족주의를 비판하는 과정에서 제기되었다. 이들의 비판은 지배자인 국가와 억압받는 민중이라는 인식에 기초하고 있다.

이 주장에 따르면 민중들은 천황제 이데올로기의 교화에 의해 전쟁에 연루되었으며 국가의 침략 정책을 지지 또는 환영했다. 전시에는 각종 지역 조직을 통해 물자가 동원되었고, 전쟁 협력을 위한 민간인 단체의 조직화가 추진되었다. 이탈을 방지하기 위해 여러 가지 통제가 이루어졌으며, '비국민'(非國民)은 최대 비난의 용어였다. 국가가 갖가지 방법으로 민중들을 전쟁에 끌어들였다는 것이다.

또 전쟁으로 인한 막대한 인명 피해는 국가가 국민의 생명보다 국체를 중시했기 때문이었다. 전선에서는 퇴각도 항복도 용인되지 않고 끝까지 싸우다 죽는 '옥쇄'(玉碎)가 강요되었고, 정부와 군부는 '국체호지'(國體護持)를 위해 항복을 마지막까지 미룸으로써 원폭 피해와 같은 참사를 초래했다. 전후 일본인들의 기록에 '속았다'는 표현이 자주 나오는 것도 이러한 인식을 단적으로 보여준다.[13)]

전후 민주주의 사상과 내셔널리즘에 대한 저항감은 이런 피해 의식과 맞물려 확산되었다. 이중의 피해자 의식은 일본의 제국주의적 침략에 대한 일본인 자신의 민족적 책임의 논리를 발전시키는 데 심각한 장애를 초래했다. 침략은 일부 군국주의자들이 저지른 것이며 일본 국민도 그 피해자라는 논리는 일본 국민으로 하여금 자신들의 전쟁 협력에 대한 죄의식과 콤플렉스에서 벗어날 수 있게 해주는 근거가 되었다. 그러나 일본이 아시아 국가들을 침략하고 세력을 확장시켜 갈 때, 일본 국민들은 자국의 승리와 강대국화를 열렬히 환영하고 일등 국가로서

---

13) 야스마루 요시오(安丸良夫)는 국민의 '속았다'는 피해자 의식에 대해 "많은 민중은 전쟁부터 패전까지의 과정을 '속았다'는 논리로 이해하고 납득했다. 하지만 거기에는 전쟁 책임을 자신의 것으로 끌어안으려는 의식이 누락되었다. 또 여기에는 오래된 가치와의 깊숙한 내면적 대결을 거치지 않은 채 재빨리 새로운 가치를 수용해가는 모습이 표현되어 있다"고 말한다(安丸良夫, 『日本ナショナリズムの前夜』, 東京, 朝日新聞社, 1997).

의 자부심을 키웠다는 사실, 따라서 일본 국민들은 침략 전쟁의 당사자였다는 사실은 결코 부인할 수 없는 역사적 사실이다. 조선 등 동아시아 구성원에게 일본의 피해자 의식은 받아들이기 어려운 영역이다.

이를 잘 나타내는 것은 앞에서도 지적했듯이 '1945년 8월 15일'에 대한 역사 용어의 차이이다. 이 날을 한국에서는 '광복절', 일본에서는 '종전기념일'이라 부른다. 한국에게는 식민지 지배에서 벗어난 기쁨과 희망의 날이지만, 일본인에게는 진혼(鎭魂)의 날이다. 매년 히로시마(廣島)와 나가사키(長崎)의 원폭 투하와 패전의 날이 있는 8월이 오면, 일본에서는 다양한 행사를 통해 '나라를 위해 무고하게 죽어간' 병사들과 민간인 전몰자들의 넋을 달래고 전쟁의 비참함을 되새기며 평화를 기원하고 다짐한다.[14]

1995년 7월 하순에는 아키히토(明仁)가 전후 50주년을 앞두고 10일간의 위령 여행을 떠났다. 아시아·태평양 전쟁의 전재지에서 사망자들의 영혼을 위로하고 평화를 기원할 목적을 지닌 위령 여행은 일본인들이 말하는 전쟁 체험의 성격을 상징적으로 나타낸다. 천황의 방문지는 원폭 피해지인 나가사키와 히로시마, 처참한 지상전이 벌어졌던 오키나와, 공습 피해가 컸던 도쿄 등 비(非)군사시설에 대한 미국의 공격으로 수많은 민간인 사상자를 낸 지역들이다.

일본인의 전쟁 체험은 한마디로 말하면 피해 체험이다. 근대 국민국가 성립 이래 청일 전쟁, 러일 전쟁, 제1차 세계 대전 참전 등 전쟁이 이어졌으나 아시아·태평양 전쟁만큼 극적인 피해 체험은 일본인에게

---

[14] 1963년 5월 14일 각의는 '전국 전몰자추도식의 실시에 관한 건'을 결정했다. 이후 매년 8월 15일에는 정부가 주최하는 '전몰자추도식'이 정례행사로 실시되고 있다. 전후 일본사회에서 과거 전쟁이 어떻게 위치하고 있었는지를 상징적으로 보여준다는 점에서 중요한 의미를 갖는다(요시다 유타카 지음, 하종문·이애숙 옮김, 『일본인의 전쟁관』, 서울, 역사비평사, 2004, 119면).

처음이었다. 전쟁으로 인한 피해는 막대했다. 일본 측의 인명 피해만
해도 전쟁으로 사망한 군인과 군속이 200여 만 명으로 추산되고, 오키
나와 전투에서 희생된 오키나와 현주민이 약 15만 명, 원폭에 의한 사
망자 수는 1945년에만 히로시마 13~14만 명, 나가사키 7~10만 명, 그리
고 공습 피해자도 10만 명 이상인 것으로 추정된다.[15]

　아시아·태평양 전쟁의 피해 체험을 가장 극적으로 응축한 사건은
'원폭' 혹은 '피폭'이다. 현대사에서 히로시마와 나가사키는 원자 폭탄
이 실전에 투하된 유일한 사건이라는 점, 전장이 아닌 민간인 지역에
폭탄이 투하되어 대량 무차별 살상을 초래했다는 점, 가공할 파괴력으
로 한 순간에 전 지역을 괴멸 상태에 빠뜨렸을 뿐만 아니라, 아직까지
도 그 후유증으로 인한 사망자가 발생한다는 점 등이 일본인으로 하여
금 원폭을 전쟁 체험의 중핵으로 삼게 만든 요인이다.

　그러나 한국과 중국, 그 밖의 동남아시아 국가들의 피해는 일본의 피
해를 훨씬 능가했다. 강압적인 침략으로 일본의 식민지 지배를 받아온
조선인들은 '황국 신민'이라는 이름 아래 전쟁에 동원됨으로써 침략 전
쟁의 희생자가 되었다. 오늘날까지도 식민지 지배와 전쟁의 상흔이 남
아있다. 원폭 투하 당시 조선인들이 히로시마에 6만 명 거주했는데, 그
가운데 2만 수천 명이 피폭당해 사망한 것으로 알려지고, 나가사키에
서는 1만 2천~2만 명 정도가 피폭된 것으로 추측되고 있다.[16]

15) 東京空襲を記録する會, 『東京大空襲の記録』, 東京, 三省堂, 1982; 澤田昭二, 『共
　同硏究 廣島·長崎原爆被害の眞相』, 東京, 新日本出版社, 1997.
16) 조선인 피폭자에 대해서는 朴壽南, 『もうひとつのヒロシマ 朝鮮人·韓國人被爆
　者の証言』, 東京, 舍廊房出版, 1982; 鎌田定夫, 『被爆朝鮮人·韓國人の証言』, 東
　京, 朝日新聞社, 1982; 長崎在日朝鮮人の人権を守る會, 『朝鮮人被爆者─ナガサ
　キからの証言』, 東京, 社會評論社, 1989; 허광무, 「한국인 원폭피해자(原爆被害
　者)에 대한 제연구와 문제점」, 『한일민족문제연구』 6, 2004 등을 참조.

조선인 피폭자들 가운데는 강제 연행된 군인, 군속, 징용공이 상당수 포함되어 있었다. 이들은 전후 일본인이 아니라는 이유로 피폭에 대해 아무런 보상도 받지 못했다. 만주 침략 이후 15년간 일본과 싸운 중국의 피해 또한 막심했다. 1937~1945년 동안만 군인 사상자 562만 명, 점령지구의 민간인 사상자 135만 명, 공습에 의한 사상자 76만 명이었다.[17]

일본인에게 피폭 체험만큼 극적이지는 않지만 오키나와 전투, 도쿄 대공습 등의 체험도 강렬하다. 그밖에 전쟁 관련 체험은 총력전을 치르기 위해 오랫동안 생활이 궁핍했다는 것, 전쟁이 끝난 지 1년이 넘도록 하루 한 끼조차 먹기 힘들어 아사자가 속출했다는 것, 전쟁 중 가족을 잃은 일 등 전쟁 피해 체험은 수를 헤아리기 어렵다.[18] 따라서 전쟁이 종결되었다는 소식을 접했을 때 많은 일본인들은 패전의 슬픔만이 아니라, 길고 긴 터널을 빠져나온 것 같은 안도감도 느꼈을 것이다. 일본인들의 피해 체험으로서의 전쟁 체험은 전후 계속 반추되면서 현대 일본의 사회 심리 형성에 중대한 기반이 되었다.

4. 전사자에 대한 비틀린 애도

1990년대 후반에 들어와 '자유주의사관연구회'로 대표되는 네오내셔널리스트의 '반격'이 시작되었다. 일본의 침략 전쟁을 마치 '성전'인양

---

[17] 石島紀之, 『中國抗日戰爭史』, 東京, 靑木書店, 1984; 松尾章一, 『中國人戰爭被害者と戰後補償(岩波ブックレット)』, 東京, 岩波書店, 1998.

[18] 피해체험은 '전쟁기록물'의 비정상적인 붐을 통해 급격히 확산된 측면이 강하다. '전쟁기록물'의 출판은 전쟁에 대한 비판적 의식이 일본사회 속에서 급속히 쇠약해지고 있는 현실을 상징적으로 보여준다(요시다 유타카 지음, 하종문·이애숙 옮김, 앞의 책, 121~128쪽 참조).

은폐, 왜곡하려는 움직임의 대두를 계기로 전쟁에서 죽은 전사자에 대한 '애도'를 둘러싼 공방이 전개되었다. 20세기는 두 번에 걸친 세계 대전과 이로 인한 희생자가 1억 7천만에 달한 '대량 살육의 세기'였기 때문에, 전쟁 사망자에 대한 '애도' 문제는 필연적으로 거론될 수밖에 없다. 이것은 야스쿠니와도 직결되는 문제인데, 일본에서는 이를 둘러싼 공방을 소위 '역사 주체 논쟁'이라 부른다. 그 불씨를 지핀 것은 가토 노리히로(加藤典洋)의 『패전후론(敗戰後論)』이었다.[19] 이후 진보진영 학자들은 중심으로 한 '역사 주체 논쟁'은 가토의 논리가 '자유주의사관 연구회'나 '새 역사 교과서를 만드는 모임'으로 대표되는 네오내셔널리스트의 주장과 다름없다는 비판으로 이어졌다.[20]

가토의 '패전후론'은 난해한 문장으로 채워져 있다. 전후 일본 사회를 정확히 파악할 여건이 조성되지 않은 한국 사회로서는 가토가 제기하는 문제의 본질을 정확히 이해할 수 없는 것이 현실이다. 더욱이 가토가 자주 사용하는, '비틀림', '더러움', '오점', '잘못' 등의 어휘는 개념 규정은 애매하면서 묘한 정서적 효과를 불러일으키는 용어들이다.[21]

---

[19] 加藤典洋, 『敗戰後論』, 東京, 講談社, 1997. 이 책은 한국에서도 카토오 노리히로, 『사죄와 망언 사이에서』, 서울, 창작과비평사, 1998로 번역 소개되었다.

[20] 高橋哲哉, 「汚辱の記録をめぐって」, 『群像』 1995년 3월호; 高橋哲哉, 「哀悼をめぐる會話: 『敗戰後論』批判再說」, 『現代思想』 1995년 11월호; 大越愛子, 「もうひとつの〈語り口〉問題-どのように歷史的事實と出會うか」, 『創文』 1997년 4월호. '역사 주체 논쟁'을 둘러싼 일본의 움직임을 번역 소개한 것으로는 코모리 요우이치, 타카하시 테츠야 엮음・이규수 옮김, 『내셔널 히스토리를 넘어서』, 서울, 삼인, 1999; 다카하시 데츠야 지음・이규수 옮김, 『일본의 전후책임을 묻는다』, 서울, 역사비평사, 2000 등을 참조.

[21] 예를 들어 '더러움'의 공동체에 대해 가토는 "전쟁을 거쳐 세계가 이렇게 더럽혀졌음에도 불구하고 왜 사람들은 더럽혀지지 않는 것을 바라는 것일까? 일본의 전후는 아마도 이 '더러움'을 통하여 20세기 후반 이후의 세계의 보편성에 연결되어 있다. 이 '더러움'에 외부는 없다. …… 우리들에게 남겨진 것은 더럽혀진 존재로서, 더럽혀진 장소로부터 '진짜'와 '좋은 것'을 향하는 길, '선(善)'으로부터

다만 한발 양보하여 가토의 문제 제기를 '긍정적'으로 받아들인다면, 그의 주장대로 "우선 필요한 것은 일본 사회가 사죄할 수 있는 사회가 되는 것, 즉 사죄의 주체를 구축하는 일이다. 그 방법은 인격 분열을 극복하는 것 이외에는 없다"[22]는 내용이 함축하는 의미일 것이다. 가토의 주장을 야스쿠니 문제와 관련시켜 이해하면, 신사 참배 문제에는 '아시아의 2천만 전쟁 희생자'에 대한 사죄와 보상, 전쟁 포기 조항을 포함한 평화 헌법의 수호를 주장하는 진보주의자들과 대동아공영권의 정당성 인정과 '일본의 3백만 전쟁 희생자'에 대한 애도, 미군정 하에서 강요된 평화 헌법의 개헌을 주장하는 보수주의자의 논리가 격돌하는 복잡한 양상을 띤다.

가토는 죽은 병사, 즉 야스쿠니에 합사되어 있는 영령에 대한 애도 문제와 관련하여, 전사자의 '애도' 혹은 '추모'의 문제는 전후 일본의 인격 분열의 '근원'에 있는 문제라며 전사자의 '애도'를 둘러싼 전후 일본의 인격 분열을 다음과 같이 설명한다.

> 전후 일본의 혁신파는 일본의 침략 전쟁에서 살해당한 '2천만 아시아의 사망자'에 대한 사죄가 필요하다고 주장한다. 하지만 그들은 '3백만 자국의 사망자' 특히 죽은 병사는 방치한 채 생각하고 있지도 않다. 혁신파는 침략 전쟁의 첨병이었던 죽은 일본의 병사를 '더렵혀진 사망자'로서 혐오하기

선(善)을'이 아니라, '그 이외에는 방법이 없다'는 이유로, '악(惡)에서부터 선(善)을' 만들어 내지 않으면 안 되는 외부가 없는 길이다. 그런데 이 '더러워진 세계'를 새로운 길의 소멸이라는 사태로 생각해 보면, 1940년대 독일, 이탈리아, 일본이라는 정의에 완전히 지고 만 패전국으로 사상 처음 나타났다. 그 이후 이 '더러움'이 조금씩 세계로 확대되어 지금 전 세계를 뒤덮고 있는 것이다"(加藤典洋, 앞의 책, 76~77쪽)라고 말한다. 난해한 문장이지만, 일본의 더러움을 애매하게 만드는 강력한 수사법이다. 이는 그가 말하는 '더러워진 아버지를 용서하라'는 말과 일맥상통한다.

22) 加藤典洋, 앞의 책, 102~103쪽.

때문이다. 한편 보수파는 '2천만 아시아의 사망자'를 생각하지 않고 일본의 죽은 병사를 야스쿠니 신사에 '영령'으로서 모신다는 '허망'에 빠져있다. '2천만 아시아의 사망자'를 생각하는 혁신파가 전후 일본의 '외향적 자기'라 한다면, '3백만 자국의 사망자' 특히 죽은 병사를 생각하는 보수파는 '내향적 자기'이다.

　전후 일본의 '근원'에 있는 것은 '지킬 박사와 하이드 씨' 같은 사망자의 분열이고, 사망자에 따른 분열이다. 1993년에 호소카와 수상이 "그 전쟁은 침략전쟁이었다, 잘못된 전쟁이었다"라고 말하자, 나가노 법무상이 "난징대학살은 날조이다"라고 발언하여 사임한 것처럼, 한편의 사죄가 다른 한편의 반동에 의해 무효가 되는 현상이 연중행사처럼 반복된다. 이와 같은 인격 분열 그 자체가 제거되지 않는 한, 일본은 아무리 시간이 지나도 아시아의 전쟁 희생자에게 진정으로 사죄할 수 없으며 전쟁 책임을 떠맡을 수 없다. 진정으로 사죄하고 전쟁 책임을 떠맡기 위해서는 우선 인격 분열을 극복하고 사죄 주최, 책임 주체로서 통일된 일본 국민을 형성하지 않으면 안 된다.[23)]

　가토는 여기서 전후 일본에서 벌어진 보수와 진보 두 진영 간의 대립은 '일본이라는 자아', '역사를 이어받는 주체'가 없는 상태에서 비롯된 인격 분열의 양상이며, 되풀이되는 사죄 발언과 망언 역시 이에 기초한다고 주장한다. 보수와 진보라는 대결구도의 근원적 결함을 지적한 것이다. 진보주의자의 논리는 일본이라는 진정한 자아가 없는 상태에서 나타난 손쉬운 자기 부정의 표현일 뿐이고, 일본의 패전이 일본인에게 오욕임을 바로 보지 못한다면 아시아에 대한 사죄는 표면적인 사죄에 그치게 된다는 점을 강조한다. 마찬가지로 보수주의자들의 주장 역시 감정적 민족주의를 등에 업고 자국의 사망자를 애도하며 역사를 왜곡 미화하려는 억지 논리임을 꼬집고 있다. 전후 일본의 이 두 가지 모습은 '일본이라는 자아'와 '역사를 이어받는 주체'가 없는 상태에서

---

23) 加藤典洋, 앞의 책, 103~104쪽.

비롯된 인격 분열의 양상이며, 지겹도록 되풀이되는 사죄 발언과 망언 역시 여기에 기인한다는 것이다. 양비론적인 입장에서 일본의 진보와 보수를 모두 비판하는 그럴듯한 논리다.

그렇다면 가토의 대안은 무엇일까? 결론적으로 말하면, 가토가 '패전 후론'을 통해 일본인에게 제안한 것은 혁신파처럼 아시아의 피해자만 을 생각할 것이 아니라, 우선 '자국의 사망자' 특히 죽은 병사를 깊이 추모하며 애도해야 한다는 것이다. 그리고 자국의 사망자 병사를 깊이 추모하며 애도해야 한다는 것은 죽은 병사들을 '존중'하고 전후 일본인 으로서 그들에게 '감사'해야 한다는 의미라고 말한다.[24] 가토는 전후 일본의 '자기 기만' 내지 문제점이 '우리와 우리 죽은 자와의 관계'에 있 다며 다음과 같이 말을 이어나간다.

> 자국을 위해 죽은 3백만 사망자는 외향적 정사(正史) 속에서 확실한 위 치를 부여받지 못하고 있다. 정사는 침략을 당한 국가의 인민들에게는 악 랄한 침략자에 불과한 자국의 사망자를 그냥 '내버려 두고' 있다. 지킬박사 의 머리로는 침략자인 사망자를 '감싸안고', 국제사회 속에서 그 사망자와 함께 침략자라는 낙인이 찍히게 되는 것이, 실제로는 하나의 인격으로서 국제 사회에서 침략 전쟁의 담당자였다는 책임을 떠맡는 일이라는 생각을 해낼 수 없다.
>
> 예를 들면 지금도 일본의 호헌파, 평화주의자는 전쟁 사망자를 추모할 때, 우선 전쟁에서 죽은 '무고한 사망자'를 앞에 세운다. 육친, 원폭 등으로 인한 전쟁 사망자, 2천만 아시아의 사망자가 우선시되고, 여기서 침략자인 '더럽혀진' 사망자는 제 위치를 부여받지 못한다. 3백만 자국의 사망자는 범죄자의 위치에 놓여 있기 때문에, 야스쿠니 문제는 사실 이 뒤에 가려진 '공백'을 메우기 위해 3백만 자국의 사망자를 '깨끗한' 존재(영령)로서 애도

---

24) 加藤典洋, 「『敗戰後論』をめぐる『Q&A』」, 『論座』 1999년 1월호. 이 글은 加藤典 洋, 『ポッカリあいた心の穴を少しずつ埋めてゆくんだ』, 東京, クレイン, 2002에 다시 수록되었다.

한다는 내향적 자기, 하이드 씨의 계획인 것이다.[25]

　이러한 주장은 야스쿠니신사 참배를 정당화하는 논리로 나아간다. 야스쿠니 참배에 대한 '일본정부의 기본 입장'에 나오는 '조국을 위해 본의 아니게 전쟁터로 나가 목숨을 잃어야 했던 분들에 대해 진심 어린 애도와 경의 및 감사의 마음'과 가토가 결론지은 '자국의 사망자에 대한 깊은 추모와 애도의 필요성'은 무엇이 다른가? '패전후론'에서 말하는 '자국을 위해 죽은' 사망자, 또는 '우리가 지금 여기에 있을 수 있도록 하기 위해 죽은' 사망자에게 '감사'하는 것은 야스쿠니의 논리와 도대체 어디가 다른가?

　가토는 자신의 논리가 야스쿠니의 논리와는 다르다고 주장한다. 오히려 야스쿠니의 논리와 단절하기 위해 우선 죽은 자국의 병사를 애도하고 그들에게 감사할 필요가 있다고 한다. 위의 인용문에서도 살필 수 있듯이 일본 보수파에 야스쿠니 논리가 남아 있는 이유는 혁신파가 아시아의 희생자들에게 사죄하고 있음에도 불구하고 남아있는 것이 아니라, 반대로 혁신파가 죽은 일본의 병사를 방치한 채 아시아의 희생자에게만 사죄하려 하기 때문에 남아있다는 논리, 일본의 계속되는 신사참배를 둘러싼 공방은 혁신파의 '참배 반대' 성명에도 *불구하고* 보수파의 '참배 찬성'이 나온다기보다, 혁신파의 '참배 반대' 성명 *때문에* 보수파의 '참배 찬성'이 나온다는 논법이다. 결국 야스쿠니 문제를 야기한 장본인은 보수파가 아니라, 사망자를 대하는 혁신파의 '옹졸함'에 있다는 해괴한 주장으로 나아가는 가토의 논리는 야스쿠니신사 참배를 정당화하기 위해 현학적인 수사를 동반한 괴변에 불과할 뿐이다.

---

[25]　加藤典洋, 앞의 책, 276쪽.

5. 『기사단장 죽이기』를 둘러싼 논란

역사학자 이노우에 마나부(井上學)는 자신과의 독백 속에서 1960년
대 전반기의 한일회담 반대투쟁 과정에서조차 중국 전선에서 전사한
일본군 병사나 히로시마 희생자의 목소리는 쉽게 접했지만, 일본에 의
해 이루어진 조선인 강제연행에 대해서는 무지했다는 사실을 고백하
고 있다. 그리고 전후 일본인의 전쟁관 혹은 평화사상의 특징을 한마
디로 표현하여 '근대 일본에 의한 식민지 지배, 침략전쟁의 실태와 그
로 인해 아시아의 민족과 국민이 강요받은 고난에 대한 인식이 미약하
다'고 지적하고 있다.[26]

그에 따르면 이러한 일본인의 사상적 특징은 동아시아 근현대 일본
의 역사에 의해 각인된 일종의 '체질'이었다. 따라서 그에게 역사학의
책무는 일본인의 왜곡된 '체질'이 역사 속에서 어떻게 형성되었는지를
밝히고, 그 변혁의 방향을 찾아내는 작업이었을 것이다. 이는 근대 동
아시아의 역사인식, 일본의 식민지 지배책임, 전쟁책임, 전후책임, 그
리고 앞으로의 민중연대의 문제 등을 고려하는데 있어 많은 시사점을
제공한다.

이노우에의 노파심은 그동안의 많은 연구와 사회적 실천에도 불구
하고 여전히 해결의 실마리가 엿보이지 않는다. 이는 '식민지 지배를
책임져라!'는 일본사회에 대한 일방적인 추궁에 뿌리를 둔 '구태의연'한
사고방식에 의한 것만은 결코 아니다. 현재의 한일관계를 조망해볼 때,
일본사회 내부의 '체질'을 극복하려는 움직임과 이에 반발하는 '은밀한
목소리'가 여전히 맹위를 떨치고 있기 때문이다. 이와 관련하여 최근

---

26) 井上學, 『日本反帝同盟史研究』, 東京, 不二出版, 2008.

한국 언론에서도 화제가 된 일본의 대표적인 소설가 무라카미 하루키의 소설 『기사단장 죽이기(騎士團長殺し)』에 대한 평판을 예로 들어보자.[27]

한국 언론이 하루키의 소설에 주목한 것은 그의 베스트셀러 작가로서의 작품성에 대해서보다 오히려 그가 일본우익들의 집단공격을 받고 있다는 일본사회의 분위기이다. 소설에서는 아내에게 갑자기 이별을 통보받은 초상화 화가가 불가사의한 일에 휩쓸리면서 마음의 상처를 극복하려는 내용을 담고 있지만, 문제의 발단은 그가 일본 우익들이 부정하고 있는 난징대학살의 희생자 수를 중국 측 주장에 가깝게 언급했기 때문이다.[28]

『기사단장 죽이기』에서의 관련 기술은 다음과 같다. 즉 하루키는 소설에서 주인공과 다른 등장인물이 대화를 나누는 장면에서 난징대학살에 대해 "일본군이 항복한 병사와 시민 10만~40만 명을 죽였다"고 말한다. 한 등장인물은 주인공 '나'에게 "일본군이 전투 끝에 난징 시내를 점거해 여기에서 대량의 살인이 일어났다. 전투와 관련된 살인도 있었지만, 전투가 끝난 뒤의 살인도 있었다"며 "일본군은 포로를 관리할 여유가 없어서 항복한 병사와 시민 대부분을 살해하고 말았다"고 말한다. 이어 "역사학자마다 다르긴 하지만 엄청나게 많은 수의 시민이 전투에서 죽었다는 것은 지울 수 없는 사실"이라며 "중국인 사망자가 40만 명이라고도 하고 10만 명이라고도 하는데 그 차이가 큰 이유는 도대체 어디에 있는가?"라고 묻는다.

난징대학살은 주지하는 바와 같이 일본이 1937년 중국 난징을 점령

---

27) 村上春樹, 『騎士団長殺し』, 東京, 新潮社, 2017.
28) 「무라카미 하루키, 신작소설에 '난징대학살' 언급했다고. 일 우익들 "매국노"」, 『경향신문』 2017년 3월 7일자. 「하루키 신작서 난징대학살 언급. 日우익 "매국노"」, 『중앙일보』 2017년 3월 7일자.

했을 때 벌어진 학살 사건으로, 중국은 30여만 명의 중국인이 살해됐다
고 주장한다. 반면 일본은 학살 사실은 인정하나 피해자 수는 확정하
기 어렵다고 말하고 있다. 마치 위안부를 둘러싼 일련의 논쟁처럼 학
살의 진상을 둘러싼 논쟁이 여전히 지리멸렬하다.[29]

소설 내용이 알려지자 일본 내 우익 세력들은 하루키를 "매국노"라고
비난하고 나섰다. 인터넷상에는 "40만 명이라니 중국 주장보다 더 많
다", "근거를 대라", "그렇게까지 노벨상을 타고 싶나", "중국을 좋아하는
작가가 쓴 자학사관이다" 등의 글들이 올라오고 있다. 하루키에 대한
우익들의 총공세가 펼쳐지고 있는 정황이다.

『경향신문』은 익명의 네티즌의 반응과 더불어 지식인들의 동향에도
주목하고 있다. NHK경영위원이자 우익 소설가 햐쿠타 나오키(百田尙
樹)는 트위터에 "이걸로 또 하루키의 책이 중국에서 베스트셀러가 되겠
구먼. 중국은 일본이 자랑하는 대작가도 '난징대학살'을 인정하고 있다
는 것을 세계에 널리 알리기 위해서라도 하루키에게 노벨상을 주자고

---

[29] 난징대학살 논쟁에 대해서는 다음 연구가 참조가 된다. 板倉由明, 『本当はこう
だった南京事件』, 東京, 日本図書刊行会, 1999; 笠原十九司, 『南京事件』, 東京,
岩波書店(岩波新書), 1997; 笠原十九司, 『南京事件論争史―日本人は史実をどう
認識してきたか』, 東京, 平凡社(平凡社新書), 2007; 笠原十九司, 『南京事件と日本
人―戦争の記憶をめぐるナショナリズムとグローバリズム』, 東京, 柏書房, 2002;
北村稔, 『「南京事件」の探究―その実像をもとめて』, 東京, 文藝春秋(文春新書),
2001; 北村稔, 『「南京大虐殺」とは何か』, 東京, 日本政策研究センター, 2016; 田中
正明, 『南京事件の総括―虐殺否定の論拠』, 東京, 小学館文庫, 2007; 日本会議国
際広報委員会・大原康男・竹本忠雄, 『再審「南京大虐殺」―世界に訴える日本の
冤罪』, 東京, 明成社, 2000; 秦郁彦, 『南京事件―「虐殺」の構造』, 中央公論新社(中
公新書), 2007; 東中野修道, 『「南京虐殺」の徹底検証』, 展転社, 東京, 1998; 南京事
件調査研究会編, 『南京大虐殺否定論13のウソ』, 東京, 柏書房, 1999; 洞富雄・藤
原彰・本多勝一編, 『南京事件を考える』, 東京, 大月書店, 1987; 洞富雄・藤原彰・
本多勝一編, 『南京大虐殺の現場へ』, 東京, 朝日新聞社, 1988; 洞富雄・藤原彰・
本多勝一編, 『南京大虐殺の研究』, 東京, 晩聲社, 1992.

응원할 것"이라고 비꼬았다는 논평을 전하고 있다.

또 위안부와 난징대학살을 부정하는 자신의 책을 호텔 객실에 비치해 논란이 된 모토야 도시오(元谷外志雄) 아파호텔 최고경영자도 지난달 말 한 강연에서 "노벨상을 타려면 중국의 지지를 받아야 한다고 생각해서 쓴 것 아니냐"고 비판했다. '재일특권을 용납하지 않는 시민 모임'(재특회, 在特會)의 전직 회장으로 최근 혐한 정당을 만든 사쿠라이 마코토(櫻井誠)도 "정말 일본인인지 의심스럽다"고 목소리를 높였다.

보수매체인 산케이신문도 7일 "하루키의 소설이 생각지 못한 파문을 일으키고 있다"면서 "일본에서는 최근 연구를 통해 중국이 주장하는 '30만 희생'이 과장됐다는 의견이 정착해 있고, '사건'이라고 부를 정도의 일은 없었다는 의견도 있다"고 밝혔다.[30]

한국사회에서는 하루키를 일본의 양심 세력으로 바라보고 있다. 그는 그동안 각종 인터뷰 등을 통해 여러 차례 사죄는 부끄러운 일이 아니며 일본이 과거사를 인정하고 상대국이 됐다고 할 때까지 사죄해야 한다는 소신을 밝혀왔기 때문이다. 이노우에가 말한 일본인의 '체질'을 소설이라는 대중매체를 통해 스스로에게 되묻고 일본사회를 향해 '체질'의 개선을 촉구한 것이다.

이노우에와 하루키의 사례에서 짐작할 수 있듯이 현재 일본은 과거에 대한 체험과 기억이 풍화되고 있다. 일본의 네오내셔널리즘은 종래의 역사관을 '도쿄재판사관', '코민테른사관', '자학사관', '암흑사관'으로 규정하고, 각종 언론 매체를 활용하여 자신들의 주장을 유포하여 지지계층을 확대하고 있다. 문제의 심각성은 일본 사회가 전쟁책임과 전후 배상 문제를 해결할 수 있는 토양을 갖추지 못한 상태에서 전쟁을 경

---

30) 「村上春樹さん新作,「南京事件」犧牲者「四十万人というものも」で波紋中國・人民日報サイトも報道」,『産經新聞』2017년 3월 7일자.

험하지 못한 신세대를 비롯하여 타자의 호소에 귀를 기울이려하지 않는 대중들에게 일본의 침략전쟁과 식민지 지배 부정론이 아무 여과장치 없이 확산되고 있다는 사실일 것이다.

『기사단장 죽이기』를 둘러싼 일본 내의 과거사 기억이 대중에게 어떠한 반향을 불러일으킬지, 역사인식의 전환점이 되어 일본인의 사상적 '체질'을 바꾸어나갈지 주목하는 연유도 바로 이 지점에 있다. 역사적 체험과 기억을 되살리는 작업은 난징대학살 당시의 가해자/피해자 모두에게 진실이 밝혀져야 할 역사적 '사실'이기 때문이다. 결코 회피하거나 눈을 감고 지날 수 없는 사안이다. 문제는 '기억을 둘러싼 투쟁'이 단순히 지난 역사의 부채로 인한 후세들의 민족적 책임윤리로 그치지 않고, 향후 동아시아 공통의 역사인식과 평화 인프라 구축 등 동아시아의 미래와도 직결되는 사안이라는 점이다. 제국과 식민지, 전쟁과 폭력이라는 비대칭 공간에서 이루어진 개인과 집단의 기억을 올바로 되살려야 한다.

출처

이 책에 실린 글들은 저자들의 선행 연구를 일부 수정·보완하여 작성된 것이다. 출처는 다음과 같다.

제1부 전후 동아시아 국제질서의 재편과 지식인

■ 이진일 ┃ 해방공간을 살다 간 한 독일 지식인의 민주주의 인식: 에른스
　　　　트 프랭켈
　출처: 『사림』 0(60), 2017

■ 최규진 ┃ 한국전쟁 뒤 반공이데올로기 지형과 지식인의 자리: 1950년대
　　　　『사상계』의 사상
　출처: 『사림』 0(61), 2017

제2부 전후 동아시아 역사인식의 변화

- 김지훈 ｜ 중국 상하이 『역사』 교과서 논쟁과 지식인: 상하이 지역 고등
  학교 역사교과서의 변화
  출처: 『중국근현대사연구』 0(81), 2019

- 이규수 ｜ 전후 일본의 전쟁 기억과 역사인식: 체험과 기억의 풍화(風化)
  를 둘러싸고
  출처: 『일본학』 0(33), 2011

찾아보기

【ㅊ】

필자소개(논문게재순)

■ 홍종욱 | 서울대학교 인문학연구원 부교수

저서로 『戦時期朝鮮の転向者たち―帝国／植民地の統合と亀裂―』(有志舎, 2011), 『가지무라 히데키의 내재적 발전론을 다시 읽는다』(아연출판부, 2014, 공저) 등이 있으며, 논문으로는 「실증사학의 '이념' : 식민지 조선에 온 역사주의」(『인문논총』 76-3, 2019), 「반파시즘 인민전선론과 사회주의 운동의 식민지적 길」(『역사와 현실』 118, 2020) 등이 있다.

■ 최종길 | 원광대학교 HK연구교수

저서로 『근대일본의 중정국가 구상』(경인문화사, 2009), 『한국과 일본, 역사화해는 가능한가』(연암서가, 2017) 등이 있으며, 논문으로는 「전후의 시작과 진보진영의 전쟁책임 문제」(『일본사상』 제39호, 2020), 「동아시아의 역사화해를 위한 시론」(『일본역사연구』 제51집, 2020), 「전후 다케우치 요시미의 동아시아 담론과 식민지 문제」(『인문과학연구논총』 제39권 제2호, 2018)

■ 임경석 ┃ 성균관대학교 사학과 교수

저서로『모스크바 밀사』(푸른역사, 2012),『잊을 수 없는 혁명가들에 대한 기록』(역사비
평사, 2008),『한국 사회주의의 기원』(역사비평사, 2003) 등이 있으며, 논문으로는 「1927
년 영남친목회 반대운동 연구」(인문과학 68, 2018), 「韓國における朝鮮近現代史研究の
現狀と課題: 社會主義運動研究を中心に」(『プライム(PRIME)』 40, 2017) 등이 있다.

■ 송병권 ┃ 상지대학교 아시아국제관계학과 부교수

저서로『東アジア地域主義と韓日米関係』(東京 : クレイン, 2015),『근대 한국의 소수와
외부, 정치성의 역사』(역락, 2017),『동아시아 혁명의 밤에 한국학의 현재를 묻다』(논형,
2020) 등이 있으며, 논문으로는 「일본의 전시기 동아국제질서 인식의 전후적 변용: '대동
아국제법질서'론과 식민지 문제」(『사림』 61, 2017), 「최호진의 한국경제사 연구와 동양
사회론」(『사총』 92, 2017), 「연합국 최고사령관 총사령부의 한일 점령과 통치구조의 중
층성」(『아세아연구』 63-1, 2020) 등이 있다.

■ 최규진 ┃ 청암대학교 재일코리안연구소 연구교수

저서로『조선공산당 재건운동』(독립기념관, 2009),『근대를 보는 창20』(서해문집, 2007),
『근현대 속의 한국』(방송통신대학출판부, 2012, 공저),『일제의 식민교육과 학생의 나날
들』(서해문집, 2018) 등이 있으며, 논문으로는 「식민지시대 조선 사회주의자들의 소비에
트론」(『한국사학보』 9, 2000), 「우승열패의 역사인식과 '문명화'의 길」(『사총』 79, 2013),
「근대의 덫, 일상의 함정」(『역사연구』 25, 2013) 등이 있다.

■ 도면회 ┃ 대전대학교 H-LAC 역사문화학전공 교수

저서로『한국근대사』 ①(푸른역사, 2016, 공저),『한국 근대 형사재판 제도사』(푸른역사,
2014),『역사학의 세기』(휴머니스트, 2009, 공저) 등이 있으며, 논문으로는 「근대 역사학
의 방법론적 기원」(『한국문화연구』 36, 2019). 「3·1운동 원인론에 관한 성찰과 제언」
(『역사와 현실』 109, 2018), 「내재적 발전론의 '건재'와 새로운 역사연구 방법론의 정착」
(『역사학보』 231, 2016) 등이 있다.

■ **김지훈** | 아시아평화와역사연구소 연구위원

저서로 『현대중국: 역사와 사회변동』(그린, 2014, 공저), 『중국고등학교 역사교과서의 현황과 특징』(동북아역사재단, 2010, 공저), 『근현대 전환기 중화의식의 지속과 변용』(단국대학교출판부, 2008) 등이 있으며, 논문으로는 「난징대학살 기념관의 전시와 기억」(『사림』 71, 2020), 「국가의지(國家意志)와 역사교과서의 정치화」(『역사교육연구』 33, 2019), 「중화민국시기 근대 역사학과 공문서 정리」(『역사와 세계』 49, 2016) 등이 있다.

■ **문명기** | 국민대학교 한국역사학과 부교수

저서로 『동아시아의 근대, 장기 지속으로 읽는다』(너머북스, 2021, 공저) 등이 있으며, 논문으로는 「식민지시대 대만인과 조선인의 야스쿠니신사 합사」(『중국근현대사연구』 76, 2017), 「20세기 전반기 대만인과 조선인의 역외이주와 귀환: 역외이주 및 귀환 규모의 추산」(『한국학논총』 50, 2018) 등이 있다.

■ **이진일** | 성균관대학교 동아시아역사연구소 연구교수

저서로 『분단의 역사인식과 사유를 넘어서』(한울, 2019, 공저), 『독일노동운동사』(길, 2020, 역서)와 『코젤렉의 개념사 사전 14』(푸른역사, 2019, 역서), 『보수, 보수주의』(푸른역사, 2019, 역서) 등이 있으며, 논문으로는 「전간기 유럽의 동아시아 인식과 서술: 지정학적 구상을 중심으로」(2016), 「해방공간을 살다 간 한 독일 지식인의 민주주의 인식: 에른스트 프랭켈」(2017) 등이 있다.

■ **정현백** | 성균관대학교 사학과 명예교수

저서로 『노동운동과 노동자문화』(한길사, 1991), 『민족과 페미니즘』(당대, 2003), 『여성사 다시 쓰기』(당대, 2007), 『주거유토피아를 꿈꾸는 사람들: 독일과 오스트리아의 주거개혁과 주거정치』(당대, 2015) 등이 있으며, 논문으로는 「트랜스내셔널 히스토리의 방법론 고찰: 가능성과 한계」(『역사교육』 108, 2008), 「글로벌 시각에서 본 과거청산의 의미」(『역사비평』 93, 2010), "Transnational Solidarity in Feminism: The Transfer and Appropriation of GermanFeminism in South Korea"(Korea Journal 55, 2015), 「식민지의 독일여성들: 젠더정치와 문화제국주의의 결합」(『페미니즘연구』 20권 2호, 2020) 등이 있다.

■ 이규수 ┃ 일본 히토쓰바시대학 대학원 언어사회연구과 교수

저서로 『近代朝鮮における植民地地主制と農民運動』(信山社, 1996), 『제국 일본의 한국 인식 그 왜곡의 역사』(논형, 2007), 『布施辰治と朝鮮』(NPO法人 高麗博物館, 2008), 『한국 과 일본, 상호 인식의 변용과 기억』(어문학사, 2014) 등이 있다.